Die
bonae fidei possessio
oder
das Recht des Besitzes.

Eine civilistische Abhandlung

von

Dr. Friedrich Wilhelm von Tigerström
Professor der Rechte an der Königlich Preußischen Universität
zu Greifswald.

Berlin.
Gedruckt und verlegt bei G. Reimer.
1836.

Seiner Excellenz

dem

Königlich Preußischen wirklichen Geheimen Staats-Minister und Minister der geistlichen, Unterrichts- und Medicinal-Angelegenheiten, Ritter mehrerer hohen Orden

Herrn

Freiherrn von Stein zum Altenstein

in
tiefster Ehrfurcht
gewidmet.

Wenn Ew. Excellenz als dem vom In- und Auslande einstimmig verehrten Beförderer wissenschaftlicher Bestrebungen ich die nachfolgende Abhandlung ehrfurchtsvoll zuzueignen wage, so veranlaßt mich hiezu das aufrichtige Gefühl der reinsten Dankbarkeit für die wohlwollenden Gesinnungen, womit Hoch-Dieselben mir meinen academischen Wirkungskreis gnädigst zu eröffnen geruhet haben.

Möchten Ew. Excellenz diesem literarischen Versuche eine nachsichtsvolle Beurtheilung zu Theil werden lassen, und mich dadurch zum ferneren Fortschreiten auf dem Wege zur vollendeten Ausbildung huldreichst beleben.

Genehmigen Ew. Excellenz die Empfindungen der wärmsten Erkenntlichkeit, zu welcher ich mich tief verpflichtet fühle, so wie die Versicherung der größten Verehrung, mit welcher ich nie aufhören werde zu sein

Ew. Excellenz

unterthänigst gehorsamster
v. Tigerström.

Vorrede.

Indem es schon seit längerer Zeit mein Wunsch war, ein Handbuch der inneren Geschichte des Römischen Rechtes dem gelehrten Publicum vorzulegen, dessen Ausführung bis jetzt theils zu umfassende Berufsgeschäfte, theils anderweitige Nebenarbeiten verschiedener Art störend entgegentraten, hatte ich jedoch vielfach Gelegenheit und Veranlassung mich zu diesem Unternehmen vorzubereiten. Diese Vorarbeiten ließen mich die Ueberzeugung gewinnen, daß noch manche Lehren des Römischen Rechtes ihrem wahren und geschichtlichen Character nach richtiger und gründlicher behandelt werden könnten, als es bis jetzt, ungeachtet vieler selbst ausgezeichneter Bemühungen in der neuesten Zeit, geschehen war.

Zu diesen gehört unstreitig die Lehre der bonae fidei possessio, von welcher wohl mit Recht gesagt werden kann, daß die eigentliche Bedeutung derselben unbekannt blieb. Das Detail dieser Lehre findet sich noch in den Handbüchern des Römischen Civil-Rechts nirgends als ein zusammenhängendes Ganze vorgetragen, sondern ist nur in einzelnen Anwendungen ein Gegenstand der Darstellung, und dieses selbst an verschiedenen Stellen des Systems, von welchen aus diese Lehre nicht übersehen werden kann. Und doch ist alles, was sich von derselben in den Römischen Rechts-Quellen vorfindet, ein völlig zusammenhängendes und durchgebildetes Ganze. Es ist durchgehends nur ein und dasselbe oberste Moment, wodurch das Detail in seiner endlichen Gestalt des justinianeischen Rechtes, in welcher diese Materie für uns von so großer Wichtigkeit geblieben ist, vollständig bestimmt wird, von dem wir daher nur ausgehen können, um im Einzelnen sicheren und festen Fuß zu gewinnen.

Von dieser Ueberzeugung durchdrungen, kann ich es nicht überflüssig halten, meine Ansichten öffentlich auszusprechen. Was ich seitlängst für richtig anerkannte und glaubte anerkennen zu müssen, dies fern von aller Anmaßung, jedoch unbefangen, mitzutheilen, ist der Zweck der gegenwärtigen Abhandlung. Wobei ich wünsche, das bereits Bekannte als bekannt vorausgesetzt, rücksichtlich des Neuen dagegen, welches für diesen Gegenstand vorzutragen war, diejenige Ausführlichkeit gewählt zu haben, die nothwendig ist, um nicht unbegründetem Zweifel Dritter ohne Grund Raum zu geben.

Ob ich jedoch das, was ich suchte, gefunden habe, nemlich die Wahrheit, nach welcher allein ich strebte, ob es mir gelungen sei, die von neueren Juristen selbst noch in unseren Tagen mit Ausführlichkeit hingestellten Behauptungen zu beseitigen, darüber werden Sachkenner zu entscheiden haben, und von diesen wird jede gründliche Beurtheilung jederzeit mir willkommen, sogar wünschenswerth sein.

Greifswald im März 1836.

v. Tigerström.

Das Recht der bonae fidei possessio.

§. 1.

So einfach auch die Lehre der bonae fidei possessio in ihrem ganzen Umfange dasteht, wenn wir von dem obersten Gesichtspunkte ausgehen, so ist sie doch rücksichtlich ihrer Anwendung unter den neueren und neuesten Juristen ein Gegenstand vielfacher Erörterungen und des Streites geworden. Jene Controversen lassen sich jedoch weniger von einem gemeinsamen Standpunkte aus übersehen, da sie meist nur Nebenpunkte, fast untergeordnete Nebenpunkte, betreffen. Ist gleich von Verschiedenen behauptet worden, das Recht der bonae fidei possessio sei prätorisches oder fingirtes Eigenthum [1]), oder was dasselbe sagt, es gelte hier die Fiction der vollendeten Usucapion [2]), sie gelte selbst schon als Eigenthum, ungeachtet die

1) Fritz in seinen Erläuterungen, Berichtigungen und Zusätzen zu v. Wening Ingenheim's Lehrbuch des gemeinen Civil-Rechts (Freiburg 1834) Bd. 2. c. 1. S. 290. spricht von einem prätorischen Eigenthum des *bonae fidei possessor*; ebenfalls Gesterding in s. Lehre vom Eigenthum. Zimmern im Rhein. Museum S. 330. nennt dasselbe Recht des bonae fidei possessor: fingirtes Eigenthum.

2) Die Fiction der vollendeten Usucapion erwähnen unter Anderen Henschel, Archiv für civilistische Praxis IX. S. 320;

Usucapion noch nicht vollendet sei [3]); was Anderen ein höchst auffallendes Problem zu sein schien, auch übersehen wurde, wenn es gleich nicht bestritten werden konnte [4]): so ist man doch weit davon entfernt gewesen, den Grund und die Bedeutung dieses Eigenthums richtig zu verstehen, und, was dabei das Wichtigste ist, von dem geschichtlichen Principe aus die einzelnen Anwendungen aufzufassen.

Grade am meisten scheint v. Savigny die Zeitgenossen von dem richtigen Wege abgeleitet zu haben, der in seiner Abhandlung über die Lehre des Besitzes manche unsere Materie betreffende Gegenstände berührt, und dabei von einem unrichtigen Gesichtspunkte ausgegangen ist. Zunächst über den Fruchtgenuß des *bonae fidei possessor* hat v. Savigny von der gewöhnlichen Theorie abweichende Ansichten vorgetragen [5]). Diese,

---

Backe diss. bonae fidei possessor quemadmodum fructus suos faciat? (Berol. 1825) pag. 76.; Zimmern im Rhein. Museum a. a. O.

3) v. Savigny das Recht des Besitzes §. 3. (2) sagt: „wegen „der publicianischen Klage, die schon jetzt mit ihm (nemlich dem „Besitze) verbunden ist, gelte er selbst schon als Eigen- „thum." Dieser Umstand ist a. a. O. selbst genauer dahin bestimmt: es sei kein practischer Irrthum zu befürchten, wenn man diese Art des Eigenthums, wie die Usucapion, als eine Folge des bloßen Besitzes betrachte, es sei dabei, da die actio Publiciana im neueren Rechte der rei vindicatio immer näher gekommen sei, eigentlich nicht mehr vom bloßen Besitze die Rede, sondern es sei ein ähnliches Verhältniß, wie wenn durch Occupation und Tradition das wahre Eigenthum erworben werde. Auch hätten in dieser Hinsicht von jeher die meisten Juristen den Besitz als Eigenthum behandelt.

Der Ausdruck publicianisches Eigenthum, welchen v. Savigny a. a. O. §. 3. (3) in Betreff der Früchte, die vom bonae fidei possessor gewonnen werden, gebraucht, ist nur eine anderweitige Bezeichnung derselben Sache.

4) Man hat dieses sogar ein civilistisches Mährchen genannt.

5) Das Recht des Besitzes §. 3. (3) und §. 22. a. v. Savigny geht bekanntlich davon aus, das Recht an den Früchten sei nichts anderes, als publicianisches Eigenthum, bezogen auf die allgemeine

wenn sie auch als nicht zur Sache gehörig hingestellt wurden, konnten im allgemeinen um so mehr Eingang finden, als sie von obersten Grundsätzen des Römischen Rechtes abgeleitet zu sein schienen [6]), während die entgegengesetzte Theorie, so, wie sie vorgetragen wurde, alles eigentlichen Grundes entbehrte, und daher als größte Singularität erscheinen mußte [7]). Ferner die eigentliche Bedeutung der *actio Publiciana* ist von demselben Verfasser nicht bloß mißverstanden, sondern zugleich in den Hintergrund gedrängt worden [8]); welches Mißverständniß seitdem die Anhänger getheilt haben, wie anderseits ebenso diese Klage fast ganz übersehen worden ist. Endlich, — um andere Punkte zu übergehen, welche ebenso die Hauptsache betreffen — die sogenannten possessorischen Interdicte sind hier in einer solchen Bedeutung hingestellt und behandelt worden, welche weder durch die Quellen des justinianeischen Rechtes, noch durch die Geschichte gerechtfertigt wird [9]); während die Bedenklichkeiten

---

Regel der Accession, deshalb gelte in Rücksicht der Früchte, welche vom bonae fidei possessor erlangt werden, alles, was von der bona fide besessenen Hauptsache selbst gelte. Wer eine fremde Sache so besitze, daß er sie für sein Eigenthum halte und aus einem juristischen Grunde dafür halten müsse (bona fides und justa causa), erwerbe an den Früchten dieser Sache das Eigenthum wirklich (fructuum perceptio). Dieses aber werde von den Meisten ohne Grund als etwas ganz einzelnes betrachtet, und unter die bedeutendsten Vortheile des bloßen Besitzes gerechnet.

6) Insofern nemlich v. Savigny auch hier den Grundsatz zur Anwendung bringt, es könne kein anderes Recht an der Frucht gedacht werden, als das an der Hauptsache.

7) Selbst Backe, der die entgegengesetzte ältere Ansicht vertheidigt, gibt dies zu, und ist genöthigt, einer höchst eigenthümlichen Erklärung das Wort zu reden.

8) Dieselbe, ungeachtet sie sich eigentlich auf den Besitz, nemlich des bonae fidei possessor bezieht, findet nur a. a. O. §. 3. (2) gelegentliche Erwähnung, und bleibt für die ganze folgende Darstellung unbeachtet.

9) Jene Ansicht, auf welche wir wiederholt zurückkommen werden, besteht kurz darin, die Interdicte unde vi, uti possidetis und

uud Einwürfe Anderer bei der Zahl der Anhänger jener hochgeachteten Resultate verhallten.

Ich enthalte mich gern, schon hier im Eingange gegen jene allgemein verbreiteten Ansichten meine Meinung auszusprechen. Erst im Detail wird das Abweichende derselben vollständig vorgetragen und nachgewiesen werden können, woselbst auch die gegnerischen Ansichten ihre Erledigung finden müssen.

Daß die Meinungen anders Denkender übersehen wurden, und fast so ganz unberücksichtigt blieben, davon ließe sich der Grund vielleicht darin finden, daß gegen manche derselben sich noch mehr Einwürfe würden rechtfertigen lassen, als gegen die, welche bestritten wurden. Dabei darf es jedoch nicht übersehen werden, daß es auch unter den Gegnern nicht an selbstständigen Denkern gefehlt hat. Manche nicht unbegründete Zweifel ließen sich bei ruhiger und unbefangener Erörterung der Quellen entgegenstellen, und schon aus diesem Grunde würde eine genauere Untersuchung über unseren Gegenstand nur zeitgemäß genannt werden können.

Rühmliche Erwähnung rücksichtlich der Fruchtperception des bonae fidei possessor verdient jedenfalls Backe [10]), der mit Ausführlichkeit gegen Savigny auftrat, die älteste Ansicht über diesen Punkt, die Ansicht der Glossatoren in Schutz

---

utrubi seien die Folge des juristischen Besitzes, welcher, ganz abgesehen von der bonae fidei possessio, in einem bloßen factischen Innehaben, verbunden mit der Absicht Eigenthum oder juristischen Besitz (possessio) haben zu wollen, bestehe. Diese Interdicte sind nach v. Savigny die alleinige Folge des juristischen Besitzes, des an sich bloß factischen Innehabens, da die Usucapion als eine zweite Folge des juristischen Besitzes nicht bloß diesen allein voraussetze, sondern zugleich auch den Umstand, daß derselbe bona fide und justo titulo angefangen habe. Diese Interdicte stehen also mit dem von v. Savigny ausgezeichneten Besitz in der innigsten Verbindung.

10) Diss. bonae fidei possessor quemadmodum fructus suos faciat? Berol. 1825.

nahm, und dabei die vorhandenen Quellenzeugnisse einer genaueren Prüfung unterzog.

Erfreulich, höchst erfreulich kann es genannt werden, wenn selbst von practischen Juristen unbefangen eine Stimme geäußert wurde. Die eigentliche Bedeutung der *actio Publiciana* hat in unseren Tagen Kritz [11]) zu erörtern versucht, ohne jedoch als Gegner Savigny's aufgetreten zu sein, und das Abweichende der gegnerischen Theorie beseitigt zu haben. Läßt gleich Plan und Darstellung manches zu wünschen übrig, so ist doch vieles, was in unsere Materie gehört, angeregt worden, und was die rei vindicatio anbetrifft, ist er der gewöhnlichen Ansicht entgegengetreten.

Ueber den Rechtsgrund der sogenannten possessorischen Interdicte haben ganz Verschiedene ihre entgegengesetzte Meinung ausgesprochen, welche jedoch eben so sehr von einander abweichen. Als der neueste hierher gehörige Schriftsteller mag jedoch nur v. Thaden [12]) genannt werden, der aus manchen ganz richtigen Gesichtspunkten die gewöhnliche Theorie auch in Betreff des Besitzes selbst bestritten hat [13]); in welcher Hinsicht er schon andere ausgezeichnete Gewährsmänner für sich hatte [14]).

---

11) Darstellung practischer Materien des Römischen Rechtes, 1. Bd. Ueber die Vindication und die Publicianische Klage 1831.

12) Allgemeine Untersuchungen über den Begriff der Römischen Interdicte und dessen Classification im Rechtssystem 1833.

13) Rudorf in der Zeitschr. für geschichtliche Rechtswissenschaft Bd. VII. S. 90 ff. ist nur in unbedeutenden Punkten von der Savignyschen Theorie abgewichen.

14) Für die an sich rechtliche Natur des Interdicten-Besitzes entschied sich jedoch nicht ohne Grund eine Menge der heutigen Juristen. Mehrere derselben sind schon von v. Thaden a. a. O. S. 27. genannt worden, von welchem Verfasser Gans als derjenige ausgezeichnet wird, der hier auf eine mehr wissenschaftliche Weise zu Werke gegangen sei. Viele gaben jedoch ihre desfallsige Meinung nur an, ohne daß eine Erörterung dieses Gegenstandes in ihrem Plane lag, weshalb sie hier nicht eigentlich genannt zu werden verdienen.

Aber vielleicht, weil auch er in der Hauptsache auf dem basirt, was v. Savigny behauptet hat, und bloß gegen Einzelnes Bedenklichkeiten äußert, kann es ihm weniger gelingen, das Gegentheil mit Grund auszusprechen.

Die Bestrittenheit und die Zweifel gegen jene Ansichten haben darin ihren Grund, daß dieselben mit den vorhandenen Quellenzeugnissen und Rechtsgrundsätzen in Widerspruch gerathen. In der Hauptsache konnte es jedoch den Gegnern durchweg weniger gelingen, das Gegentheil zu rechtfertigen, weil man nicht von den hier entscheidenden geschichtlichen Grundsätzen ausging. Wünschenswerth wäre es in der That, über manche dieser Streitpunkte einmal hinwegzukommen, wenigstens ist der Boden, auf welchem wir hier stehen, nicht unsicher.

Als ein sehr wesentlicher Incidentpunkt für die Lehre der bonae fidei possessio kommt die Frage in Betracht, was im einzelnen der Eigenthümer bei seiner rei vindicatio zu beweisen habe. Durch die Erörterung dieses Umstandes kann erst unsere Lehre, wie sie in den Rechtsquellen vorgetragen ist, inneren Gehalt und Festigkeit erlangen. Doch auch über diesen Punkt sind die Ansichten, selbst noch in unserer Zeit, getheilt, und die Sache ist mehr bestritten, als man es bei einem so wichtigen Gegenstande wünschen möchte. Mit regem Eifer sind hier die Waffen gegen einander geführt worden; jedoch scheint das Resultat dieses Streites nicht auf zu sicheren Stützen zu beruhen, wenigstens wird es aus allgemeinen Gründen schon höchst bedenklich, diejenige Ansicht, welche gegenwärtig sich rühmt den Sieg davon getragen zu haben, für die richtige zu halten. Grade hierbei wird sich recht deutlich zeigen, wie leicht man auf Scheingründe bauend das Richtige verfehlen kann: wenn es gleich so scheinen muß, als wäre man manchen Streites überhoben gewesen, wenn man zuvor den Streitgegenstand selbst gehörig bestimmt hätte.

§. 2.

Was zunächst den Begriff der bonae fidei possessio anbetrifft, so ist darüber weniger gestritten.

Wir verstehen unter bonae fidei possessio denjenigen Zustand, welcher in Folge einer rechtmäßigen derivativen Erwerbart herbeigeführt wird, in welchem **man glaubt, wirklicher Eigenthümer der übertragenen Sache geworden zu sein** [1]), **oder nicht weiß, daß ein Anderer Eigenthümer sei** [2]).

---

1) Hierauf gehen in l. 48. D. de usurp. die Worte: „sufficit enim, „*me putare meum esse*, cum solvis"; ebenso, wenn es in l. 5. §. 1. D. pro suo heißt: „Sed id, quod quis, *cum suum esse existimaret*, possederit, usucapiet". Darauf deutet das in l. 20. §. 12. D. de hered. pet. in Rücksicht der Erben Angegebene: „eos, „*qui se heredes existimassent*", auch l. 27. D. de contrahend. emt.: „Qui a quolibet rem emit, *quam putat ipsius esse*, bona „fide emit". Vergl. auch: l. 44. §. 1. D. de usurp. et usuc. l. 15. §. 2. u. 3. eod. l. 2. §. 13. D. pro emtor. l. 6. §. 1. l. 7. §. 4. D. eod. tit.

2) Siehe besonders l. 109. D. de V. S.: „Bonae fidei emtor vi- „detur, *qui ignoravit rem alienam esse*". Dieses letztere besagt in der That nichts anderes, als den Glauben, daß man Eigenthümer der empfangenen Sache geworden sei. Nichts anderes ist der Glaube, daß der Auctor Eigenthümer war, §. 2. I. de usucap et long. temp. praescr., weil man nur unter dieser Voraussetzung selbst Eigenthümer geworden sein kann. — Jener gute Glaube ist nemlich gegründet auf die vorgekommene **rechtmäßige Erwerbart**; mag diese selbst in Wirklichkeit vorgekommen sein, oder der Empfänger sich nur rücksichtlich derselben in gutem Glauben befinden. Er ist ebenso gegründet auf die **Veräußernngsfähigkeit** der Sache überhaupt, ferner auf **das Recht, die Veräußerung vornehmen zu können**; z. B. als Stellvertreter, worauf l. 109. D. de V. S. deutet: „Bonae fidei emtor videtur, qui putavit, eum, qui vendidit, *jus vendendi habere*, puta, procuratorem aut tutorem esse". In Rücksicht beider Umstände ist es jedoch genügend, wenn der Empfänger sich nur in einem gerechten Irrthum befindet, welcher niemals in einem error juris bestehen kann. „A

Dieser Zustand führt durch fortgesetzten Besitz auf dem Wege der Usucapion zum wirklichen Erwerbe des Eigenthums, in der Art, daß die eine bestimmte Zeit hindurch besessene Sache von dem früheren Eigenthümer nicht mehr abgefordert werden kann [3]). Usucapion und der Zustand der bonae fidei possessio sind dabei wesentlich von einander zu unterscheiden, da man erst nach vollendeter Usucapion wirklich Eigenthümer der übertragenen Sache geworden sein kann, und nur diese bei jener als nothwendige Bedingung vorausgesetzt wird. Die Regeln der Usucapion und die einzelnen Bedingungen, welche sich auf dieselbe beziehen, interessiren uns an diesem Orte nicht, sie bleiben daher für die folgende Darstellung ausgeschlossen, bei welcher nur die bonae fidei possessio an und für sich betrachtet der Gegenstand sein wird [4]).

Solange man die übertragene Sache noch nicht usucapirt hat, mithin bonae fidei possessor ist, bleibt der Empfänger, ungeachtet der rechtmäßigen Erwerbart, Innehaber der Sache, ohne ein wirkliches Recht an der Sache erlangt zu haben; obgleich jenes factische Innehaben stets mit der Absicht, Eigenthümer zu sein (animus dominii, oder rem sibi habendi), verbunden ist [5]). Er kann nicht Eigenthümer sein, weil der Vorgän-

---

„qui sine tutoris auctoritate a pupillo emit, vel falso tutore „autore, quem scit tutorem non esse, non videtur bona fide „emere, ut et Sabinus scripsit"; l. 27. D. de contrah. emt.

3) Der Eigenthümer verliert durch Usucapion sein Recht gewissermaßen zur Strafe, insofern er überaus nachlässig handelt, wenn er in jenen durch's Gesetz bestimmten Fristen sich nicht um seine Sache bekümmert; l. 1. D. de usurp. et usuc.: „. . . cum sufficeret „dominis ad inquietandas res suas statuti temporis spatium". Vergl. pr. I. de usucap. et long. temp. praescr.

4) Nur beiläufig werden wir auf die Usucapion recurriren, wo eine Erwähnung derselben nothwendig wird; besonders um zu zeigen, daß die bonae fidei possessio im einzelnen von der Usucapion ganz unabhängig sei.

5) Aus diesem Grunde können nicht bonae fidei possessores sein, welche überhaupt nicht Eigenthümer sein können; denn für diese

ger es nicht war; ungeachtet dieser die Absicht hatte, Eigenthum zu übertragen [6]), war er ein non dominus, und konnte niemals mehr Recht übertragen, als er selbst hatte, nach der allgemeinen Regel: *nemo plus juris in alium transferre potest, quam ipse habet* [7]).

Obiger Satz, wie er in Nothwendigkeit gegründet ist, muß für das Römische Recht ganz allgemein zur Anwendung kommen. Das Römische Recht kennt in der That nur höchst untergeordnete Ausnahmen von dieser Regel, die in besonderen

---

kann die Absicht, daß sie Eigenthümer sein wollen, nicht rechtlich gedacht werden. Dahin gehören alle diejenigen, welche nach Römischem Rechte kein eigenes Vermögen haben können: die *filii familias*, jedoch weniger im neueren, als im älteren Rechte, Sclaven und die diesen gleichgestellten Kriegsgefangenen. Vergl. v. Savigny das Recht des Besitzes §. 9. Kinder, welche sich unter der Tutel, Minderjährige, welche sich unter der Curatel befinden, können Eigenthümer und bonae fidei possessores sein; ebenso Wahnsinnige, l. 4. §. 3. D. de usurp. et. usuc. l. 44. §. 6. D. eod.

Anderseits kann diese Absicht nicht gedacht werden bei res extra commercium. Dahin gehören der freie Mensch (liber homo), die *res divini juris, res publicae, communes, universitatis*; sieh. v. Savigny das Recht des Besitzes §. 9. Außerdem ist aber noch eine Reihe sonstiger Gegenstände rechtlich ganz in dieselbe Kathegorie zu stellen.

6) Es ist nemlich auch hier für die bonae fidei possessio ganz dasselbe erforderlich, was für die Uebertragung des Eigenthums.

7) Dieser Satz selbst ist in einer Reihe der deutlichsten Quellenzeugnisse ausgesprochen:

1) l. 54. D. de R. I.

„*Nemo plus juris in alium transferre potest, quam ipse haberet*".

2) l. 27. §. 1. D. de noxal. act.

„ . . . *quia nullum ad actorem dominium transferre possunt,*
„*cum ipsi domini non sint*".

3) l. 20. pr. D. de adquir. rer. dom.

„*Traditio nihil amplius transferre debet vel potest ad eum,*
„*qui accipit, quam est apud eum, qui tradit.* Si igitur quis
„dominium in fundo . . . non habuit, ad eum, qui accipit, *nihil*
„*transfert*".

Umständen ihren Grund haben [8]). Derselbe ist auch von den neueren Juristen nicht bestritten worden, wenn man ihn gleich als dem Recht der bonae fidei possessio widersprechend ansah, und zu den allerverschiedensten Beweisen benutzt hat.

Insofern also nur der wirkliche Eigenthümer den Empfänger in Folge einer rechtmäßigen Uebertragung zum Eigenthümer machen kann [9]), hat man ganz Recht, wenn man die bonae fidei possessio an und für sich ein bloßes Factum des Innehabens, den bonae fidei possessor demnach einen bloß factischen Innehaber der Sache nennt, denn der Umstand, daß man bona fide und justo titulo angefangen hat zu besitzen, kann darin nichts ändern. Aber nur für die bonae fidei possessio ist dies wahr, wie sich weiter unten vollständig ergeben wird, obgleich v. Savigny obiges für den Besitz überhaupt, den

---

4) l. 14. C. de donat.
„Si filius tuus res ad te pertinentes sponsae suae, te non consentiente donavit: *ad eam, quod non habuit, transferre non* „*potuit*". Sachen der Mutter kann der Sohn nemlich nur dann gültig seiner Braut schenken, wenn die Mutter selbst einwilligt. In dieser Einwilligung liegt dann die Entäußerung des Eigenthums von ihrer Seite.

8) Dahin gehört namentlich die Entäußerung von Seiten des Fiscus. Mag diese auf dem Wege des Verkaufs, der Schenkung, oder in Folge eines sonstigen Rechtsgeschäftes vor sich gegangen sein, so soll der Empfänger sogleich gegen die Ansprüche Dritter gesichert sein. Nur gegen den Fiscus kann der Dritte seine Ansprüche binnen 4 Jahren realisiren; l. 2. u. 3. C. de quadriennii praescr. §. ult. I. de usucap. Ebenfalls gehört hierher die Specification wegen ihres besonderen Grundes, auch die Accession.

9) Hierher gehört l. 20. pr. D. de adquir. rer. dom.: „*Si igitur* „*quis dominium in fundo habuit, id tradendo transfert*". Versteht sich nur unter der Voraussetzung, daß der Tradition selbst ein bestimmtes Rechtsgeschäft voraufging. „Nunquam nuda traditio „transfert dominium, sed ita, *si venditio, aut aliqua justa causa* „*praecesserit*, propter quam traditio sequeretur"; l. 31. D. de acquirendo rerum dominio. Vergl. Ulp. fragm. 1, 16.

juristischen Besitz nemlich, in einer ganz anderen Bedeutung behauptet [10]).

Diese bloß factische Seite der bonae fidei possessio zeigt sich besonders in dem endlichen Resultat, wenn der wirkliche Eigenthümer gegen ihn seinen Anspruch geltend macht. Eben nur deshalb, weil der bonae fidei possessor factischer Innehaber des besessenen Objectes ist, kann dieses demselben von dem Eigenthümer abgefordert werden. Der Eigenthümer nemlich als Berechtigter, als Alleinberechtigter, verlangt die Anerkennung seines Rechtes von jedem Dritten ohne Unterschied [11]). In Folge dieser Anerkennung muß die Sache, und diese mit allem Zubehör, mit allem Zuwachs, den dieselbe in der Zwischenzeit erlangt hat (cum omni causa), zurückgegeben werden [12]), eben dasselbe Recht nemlich, was sich auf die Hauptsache bezieht, erstreckt sich auf die vorhandene Nebensache [13]).

---

10) S. v. Savigny d. Recht des Besitzes §. 2., wo die entgegengesetzte Behauptung im allgemeinen ausgesprochen wird. Auf die Sache selbst werden wir weiter unten zurückkommen.

11) Weil nemlich kein Anderer neben ihm ein gleiches Recht an der Sache in Anspruch nehmen kann.

12) Dieses selbst gehört in die Lehre des Eigenthums, betrifft das Resultat der rei vindicatio, und kann an diesem Orte als bekannt vorausgesetzt werden. Auch sind über diesen Punkt keine Zweifel geäußert worden. Der Beklagte kann bei der rei vindicatio sowohl bonae, als malae fidei possessor sein. Gegen beide wird der Eigenthümer sein Recht geltend machen, wenn gleich auf verschiedene Weise.

13) Von der factischen Natur des Besitzes sprechen folgende Stellen, welche auf die bonae fidei possessio bezogen werden müssen: „Possessio autem *plurimum facti* habet, *causa vero facti* non continetur postliminio"; l. 19. D. ex quib. caus. major. — „Ofilius quidem et Nerva filius, etiam sine tutoris auctoritate possidere incipere posse pupillum ajunt: *eam enim rem facti*, non juris esse; l. 1. §. 3. D. de poss. — . . . quod *naturaliter adquiritur, sicuti est possessio*, . . . per quemlibet adquirimus"; l. 53. D. de adquir. rer. dom. Die erste Stelle spricht von der bonae fidei possessio ausdrücklich, in den vorhergehenden Worten ist davon die Rede, daß die Usucapion noch nicht vollendet sei.

§. 3.

Es ist bis jetzt ausgeführt und zugleich bewiesen worden, daß die bonae fidei possessio an sich ein bloßes Factum des Innehabens sei. Dieses ist am wenigsten bestritten worden; aber sie ist dabei selbst ein **Recht**[1]). Beides ist von einander ganz unabhängig, und steht durchaus nicht mit sich im Widerspruch. Getrennt von jenem ersteren Umstande, hat dieses sehr wichtige Resultate herbeigeführt. Das Römische Recht zeichnet nicht bloß eine Reihe von Wirkungen dieses Rechtes aus, sondern es behandelt hier ebenso, wie bei jedem Rechte überhaupt, die Frage, wie es erworben und wie es verloren werde. Nur in letzterer Hinsicht ist die bonae fidei possessio ein Gegenstand rechtlicher Erörterung, — die Aufgabe der gegenwärtigen Untersuchung [2]).

---

1) Die **rechtliche** Natur des Besitzes, im Gegensatz des Faktischen des Besitzes, wird in folgenden Stellen ausgezeichnet: „*et plurimum ex jure possessio mutuetur*"; l. 49. pr. D. de possess. „possessio non tantum corporis, *sed et juris est*"; l. 49. §. 1. D. de poss. v. **Savigny** d. Recht des Besitzes §. 5. fügt bei diesen Stellen die Erklärung hinzu, es sei nicht so die Rede von der Wirkung, was den Besitz zu einem Rechtsverhältniß mache, sondern der Besitz selbst, als die Bedingung jener Wirkung, erhalte hier juristische Bestimmungen. Bestimmter als jene beiden Stellen, schon aus dem Grunde, weil ausdrücklich der bonae fidei possessio gedacht wird, ist jedenfalls l. 10. C. de adquir. et retinend. poss.: „Nemo ambigit, possessionis duplicem esse rationem; aliam, „*quae jure consistit*, aliam, quae corpore: utramque autem ita „demum esse legitimam, cum omnium adversariorum silentio et „taciturnitate firmatur" cet., d. h. nemlich, wenn die Usucapion selbst vollendet ist. — Nicht aber gehört hierher l. 2. D. uti possid., wo nur von dem Rechte des **Beklagten** die Rede ist. Es heißt nemlich: „Qualiscunque enim possessor hoc ipso, quod „possessor est, plus juris habet, quam ille, qui non possidet".

2) Ausdrücklich muß schon hier gegen v. **Savigny** bemerkt werden, daß, abgesehen von der bonae fidei possessio, nicht noch ein Recht des Besitzes in den Römischen Rechtsquellen erwähnt werde. Dieses zu zeigen, wird zugleich ebenso der Zweck der folgenden Darstellung sein; aber die Wirkungen jenes Rechtes bestehen am wenigsten aus-

Ueber dieses Rechtsverhältniß gibt uns besonders Gajus [3]) Aufschluß, der auf das Bestimmteste sich dahin ausspricht, es werde für den bonae fidei possessor Eigenthum fingirt. Als fingirter Eigenthümer werde derselbe durch die Klage dieses fingirten Eigenthums gegen Dritte geschützt, durch die actio in rem *Publiciana*, welche den Namen von ihrem Erfinder, dem Prätor Publicius, erhielt [4]). Ungeachtet also der bonae fidei possessor noch nicht usucapirt hat, ist dennoch fingirt worden, daß die Usucapion vollendet, demnach der bonae fidei possessor Eigenthümer geworden sei:

„Ejusdem generis est Publiciana actio. Datur autem „haec actio ei, qui ex justa causa traditam sibi rem [5]) „nondum usucepit, eamque amissa possessione petit. Nam „quia non potest eam ex jure Quiritium suam esse intendere, *fingitur rem usucepisse, et ita quasi ex jure „Quiritium* [6]) *dominus factus esset.*"

Demnach konnte auch dem judex keine andere Formel von dem Prätor gegeben werden, als welche bei Anstellung der rei vindicatio gegeben zu werden pflegte. Gajus selbst gibt eine

---

schließlich in dem Schutz der Interdicte, was v. Savigny behauptet. Somit ist also in der Hauptsache meine Ansicht eine durchaus abweichende.

3) Gaj. IV. 36.

4) Darüber vergleiche: §. 4. I. de action. „quae actio Publiciana „appellatur, *quoniam primum a Publicio Praetore in Edicto „proposita est.*"; l. 1. pr. l. 3. §. 1. D. de Publ. in rem act.

5) Gajus gedenkt in dieser Stelle nur der Tradition als gültigen Eigenthumserwerbart. Der Prätor selbst hatte bei Einführung der actio Publiciana nur die Tradition vor Augen, nach l. 1. pr. D. de Public. in rem. act. Daher konnte Gajus bei dieser Gelegenheit, wo er die actiones fictitiae aufzählt, sich völlig mit dieser Angabe begnügen, wenn auch schon zu seiner Zeit, d. h. schon zur Zeit der classischen Juristen überhaupt, dasselbe Princip für alle übrige derivative Erwerbarten des Eigenthums zur Anwendung gebracht war; tit. D. de Public. in rem action.

6) Zu Gajus Zeit war noch der Gegensatz des ex jure Quiritium und des in bonis praktisch bedeutsam.

hierher gehörige, auf den Streit des bonae fidei possessor sich beziehende, Formel an, und erwähnt dabei, daß auch hier, als wenn der bonae fidei possessor bereits Eigenthümer geworden sei, der Zusatz *ex jure Quiritium* nicht gefehlt habe [7]), welcher Zusatz nur für das wirkliche Römische Eigenthum Sinn und Bedeutung hat.

Das Rechtsverhältniß der bonae fidei possessio, dieses an sich factischen Verhältnisses, ist also Eigenthum, Eigenthum in Folge einer Fiction der Prätors Publicius, der zuerst jener Klage Eingang verschaffte. Denn jede Klage kann nicht ohne ein bestimmtes Rechtsverhältniß gedacht werden, wie anderseits ein Rechtsverhältniß nur erst durch den Schutz der Klage seine Bedeutung erlangt. Insofern kann man dieses fingirte Eigenthum eben so gut prätorisches, oder von dem Erfinder publicianisches Eigenthum nennen. Die Fiction der vollendeten Usucapion nemlich soll nach dem Willen des Prätors Publicius für die bonae fidei possessio entscheiden. — Jede Fiction erzeugt in dem Umfang, in welchem sie vorhanden ist, den Zustand eines wirklichen Rechtes; sie ist aber hier nicht auf augenblickliche und einmalige Abhülfe berechnet, sondern selbst, wie sich weiter unten ergeben wird, in der Nothwendigkeit gegründet. Eben deshalb mußte sie für alle spätere Jahrhunderte, und selbst noch für die neueste Zeit fortbestehen.

Mit dem von Gajus Angegebenen stimmt auf das Genaueste überein, was sich in den Institutionen Justinian's über das Rechtsverhältniß der bonae fidei possessio vorfindet. „Namque, heißt es hier [8]), si cui ex justa causa res aliqua tra„dita fuerit, veluti ex causa emtionis, aut donationis, aut dotis, „aut legatorum, necdum ejus rei dominus effectus est: si ejus

---

7) Gajus sagt: „hoc modo: *judex esto, si quem hominem Aulus „Agerius emit, quique et traditus est, anno possedisset, tum si „eum hominem, de quo agitur, ex jure Quiritium esse oporte„ret* et reliqua".

8) §. 4. I. de actionib.

„rei possessionem casu amiserit, nullam habet directam actionem „ad eam persequendam: quippe ita proditae sunt jure civili ac„tiones, ut quis dominium suum vindicet. Sed quia sane durum „erat, eo casu deficere actionem, *inventa est a Praetore actio,* „*in qua dicit is, qui possessionem amisit, eam rem se usu*„*cepisse, et ita vindicat suam esse.*" Die Sache wird eben so bestimmt schon in dem vorhergehenden §. der Institutionen [9]) durch die Worte angedeutet: „Ecce plerumque ita permittitur in „rem agere, *ut vel actor diceret, se quasi usucepisse, quod* „*non usuceperit,*" wo das *quasi* nur richtig auf jene prätorische Fiction bezogen werden kann, da die Sache in Wirklichkeit nicht usucapirt war [10]). Das *ex jure Quiritium* konnte jedoch für das neueste Römische Recht nicht füglich erwähnt werden, nachdem der frühere Gegensatz in Betreff des Eigenthums selbst verschwunden war [11]).

Von diesem Gesichtspunkte aus werden wir im Stande sein, die diese Materie betreffenden Rechtsquellen richtig zu beurtheilen. Als Eigenthümer wird der bonae fidei possessor in Folge jener Fiction behandelt, so lange die bonae fidei possessio überhaupt existirt, so lange nicht der wahre Eigenthümer, oder ein Mehrberechtigter gegen ihn auftritt, ihn demnach zum malae fidei possessor macht [12]); denn es soll durch jene Fiction

9) §. 3. I. de action.

10) In demselben Sinne sagt auch Gajus a. a. O.: „et ita *quasi* „ex jure Quiritium dominus factus esset". Denn im einzelnen bleiben immer noch manche Punkte übrig, wodurch sich das fingirte Eigenthum von dem wirklichen wesentlich unterscheidet, wie die folgende Darstellung selbst genauer angeben wird.

11) Eben so waren die Formeln, welcher noch Gajus, namentlich in Betreff der actio Publiciana gedenkt, zu Justinian's Zeit schon längst außer Gebrauch gekommen, weshalb denn am wenigsten noch dieser für unsere Klage in den Institutionen Erwähnung geschehen konnte.

12) Jedoch ist rücksichtlich der Usucapion wenigstens hier zu bemerken, daß eine mala fides superveniens bei dem einmal bona fide angefangenen Besitze nicht schade, wenigstens nach Römischem Rechte.

am wenigsten das Recht des wahren Eigenthümers, oder auch nur eines Mehrberechtigten gefährdet werden [13]). Aber insofern es ein Recht des Besitzes gibt (*jus possessionis* [14])), sind hier alle die Fragen in Betracht zu ziehen, welche für jedes Recht oder, was hier entscheidet, für das Eigenthum in Betracht kommen. Das Römische Recht spricht demnach in Rücksicht des Besitzes der bonae fidei possessio, nicht bloß von den Wirkungen dieses fingirten Eigenthums, insofern diese Fiction in vollem Umfange das Recht eines wirklichen Eigenthums herbeiführt: es behandelt ebenso die Frage, wie dieses fingirte Eigenthum entstehe und aufhöre.

Dies sind die Punkte, welche im Folgenden der Gegenstand sein werden; sie insgesammt sind zudem für ein bloß factisches Verhältniß völlig undenkbar. Denn wie einestheils von einem bloßen Factum als solchem keine juristische Wirkungen abhängig gedacht werden können [15]), so kann für ein bloß factisches Ver-

---

S. l. 7. §. 4. l. 2. §. 13. D. pr. emtor. l. 15. §. 2. D. de usurpation. et usuc. §. 12. J. de usucap. Wie sich dieses bei der bonae fidei possessio verhalte, werden wir weiter unten sehen.

13) Im allgemeinen wird dies in l. ult. D. de Publ. in rem act. angedeutet: „Publiciana actio *non ideo comparata est, ut res* „*domino auferatur*."

14) Von einem *jus possessionis* ist in verschiedenen Stellen die Rede, nemlich in l. 44. *pr. D. de possess.*, l. 2. §. 38. *D. ne quid in loc. public.* l. 5. §. 1. *D. ad leg. Jul. de vi public.* l. 5. *C. de liberal. caus.* v. Savigny d. Recht d. Besitzes §. 5. erklärt diesen Ausdruck dahin, es sei der Besitz nur deshalb so genannt worden, weil mit demselben als einem bloßen Factum rechtliche Folgen verbunden seien. Wie sich dies anders verhalte, wird die ganze folgende Darstellung genauer zeigen.

15) Wenigstens würde, abgesehen von dem Besitze, für welchen wir dieses gradezu bestreiten, kein einziges Verhältniß angegeben werden können, wo von einem Nichts rechtliche Wirkungen abhängig sind. Rechtliche Wirkungen sind vielmehr überall nur die Folge eines vorhandenen Rechtes.

hältniß, ein leeres Nichts, weder ein rechtlicher Erwerb, noch ein rechtliches Aufhören angenommen werden [16]).

Die ganze Darstellung kann erst Klarheit erlangen, wenn das Einzelne von seinem Princip aus betrachtet wird. Es kommt hierbei darauf an, den Grund jener Fiction einzusehen, weshalb der Prätor genöthigt war, ein Eigenthum zu fingiren. Ohne die desfallsige Erörterung würden wir an dem Geist des Römischen Rechtes irre werden, da jene Fiction an und für sich die größte Singularität zu enthalten scheint. Grade diese Frage gibt über den Geist dieses Rechtsverhältnisses völligen Aufschluß, und deshalb wird dieselbe schon hier zweckmäßig beantwortet werden [17]).

16) In Rücksicht des Erwerbes und Verlustes, welche Punkte v. Savigny für den Besitz als lein bloß factisches Verhältniß sehr ausführlich behandelt, scheint derselbe das Unhaltbare seiner Behauptung wenigstens gefühlt zu haben. Er befindet sich aber in Verlegenheit, wenn er sich darüber so ausspricht: „Da nemlich der „Besitz ursprünglich ein Factum ist, so ist seine Existenz von den „Regeln unabhängig, welche das Civil-Recht, oder auch das jus „gentium über den Erwerb und den Verlust von Rechten aufge„stellt haben. So kann durch Gewalt der Besitz erworben und „verloren gehen, obgleich Gewalt keine juristische Handlung ist.“ Siehe d. Recht des Besitzes §. 5. Wie es sich in Wirklichkeit mit dem Erwerb und Verlust des Besitzes als eines Rechtes verhalte, wird unten umständlich gezeigt werden. Manche Punkte, besonders in Rücksicht des Erwerbes, hat v. Savigny ganz richtig behandelt. In dem hier angegebenen Beispiel wird unstreitig das Aufhören des factischen Innehabens, worauf der Berechtigte Anspruch machen darf, mit dem Aufhören des Rechtes selbst verwechselt. So ist man Eigenthümer, während man aufgehört hat, die Sache factisch zu besitzen, das Recht selbst dauert fort; eben die Folge des vorhandenen Rechtes ist, daß z. B. die rei vindicatio angestellt wird. Eben so verhält es sich mit dem Rechte des Besitzes als eines fingirten Eigenthums.

17) Dieses Recht der bonae fidei possessio gehört erst einer späteren Zeit an, während die Usucapion, die immer das Factische der bonae fidei possessio voraussetzt, ein sehr frühes Institut ist, selbst in die allerältesten Zeiten hinaufreicht; Cic. pr. Caec. c. 19. §. 2. J. de usucap. l. 33. D. de usurp. et usuc. l. 12.

§. 4.

Die Nothwendigkeit jener Fiction erklärt sich vollständig durch die Vorfrage, unter welcher Voraussetzung der Eigenthü-

---

§. 8. D. de captiv. et de postlim. Beide Umstände treten am wenigsten mit einander in Widerspruch, insofern jene Fiction, welche zuerst der Prätor für den bonae fidei possessor auszeichnete, erst später bei vorhandenem Bedürfnisse sich feststellte. — Jene Fiction erzeugt civilrechtliche Wirkungen, und daher erklärt es sich sehr gut, wenn dieser Besitz, der bona fide angefangen hatte, mit dem Namen *possessio civilis* bezeichnet wird, nemlich im Gegensatz des factischen Innehabens, welches *possessio* schlechthin, ebenso *possessio naturalis* in den Quellen genannt wird. Dieses bloß factische Innehaben ist dabei ein solches, was dem Eigenthum als einem rechtlichen Verhältniß correspondirt, worauf der Eigenthümer in Folge seines absoluten Rechtes einen gegründeten Anspruch hat, wenn gleich ein solches factisches Innehaben jeben so die Folge sonstiger Rechtsverhältnisse ist. Dieses factische Verhältniß kann dabei, wie sich unten ergeben wird, nicht bloß von dem Eigenthümer selbst, sondern eben so durch Dritte (Repräsentanten) bewirkt werden, für welchen letzteren Fall die Bezeichnungen: *sunt in possessione, tenent, sed non possident, corporaliter possident* technisch sind. Es gehört nicht hierher, wenn der Beklagte bei der rei vindicatio als Besitzer überhaupt mit dem Namen possessor bezeichnet wird, wenn selbst der Eigenthümer possessor, und was dabei nothwendig hinzugefügt werden muß, die Innehaber größerer dinglicher Rechte (jura in re) possessores genannt werden, ebenfalls von ihnen gesagt wird, daß sie besitzen, possident; für welche Behauptung eben so unten im Zusammenhang die zuverlässigsten Beläge vorkommen werden.

Ueber die Terminologie, welche wir im Ganzen für unwesentlich halten, verbreitet v. Savigny sich mit großer Ausführlichkeit, das Recht des Besitzes §. 7., indem er ebenfalls eine genaue Uebersicht über die Ansichten der neueren Juristen liefert; am a. O. §. 10. Er nennt diesen Theil seiner Untersuchung den wichtigsten und schwierigsten zugleich. Ungeachtet er in der Hauptsache von ganz entgegengesetzten Ansichten ausgeht, so werden dennoch die von ihm in Betracht gezogenen Quellenzeugnisse mit größter Zuverlässigkeit für unsere Behauptung benutzt werden können. Was nemlich den von ihm behaupteten juristischen Besitz, der die Interdicte zur Folge haben soll, wie er von ihm genannt wird, die possessio ad inmer mit der rei vindicatio habe durchbringen können, d. h. was von ihm darzuthun sei, um gegen Dritte sein Eigen-

---

terdicta anbetrifft, so können wir diesen hier füglich unberührt lassen, weil über die Interdicte unten ausführlich gesprochen werden muß. Nur das wollen wir bemerken, daß jene possessio nur mit diesem Namen schlechthin, niemals mit dem Zusatz ad interdicta bezeichnet wird, daß sie zugleich keine juristische possessio in dem angegebenen Sinne sei. Der Ausdruck civilis possessio findet sich besonders in folgenden verschiedenen Anwendungen ausgezeichnet:

1) Der Gläubiger, dem ein pignus gegeben wird, gelte nicht als Civil-Besitzer, l. 3. §. 15. D. ad exhibend.; 2) nicht der beschenkte Ehegatte, l. 26. pr. D. de don. int. V. et U; 3) es gelte nicht bloß für den Naturalbesitz, sondern eben so für den Civilbesitz die Regel: nemo sibi causam possessionis mutare potest; 4) die Sclaven, welche nur ihrem Herrn erwerben, besitzen nicht civiliter, l. 24. D. de poss. l. 38. §. 7. u. 8. D. de V. O.; endlich 5) der Besitzer einer zusammengesetzten Sache habe keinen Civilbesitz in Betreff der einzelnen Theile für sich, z. B. der Wagenräder, c. 7. §. 1. u. 2. D. ad exhibendum. Nach allen diesen Angaben ist gewiß, daß die Usucapion nicht statt finden könne, wo der Civilbesitz geläugnet wird, und dies ist von Savigny bewiesen worden. Aber eben so gewiß ist es, daß in jenen Fällen die bonae fidei possessio ausgeschlossen sei, schon aus dem Grunde, weil die Usucapion durch diese bedingt ist.

Bei jener Bezeichnung ist nur an das Recht der bonae fidei possessio zu denken, nicht an den zur Usucapion führenden Besitz, welchen v. Savigny für den Civilbesitz annimmt. Die Wirkungen der bonae fidei possessio sind es, welche juristische Bedeutung haben, indem ein Princip des Römischen Civilrechts hier für einen factischen Zustand fingirt wird. Somit wird also durch jenen Ausdruck nicht bloß ein bestimmtes Rechtsverhältniß bezeichnet, sondern es ist zugleich diese Terminologie dem sonstigen Sprachgebrauch völlig angemessen. Die Usucapion ist zudem am wenigsten eine juristische Folge des Besitzes, sie beruht vielmehr auf einem ganz anderen Princip, was unten erhellen wird. Eben so wenig ist sie eine Folge des juristischen Besitzes der bonae fidei possessio, was sie schon aus dem Grunde nicht sein kann, weil sie bei weitem älter ist, als diese.

Außer der Usucapion, die gar nicht hierher gehört, hat man gewöhnlich noch eine Reihe von Rechtsgrundsätzen mit dem Besitz in Verbindung gebracht, die eben so wenig hierher gehören; die also

thum in Anspruch nehmen zu können. Allein dieser Punkt, der Beweis des Eigenthums, war in früherer Zeit, und schon zur Zeit der Glossatoren, durchaus bestritten; eben so noch in unseren Tagen [1]). Unter den neuesten Juristen scheint Thibaut, jener verdiente Verfasser, derjenige gewesen zu sein, der den Ansichten des Römischen Rechtes am nächsten gekommen ist, ungeachtet ich der von ihm vertheidigten Behauptung nicht über-

---

am wenigsten als juristische Folge des Besitzes angesehen werden können. Bei diesen insgesammt kann es nur zufällig genannt werden, wenn sie bei dem Besitz in Betracht kommen. Schon v. Savigny hat sie als nicht zu der Lehre des Besitzes gehörig ausgezeichnet:

1) Der Besitzer hat im Streit über Eigenthum den Vortheil, daß der Gegner beweisen muß, um zu gewinnen; daß er selbst gewinnt, wenn nichts bewiesen worden ist; §. 4. J. de interd. Dieses Recht, was bei jedem Besitz vorkömmt, es mag mit einem Recht verbunden sein, oder nicht, hat darin seinen Grund, daß bei jeder Klage, um mit derselben durchdringen zu können, der Beweis des behaupteten Anspruchs geführt werden muß. Dieses Recht gilt daher für jeden Beklagten ohne Unterschied, und die Sache selbst gehört unter die Regeln von der Beweislast.

2) Der Besitzer darf mit Gewalt seinen Besitz vertheidigen; l. 1. C. und. vi. Die Selbstvertheidigung, welche hier in Betracht kommt, bezieht sich sowohl auf den Schutz der Person, als der Sache. Sie darf jedoch nur als Vertheidigung (moderamen inculpatae tutelae) vorkommen. Jede Gewalt eines Dritten ist aber schon als solche widerrechtlich.

3) Das Retentions-Recht endlich, ähnlich der Compensation, hat seinen Grund eigentlich nur darin, den Prozeß abzukürzen.

Daß aber die *actio Publiciana*, ferner die *fructuum perceptio*, welche jedoch v. Savigny ebenfalls als nicht hierher gehörig auszeichnet (s. d. Recht d. Besitzes §. 3.), eben grade als eine Folge des juristischen Besitzes in Betracht kommen, ist völlig unzweifelhaft, und wird in der folgenden Darstellung gezeigt werden.

1) Die Literatur findet sich bei Thibaut im Archiv für civilist. Praxis Bd. VI. Nr. 15. angegeben.

all beistimmen kann [2]). Obgleich seine Ansicht in der Hauptsache zuverlässig und wohlbegründet war, konnte er doch veranlaßt werden, dem harten Kampf der Gegner nachzugeben [3]).

Es unterliegt, was die Hauptsache anbetrifft, nicht dem mindesten Zweifel, daß nur derjenige Eigenthümer sein kann, welcher die Sache rechtmäßig erworben hat, wenn zugleich dessen Vorgänger selbst Eigenthümer (dominus) war. Daß es deshalb auf diesen Beweis des Eigenthums seines Vorgängers (dominium auctoris) im Einzelnen angekommen sei, sofern nicht schon anderweitige Erwerbarten den Ausschlag gaben, ist völlig zuverlässig. Ohnehin würde häufig der wirkliche Eigenthümer seine Sache von dem bonae fidei possessor nicht abfordern können [4]),

2) Unsere Frage ist besonders durch Thibaut (Archiv für civil. Praxis Bd. VI. Nr. 15.) von Neuem angeregt worden. Derselbe hat sich dafür erklärt, daß zum Beweis des Eigenthums es genüge, die justa causa traditionis nachgewiesen zu haben, für welche Ansicht sich schon vor ihm Höpfner (Handbuch des Civilrechts Bd. II. S. 32.) erklärt hatte. Diese Ansicht wurde dann zunächst von Unterholzner (Arch. für civil. Praxis Bd. VII. Nr. 13.) angefochten, der die gewöhnliche Ansicht, daß beim Eigenthum das dominium auctoris nachzuweisen sei, in Schutz nahm. Nach ihm erklärten sich, wenn gleich auf verschiedene Weise, gegen Thibaut: Henschel (Archiv für civil. Praxis Bd. IX. Nr. 16.), Heimbach (de dominii probatione ex principiis juris, tam Romani, quam Saxonici. Lips. 1827.), Bethmann Hollweg, wenn gleich nur gelegentlich (Versuche über einzelne Theile des Civil-Prozesses S. 360.). Ferner v. Falkenstein (Archiv für civil. Praxis Bd. X. Nr. 11.) und Gesterding (Nachforschungen Th. II. S. 435.), indem letzterer nur seine schon früher, in seiner Lehre des Eigenthums, ausgesprochene Meinung, daß der Eigenthümer das dominium seines Vorgängers zu beweisen habe, von Neuem zu vertheidigen suchte. — Schon an einem anderen Orte, in meiner Schrift de ordine et historia Digestorum, lib. I. pag. 95. sq. habe ich auf diese Controverse aufmerksam gemacht, und mich im Allgemeinen für Thibaut erklären müssen.

3) Siehe Thibaut's System des Pandecten-Rechts (die 7te Ausgabe §. 566.).

4) Daß er dies kann, ist völlig ausgemacht. Die Sache darf hier als bekannt vorausgesetzt werden.

denn auch letzterer hat den rechtmäßigen Erwerb für sich. Ohnehin würde nicht der wirkliche Eigenthümer als Beklagter gegen die Klage des bonae fidei possessor durch die exceptio *dominii* geschützt gewesen sein [5]), oder, was dasselbe bezweckt, durch die exceptio, *si ea res possessoris non sit* [6]). Beide Schutzmittel nemlich sind dem Eigenthümer eingeräumt, um nicht im Eigenthumsstreit der Klage des bonae fidei possessor weichen zu müssen. Grade deshalb muß auch beim Pfandrecht außer dem factum pignerationis, d. h. dem Nachweis der Verpfändung selbst, noch bewiesen werden, daß derjenige, von dem man sein Pfandrecht ableitet, die betreffende Sache in bonis gehabt habe, so oft es darauf ankam, daß der Verpfänder ein stärkeres Recht gehabt habe, als derjenige, von welchem ein anderer Pfandgläubiger sein Recht herleitet [7]). Allein davon ganz

5) Dieselbe wird in l. 16. D. de Publician. in rem act. erwähnt: „*Exceptio justi dominii Publicianae objicienda est.*"

6) „Publiciana actio non ideo comparata est, ut res domino au„feratur, ejusque rei argumentum est primo aequitas, deinde „*exceptio, si ea res possessoris non sit*, sed ut is, qui bona „fide emit possessionemque ex ea causa nactus est, potius rem „habeat;" l. 17. D. de Publ. in rem act.

7) Siehe l. 15. §. 1. D. de pignor., wo es heißt: „Quod dicitur „*creditorem probare debere*, cum conveniebat, *rem in bonis* „*debitoris fuisse: ad eam conventionem pertinet, quae specia*„*liter facta est*, non ad illam, quae cottidie inseri solet cau„tionibus, ut specialiter rebus hypothecae nomine dotis, cetera „etiam bona teneantur debitoris, quae nunc habet, et quae po„stea acquisierit, perinde, ac si specialiter haec res essent obli„gatae." Das angegebene Resultat kann nur für den Fall gedacht werden, wo eine Sache speciell verpfändet worden ist, nicht so für den Fall einer hypotheca omnium bonorum, wobei zur Zeit fremde Sachen sehr wohl mit verpfändet werden können. Hat Jemand als bonae fidei possessor verpfändet, so kann der wirkliche Eigenthümer die Sache von jedem dritten Innehaber abfordern: „unde intelligis, si originem rei probare potes, vindicare do„minium debes;" l. 10. C. de pignerat. act. Gegen die rei vindicatio des Eigenthümers ist jedoch der Pfandgläubiger geschützt,

unabhängig ist die Frage, ob der Eigenthümer überall, d. h. so oft er mit der rei vindicatio auftritt, das Eigenthum seines Vorgängers beweisen müsse. Diese Frage ist grade hier entscheidend, sie muß mit eben so großer Bestimmtheit verneint werden.

Ursprünglich ging man gewiß nur davon aus, wie jede Behauptung als solche bewiesen werden muß, habe der Eigenthümer, um mit der rei vindicatio durchzudringen, sein Eigenthum zu beweisen. Also — auch das dominium auctoris, wenn man durch eine derivative Erwerbart Eigenthümer geworden zu sein behauptet, und nicht schon durch einen besonderen anderweitigen Umstand gesichert war. Allein jenes Erforderniß, wie es einerseits oft die größten Schwierigkeiten veranlassen, sogar oft der Eigenthümer, seines wohlbegründeten Rechtes ungeachtet, bei verfehltem Beweise unterliegen mußte, so stellte sich anderseits, jenes Erforderniß aufzuheben, auf einem praktischen Wege das größte Bedürfniß entgegen.

So oft der Gegner aus einem nicht stärkeren Grunde, als man durch die justa causa traditionis nachzuweisen vermag, berechtigt zu sein behauptet, mußte der Kläger bei Anstellung der *rei vindicatio* geschützt werden, wenn er nachwies, daß er die Sache rechtmäßig erworben habe. Und was in Rücksicht der traditio gilt, bezieht sich eben so auf alle sonstige derivative Erwerbarten. Mochte der Störer sich bona oder mala fide befinden, es war stets für den Eigenthümer das bessere Recht nachgewiesen. Der Grund ist hier aber nicht eine gewisse Billigkeit [8]), etwa um jene probatio diabolica [9]) zu vermeiden, wie der Beweis des dominium auctoris von Einzelnen genannt worden ist, er liegt vielmehr darin, daß der Beweis des dominium auctoris überhaupt gegen die obersten Regeln des

wenn der Eigenthümer für sein Eigenthum die litis aestimatio empfängt; l. 29. D. famil. erciscund.

8) Eine solche sogenannte Billigkeitstheorie ist von Thibaut a. a. O. aufgestellt worden.

9) *Leyser* spec. 99. Nr. 1.

Römischen Rechts verstößt, mithin derselbe den sonstigen Regeln der Beweislast gradezu entgegentritt [10]).

Von dem Rechte des Auctors kann der Nachfolger, welcher von jenem die Sache empfängt, keine Wissenschaft haben. Das Nichtwissen in Rücksicht jenes Umstandes, daß der Vorgänger nicht Eigenthümer sei, enthält jedesmal eine *ignorantia facti*, und zwar eine ignorantia facti *alieni*. Der Empfänger weiß somit nicht, was zu wissen von Niemandem verlangt werden kann; und eben darauf gründet sich der allgemeine Satz des Römischen Rechtes: *ignorantia facti alieni non nocet*, dessen Bedeutung und Anwendung hier als bekannt vorausgesetzt werden. Nur insofern jener Satz überhaupt gilt, wird er hier als entscheidend in Betracht kommen können; nur insofern das factum alienum von dem Empfänger nicht gewußt werden kann, kann von demselben der Nachweis des dominium auctoris nicht verlangt werden. Es ist also nicht die Schwierigkeit des Beweises, welche hier ein bestimmtes Ziel setzt, wenn gleich nicht übersehen werden darf, daß der Nachweis des dominium auctoris häufig unmöglich wird, selbst wenn der Empfänger die größte Sorgfalt angewandt hat. Dies besonders, wenn die Sache bei einem raschen Verkehr durch die Hände vieler bonae fidei possessores gegangen ist, was bei den Römern gewiß nicht etwas sehr Seltenes sein konnte, selbst bei den kürzeren Fristen, welche in früherer Zeit rücksichtlich der Usucapion galten [11]).

10) Eine Hauptschwierigkeit, welche Thibaut bei seiner Erörterung entgegentritt, ist unstreitig die, anzugeben, worin sich die rei vindicatio von der actio Publiciana unterscheide. Wenigstens ist dies gegen jene Ansicht wiederholt eingewandt worden. Daß in dieser Hinsicht am wenigsten irgend eine Schwierigkeit vorhanden sei, wird sich weiter unten vollständig ergeben, die eigentliche Bedeutung der actio Publiciana ist bei diesem Streite so gut, als ganz unerörtert geblieben, ja selbst mißverstanden.

11) Man hat sich hierüber gemeinhin weggesetzt, nud von Manchen ist wegen der früheren kürzeren Fristen die Schwierigkeit des Beweises sogar mit vielem Vertrauen geleugnet worden. Die heutige Praxis ist, abgesehen von allem theoretischen Streite, von jeher in Rücksicht des Beweises der milderen Ansicht geneigt gewesen. Es

Mußte also der Beweis des dominii auctoris in dem angegebenen Fall aus dem Grunde der Nothwendigkeit nachgelassen werden, so konnte diese Nothwendigkeit füglich erst nach einer Reihe von Jahrhunderten anerkannt werden. Und es mag in dieser Hinsicht nicht die Conjectur gewagt scheinen, daß dieses Resultat prätorischen Ursprunges sei, welches durch die Interpretation Römischer Juristen und die Bestimmungen der Kaiser völlig ausgebildet wurde. — In jenem Sinne selbst ist eine Reihe von Quellenzeugnissen auszuzeichnen, wo ausdrücklich erwähnt wird, daß zum Beweis des Eigenthums, oder, was dasselbe sagt, um mit der rei vindicatio durchzudringen, nur nothwendig sei, die rechtmäßige Erwerbart nachweisen zu können [12]:

1) l. 4. C. de probation.:

„*Proprietatis dominium* (heißt es hier ausdrücklich) „*non tantum instrumento emtionis, sed et quibus-* „*cunque aliis legitimis probationibus ostenditur.*" Das Eigenthum, und dabei ist am wenigsten an eine bonae fidei possessio zu denken, kann, wie durch andere Beweismittel, so durch die Urkunde über den abgeschlossenen Kauf bewiesen werden. Die aliae legitimae probationes beziehen sich dabei nur auf ähnliche Beweismittel über dasselbe Rechtsgeschäft.

2) l. 12. C. eod. tit.

„Cum res non instrumentis gerantur, sed in haec rei ge- „stae testimonium conferatur, factam emtionem et in va- „cuam possessionem inductum patrem tuum, pretiumque „numeratum, quibus potes, jure proditis probationibus „docere potes." Zum vollständigen Beweise nemlich,

ist nemlich das Bedürfniß der Praxis, welche sich nicht durch gelehrte Argumentationen bestimmen läßt.

12) Der Beweis des Miteigenthums ergiebt sich nach der obigen Erörterung leicht und von selbst. Manches Gute darüber findet sich von Arndts im Rheinischen Museum für Jurisprudenz, Jahrgang III. S. 215 ff.

daß man durch Kauf Eigenthümer geworden sei, genügt nicht der Nachweis des Kaufes, es muß auch die geschehene Tradition und die Zahlung des Pretium, wenn nicht auf Credit gehandelt ist, bewiesen werden. Beide Stellen sprechen eigends von der Beweislast des Eigenthümers. Sie stehen in dem Titel, wo von der Beweislast überhaupt gesprochen wird. Mit der Beseitigung dieser Quellenzeugnisse haben sich zugleich die Gegner begnügt, ungeachtet dasselbe durch eine große Menge anderer Quellenzeugnisse dargethan wird. Man hat ihre Beweiskraft gemeinhin auf dem Wege zu vernichten gesucht, daß man nach sonstigen Angaben annahm, es seien ohnehin noch andere Umstände zum Beweis des Eigenthums nothwendig [13]). Wir unserseits bestreiten nicht die Zuverlässigkeit jener Stellen, wenn sie gleich nicht den Beweis führen, welchen Thibaut aus denselben ableitet. Denn dieser Beweis kann nur dann genügen, wenn der Gegner nicht mehr Recht für sich hat, als der Eigenthümer durch die rechtmäßige Erwerbart nachweist.

4) l. 1. C. si quis alteri vel sibi:

„Si pecunia patris fundus mancipiaque *comparata sunt*, „cum emtiones matris tuae causa factas esse proponas, „ignorare non debes, *matrem dominam fuisse constitutam*" *cet.* [14]);

4) l. 2. C. si quis alter. cet.:

„Si emancipatis vobis fundos, quos nomine vestro, cum

13) Wäre diese Conclusion richtig, so würde es unbegreiflich sein, wie je von dem Beweise der rechtmäßigen Erwerbart allein hätte gesprochen werden können, um mit der rei vindicatio durchzudringen, was hier geschieht. Beide Stellen finden sich zudem in einem Titel, in welchem es eigentlich darauf ankam, die Regeln des Beweises darzulegen.

14) Auch in dieser Stelle, wie in so vielen anderen, ist das Recht des Eigenthums, zu dessen Schutz die rei vindicatio gegeben ist, von der rechtmäßigen Erwerbart abhängig gemacht.

„in potestate ageretis, *pater emerat, tradidit, vel in „possessione eorum voluntate patris fuistis, dominium „acquisivistis*".

5) l. 8. C. si quis alteri vel sibi.

6) l. 11. C. de pactis inter emtor. et vend.

7) l. 10. C. de rei vindicat.

8) l. 41. §. 1. D. de rei vindicat.

Durch diese Quellenzeugnisse wird auf das Vollständigste bewiesen, daß man mit der rei vindicatio habe durchdringen können, wenn man die Sache rechtmäßig erworben hat. Weniger gehören hierher folgende Stellen, wenn gleich verschiedene davon ebenfalls zum Beweise benutzt werden können: l. 11. C. de action. emt. et vend. l. 20. C. de pactis. l. 9. l. 23. pr. l. 50. pr. D. de R. V. l. 20. §. 2. D. de adquir. rer. domin. l. 35. l. 59. D. eod. tit. l. 8. l. 11. l. 15. 24. C. de R. V.

§. 5.

Die bisherige Erörterung war nöthig, um den Beweis des Eigenthums selbst im allgemeinen festzustellen. Gehen wir hiervon aus, so erklärt sich sehr einfach, warum der Prätor zu jener Fiction, der bonae fidei possessor sei Eigenthümer, seine Zuflucht nehmen mußte. Dadurch selbst wird das hier über den Beweis des Eigenthums Behauptete auf eine indirekte Weise seine völlige Bestätigung finden.

Nemlich muß in jenen angegebenen Fällen derjenige als Eigenthümer gelten, der justa causa die Sache erworben hat: so ist im einzelnen nicht mehr zu unterscheiden, ob der Vindicant, derjenige, welcher im Eigenthumsstreit auftritt, wirklicher Eigenthümer sei, oder bloß bonae fidei possessor. Denn beide weisen auf gleiche Weise die rechtmäßige Erwerbart nach; wenigstens ist dazu der bonae fidei possessor eben so, als der wirkliche Eigenthümer, im Stande, und demnach muß es hier stets ungewiß sein, ob der *bonae fidei possessor* nicht wirklicher Eigenthümer sei [1]).

1) An diesem Orte werden wir vielleicht am Besten im Stande sein, die Ansichten der neueren Juristen zu würdigen, welche den Zweck haben, die juristische Natur des Besitzes zu erklären. Freilich denken sie in Rücksicht des juristischen Besitzes an etwas ganz anderes, als was er wirklich ist, indem von ihnen selbst kein bestimmtes Rechtsverhältniß aufgefaßt wird; dennoch ist das Resultat ihrer Behauptungen mehr oder weniger aus den Quellen entlehnt, so dunkel auch diese erscheinen müssen. v. Savigny (das Recht des Besitzes §. 3.), der in der Hauptsache entgegengesetzter Meinung ist, spricht sich besonders in Rücksicht der Meinungen Anderer dahin aus, die Meisten hätten jede Verletzung des Besitzes für eine materielle Rechtsverletzung angesehen, den Besitz selbst also für ein Recht an sich, nemlich für ein präsumtives Eigenthum. Diese Behauptung hat v. Savigny insofern bestritten, daß er annimmt, „das behauptete Unrecht sei nicht so zu nehmen, „als ob die possessorischen Interdicte aus der sonst bekannten juri„stischen Natur der Gewalt nothwendig folgten, und sich von selbst „verständen. Vielmehr sei diese Folge der Gewalt, daß dem Ver„triebenen der Besitz wieder gegeben werden solle, ohne Rücksicht, „ob er irgend ein Recht an der Sache habe, ganz positiv. Frage „man nun nach dem Grund, warum diese Art des Schutzes gegen „Gewalt eingeführt sei, d. h. warum der Vertriebene eben den ver„lornen (vielleicht ganz unrechtlichen) Besitz wiedererhalten solle, „so könne man allerdings sagen, dieser Grund liege in einer allge„meinen Vermuthung, der Besitzer dürfte auch wohl Ei„genthümer sein. Insofern könne man den Besitz als einen „Schatten des Eigenthums, als ein präsumtives Eigen„thum, betrachten, und treffe dies lediglich die Begründung des „Rechtsinstituts im allgemeinen, durchaus nicht den Rechtsgrund „irgend eines concreten Besitzes. Dieser Rechtsgrund liege viel„mehr lediglich in dem Schutz gegen die formelle Verletzung, wes„halb eben die possessorischen Interdicte eine durchaus obligatori„sche Natur hätten, und auf keine Weise für provisorische Vindi„cationen gelten könnten." Es ist hier noch abzusehen von den Interdicten, wovon erst unten genauer gesprochen werden kann, worauf allein jedoch v. Savigny die juristische Natur des Besitzes bezieht. In Folge des Rechtes der bonae fidei possessio läßt sich leicht einsehen, was bei jener Ansicht wahr und was unwahr sei. Eine Vermuthung leitete allerdings den Prätor bei Einführung dieses Instituts, d. h. bei der praktischen Ungewißheit, ob der Besitzer nicht

Der Prätor war somit gezwungen, den bonae fidei possessor als Eigenthümer zu behandeln. Dies konnte er auf keine andere Weise als durch die Fiction, daß der bonae fidei possessor, jener an sich bloß factische Innehaber, selbst Eigenthümer sei; weil nur erst in Folge jener Fiction, jener Voraussetzung eines nicht vorhandenen Zustandes, von der bonae fidei possessio rechtliche Wirkungen abhängig gemacht werden konnten. Es fehlte zugleich für dieses neue, bisher unbekannt gebliebene, Rechtsverhältniß die nothwendige Klage, nachdem die rei vindicatio in ihrer bisherigen Anwendung nur für das wirkliche Eigenthum bestimmt war. Auch dieses nothwendige Schutzmittel mußte der Prätor gleichzeitig gewähren, die actio in rem Publiciana [2]). Dieselbe ist ihrer eigentlichen Bedeutung nach nichts, als eine Anwendung der rei vindicatio, die rei vindicatio selbst, welche nur für dieses neue Eigenthum angewandt werden konnte. Aber noch mehr, wie es stets ungewiß, ob der bonae fidei possessor nicht Eigenthümer, es stets unentschieden blieb, ob man als Eigenthümer, oder bonae fidei possessor auftrat: eben so war es stets ungewiß, ob man die actio Publiciana, oder die rei vindicatio anstellte. Der Gegensatz selbst konnte nur theoretisch bestimmt, nicht so practisch unterschieden werden [3]). Die-

---

Eigenthümer sei. Als dasselbe practisch dastand, kam es für dieses Institut nicht weiter darauf an. Aber eine Vermuthung kann nicht gedacht werden, ohne daß etwas vermuthet wird. Dies ist für die bonae fidei possessio der Fall, es wird für sie Eigenthum vermuthet und zugleich fingirt. Somit ist der juristische Besitz selbst ein Recht, die Verletzung desselben eine Rechtsverletzung. Wir können, ohne irgend der Sache Eintrag zu thun, jenes Recht ein präsumtives Eigenthum nennen. Insofern ist also die frühere Ansicht, welche v. Savigny bestreitet, bei weitem richtiger, als die, welche er an ihre Stelle setzt; nur daß den Vertheidigern der entgegengesetzten Ansicht das Rechtsverhältniß unbekannt blieb, für welches jene Grundsätze anzuwenden sind.

2) Vergl. auch hier §. 4. J. de action., welcher erst von unserem Gesichtspunkte aus völlig klar werden kann.

3) Es braucht kaum bemerkt zu werden, daß es für den Römischen Proceß am wenigsten darauf ankam, den Namen der Klage anzugeben.

ses hat für das Rechtsverhältniß überhaupt, eben so für diese Klage die wichtigsten Folgen herbeigeführt.

Um schon hier die Bedeutung jenes Rechtsverhältnisses vollständig übersehen zu lassen, müssen wir zugleich auf die Dauer jener Fiction Rücksicht nehmen. Der Prätor beabsichtigte dabei am wenigsten, dem wirklichen Eigenthümer ein Recht zu entziehen, sondern nur, den als Eigenthümer zu schützen, welchen er von dem wirklichen Eigenthümer nicht unterscheiden konnte [4]). Unterschieden werden von dem Eigenthümer kann der bonae fidei possessor nicht, so lange kein mehr Berechtigter, oder gar der wirkliche Eigenthümer der Sache gegen ihn auftritt, um seinen Anspruch gegen ihn geltend zu machen. Deshalb dauert jene Fiction, und somit die rechtlichen Folgen derselben, nur so lange, als jenes der Fall ist, sie hört auf, sobald ein Mehrberechtigter gegen den bonae fidei possessor sein Recht nachweist. Es hören, was davon nothwendige Folge ist, die Wirkungen jenes fingirten Eigenthums dann auf, wenn der Zustand der bonae fidei possessio als solcher nicht mehr ungewiß ist.

Dadurch erst erlangt die *bona fides*, jener gute Glaube, man sei Eigenthümer geworden, worauf das ganze Rechtsverhältniß basirt ist, Sinn und Bedeutung. Dieser kann rechtlich nur insofern in Betracht kommen, als es den Grnndsätzen des Römischen Rechtes gemäß ist, sich in Folge der rechtmäßigen Erwerbart für die angegebene Zeit als Eigenthümer anzusehen [5]). Abwegig ist hier der Grund, daß man im Zweifel das Bessere

4) Darauf eben deutet l. 17. D. de Public. in rem act.: „Publi„ciana actio *non ideo* comparata est, *ut res domino auferatur* „. . .: sed ut is, qui bona fide emit, possessionemque ex ea „causa nactus est, potius rem habeat."

5) Daß der bonae fidei possessor sich für den Eigenthümer hielt, ist aus den oben §. 2. in Rücksicht des Begriffs der bonae fidei possessio angegebenen Quellenzeugnissen zuverlässig, dasselbe wird durch die fernere Darstellung unzweifelhaft gewiß.

glauben müsse [6]); wohl aber tritt hier der Gesichtspunkt als unterstützend hervor, daß eine Unredlichkeit (mala fides) als ein positives Factum niemals vermuthet oder angenommen werden könne [7]). Wenigstens ist dieser Grundsatz mit dem unsrigen zusammenhängend. Die bona fides ist in einem entschuldbaren Irrthum (justus error) gegründet. Sie kann daher rechtlich nur insofern gedacht werden, als sie auf ein fremdes Factum, wovon man nach den Grundsätzen des Römischen Rechtes keine Wissenschaft haben kann, basirt ist [8]). Eben deshalb kann eine bona fides niemals gestützt sein auf ein Nichtwissen in eignen Angelegenheiten (ignorantia facti proprii). Sie kann niemals gedacht werden in Folge eines Irrthums in rechtlicher Hinsicht (ignorantia juris) [9]); nach der Regel: ignorantia juris nocet.

---

6) Dieses nimmt Thibaut an (Archiv für civilist. Praxis a. a. O.), und hat jenen Satz durch einzelne Anwendungen zu rechtfertigen gesucht.

7) Ohnehin würde selbst jeder Verkehr des täglichen Lebens in der That zu der größten Unsicherheit führen. Singulair genug hat Möllenthiel diese bona fides mit den bonae fidei judiciis in Verbindung gebracht, durch welche für unsere Sache nichts gewonnen werden kann. Nur der Name ist hier derselbe, die Sache durchaus verschieden. Ueber die eigentliche Bedeutung der bonae fidei negotia vergl. meine Schrift de judicibus apud Romanos Lib. II.

8) Dieses braucht nicht bloß angenommen zu werden, es ist vielmehr in den Quellen auf das Bestimmteste ausgesprochen. In Betreff der Usucapion und der bonae fidei possessio wird nemlich in l. 5. §. 1. D. pr. suo ausdrücklich bemerkt: „Sed id quod quis cum „suum esse existimaret, possederit, *usucapiet, etiamsi falsa ejus „fuerit existimatio*: quod tamen ita interpretandum est, *ut „probabilis error possidentis usucapioni non obstat* . . .; und zuletzt: „*quia in alieni facti ignorantia probabilis error est*". Auf dasselbe beziehen sich die Worte: „qui *justas causas* habuis-„sent, quare bona ad se pertinere existimassent"; l. 20. §. 6. D. de hered. petit. Vergl. l. 7. §. 2. D. pr. emtor.

9) l. 31. pr. D. de usurp.: „*Nunquam* in usucapionibus *juris „error possessori prodest*". Ebenso heißt es in Betreff der Usucapion in l. 1. §. 15. D. pr. emtor.: „*quia juris error nulli pro-*

Beide Umstände hindern die bonae fidei possessio überhaupt, nicht bloß das Rechtsverhältniß derselben, sondern auch dieselbe in Betreff der Usucapion [10]).

Auch die Usucapion selbst erlangt hierdurch erst Klarheit. Manche haben dieselbe seltsam genug für ein absurdes und ungereimtes Institut erklärt, wenn sie gleich von den ältesten Zeiten an im Römischen Rechte existirt, und erst in der neuesten Zeit eine durchaus allgemeine Anwendung erlangt hat. Man hat sie als ein höchst singuläres Institut angesehen, als werde durch sie dem Eigenthümer sein Recht entzogen, während es einem Nichteigenthümer ertheilt werde. Dieser Gesichtspunkt ist für die Usucapion grade am wenigsten entscheidend. Als oberstes Moment tritt vielmehr für die spätere Zeit der Umstand hervor: es soll derjenige, der sich eine Reihe von Jahren für den Eigenthümer gehalten hat, und den man bisher für den Eigenthümer hat halten müssen, nicht mehr aus seinem Besitze gestoßen, vielmehr als ungestörter Eigenthümer behandelt werden. Die Schuld des früheren Eigenthümers, wenn er sich nicht um sein Eigenthum bekümmert und es fortwährend in fremden Händen gelassen hat, war in der neuesten Zeit um so größer, nachdem ihm znr Verfolgung seiner Ansprüche eine längere Zeit bestimmt war.

„*dest*". l. 12. D. de usurp. et usuc. l. 7. D. pr. legat. Ein Rechtsirrthum, der als solcher ebenso jede bona fides ausschließt, ist auch dann vorhanden, wenn man bloß irrthümlich glaubt, daß daß man rechtlich nicht usucapiren könne. Die Usucapion kann hier nicht statt finden; theils weil man nicht bona fide besitzt, theils weil ein error in jure vorhanden ist: „*vel quia non bona fide* „*videatur possidere, vel quia in jure erranti non procedat usu-* „*capio*". Sieh. l. 32. §. 1. D. de usurp. et usuc. Aus demselben Grunde können auch kein Testament errichten, qui de statu suo dubitant vel errant.

10) Während es jedoch überhaupt einerlei ist, ob jener gute Glaube auf eine wirklich vorgekommene rechtmäßige Erwerbart gestützt ist (titulus verus), oder man sich in Betreff derselben nur bona fide befindet (titulus putativus).

Jenes Princip in Rücksicht der Usucapion ist in den Römischen Rechtsquellen auf das Bestimmteste angegeben. Es heißt nemlich, die Usucapion sei eingeführt: „*ne fere semper dominia incerta essent*[11]); was nicht verstanden werden kann, wenn wir jenes Verhältniß der bonae fidei possessio unberücksichtigt lassen. In diesem Sinne wird ferner gesagt: „*usucapio rerum „constituta est, ut aliquis litium finis esset*"[12]); weshalb die Usucapion selbst „*finis sollicitudinis et periculi litium*" genannt wird[13]). In Betreff des letzten Punktes, der Schuld des Eigenthümers, wenn er sich nicht früher um sein Eigenthum bekümmert hat, wird ausdrücklich hinzugefügt: „*cum sufficeret dominis ad inquirendas res suas statuti temporis „spatium*"[14]).

Von diesem Gesichtspunkte wird sich zugleich vollständig rechtfertigen, was schon oben ausgesprochen wurde, die Usucapion könne nicht als eine juristische Folge des Besitzes angesehen werden. Sie ist eine Eigenthumserwerbart, und diesem ihren Hauptcharacter nach kommt sie mit den übrigen Eigenthumserwerbarten überein. Nur als Eigenthumserwerbart findet sie ihren Platz in den Römischen Systemen[15]); und es kann selbst

11) l. 1. D. de usurp. et usuc. „Bono publico usucapio intro-, ducta est, ne scilicet quarundam rerum diu et fere semper *in-„certa dominia* essent".

12) l. 5. pr. D. pr. suo. Vergl. l. 2. pr. D. de aqu. et aqu. pluv. arcend.

13) Cic. pr. Caec. cap. 26.

14) l. 1. D. de usurpat. et usucap. pr. I. de usucap.

15) Als solche findet in den Institutionen die usucapio dort Platz, wo eigends von den Eigenthumserwerbarten gesprochen wird; J. II. 6. In den Digesten und im Codex ist im Ganzen dieselbe Anordnung beibehalten worden, welche sich im *edictum* perpetuum des Kaisers Hadrian vorfand. In allen diesen Werken steht die Usucapion in einem Anhang zum Privatrecht, aber an dem Orte, wo noch nachträglich von den Eigenthumserwerbarten gesprochen werden soll. Vergl. darüber meine Schrift de historia et ordine Digestorum Lib. I. pag. 309. sq. Das

Zwölftafelgesetz scheint damit übereingestimmt zu haben; und wir können dabei das System der Basiliken, welche sich jedoch im Ganzen der Ordnung der Digesten anschließen, und das System des Paulus in seinen receptae sententiae ohne Bedenken unberücksichtigt lassen. In diesen findet sich durchaus nichts vor, was gegen unsere Behauptung wäre, vielmehr wird durch sie dieselbe ebenso bestätigt. Jedoch ist das, was v. Savigny aus den Systemen der Römer abnimmt, etwas ganz anderes, und diese seine entgegengesetzte Ansicht muß hier geprüft werden. v. Savigny (d. Recht des Besitzes §. 4.) nemlich geht davon aus, daß der Besitz als ein rechtliches Verhältniß nur allein auf Usucapion und Interdicte sich beziehe, dieses will er durch den Zusammenhang bestätigt finden, in welchem der Besitz in jenen Systemen vorkommt. In den Institutionen stehe er unter den possessorischen Interdicten, während er bei der Usucapion einstweilen als bekannt vorausgesetzt werde. In den Pandecten komme er offenbar als Uebergang zur Usucapion vor, welche hauptsächlich auf ihm beruhe, und ohne eine genaue Kenntniß des Besitzes nicht verstanden werden könne. Die Interdicte folgen erst später, und es sei daher ganz natürlich, daß bei ihnen nicht weiter die Rede davon sei. Im Codex stehe der Besitz zwischen der Usucapion und longi temporis praescriptio, weil beide auf gleiche Weise durch ihn bedingt seien. In den Basiliken seien die Interdicte nach der Usucapion und noch vor dem Titel pro emtore eingeschaltet. Bei Paulus werde der Besitz nur als Bedingung der Usucapion vorgetragen, endlich im Edict sei der Besitz höchst wahrscheinlich gar nicht vorgekommen. Wie die Voraussetzung durchaus falsch genannt werden muß, so sind diese Resultate, welche v. Savigny aus den Systemen folgert, unbegründet. Das Recht des Besitzes (die bonae fidei possessio) findet zunächst in den Institutionen gar keine abgesonderte Erwähnung, die Interdicte werden im Actionenrecht abgehandelt. Im Edict, und ebenso in den Digesten, findet sich dasselbe dort vorgetragen, wo vom Eigenthum gehandelt wird; Dig. VI, 2 de Publiciana in rem action., vergl. meine Schrift de historia et ordine Digestorum Lib. I. pag. 93. seq. Vom Erwerb und Verlust dieses juristischen Besitzes folgt ebenso, wie vom Erwerb und Verlust des Eigenthums, das Genauere in dem Anhang zum Privatrecht: im 41. Buch der Digesten, weshalb daselbst auch von der Usucapion die Rede ist. Von den sogenannten possessorischen Interdicten wird, ganz getrennt hiervon, dort gesprochen, wo von den Interdicten überhaupt gesprochen wird, ebenfalls im Anhange zum Privat-Recht. Sieh. meine Schrift de histor. et ord. Digestor. Lib. I. pag. 341. seq., woselbst auch von der Stellung der Internur zufällig genannt werden, daß sie Besitz, und zwar bonae fidei possessio voraussetzt [16]).

§. 6.

Der Begriff und die Bedeutung der bonae fidei possessio, als fingirten Eigenthums, sind bis jetzt vollständig dargelegt worden; wir wenden uns nun zu den Wirkungen derselben, dem Hauptbestandtheil der ganzen Untersuchung selbst.

Um hier festzustehen und die einzelnen Wirkungen der bonae fidei possessio gehörig würdigen zu können, um zugleich eine Uebersicht und einen Anhaltspunkt bei der folgenden Darstellung zu gewinnen, wird es nothwendig, zunächst den Character des wirklichen Eigenthums in der Kürze hervorzuheben. Dies scheint um so nothwendiger, als es den neueren Juristen gemeinhin nicht darauf angekommen ist, das Recht des Eigen-

---

dicte im Edict geredet ist. Im Codex handelt kein besonderer Titel von diesem juristischen Besitz, aber nur aus dem Grunde, weil in den Constitutionen der Kaiser nichts Besonderes für diese Lehre enthalten war. Vom Erwerb und Verlust des Besitzes ist, wie in den Digesten, nur im Anhange zum Privatrecht gesprochen; Cod. VII. 32. Auch sollte hier nach der Anordnung des Edictes von den Eigenthumserwerbarten gehandelt werden. Von dem interdictum unde vi und uti possidetis ist weiter unten, bei den Interdicten überhaupt, die Rede; sieh. Cod. VIII, 4. u. 6. Bei Paulus receptae sentent. Lib. V. tit. 2. ist nur im Titel über die Usucapion von dem Besitz gelegentlich gesprochen, insofern Usucapion einen Besitz voraussetzt, welcher bona fide angefangen hat. Die Ordnung endlich in den Basiliken ist im Ganzen keine andere, als welche sich im Codex und in den Digesten vorfindet.

Ueber die sonstigen, unsere Materie betreffenden, Gegenstände finden sich in dem justinianeischen Rechtsbuch keine besondere Titel. Jedoch wird die Fruchtperception des bonae fidei possessor beim Eigenthum vorgetragen; in den Institutionen, daher unmittelbar nach der Accession (§. 35. I. de rer. div.), wo sie eigentlich hingehört.

16) „*Sine possessione usucapio contingere non potest*"; l. 25. D. de usurp. et usucap.

thums selbst von zuverlässigen und obersteu Grundsätzen abzuleiten [1]).

Das Eigenthum, jene totale Berechtigung an einer Sache, läßt sich am besten nach seinen Wirkungen begreifen. Es enthält die vollständigste Dispositionsberechtigung, gewährt die vollständigste Benutzung der Sache, so wie das Recht des Besitzes und das damit zusammenhängende Recht der Ausschließung [2]). Jede dieser Berechtigungen ist nun ihrer Bedeutung nach genauer zu bestimmen.

Das vollständigste Dispositionsrecht umfaßt jede an sich gedenkbare, wie jede über eine Sache rechtlich mögliche Disposition [3]).

Der Eigenthümer kann demnach zunächst völlig willkührlich, selbst so über die Substanz verfügen, daß dieselbe zerstört oder vernichtet wird. Mag diese Vernichtung eine gänzliche sein, oder nur theilweise geschehen, so ist er dazu völlig be-

---

1) Die neueren Juristen unterscheiden sehr gewöhnlich in Betreff des Eigenthums: Proprietäts- und Nutzungs-Rechte. Durch diese suchen sie die im Eigenthum enthaltenen Rechte zu classificiren, der Gegensatz selbst ist vom ususfructus herüber genommen. Dieser Gegensatz scheint bei Bestimmung der einzelnen Rechte des Eigenthums sehr gleichgültig und unwesentlich, derselbe ist nicht erschöpfend, und man hat sich mit demselben begnügt, ohne daß man darauf ausging, die einzelnen im Eigenthum enthaltenen Rechte übersichtlich darzulegen, worauf es grade am meisten ankommt.

2) Diese Gegensätze scheinen meines Erachtens durchaus nothwendig zu sein, um die einzelnen Rechte des Eigenthümers vollständig übersehen zn lassen. Sie sind eine genaue Folge des Begriffes, insofern sich das Eigenthum als ein durchaus unbeschränktes und absolutes Recht (jus infinitum) characterisirt. Dieses ist aber nicht bloß der Fall in Rücksicht des Umfanges, sondern selbst in Rücksicht der Dauer desselben.

3) In beider Hinsicht ist ein Repräsentations-Recht gedenkbar, was für den wirklichen Eigenthümer, so auch für den bonae fidei possessor als fingirten Eigenthümer von durchaus wesentlichem Belang ist.

rechtigt. So kann der Eigenthümer sein Thier tödten, ohne irgend deshalb Rechenschaft schuldig zu sein.

Er ist eben so, was hier das Wichtigste ist, durch jede rechtliche Disposition über sein Eigenthum zu verfügen berechtigt. Er kann sowohl total, als partiell über sein Eigenthum disponiren. Total nemlich, indem er das Eigenthum selbst auf einen Anderen überträgt, und somit aufhört Eigenthümer zu sein. Dies kann unter Lebenden geschehen durch Kauf, Tausch, Schenkung, *dos* u. s. w., es kommt hier jede rechtsgültige Uebertragungsart überhaupt in Betracht [4]). Dasselbe kann durch letztwillige Disposition geschehen. Von Todes wegen wird das Eigenthum gültig übertragen durch Erbschaft, Legat oder Fideicommiß, durch *mortis causa donatio*, es mag jene Anordnung in einem Testament, oder Codicill getroffen sein. — Partiell disponirt der Eigenthümer über seine Sache durch Ertheilung einzelner dinglicher Rechte, während er selbst Eigenthümer der Sache bleibt. Die Art des dinglichen Rechtes macht dabei gar keinen Unterschied. Der Eigenthümer kann, wie einerseits Servituten für sein Eigenthum erwerben, so anderseits Servituten an seinem Eigenthum errichten; eine Emphyteuse an seinem Grundstück bestellen; an seinem Hause eine Superficies gewähren; endlich ein Pfandrecht an seinem Eigenthum ertheilen, mag dieses eine bewegliche oder eine unbewegliche Sache betreffen, oder selbst eine universitas facti, welche eben so unter den Begriff des Eigenthums gehört. — Die Ertheilung dieser dinglichen Rechte insgesammt kann nur als ein Ausfluß der Dispositionsberechtigung des Eigenthümers angesehen werden. Grade entgegengesetzt scheint die Ansicht derjenigen neueren Juristen zu sein, welche jene dinglichen Rechte als Be-

4) In dieselbe Kathegorie muß unstreitig die *derelictio* gestellt werden. Auch hier ist eine totale Disposition von Seiten des Eigenthümers vorhanden, und dieser Fall unterscheidet sich von jenen nur dadurch, daß das Eigenthum nicht zuglaich auf einen Anderen übertragen wird.

schränkungen des Eigenthums ansehen, das Eigenthum, an welchem jene dinglichen Rechte zustehen, ein beschränktes Eigenthum nennen. Allein jene dinglichen Rechte lassen zudem das Eigenthum selbst völlig unbeschränkt, die Berechtigten kommen nur als Repräsentanten des Eigenthümers in Betracht, insofern von ihnen in der That nur einzelne Berechtigungen, die im Eigenthum enthalten sind, ausgeübt werden, und zwar in eigenem Namen [5]).

Die vollständigste Benutzung der Sache berechtigt zunächst den Eigenthümer, jeden beliebigen Gebrauch mit der Sache zu machen. Sie gewährt zugleich das Recht des Fruchtgenusses. Nicht bloß die Früchte, welche auf natürlichem Wege entstehen (*fructus naturales*), und zwar diese ohne allen Unterschied, gewinnt der Eigenthümer. Er gewinnt ebenso die Civil-Frucht (*fructus civiles*), die für den Gebrauch oder den Fruchtgenuß der Sache als Miethe oder Pacht von einem Dritten gegeben wird. Aber ebenso gewinnt der Eigenthümer durch jeden Zuwachs, den die Sache außerdem erlangt, durch jedes augmentum oder incrementum, welches der Sache auf dem Wege der Accession hinzukommt. Auch dieses ist ein Inbegriff der Vortheile, welche mit dem Eigenthum verbunden und zugleich eine Wirkung des Eigenthums sind. Aus demselben Gesichtspunkte ist es zu erklären, warum nur der Eigenthümer durch

5) Hiervon sind im Einzelnen die wichtigsten Folgen abhängig. Es bezieht sich ebenso auf den juristischen Besitz des bonae fidei possessor, nemlich wegen seines fingirten Eigenthums. Auch er bleibt juristischer Besitzer, ungeachtet er jene dinglichen Rechte ertheilt hat. Eben deshalb heißt es z. B. vom Usufructuar, vom Usuar, non possident, sed sunt in possessione, d. h. sie sind nicht juristische Besitzer, sondern sie repräsentiren bei ihrem Innehaben nur einen Anderen. Dasselbe, was von diesen gilt, muß ebenso für die übrigen dinglich Berechtigten wahr sein, deren Recht an einem fremden Eigenthum zusteht. Diese werden jedoch wegen des Umfanges ihrer Berechtigung, wegen der großen Uebereinstimmung ihres Rechtes mit dem Eigenthume, gleich dem Eigenthümer selbst possessores genannt, wie bereits oben angedeutet wurde.

die Verschlechterung seiner Sache leidet, sofern diese nicht durch einen Dritten herbeigeführt ist. Jede Verschlechterung involvirt einen Verlust des Eigenthumes selbst, demnach auch der Vortheile, die durch das Eigenthum gewährt werden. Nothwendig wird dabei vorausgesetzt, daß jene durch den Gang der Natur herbeigeführt sei, aber es gilt zugleich nichts anderes, wenn durch höhere unabwendbare Naturkraft die Sache ganz oder zum Theil (periculum interitus oder deteriorationis) zerstört wird.

Auch hier gilt durchweg das Repräsentationsrecht [6]).

Das Recht des Besitzes und das Recht der Ausschließung, welche beide in genauem Zusammenhange mit einander stehen, sind ebenfalls nur ein Ausfluß jener totalen Berechtigung an der Sache. Der Eigenthümer kann verlangen, daß sich die Sache factisch in seinen Händen befinde, dies nemlich, so oft kein Dritter durch ihn dazu berechtigt ist, die Sache zu besitzen. Jene Berechtigung, welche das Eigenthum gewährt, ist an sich ohne Besitz nicht gedenkbar, weil dadurch erst die Möglichkeit existirt, nach Willkühr über die Sache zu verfügen. Besitz ist somit die factische Seite des Eigenthums, ein Factum, was dem Eigenthum als einem Rechte correspondirt. Wir können dieses Recht des Besitzes durch den Ausdruck *jus possidendi* bezeichnen, welches sich demnach durchaus wesentlich von dem ius possessionis unterscheidet. Der Besitz kommt als ein wesentlicher Theil der Eigenthumsberechtigung in Betracht, als solcher ist er ein Gegenstand selbstständigen Schutzes, der

---

6) Auf diesem Wege erklären sich im Verhältniß zum Eigenthum: das Commodat, das *precarium*, der *ususfructus*, *usus*. In diesen Rechtsverhältnissen wird der Gebrauch oder der Fruchtgenuß einem Dritten vom Eigenthümer unentgeldlich überlassen. Nicht anders gehören hierher Pacht und Miethe, bei welchen für die Benutzung eine Entschädigung gegeben wird. Daher wird in den verschiedensten Rechtsquellen der *colonus* als bloßer Repräsentant des Eigenthümers angeführt, nicht anders als selbst der procurator, der Sclave, welche im Auftrage des Eigenthümers handeln; vergl. l. 1. §. 22. D. de vi. Eine interessante Anwendung in Betreff des colonus siehe in l. 37. D. de poss.

Besitz als das wichtigste Recht des Eigenthümers soll nicht total, nicht partiell gestört werden.

Das Recht der Ausschließung ist eben so ein Inhalt des Eigenthums selbst. Bei der Totalität der Berechtigung seinem Umfange nach ist kein gleiches Recht an derselben Sache gedenkbar. Deshalb darf der Eigenthümer jeden Dritten von der Sache abhalten, jeden von der Disposition, von dem Gebrauche und Benutzung, von dem factischen Innehaben ausschließen.

Beide Rechte können von dem Eigenthümer nicht bloß in eigner Person, sondern auch durch Dritte ausgeübt werden [7]).

Alle jene Rechte darf der Eigenthümer ungehindert ausüben, selbst wenn dadurch ein Nachtheil für Dritte entstehen sollte. Denn hier entscheidet die Regel: *qui suo jure utitur, neminem laedit.* Dabei müssen wir freilich von den sogenannten *servitutes naturales* absehen, die in der That im Verhältniß zu den Wirkungen des Eigenthums nur höchst untergeordnete Beschränkungen enthalten, die zugleich theils in polizeilichen Anordnungen, theils darin ihren Grund haben, daß man nicht aus bloßer Chikane sein Recht ausüben darf [8]).

---

7) Als solcher in Rücksicht des Besitzes wird in den Quellen der *procurator* genannt, mit welchem Namen überhaupt jeder Stellvertreter im eigentlichen Sinne bezeichnet wird. Dahin gehören ebenso die Sclaven, außerdem eine Reihe sonstiger Individuen, wie sich noch weiter unten ergeben wird. An diesem Orte wird es genügen, auf folgende Quellenzeugnisse verwiesen zu haben: l. 1. §. 22. D. und. vi. l. 18. pr. D. de possess. l. 9. l. 40. pr. D. eod. l. 20. D. und. vi.

8) Diese können hier im Allgemeinen als bekannt vorausgesetzt werden. Dieselben werden nicht anders für die bonae fidei possessio als fingirtes Eigenthum in Betracht kommen. — Als eine sehr natürliche Nebenfolge des Eigenthums, welche jedoch getrennt von den Wirkungen des Eigenthums in Betracht kommt, ist es auszuzeichnen, daß die über dem Grundstück sich befindende Luftsäule von Niemandem, als nur von dem Eigenthümer, in Anspruch genommen werden darf, daß er zugleich so hoch bauen kann, als es ihm

Als eine höchst wichtige Folge des Eigenthums wird hier nicht der Schutz desselben übersehen werden können. Jedes Recht muß in dem Umfange, in welchem es rechtlich vorhanden ist, anerkannt, demnach auch für seine Anwendung practisch geschützt werden. Dies nicht durch den Berechtigten selbst, da die Selbsthülfe nur als moderamen inculpatae tutelae zulässig, außerdem aber durchaus verboten ist, sondern durch die richterliche Gewalt, welche ein Ausfluß der höchsten Staatsgewalt ist.

Das Römische Recht hat nach den verschiedenen einzelnen Ansprüchen des Eigenthümers verschiedene Schutzmittel gestattet, theils petitorische, theils possessorische [9]), jenachdem entweder ein Schutz des Rechtes selbst, oder ein Schutz für das Recht zu besitzen (jus possidendi) nothwendig wird. Denn der Besitz, grade der wichtigste Theil des Eigenthumsrechtes, soll als solcher, ganz abgesehen von dem Eigenthum, und zwar auf schleunigem Wege, geschützt werden. Als petitorische Rechtsmittel kennt das Römische Recht: die *rei vindicatio* bei totaler Störung, zur Anerkennung des Eigenthums demnächst zur Verfolgung der begründeten rechtlichen Ansprüche, die *actio negatoria* bei partieller Störung des Eigenthums, zur Anerkennung der unbeschränkten Befugnisse des Eigenthümers und zur Realisirung der hier vorhandenen Ansprüche. Als possessorische Rechtsmittel ertheilt der Prätor dem Eigenthümer die von den Neueren sogenannten possessorischen Interdicte [10]). Bei

gefällt Ersteres haben Manche seltsam genug von einem Eigenthum an der über dem Grundstück sich befindenden Luftsäule ableiten wollen, während doch die Luft als res communis in Niemandes Eigenthum sich befinden kann.

9) Wir sehen dabei nemlich von den Schutzmitteln ab, welche der Eigenthümer als Beklagter hat.

10) Dieses, was erst unten bewiesen werden kann, muß hier des Zusammenhanges wegen angegeben werden. Daß jene possessorischen Rechtsmittel zum Schutz des Eigenthümers, nemlich bei seinem Rechte zu besitzen, gestattet sein, läßt sich vollständig erweisen. Es muß in der That höchst auffallend erscheinen, wenn daran je gezweifelt, oder die

unbeweglichen Sachen sind diese das interdictum *unde vi* und *uti possidetis*; ersteres bei totaler, letzteres bei partieller Störung in dem Rechte zu besitzen. Bei beweglichen Sachen dage-

---

Sache verkannt worden ist. Grade hier ist v. Savigny's Meinung eine durchaus entgegengesetzte. Ungeachtet dieselbe Ansicht von so vielen der neueren Juristen ohne Bedenken adoptirt worden ist, ist nichts zuverlässiger, als daß jene Rechtsmittel nur für das Besitzrecht des Eigenthümers, des wirklichen und fingirten gleichviel, eingeführt worden sind, wenn sie gleich aus inneren Gründen eine weitere Anwendung erlangt haben. Dagegen betrachtet v. Savigny eben diese Interdicte als eine Folge des juristischen Besitzes, welcher nichts weiter voraussetze, als daß jenes an sich factische Verhältniß mit der Absicht Eigenthum zu haben (animus dominii), oder in Rücksicht des von Savigny sogenannten abgeleiteten Besitzes mit der Absicht zu besitzen (animus possidendi) verbunden sei. Sehen wir von der bonae fidei possessio ab, wo sich ein factisches Verhältniß vorfindet, dennoch der Grund jeder juristischen Wirkung eben jene Fiction des Eigenthums ist, und zugleich der Besitz nicht ohne animus dominii gedacht werden kann, so bezieht v. Savigny jenen abgeleiteten Besitz insbesondere auf die Emphyteuse (*jus in agro vectigali*) und auf das Pfandrecht. Allein das gerade Gegentheil, daß nemlich nicht ein bloß factisches Innehaben es sei, was juristische Folgen erzeuge, glaube ich in Rücksicht des jus in agro vectigali an einem anderen Orte genügend bewiesen zu haben; in meiner Schrift: über das frühere Verhältniß des Rechtes am ager vectigalis S. 34 ff. Auch ist dort von dem possessorischen Schutz des Berechtigten die Rede gewesen, welchen derselbe nicht anders, als selbst der Eigenthümer, vermöge seines dinglichen Rechtes größeren Umfanges in Anspruch nimmt. Daß jedoch die sogenannten possessorischen Schutzmittel hier nothwendig sind und Anwendung finden müssen, diese Behauptung ist nur als solche von Savigny hingestellt und nicht bewiesen worden. Ich meinestheils glaube, daß die possessorischen Interdicte hier unnöthig sind, da schon ein eignes selbstständiges Interdict vorhanden ist, nemlich das interdictum de loco publico fruendo. Siehe meine Schrift über das frühere Verhältniß des Rechtes am ager vectigalis S. 45 ff. Dasselbe muß ebenso für die sonstigen Rechtsverhältnisse angenommen werden, bei welchen v. Savigny jenen abgeleiteten Besitz annimmt, überall ist nemlich nicht ein bloßes factisches Innehaben, sondern ein Recht vorhanden.

gen das interdictum *utrubi*, wenn nemlich eine partielle Störung in dem Besitze beweglicher Gegenstände vorgekommen ist. Bei gänzlicher Störung im Besitze einer beweglichen Sache scheint ein besonderes prätorisches Schutzmittel nicht mehr nothwendig gewesen zu sein, nachdem schon im älteren Recht die actio furti, vi bonorum raptorum und die actio ad exhibendum vorhanden waren [11]).

Von diesem werden wir nun ausgehen müssen, um das Recht der bonae fidei possessio im Einzelnen richtig beurtheilen zu können. Durchweg sind für die bonae fidei possessio, so lange sie als solche, demnach als fingirtes Eigenthum in Betracht kommt, dieselben Wirkungen und Folgen entscheidend, welche für das wirkliche Eigenthum. Die Sache selbst ist völlig unzweifelhaft, und wird es nicht minder für alle die einzelnen Punkte sein, für welche selbst ausdrückliche Quellenzeugnisse fehlen. Manche Punkte, die hier für das Eigenthum angedeutet worden sind, finden sich für die bonae fidei possessio nicht genauer erör-

---

Eben dieses ist der Fall bei dem Pfandrechte. Ob es jedoch für dieses jener Interdicte bedurft habe, mag an diesem Orte dahin gestellt bleiben.

Nach dem Bisherigen ist meine Meinung vollständig diese: jene possessorischen Interdicte sind nicht die Folge eines *jus possessionis*, sondern des *jus possidendi*. Letzteres findet sich nicht bloß beim Eigenthum, sondern eben so bei anderen Rechtsverhältnissen, ungeachtet jene ursprünglich nur für den Eigenthümer bestimmt sind.

11) Dieses ist wenigstens in l. 1. §. 6. D. und. vi bestimmt genug ausgesprochen: „Illud utique in dubium non venit, interdictum „hoc ad res mobiles non pertinere. Nam ex causa furti vel vi „bonorum raptorum competit: potest et ad exhibendum agi." Es scheint zudem durch diese Klagen dieselbe schleunige Hülfe verschafft worden zu sein, welche der Prätor bei jenen Interdicten beabsichtigt. Dennoch erklärt sich v. Savigny auch über diesen Punkt völlig anders, indem er das Interdict *de vi* ebenfalls für bewegliche Sachen gelten läßt.

tert. Allein sie brauchten in der That nicht erörtert zu werden, denn bloße Wiederholungen waren füglich zu vermeiden, da das Princip selbst den Römischen Juristen bekannt war [12]).

---

12) Um die folgende Darstellung nicht zu unterbrechen, mag schon hier das Genauere über die *compossessio* gesagt werden. Es darf aber dieser Punkt nicht übersehen werden, zumal v. Savigny denselben mit so großer Ausführlichkeit behandelt hat. Die compossessio hat nur für den juristischen Besitz des bonae fidei possessor Sinn und Bedeutung.

Wie nemlich zunächst nicht zwei oder mehrere zugleich Eigenthümer derselben Sache in solidum sein können, ebenso ist es in Rücksicht des juristischen Besitzes des bonae fidei possessor, und zwar aus demselben Grunde, undenkbar; l. 3. §. 5. D. de possess. Selbst die Gleichstellung des juristischen Besitzers und des Eigenthümers findet sich in einer anderen Stelle, die unseren Satz ganz bestimmt ausspricht: „Celsus filius ait, *duorum quidem in solidum dominium vel possessionem esse non posse*", l. 5. §. 15. D. commodati. Die Unzulässigkeit dieses Umstandes folgt aus der Absolutheit des hier vorliegenden Rechtes so nothwendig, daß der Satz am wenigsten je hätte unrichtig aufgefaßt werden können. Aber diese Frage wurde auch, abgesehen von der bonae fidei possessio, durch die Römischen Juristen zu beantworten versucht. Es entstand die Frage, ob überhaupt nicht ein unrechtmäßiger Besitz, der als solcher kein Recht gewährt, neben dem rechtlichen Besitz gedacht, ob nicht zwei unrechtmäßige Besitzer neben einander gedacht werden können, welche Frage in rechtlicher Hinsicht nur von höchst untergeordnetem Interesse ist. Die Ansichten der Römischen Juristen waren hier getheilt. Einige waren der Meinung, daß während der Eine juste, also bona fide besitzt, ein Anderer injuste besitzen könne, so daß also eine possessio justa gedacht werden könne, während anderseits eine possessio injusta vorhanden sei. Diese Meinung scheint selbst viele Anhänger gefunden zu haben. Wer juste, mithin bona fide, besitzt, hört nicht auf Besitzer, d. h. juristischer Besitzer zu sein, wenn ein Dritter vi, clam, precario zu besitzen anfängt; l. 13. §. 7. D. de possess. l. 13. §. 9. D. eod. tit. Sein Recht ist nicht übertragen, er übt den Besitz durch letzteren aus, und hat eine Klage, die Sache dem unrechtmäßigen Besitzer abzufordern. Grade letzteres ist der sicherste Beweis des vorhandenen noch fortdauernden Rechtes, und aus dem angegebenen Grunde konnten die Römischen Juristen sich füglich für einen Besitz

§. 7.

Was die erste Wirkung des Eigenthumsrechtes anbetrifft, so unterliegt es nicht dem mindesten Bedenken, daß dieselbe für die bonae fidei possessio in Betracht komme.

Mehrerer in solidum entscheiden; siehe l. 3. §. 5. D. de possess. l. 3. pr. D. uti possidet. Dennoch wird von Anderen auch für diesen Fall der Besitz in solidum gradezu geleugnet, vielmehr behauptet, der Besitz könne in den Händen zweier Individuen in solidum eben so wenig gedacht werden, als es unmöglich sei, daß zwei Personen an demselben Orte stehen oder sitzen. In diesem Sinne wird bemerkt: „quem (sc. Trebatium) Labeo reprehendit: quoniam „in summa possessionis non multum interest, juste quis an injuste possideat, quod est verius (fügt Paulus hinzu): non „magis enim eadem possessio apud duos esse potest, quam ut „tu stare videaris in eo loco, in quo ego sto: vel in quo ego „sedeo, tu sedere videaris." Blicken wir auf das so eben ausgezeichnete Sachverhältniß, so ergiebt sich sehr leicht, wie auch diese abweichende Ansicht von den Römischen Juristen gerechtfertigt werden konnte. Denken wir uns nemlich hier unter possessio das rechtliche Innehaben des bonae fidei possessor, oder das bloß factische Innehaben des unrechtmäßigen Besitzers, so ist letzteres in Wirklichkeit so wenig für den bonae fidei possessor vorhanden, als ein rechtliches Innehaben für den injuste possidens in Betracht kommt. — Dagegen wird die injusta possessio für verschiedene Individuen ebenso bestimmt geleugnet, als es in Rücksicht der justa possessio geschieht: „*duos injuste*, vel duos juste (possidere) „*non posse*"; l. 3. §. 5. D. de possess. „*Duo in solidum* „*precario habere non magis possunt, quam duo in solidum vi* „*possidere, aut clam, nam neque justae, neque injustae pos-* „*sessiones duae concurrere possunt*"; l. 19. pr. D. de precar.

Dieser Punkt, welcher meines Erachtens für den juristischen Besitz, ebenso als für das Eigenthum, wenig austrägt, ist bei v. Savigny ein Gegenstand weitläuftiger Erörterung. Siehe das Recht des Besitzes §. 11. Die hier angegebenen Resultate finden sich jedoch bei v. Savigny ebenfalls, wenn auch seine entgegengesetzte Ansicht über den juristischen Besitz, und die Annahme, daß hier von dem juristischen Besitz die Rede sei, einige Fehlgriffe veranlaßt haben.

Wichtiger als dieses ist für den juristischen Besitz, daß meh-

Auch der bonae fidei possessor hat das vollständigste Dispositionsrecht in Betreff der von ihm bona fide besessenen Sache. Dies war selbst unter den neueren Juristen am wenigsten streitig, wenn es gleich oft nur indirect und an einem Orte behauptet wurde, wo die Erwähnung nicht hingehörte und abwegig erscheinen mußte. Dies ist durch die rechtliche Bedeutung der bonae fidei possessio schon von selbst klar. Der bonae fidei possessor nemlich ist Eigenthümer, freilich nur in Folge einer Fiction, aber jene Fiction erzeugt in dem Umfange, in welchem sie vorhanden ist, alle Wirkungen des fingirten Rechtes.

In den Römischen Rechtsquellen finden sich hierüber meist nur indirecte Angaben, wenn gleich durch diese die Sache nicht weniger zuverlässig ist. In der That bedurfte es hier am wenigsten für jeden einzelnen Punkt einer ausdrücklichen Erwähnung, da sich Alles so ganz von selbst verstand, und die Sache für das Eigenthum selbst schon umständlich genug erörtert war. Ihre Aufgabe konnte vielmehr nur die sein, sich dort in umständliche Erörterungen einzulassen, wo die Sache selbst es erforderte.

---

rere zugleich als juristische Besitzer derselben Sache *pro indiviso* in Betracht kommen können. Wie es ein condominium gibt, in demselben Sinne gibt es eine sogenannte *compossessio*, und für diese sind dieselben Wirkungen jener Fiction entscheidend. Die Sache ist von selbst klar, und versteht sich so von selbst, daß am wenigsten darauf noch besonders brauchte aufmerksam gemacht zu werden. Vergl. nur l. 25. §. 1. D. de V. S. l. 8. D. de R. V. l. 5. D. de stip. servor. l. 3. §. 2. D. de possess. l. 32. §. 2. D. de usurp. et usucap. Mehrere andere Stellen, die dieses Rechtsverhältniß voraussetzen, werden noch unten im Zusammenhange vorkommen. Singulair ist es jedoch, wenn v. Savigny behauptet, in diesem Falle besitze jeder eine Sache für sich. Darum komme auch, sagt v. Savigny, weder das Wort compossessio, noch der Begriff bei den Römischen Juristen vor, und sie bestimmen bloß, in wiefern jeder für sich einen ideellen Theil besitzen könne u. s. w. Die irrthümliche Ansicht über den juristischen Besitz selbst mußte nothwendig auf so abwegige Resultate führen.

Daß zunächst der bonae fidei possessor, gleich dem wirklichen Eigenthümer, die Sache zerstören und vernichten kann, unterliegt keinem Bedenken, sowie es gewiß ist, daß jenes häufig bei den Römern geschehen sei. Der bona fide eine Sache vernichtet, ein Thier tödtet u. s. w., thut dies als Eigenthümer, und es ist kein rechtliches Moment vorhanden, weshalb der wirkliche Eigenthümer, wenn er hinterher auftritt, ihn belangen könne. Der Anspruch des wirklichen Eigenthümers dauert nur, so lange die Sache selbst noch vorhanden ist, nur so lange ist die rei vindicatio, mit welcher allein er auftritt, begründet.

Wie das wirkliche Recht des Eigenthümers, hört das Recht des bonae fidei possessor durch die gänzliche Zerstörung der Sache auf. Ebenso erleidet der bonae fidei possessor den Schaden, wenn von ihm die bona fide besessene Sache nur theilweise vernichtet wird. Dieses Vernichten hat die Folge, daß der wirkliche Eigenthümer zugleich dadurch leidet. Er selbst nemlich kann die Sache nur so von dem bonae fidei possessor abfordern, wie sie grade bei diesem noch vorhanden ist [1]).

Was die sonstigen Dispositionsrechte des bonae fidei possessor anbetrifft, so kann er rechtlich über die von ihm bona fide besessene Sache sowohl total, als, partiell verfügen. Ersteres nemlich, insofern er das ihm an der Sache zustehende Recht aufzugeben, und auf Andere zu übertragen befugt ist. Letzteres, insofern der bonae fidei possessor dingliche Rechte an der von ihm besessenen Sache gültig ertheilt. Und beides unterliegt am wenigsten irgend einem Zweifel.

Der bonae fidei possessor kann die Sache, welche er bona fide besitzt, verkaufen [2]), vertauschen, verschenken, als

1) Auch hier kann nur die rei vindicatio Anwendung finden. Es ist zugleich eine andere Klage, die etwa in einem obligatorischen Verhältniß gegründet wäre, völlig undenkbar.

2) Dahin deuten z. B. die Worte der l. 28. D. de contrah. emt.: „*Rem alienam distrahere quem posse, nulla dubitatio est*: „nam emtio est et venditio: sed res emtori auferri potest." Zur

dos übertragen, überhaupt auf jede sonst gedenkbare Weise einem Dritten rechtlich übertragen. Er überträgt in allen diesen Fällen mit dem Besitz das ihm zustehende fingirte Eigenthum, jedoch nur unter der Voraussetzung, daß der Empfänger selbst bei der Uebertragung bona fide ist. Mit der Uebertragung der bonae fidei possessio werden in der Hand des neuen Berechtigten alle diejenigen rechtlichen Wirkungen begründet, welche als solche eine Folge der bonae fidei possessio sind. Diese dauern aber nur so lange, als das Recht des Uebertragenden selbst würde gedauert haben, d. h. so lange nicht ein Mehrberechtigter, oder der wirkliche Eigenthümer gegen den Innehaber der Sache auftritt [3]).

Eben durch das Uebertragen von Seiten des bonae fidei possessor kann eine Reihefolge der bonae fidei possessores entstehen, welche im Eigenthumsstreit als verschiedene Auctoren in Betracht kommen. Mit dem juristischen Besitz, jenem fingirten Rechte der bonae fidei possessio, erlangt anderseits der Empfänger zugleich das Recht, usucapiren zu können (conditio usucapiendi), welches auch hier ganz getrennt von jenem Rechte des Besitzes vorhanden ist. Auf dem Wege der Usucapion gelangt der Nachfolger zu dem wirklichen Eigenthum, so daß der frühere Eigenthümer ihm die Sache nicht mehr abfordern kann. Es gilt in dieser Hinsicht für ihn *accessio possessionis* seu *temporis*, so daß die Zeit, welche hindurch der Vorgänger bona fide besaß, dem Nachfolger zu Gute gerechnet wird [4]).

Veräußerung einer res aliena ist man jedoch nur dann berechtigt, wenn man sie bona fide besitzt, was hier vorausgesetzt werden muß.

3) Eben diesen Sinn haben in der angeführten l. 28. D. de contrah. emt. die Schlußworte: „*sed res emtori auferri potest.*"

4) In Folge jener accessio possessionis wird die Zeit, welche hindurch der Vorgänger bona fide besessen hat, mit der des Nachfolgers und des gegenwärtigen Innehabers zusammengerechnet, mithin es so angesehen, als wenn der gegenwärtige Innehaber selbst die ganze Zeit hindurch besessen hätte. Jene scheint dabei selbst in innerer Nothwendigkeit gegründet zu sein, weshalb sie auch ohne po-

Die Titel selbst, unter welchen der Nachfolger den bona fide angefangenen Besitz fortsetzt, sind dabei ganz gleichgültig. Der Käufer nemlich wird die bona fide erhaltene Sache *pro emtore* usucapiren [5]), der die Sache durch Tausch erhalten hat, *pro*

sitive Gesetzgebung schon durch eine Interpretation der Römischen Juristen Anwendung gefunden hat. Bei der Uebertragung einer bona fide besessenen Sache überträgt nemlich jeder Innehaber das Recht, was er selbst bis dahin schon wirklich erlangt hat. Wäre der erste bonae fidei possessor fortwährend im Besitz der Sache geblieben, so würde er nach Ablauf der bestimmten Verjährungszeit selbst Eigenthümer geworden sein, also in diesem Augenblick ex post wirklich Eigenthum übertragen haben. Dies ist jedoch nur dann möglich, wenn die Usucapion selbst nicht unterbrochen wird. Befindet dagegen der Vorgänger sich mala fide, der Nachfolger aber bona fide, so kann erst für diesen und diejenigen, welche von ihm ihr Recht ableiten, die Verjährungszeit gerechnet werden, was sich demnach von selbst versteht.

5) Von diesem Usucapionstitel handeln ausführlich Dig. XLI, 4. Cod. VII, 26. — Kauf führt jedoch erst zum Eigenthum, wenn das Kaufpretium bezahlt ist, sofern nicht auf Credit gekauft wurde; §. 41. J. de rer. divis. l. 19. l. 53. D. de contrahend. emtion. l. 5. §. 18. D. de tributor. act. l. 11. §. 2. D. de action. emt. vend. Es muß zugleich in Folge des geschehenen Kaufes die Tradition erfolgt sein, durch welche immer erst das Eigenthum übertragen wird. Beide Umstände müssen eben so nothwendig für die bonae fidei possessio in Betracht kommen, weil ohne sie nicht der Glaube, daß man Eigenthümer geworden sei, für den Innehaber rechtlich gedacht werden kann. Aus diesem Grunde ist auf die Conjectur des Gajus gewiß nicht ein zu großes Gewicht zu legen, wenn er das Gegentheil in Betreff der Bezahlung des pretium andeutet. Gajus sagt nemlich in einer hierher gehörigen Stelle, von der Bezahlung des Kaufpreises sei im Edict nichts ausdrücklich erwähnt worden, deshalb könne man zu der Conjectur verleitet werden, als wenn dieser Umstand für die bonae fidei possessio, und die darauf sich beziehende actio Publiciana, gleichgültig sei. „De pretio vero soluti nihil exprimitur: quare potest conjectura „capi, quasi nec sententia Praetoris ea sit, ut requiretur, an „solutum sit pretium"; l. 8. D. de Public. in rem. act. Daß Obiges wirklich die Ansicht des Gajus gewesen sei, darf wohl bezweifelt werden, schon deshalb, weil jene Conjectur so offenbar

permutato [6]), der Beschenkte *pro donato* [7]). Der Mann, als Empfänger der dos, wird die bona fide erhaltene fremde Sache *pro dote* usucapiren [8]), d. h. jedoch erst nach eingegangener Ehe, weil vorher der Begriff der dos nicht existirt. Es wird dabei zugleich vorausgesetzt, daß die dos nicht ästimirt hingegeben wird. Ist dem Bräutigam vor eingegangener Ehe also ein Vermögen zu dem Ende hingegeben, daß es künftig dos sein soll, so kann er nur *pro suo* usucapiren, wie es anderseits gewiß ist, daß die ästimirt hingegebenen Gegenstände nur *pro emtore* usucapirt werden [9]).

---

falsch ist. Der Umstand, welcher hier als Grund jener Conjectur hingestellt wird, daß hierüber nichts von dem Prätor in seinem Edict angegeben sei, darf am wenigsten zu jener Conjectur berechtigen. Denn hier kann nur die ratio, welche jene Bestimmung des Prätors veranlaßte, als entscheidend angesehen werden. Ebenso hatte sich der Prätor in der Sache nur mangelhaft ausgesprochen, wenn er in seinem Edict nur von der traditio, als einer justa causa der bonae fidei possessio, ausdrücklich sprach, l. 1. pr. D. de Public. in rem action. Ungeachtet auch dieser Umstand nicht weniger auffallen mußte, l. 1. §. 2 D. de Public. in rem action., konnten die Römischen Juristen, und zwar ohne alles Bedenken, sich nur veranlaßt finden, dasselbe Princip für alle sonstige Erwerbsarten des Eigenthums zur Anwendung zu bringen. Dieselbe ratio macht dies sogar nothwendig. Man siehe über die Ausdehnung dieses Princips: l. 2—7. D. de Public. in rem action.

Dennoch haben Manche der neueren Juristen kein Bedenken gefunden, die Zahlung des Kaufpreises rücksichtlich der bonae fidei possessio, anders als in Betreff des Eigenthums, für etwas Gleichgültiges zu halten.

6) Oder vielmehr *pro suo*, denn in den Quellen wird die Bezeichnung pro permutato nicht ausdrücklich erwähnt.

7) Davon handeln: Dig. XLI, 6. Cod. VII, 27.

8) Dieser Titel wird erörtert in Dig. XLI, 9. u. Cod. VII, 28.

9) Siehe darüber meine Schrift über das Römische Dotal-Recht Bd. I. Abschn. 2. §. 31. S. 301—311. An diesem Orte ist zugleich die Bedeutung der usucapio pro dote nach den Regeln des Römischen Dotal-Rechts erklärt worden, worüber gemeinhin abwegige Ansichten existiren.

Eine totale Disposition über die Sache enthält ebenfalls die *derelictio*, sie kann ebenso für den bonae fidei possessor rechtlich gedacht werden. Dadurch hört das Recht der bonae fidei possessio ganz auf, allein das Aufgeben des Rechtes von Seiten des bonae fidei possessor ist für das Recht des wirklichen Eigenthümers eben so gleichgültig, als in den oben genannten Fällen. Der Eigenthümer darf sich seiner Sache dort factisch bemächtigen, wo er sie findet [10]).

10) Bei den rechtlichen Uebertragungen des bonae fidei possessor kommt der Umstand in Betracht, daß dem Innehaber der Sache dieselbe von dem wirklichen Eigenthümer abgefordert werden kann, wodurch für den letzten Besitzer ein wesentlicher Nachtheil entsteht. Dieser Nachtheil soll durch besondere Fürsorge der Römischen Gesetze auf dem Wege der Evictionsleistung abgewendet werden. Das heißt, der Uebertragende soll dem Empfänger verpflichtet sein, für den auf diese Weise erlittenen Schaden aufzukommen. Insofern ist die Lehre der Evictionsleistung (Dig. XXI, 1. Cod. VIII, 49.) in dem Rechtsverhältniß der bonae fidei possessio gegründet. Allein dieselbe kann doch nur dann vorkommen, wenn man die Sache in Folge onerosen Rechtsgeschäftes übertragen, für die Uebertragung der Sache ein Aequivalent empfangen hat. Demnach gehören insbesondere hierher die Uebertragungen in Folge eines Kaufes, Tausches. Bei den lucrativen Erwerbarten dagegen, der Schenkung, der dos, kann dieselbe vermöge der Natur der Rechtsgeschäfte nicht gefordert werden, und nur besondere Umstände können diese zu fordern berechtigen. Als solche werden erwähnt, wenn der Uebertragende die Evictionsleistung ausdrücklich versprochen hat, oder derselbe bei der Uebertragung *dolo malo* verfährt. Der Schade soll hier ersetzt werden, welchen der Besitzer durch die Eviction erlitten hat, und dieser ist nicht bloß nach dem wahren Werth der Sache zur Zeit der geschehenen Eviction zu bestimmen, sondern es kommt hier außerdem jedes sonstige Interesse (omne, quod interest) in Betracht.

Niemals kann jedoch einer der Vormänner als Vindicant gegen den gegenwärtigen Besitzer auftreten, wenn er hinterher Eigenthümer der übertragenen Sache geworden ist. Hat er gleich die Sache früher als res aliena übertragen, so ist dennoch sein Anspruch ausgeschlossen, weil er mit sich selbst in Widerspruch treten würde. Der Besitzer ist durch die *exceptio rei venditae et traditae* ge-

Der bonae fidei possessor darf gleich dem wirklichen Eigenthümer nicht bloß unter Lebenden total über die Sache disponiren, er kann es ebenfalls von Todeswegen, sowohl in einem Testament, als in einem Codicill. Der Erbe erlangt dieselben Berechtigungen, welche der Erblasser an der Sache hat. Ganz getrennt davon führt für ihn der bona fide angefangene Besitz durch Usucapion zum wirklichen Eigenthum, wobei denn dem Erben die accessio possessionis zu Statten kommt. Dasselbe gilt für den bonorum possessor. Im ersteren Falle ist es der titulus *pro herede*, im letzteren der titulus *pro possessore*, welcher zum wirklichen Eigenthum führt [11]). Jedoch ist es hier anders, als bei dem Nachfolgen unter Lebenden. War nemlich der Erblasser beim Erwerb des Besitzes bona fide, so kann der Erbe die Usucapion vollenden, wenn er selbst auch mala fide sein sollte. Ebenso ist es umgekehrt der Fall: der Erbe kann, ungeachtet er bona fide sich befindet, nicht usucapiren, wenn sein Erblasser mala fide war [12]). Dieses wird zugleich sowohl für den Civil- als prätorischen Erben gelten müssen. Die Sache selbst hat aber nichts Singulaires, sondern erklärt sich vollständig daher, weil der Erbe nur als eine Person mit dem Verstorbenen in Betracht kommt. Insofern der Erbe in alle Activ- und

---

schützt, welche ihrer eigentlichen Bedeutung nach nichts als eine exceptio doli ist. „*Marcellus scribit*, si alienum fundum ven„dideris, et tuum postea factum petas, *hac exceptione recte* „*repellendum*": l. 1. pr. D. de except. rei vendit. et tradit.

11) Von beiden zusammen ist die Rede: Dig. XLI, 5. *pro herede vel pro possessore*. — Cod. VII, 29.: de usucapione *pro herede*.

12) Dies besagt vollständig §. 12. J. de usucap. et long. temp. possess. „Diutina possessio, quae prodesse coeperat defuncto, „et heredi et bonorum possessori continuatur, licet ipse sciat „praedium alienum. Quod si ille initium justum non habuit, „heredi et bonorum possessori, licet ignoranti, possessio non „prodest." Vergl. l. 2. §. 19. D. pro emtor. l. 43. pr. D. de usurp. et usucap. l. 11. u. l. 14. §. 1. D. de divers. temporal. praescript. l. 30. D. ex quib. caus. major. l. 11. C. de adquir. vel retinend. possess.

Passiv-Rechte des Erblassers eintritt, somit den Verstorbenen im eigentlichen Sinne repräsentirt [13]), tritt er in Rücksicht des angefangenen Besitzes ganz in seine Stelle. Die mala fides des Erben kann dabei der angefangenen Usucapion um so weniger hinderlich sein, als in Betreff der Usucapion allgemein die Regel gilt: mala fides superveniens non nocet [14]).

Der Legatar anderseits erlangt, indem eine von dem Erblasser bona fide besessene Sache auf ihn übertragen wird, nicht bloß, was uns hier allein interessirt, das Recht der bonae fidei possessio, er wird ebenso in Folge des bona fide angefangenen Besitzes die Usucapion fortsetzen. Er usucapirt unter dem Titel: *pro legato* [15]). Es kann ebenso endlich eine res aliena, die bis dahin bona fide besessen war, zum Gegenstand einer mortis causa donatio gemacht werden. Die Sache unterliegt keinem Bedenken, auch wird hier dasselbe Resultat zur Anwendung kommen. Jenachdem die mortis causa donatio im Einzelnen entweder als Vertrag, oder als letztwillige Disposition gilt, wird der Empfänger entweder titulo *pro donato*, oder *pro legato* usucapiren [16]).

---

13) §. 2. J. de hered. instituend. pr. J. de stipul. servor. l. 31. §. 1. D. de hered. instituend. l. 22. D. de fidejussor. et mandator. l. 34. D. de adquir. rer. domin. l. 24. D. de novat. et delegat.

14) Dies nemlich nach Römischem Rechte: l. 7. §. 4. l. 2. §. 13. D. pro emtor. l. 15. §. 2. D. de usurpation. et usucap.

15) Dig. XLI, 8.: *pro legato.*

16) Das hier berührte Sachverhältniß muß an diesem Orte als bekannt vorausgesetzt werden. Im früheren Rechte war bekanntlich unter den Römischen Juristen darüber Streit, ob die mortis causa donatio als Vertrag oder als letztwillige Disposition gelte. Viele vertheidigten das erste, Andere das letzte. Je nachdem die eine, oder die andere Ansicht zur Anwendung gebracht wurde, waren ganz andere Bedingungen ihrer Existenz, ganz andere Wirkungen von der mortis causa donatio abhängig. Kaiser Justinian verordnete, um den vorhandenen Willen jedenfalls zur Anwendung zu bringen, daß, wenn die mortis causa donatio nicht als Vertrag gelten könne, dieselbe als letztwillige Disposition aufrecht erhalten werden solle; l. 4. C. de donat. mort. caus. §. 1. J. de donat.

§. 2.

Soweit in Rücksicht der totalen Disposition über die Sache, bei welcher der bonae fidei possessor gleich dem wirklichen Eigenthümer berechtigt ist.

Rücksichtlich der partiellen Disposition ist die Sache ebenso unzweifelhaft. Die dinglichen Rechte, welche ein fremdes Eigenthum voraussetzen, können ohne alle Beschränkung von dem bonae fidei possessor gültig bestellt werden.

Zunächst nemlich kann der bonae fidei possessor an der von ihm bona fide besessenen Sache Servituten bestellen [1]). Gleich dem wirklichen Eigenthümer ist er dazu, und zwar in Folge jener Fiction, daß er Eigenthümer sei, berechtigt. Auf dieselbe Weise können von ihm sowohl persönliche, als dingliche Servituten eingeräumt werden. In allen diesen Fällen erlangt der Servitutberechtigte nur das Recht, was ein bonae fidei possessor ertheilen kann, nicht eine wirkliche Servitut, son-

---

Nov. 87, cap. 1. Als Vertrag, d. h. als donatio, kann sie nur dann aufrecht erhalten werden, wenn bei ihrer Errichtung das Erforderniß jedes Vertrags, die Annahme von der anderen Seite (acceptatio), erfolgt ist. Dann gelten zugleich alle die Regeln, welche für die Schenkung unter Lebenden überhaupt zur Anwendung kommen. Als letztwillige Disposition dagegen kann sie nur dann gelten, wenn die Erfordernisse der legatorischen Disposition beobachtet worden sind. Unter dieser Voraussetzung gelten für dieselbe zugleich alle sonstige Regeln und Wirkungen des Legats. In den neuesten Systemen über das Römische Recht findet sich jedoch die Sache am wenigsten richtig aufgefaßt.

1) Darauf scheint sich zu beziehen, wenn es heißt: „sive ipso jure, „sive *tuitione Praetoris* constitutus ususfructus", l. 1. pr. D. quib. mod. ususfr. vel usus amitt. Derselbe Gegensatz findet sich ebenfalls in l. 9. §. 1. D. usufruct. quemadm. cav.: „Illud sciendum est sive jure ipso quis usumfructum habet, sive etiam „*per tuitionem Praetoris*, nihilo minus cogendum esse fructuarium cavere, aut actiones suscipere". — Von einer Servitut, welche von einem bona fide besessenen Grundstücke ausgeübt wird, spricht l. 12. D. quemadm. servit. amittunt. ausdrücklich.

dern nur eine solche an jenem fingirten Eigenthum, was selbst rücksichtlich der Dauer dieser Berechtigung von dem wesentlichsten Einfluß ist. So lange jene Berechtigung selbst dauert, ist der Servitutinnehaber, gleich dem Eigenthümer selbst, sowohl petitorisch, als possessorisch geschützt. Jenes geschieht auch hier durch die actio *Publiciana*, welche analog angewendet werden mußte [2]; dieses durch Interdicte [3]. — Eine Usucapion war aber dabei auf Seiten des Servitutinnehabers nicht gedenkbar, sie selbst scheint sogar völlig überflüssig gewesen zu sein, denn der bonae fidei possessor, welcher jene Berechtigung ertheilt hat, setzt die angefangene Usucapion fort, und nach Vollendung derselben wird

2) Siehe darüber: l. 11. §. 1. D. de Publ. in rem act. „Si de „usufructu agatur traditio, *Publiciana datur*. Itemque servitu-„tibus urbanorum praediorum per traditionem constitutis, vel „per patientiam, facta si per domum quis suam passus est „aquaeductum transduci; item rusticorum; nam et hic traditio-„nem et patientiam *tuendam* constat". Vergl. l. 1. §. 2. D. de servit. praed. rusticor.: „Traditio plana et patientia servitutium „inducet *officium Praetoris*." Vorausgesetzt wird dabei nothwendig, daß es an der rechtmäßigen Einräumung und Uebertragung der Servitut nicht gefehlt habe. Die Anwendung der actio Publiciana für die Servituten hat ihren Grund in einer weiteren Ausdehnung des Rechtsverhältnisses der bonae fidei possessio. Der Präter hat dasselbe für das Eigenthum ausgezeichnet, aber da derselbe Grund, dieselbe Nothwendigkeit vorhanden waren, mußten die Römischen Juristen durch Interpretation jene für die Servituten anwenden. Es ist hier die practische Ungewißheit vorhanden, ob der Innehaber nicht wirklicher Servitutberechtigter sei, wofür er gehalten werden muß. Demnach ist es bei Anstellung der actio Publiciana stets ungewiß, ob man nicht mit der actio confessoria selbst auftrete, denn diese Klage kann nur auf dem Fundament, daß man wirklicher Servitutberechtigter sei, basirt sein.

3) Das heißt, sofern nicht schon von dem Präter eigne selbstständige Interdicte eingeführt waren, was in Betreff einzelner Servitutberechtigungen geschehen ist, mußten die Römischen Juristen durch Interpretation diejenigen Interdicte zur Anwendung bringen, welche dem Eigenthümer selbst ertheilt waren.

zugleich immer eine wirkliche Servitutberechtigung ertheilt worden sein [4]).

Damit ist im Uebrigen die Ersitzung der Servitut ganz unzusammenhängend. Eine Usucapion der Servitutberechtigung war nach der lex Scribonia nicht zulässig, da die Usucapion sich nur auf Eigenthum beziehen sollte. Im neuesten Rechte, nachdem die longi temporis praescriptio durch Justinian auch für die Servituten zur Anwendung gebracht worden, ist die Servitutberechtigung ein Gegenstand selbstständiger Verjährung. In Folge dieses Umstandes gibt es für das neueste Römische Recht eine eigne bonae fidei possessio der Servitut, welche, als solche rechtlich geschützt, zugleich zum Erwerb einer wirklichen Servitut führt. Das Rechtsverhältniß ist nemlich hier folgendes. Ist dem Servitutberechtigten die Servitutberechtigung übertragen worden, was hier immer vorausgesetzt wird, der Innehaber also bona fide, oder was dasselbe ist, nec vi, nec clam, nec precario im Besitz, und kann er zugleich den justus titulus nachweisen, daß ihm nemlich die Servitut durch einen rechtmäßigen Erwerbgrund übertragen sei, so wird die Servitut binnen 10 oder 20 Jahren erworben, je nachdem von praesentes oder absentes die Rede ist. Dies ohne Unterschied, ob die Servitut an unbeweglichen, oder beweglichen Gegenständen zusteht. Kann dagegen der Innehaber, während er sich dennoch bona fide befindet, keinen justus titulus nachweisen, so wird er erst in 30 Jahren die Servitut erwerben, ebenso wie es bei dem Eigenthum der Fall ist. Wo ferner das Eigenthum an einzelnen Gegenständen erst in einem noch längeren Zeitraum erworben werden kann, an denselben Gegenständen wird ebenso erst in dieser längeren Frist die Servitut erworben. Auch hier kann endlich eine Klageverjährung

---

4) Schon rücksichtlich der Servituten, aber ebenso rücksichtlich der sonstigen dinglichen Rechte an einem fremden Eigenthum, zeigt sich sehr deutlich, wie sehr das Recht der bonae fidei possessio im Einzelnen von der Usucapion unabhängig sei.

statt finden, nemlich die der actio negatoria, wodurch der Anspruch gegen den Innehaber ausgeschlossen wird [5]).

Der bonae fidei possessor kann ferner, gleich dem wirklichen Eigenthümer, an dem von ihm bona fide besessenen fruchttragenden Grundstück eine Emphyteuse (*jus in agro vectigali*) errichten. Der emphyteuta wird gleich dem Constituenten im Besitz seines Rechtes, und zwar in Folge der Fiction, daß er wirklich Berechtigter sei, geschützt. Dies nemlich für die Zeit, für welche jene Fiction selbst fortdauert; er wird sowohl petitorisch, indem hier ebenfalls die *actio Publiciana* Anwendung findet [6]), als auch anderseits possessorisch [7]) geschützt. Dabei ist hier eben so wenig an eine Usucapion von Seiten des Innehabers zu denken [8]), weil es auch für ihn an einem animus domini fehlt. Usucapiren kann nur der Constituent, und durch dessen vollendete Usucapion wird auch er gegen die Ansprüche des früheren Eigenthümers hinlänglich geschützt sein, indem ex post der Constituent eine wirkliche Emphyteuse eingeräumt hat [9]).

---

5) Die Sache selbst ist unbestritten, sie kann als bekannt vorausgesetzt werden. Wie aber eine Servitut durch Verjährung erworben werden kann, ebenso kann sie durch Verjährung verloren werden.

6) In dieser Hinsicht wird in l. 12. §. 2. D. de Public. in rem act. ausdrücklich bemerkt: „In vectigalibus et aliis praediis, quae „usucapi non possunt, *Publiciana competit*, si forte bona fide „mihi tradita sunt." Im Wesentlichen ist hier dasselbe Verhältniß, was rücksichtlich der Servituten erwähnt worden. Vorausgesetzt wird auch hier die an sich rechtmäßige Uebertragung dieser Berechtigung. Ebenso ist auch diese Anwendung erst durch die Interpretation der Römischen Juristen festgestellt. Der Innehaber hält sich für wirklich berechtigt, und als wirklich Berechtigter wird er in Folge jener prätorischen Fiction geschützt. Insofern ist die actio Publiciana hier gestützt auf die Intention, daß man Emphyteuta sei, es ist practisch stets ungewiß, ob es nicht die actio vectigalis selbst sei.

7) Als ein besonderes possessorisches Schutzmittel kommt hier das *interdictum de loco publico fruendo* (Dig. XLIII, 9) in Betracht.

8) In vectigalibus et aliis praediis, *quae usucapi non possunt*; l. 12. §. 2. D. de Public. in rem action.

9) Auch hier, wie bei den Servituten, gibt es jedoch eine selbststän-

Eben dasselbe gilt für die *superficies*, welche an einem bona fide besessenen Gebäude eingeräumt worden ist [10]).

Endlich in Rücksicht der Verpfändung hat obiger Grundsatz eben so wenig irgend eine Schwierigkeit. Wie der wirkliche Eigenthümer, so kann der bonae fidei possessor als debitor die von ihm bona fide besessene fremde Sache verpfänden [11]), und der Pfandberechtigte wird durchweg den Schutz und die Berechtigung eines wirklichen Pfandinnehabers erlangen, so lange die Fiction des für ihn vorhandenen Rechtes fortdauert.

Das Rechtsverhältniß selbst ist hier von nicht anderer Art, als es bei den übrigen dinglichen Rechten an einer fremden Sache nachgewiesen ist. Der Pfandgläubiger wird in Folge jener Fiction, welche sich ebenso auf seine Berechtigung bezieht, für die Dauer derselben völlig rechtlich geschützt sein [12]). Insofern

---

bige Verjährung, wodurch das Recht selbst sowohl erworben, als auch verloren werden kann. Für diese entscheiden dieselben Regeln, welche für die Servituten in Betracht kommen.

10) „Idem est, si superficiariam aedem a non domino bona fide „emero"; l. 12. §. 3. D. de Public. in rem act. Als possessorisches Schutzmittel gehört hierher das *interdictum de superficiebus*; Dig. XLIII, 18.

11) Eine solche Verpfändung wird erwähnt in l. 18. D. de pignor. „Si ab eo, qui publiciana uti potuit, quia dominium non ha-„buit, pignori accepi." Vergl. l. 1. pr. D. de pignor. l. 15. §. 1. D. eod. l. 5. C. si alien. res pignori dat. est. Auch abgesehen von der Verpfändung des bonae fidei possessor war die Verpfändung einer res aliena bei den Römern etwas durchaus Gewöhnliches. Eine solche kam immer vor bei der Verpfändung des gesammten Vermögens, wobei nicht bloß das vorhandene, sondern auch das künftig zu erwerbende Vermögen Gegenstand des Pfandrechts wird. Hier liegt aber die Bedingung zum Grunde, daß die res aliena künftig erworben werde, unter welcher ebenfalls jede bestimmte fremde Sache gültig verpfändet werden kann; l. 16. §. 7. D. de pignor.

12) Der Pfandgläubiger wird ebenfalls gegen den Verpfänder rechtlich geschützt sein, der, während er früher bona fide eine res aliena verpfändet hat, hinterher wirklicher Eigenthümer des verpfändeten Objectes wird. Beim Eigenthum gewährt für diesen Fall, wie

hat derselbe nicht bloß die sonstigen Klagen, welche ein wirklicher Pfandberechtigter in Folge seines dinglichen Rechtes anzustellen berechtigt ist, er ist ebenfalls, was hier das Wichtigste ist, sowohl petitorisch, als possessorisch in seinem Rechte geschützt [13]). In ersterer Hinsicht steht ihm jedoch nicht, wie es bei den sonstigen dinglichen Rechten an einem fremden Eigenthum insgesammt der Fall ist, die actio Publiciana, sondern die *actio Serviana* zu, deren Bedeutung hier jedoch durchaus keine andere ist [14]).

---

oben bemerkt, die exceptio rei venditae et traditae den nöthigen Schutz, hier soll der Pfandgläubiger durch eine *utilis pigneratitia actio* geschützt sein, welche erst durch spätere Interpretation in Folge des hier zum Grunde liegenden Sachverhältnisses Anwendung gefunden hat. „Rem alienam pignori dedisti, deinde dominus „ejus rei esse coepisti: *datur utilis pigneratitia actio creditori*; l. 41. D. de pignerat. action. „Cum res, quae necdum in bo„nis debitoris est, pignori data est ab eo, postea in bonis ejus „esse incipiat: ordinariam quidem actionem super pignore non „competere manifestum est, sed tamen aequitatem facere, *ut* „*facile utilis persecutio, exemplo pigneratitiae, datur*"; l. 5. C. si alien. res pign. dat. Vergl. l. 1. pr. in f. D. de pignorib.

13) Der possessorische Schutz, welcher schon von dem Prätor dem Pfandgläubiger gewährt wurde, war adipiscendae possessionis. Insofern gehört das *interdictum Salvianum* mit seiner späteren Ausdehnung hierher, Dig. XXXIII, 33. Die schleunige Erlangung des verpfändeten Objectes konnte gewiß nur am meisten in dem Interesse des Pfandgläubigers sein.

14) „Si ab eo, qui Publiciana uti potuit, quia dominium non „habuit, pignori accepi, *sic tuetur me per Servianam Praetor*, „quemadmodum debitorem per Publicianam"; l. 18. D. de pignorib. Der Grund, weshalb hier nicht die actio Publiciana angewandt zu werden braucht, soll unten bei den Interdicten angegeben werden. Hier mag nur das allgemeine Princip zur Erklärung dieses Umstandes wiederholt werden, daß auch derjenige, welcher sich bona fide in seiner Pfandberechtigung befindet, ebenso wirklicher Pfandgläubiger zu sein behauptet, daß er von letzterem selbst practisch nicht unterschieden werden kann.

Anderseits wird der Verpfänder die von ihm angefangene Usucapion vollenden [15]). Dazu ist der Pfandgläubiger außer Stande, weil er nicht Eigenthum erwerben kann und will. Allein nach vollendeter Usucapion des Verpfänders wird auch hier ex post ein wirkliches Pfandrecht an jener früheren res aliena bestellt sein, und somit der Pfandgläubiger gegen die Ansprüche des früheren Eigenthümers gesichert bleiben [16]).

Abgesehen von der Verpfändung des bonae fidei possessor gilt auch hier die allgemeine Regel: Niemand kann an einer res aliena Rechte ertheilen. Diese Regel, wie sie sich auf das Eigenthum bezieht, muß für alle dingliche Rechte insgesammt zur Anwendung kommen. Dies folgt nothwendig, weil Niemand mehr Recht übertragen kann, als er selbst hat. Deshalb kann auch Niemand an einer fremden Sache, wenn er weiß, daß sie eine solche sei, ein Pfandrecht bestellen, sofern nicht etwa der Eigenthümer selbst dabei seine Einwilligung ertheilt hat [17]).

§. 9.

Die zweite Wirkung des Eigenthums bestand in dem Recht der vollständigsten Benutzung. Der bonae fidei possessor muß vermöge der Fiction, daß er Eigenthümer sei, auch in dieser Hinsicht dem wirklichen Eigenthümer gleich gestellt sein. Dies bestätigen ebenso ausdrückliche, als zuverlässige Quellenzeugnisse, dennoch ist hier der eigentliche Gesichtspunkt von den neueren Juristen mehr oder weniger verfehlt worden.

---

15) *Quia qui pignori dedit, ad usucapionem possidet;* l. 16. D. de usurpat. et usucap.

16) Eine selbstständige Verjährung läßt sich ebenfalls in Betreff des Pfandrechtes denken, sowohl in Rücksicht des Erwerbes, als des Verlustes desselben. Dennoch scheint sie bei der gewöhnlichen kürzeren Dauer dieser Berechtigung nicht so leicht vorgekommen zu sein.

17) Siehe l. 2. C. si alien. res pignor. dat. sit. l. 20. pr. D. de pignerat. action. — Dasselbe wird bewirkt durch nachherige Genehmigung des Eigenthümers (ratihabitio); l. 20. pr. D. de pignor. act. l. 16. §. 1. D. de pignor.

Wir behaupten, der bonae fidei possessor habe das Recht des Gebrauchs, ein Recht auf die Früchte und auf die sonstigen Accessionen, welche der Sache auf irgend eine Weise hinzukommen [1]). Ersteres und letzteres hat nicht so große Schwierigkeit, wenigstens haben sich darüber nicht sehr wesentliche Widersprüche gezeigt. Der bonae fidei possessor hat das Recht, die von ihm besessene Sache nach völliger Willkühr zu gebrauchen, und zwar ohne deshalb irgend Jemandem verantwortlich zu sein [2]). Er erlangt die Accessionen der Hauptsache zu derselben Berechtigung, welche er an der Hauptsache selbst hat, indem eigentlich nur eine Vergrößerung der letzteren hier vorkommt. So gewinnt er die partus ancillae, er kann sie daher als sein Eigenthum mit derselben *actio Publiciana* verfolgen [3]).

---

1) Bei diesen Berechtigungen ist eine Stellvertretung jedenfalls zulässig, d. h. wie der bonae fidei possessor in eigener Person jene Berechtigungen ausüben kann, ebenso kann er es durch Dritte.

2) Dieser Punkt, welcher ganz unzweifelhaft, ist jedoch meistens übersehen worden.

3) Von einem infans servus nondum anniculus, welcher mit der actio Publiciana in Anspruch genommen werden kann, spricht l. 12. §. 5. D. de Public. in rem action. In Rücksicht der Accession gilt ganz dasselbe, was für die Hauptsache, sie ist nicht bloß ein Gegenstand des publicianischen Eigenthums, sie ist ebenso anderseits ein Gegenstand der Usucapion. Von letzterer ist die Rede in l. 33. D. de usurpat. et usucap. l. 3. C. de usucap. pro emtor. In beiden Stellen ist die Rede von der partus ancillae, welche bekanntlich nur Accession ist; siehe auch l. 12. C. de R. V. l. 28. §. 1. D. de usur. Die partus ancillae folgt der conditio der Mutter, der status des Vaters ist dabei ganz gleichgültig, deshalb wird die partus ancillae immer nur von dem Eigenthümer der Sclavin erworben. Gegenstand der Usucapion war dabei die partus ebenfalls in Betreff einer ancilla furtiva. Es kommt nur darauf an, daß die Conception und die Geburt bei dem bonae fidei possessor geschehen ist; l. 33. D. de usurpat. et usucap. l. 3. C. de usucap. pro emtor. Letztere Stelle lautet so: „Si matrem „ejus, cujus nomine te quaestionem pati dicis, bona fide emtam „possidere coepisti: etiam si ipsa in causam furtivam inciderit,

Nichts anderes gilt in der That rücksichtlich der Früchte, obgleich hierüber so ganz verschiedene und sich widersprechende Ansichten aufgestellt worden sind. Auch hier ist jedoch die bonae fidei possessio in der doppelten Hinsicht zu unterscheiden, jenachdem sie als fingirtes Eigenthum, oder als bloße conditio usucapiendi in Betracht kommt. Nur in ersterer Hinsicht ist sie ein Recht, und erzeugt durchweg die Wirkungen des Eigenthums; nur insofern gehört sie eigentlich hierher. Ganz unabhängig davon ist die Usucapion, die den Zustand des factischen Innehabens, verbunden mit bona fides und justus titulus, voraussetzt. Beides ist auf gleiche Weise, wie für die Hauptsache, so für die Nebensache entscheidend.

Die Römischen Juristen, welche in Folge des vom Prätor aufgestellten Princips die Anwendung bestimmten, mußten davon ausgehen, durch jene Fiction sei der bonae fidei possessor dem wirklichen Eigenthümer gleich gestellt, so lange kein mehr Berechtigter demselben gegenübertritt. Daraus ergiebt sich hier die Anwendung sehr nothwendig, es müsse für den bonae fidei possessor in Rücksicht der Fruchtperception ganz dasselbe gelten, was für den wirklichen Eigenthümer.

Der wirkliche Eigenthümer erwirbt die Frucht seiner Sache *jure accessionis*. Während die Frucht, so lange sie mit der Hauptsache verbunden ist, als Theil derselben in Betracht kommt, mithin kein anderes Recht an der Frucht gedacht werden kann, als an der Hauptsache, so kommt die Frucht durch die Trennung von der Hauptsache (separatio) als ein besonderes Object, als ein Object selbstständiger Berechtigung in Betracht [4]). Aber

---

„*tamen postea conceptum apud te partum usucapere potuisti.*" Wovon noch unten.

Wie der bonae fidei possessor gleich dem Eigenthümer durch Accession gewinnt, eben so verliert er gleich diesem durch das *periculum*, es sei dieses ein periculum *interitus*, oder nur *deteriorationis*.

4) Es kann für den Eigenthümer der Erwerb der Früchte erst in dem Augenblick der Separation vor sich gehen, weil es früher

dasselbe Eigenthum, was sich früher auf die Frucht als Theil der Hauptsache bezog, bezieht sich auch nach der Trennung auf dieselbe, indem, so zu sagen, aus einer Sache jetzt zwei verschiedene geworden sind [5]).

Ganz ebenso verhält es sich bei der bonae fidei possessio, so lange nemlich diese durch die Fiction des Prätors als Eigenthum gilt. Dasselbe Eigenthum, was an der Hauptsache zusteht,

---

an einem Object fehlt. Dieser Umstand findet auf einem indirecten Wege durch das Recht der bonae fidei possessio seine völlige Bestätigung.

5) Auf dieselbe Weise erklärt im Wesentlichen v. Savigny den Fruchterwerb des Eigenthümers. Siehe das Recht des Besitzes §. 22 a. I. Dabei scheint er jedoch den Zeitpunkt des Erwerbes schon auf den Augenblick der Entstehung der Frucht zurückzuführen, was wir aus dem sehr evidenten Grunde glauben bestreiten zu müssen, weil die Frucht vor ihrer Absonderung rechtlich so gut als gar nicht gedacht werden kann. Er sagt, der wahre Eigenthümer erwerbe das Eigenthum der Frucht in dem Moment ihrer Entstehung, durch Accession, welche nichts anderes sei, als eine Anwendung der Regel: fructus rei frugiferae pars est auf das Eigenthum. Erst durch die Absonderung der Frucht von der Hauptsache werde er Eigenthümer der Frucht als einer besonderen für sich bestehenden Sache, aber dieser Umstand sei für das Eigenthum völlig unbedeutend, und werde deshalb in unseren Rechtsquellen mit Recht ignorirt. Ueberhaupt habe es mit dieser Absonderung der Frucht genau dieselbe Bewandniß, wie mit der reellen Theilung jedes anderen Ganzen (z. B. der Zerlegung eines Thieres oder dem Abbrechen eines Hauses), welche auch für das Eigenthum völlig gleichgültig sei u. s. w. — Daß die Separation der Frucht in Betreff des Eigenthums nicht zu weitläuftigen Discussionen geführt hat, erklärt sich sehr einfach daher, weil die Wirkungen der Separation nicht bestritten waren. Daß aber die Frucht als pars rei frugiferae schon selbstständig erworben werden könne, ist nirgends von Römischen Juristen behauptet worden. Endlich daß es mit der Zerlegung eines Thieres, mit dem Abbrechen eines Hauses rechtlich keine andere Bewandniß habe, als mit der Separation der Frucht, ist schwer einzusehen. Wird doch durch letztere beide Umstände auf gleiche Weise die Existenz der Hauptsache vernichtet, was bei dem Fruchterwerb niemals der Fall ist.

erstreckt sich auf die Frucht als Nebensache. So lange letztere mit der Hauptsache verbunden ist, ist kein anderes Recht, als das an der Hauptsache gedenkbar, weil die Frucht auch hier nur als Theil der Hauptsache in Betracht kommt. Erst, nachdem die Frucht von der Hauptsache getrennt, ist ein Gegenstand selbstständiger Berechtigung vorhanden, und dasselbe Recht, was sich vor der Trennung auf die Frucht bezog, dauert fort, nachdem die Trennung (*separatio*) geschehen ist. In Folge der Separation also sind auch hier nur zwei Objecte derselben Berechtigung entstanden, während bis dahin nur ein und dasselbe vorhanden war. Auch hier endlich muß die Frucht *jure accessionis* erworben werden, es kann selbst bei der völligen Gleichstellung des bonae fidei possessor mit dem Eigenthümer keine andere Erwerbart in Rücksicht der Frucht gedacht werden.

Der bonae fidei possessor erlangt also ein völliges Eigenthum an der Frucht, dasselbe Recht, was ihm an der Hauptsache zusteht. Allein dieses Recht dauert nur, so lange nicht ein mehr Berechtigter, oder der wirkliche Eigenthümer gegen den bonae fidei possessor auftritt. Der Eigenthümer nimmt nemlich die Sache mit allen Accessionen und Früchten, sobald nur diese noch vorhanden sind, in Anspruch, da auch auf letztere sich sein Eigenthum erstreckt. Und dies hat die nothwendige Folge, daß der bonae fidei possessor, wie in Betreff der Hauptsache, so in Betreff der Nebensache durch jene vorübergehende Fiction des Prätors nur *interim* Eigenthümer geworden ist [6].

Ganz getrennt davon ist die andere Seite der bonae fidei possessio, rücksichtlich der Usucapion. Auch diese kommt, wie für die Hauptsache, so für die Nebensache in Betracht. Wie die Hauptsache, so muß auch die Frucht als Nebensache ein Gegenstand der Usucapion sein. Damit hängt es vollständig so zusammen. Sofern nemlich die conditio usucapiendi rücksichtlich der Hauptsache unabhängig ist von jener Fiction des Eigenthums, ebenso ist dies der Fall in Betreff der Nebensache. Die bonae

6) Auch dieses wird sich weiter unten vollständig ergeben.

fidei possessio als solche führt zur Usucapion, es wird durch diese das Eigenthum wirklich erworben, obgleich davon immer erst hinterher, wenn der frühere Eigenthümer auftreten sollte, die Rede sein kann. So lange nun die Frucht mit der Hauptsache verbunden ist, ist nur dieselbe bonae fidei possessio als conditio usucapiendi gedenkbar, aber dieselbe conditio usucapiendi erstreckt sich auf die Frucht, sobald diese von der Hauptsache getrennt ist. Demnach gilt die Usucapion nicht bloß für die Hauptsache, sondern auch für die Nebensache, nemlich nach der Separation. Weil die Frucht demnächst als neues Object der Usucapion in Betracht kommt, kann erst seit der Separation die Usucapionszeit in Betreff derselben gerechnet werden.

Dabei ist jedoch die Usucapion für die Frucht nur von untergeordnetem Belange. Dies nemlich bei der geringen Dauer und der Zerstörbarkeit, welche bei den meisten Früchten vorhanden ist. Um so mehr, als grade die Früchte nach dem gewöhnlichen Gange der Dinge auch von dem bonae fidei possessor aufgezehrt zu werden pflegen. Sie kann nicht gedacht werden in Rücksicht der consumirten Früchte (fructus consumti), ebenfalls nicht in Rücksicht der verloren gegangenen Früchte (fructus percipiendi). Sie kann sich vielmehr nur auf die vorhandenen (fructus extantes) beziehen, sofern diese ihrer Beschaffenheit nach von längerer Dauer sind [7]).

Endlich wie die Usucapion für die Hauptsache von wesentlicher Bedeutung ist, ebenso wird sie es für die sonstigen Accessionen sein, welche außer der Frucht in Betracht kommen [8]).

---

7) Eben aus diesem Grunde erklärt es sich, wenn die Usucapion rücksichtlich der Frucht in den Römischen Rechtsquellen als untergeordnet behandelt, und selbst nur in wenigen Stellen ausdrücklich erwähnt wird, während von der Usucapion der Hauptsache und eben so der Accession häufig die Rede ist.

8) In Betreff dieser Accessionen gilt im Ganzen nichts anderes, als was von der Frucht selbst gilt. Nur wegen ihrer längeren Dauer können sie mehr, als die Frucht, ein Gegenstand der Usucapion sein. Sie werden deshalb gemeinhin bei nicht vollendeter Usucapion

§. 10.

Daß obige Ansicht diejenige sei, wovon die Römischen Juristen im Einzelnen ausgingen, muß nun durch Interpretation der hierher gehörigen Quellenzeugnisse gezeigt werden.

Die Quellenzeugnisse erhalten von diesem Gesichtspunkte aus ihre völlige Bedeutung, und es findet sich selbst in dieser Hinsicht gar kein Widerspruch. Grade die Hauptsache betraf in dieser Hinsicht die Behauptung, daß der bonae fidei possessor in Rücksicht der Fruchtperception dem wirklichen Eigenthümer gleichgestellt sei, daß er gleich dem wirklichen Eigenthümer, sobald die Frucht von der Hauptsache getrennt ist, ein wirkliches Eigenthum an derselben erlange. Dieses, eine nothwendige Folge jener Fiction, daß der bonae fidei possessor Eigenthümer sei, läßt sich vollständig beweisen.

Grade in obiger Hinsicht ist folgende eine Hauptstelle:

(l 25. §. 1. D. de usur. et fructib.)

„*Porro bonae fidei possessor in percipiendis fructi*-„*bus id juris habet, quod dominis praediorum tri*-„*butum est*". Schon mit diesen Worten ist auf das Bestimmteste angegeben, daß der bonae fidei possessor in Rücksicht des Fruchtgenusses dem wirklichen Eigenthümer völlig gleichgestellt sei [1]); daß man hier im Einzelnen nur auf die Berechtigung des wirklichen Eigenthümers Rücksicht genommen habe, wo es darauf ankam, zu bestimmen, welche Rechte der bonae fidei possessor an

---

mit der Hauptsache zurückgegeben werden müssen, das heißt nemlich, wenn sie noch bei Anstellung der rei vindicatio vorhanden sind. Im Gegentheil kann aber auch hier nicht von einem Ersatz für die verloren gegangenen Accessionen die Rede sein.

1) Schon daraus läßt sich mit Grund folgern, daß die Erwerbart hier, wie bei dem wirklichen Eigenthümer, nur die *accessio* sei, was auch schon ohne ausdrückliche Quellenzeugnisse nothwendig angenommen werden muß, bei der sonstigen Gleichstellung des bonae fidei possessor mit dem wirklichen Eigenthümer.

den Früchten habe, unterliegt keinem Zweifel. Dasselbe wird in einer anderen hierher gehörigen Stelle ebenso bestimmt ausgesprochen [2]). Insofern hat der bonae fidei possessor jedenfalls ein größeres Recht, als der Usufructuar, mit welchem er in anderer Hinsicht häufig gleichgestellt wird. Daher heißt es in der Fortsetzung dieser Stelle: „Praeterea cum ad fructuarium pertineant fructus „*a quolibet sati*, quanto magis hoc in bonae fidei pos„sessoribus recipiendum, qui plus juris in recipiendis fruc„tibus habent". Der bonae fidei possessor gewinnt gleich dem wirklichen Eigenthümer die Frucht, ohne Rücksicht darauf, wer gesäet hat. Dies in Folge der accessio, oder bestimmter, der *implantatio*. Letzteres muß für den Usufructuar angenommen werden; um so mehr, sagt der Jurist, werde dieser Umstand für den bonae fidei possessor gleichgültig sein, da der mehrere Rechte rücksichtlich der Früchte habe, als der Usufructuar.

Insofern der bonae fidei possessor dem wirklichen Eigenthümer völlig gleichgestellt ist, hat er in Rücksicht der Früchte ein größeres Recht, als der bloße Usufructuar und der Pächter (colonus). Letztere erwerben die Frucht erst durch Perception [3]). Der bonae fidei possessor dagegen erwirbt wie der wirkliche Eigenthümer die Frucht, sobald sie auf irgend eine Weise von der

2) Es wird nemlich in l. 48. D. de adquir. rer. domin. vom bonae fidei possessor gesagt: „*quia, quod ad fructus attinet, loco* „*domini paene est*". Daß es in Rücksicht der Hauptsache anders sei, erhellt aus dieser Angabe über die Früchte, wovon hier nur die Rede ist, am wenigsten. Das „*paene*" kann nur richtig auf den Umstand bezogen werden, daß der wirkliche Eigenthümer niemals genöthigt werden könne, die Frucht selbst herauszugeben, wozu der bonae fidei possessor gezwungen ist, so oft ein Mehrberechtigter gegen ihn auftritt.

3) Vom Usufructuar heißt es ausdrücklich: „cum fructuarii quidem „non fiant, antequam ab eo percipiantur"; l. 25. §. 1. D. de usur. et fructib. Vergl. §. 36. J. de rer. divis. l. 12. §. 5. D. de usufr. l. 13. D. quib. mod. ususfr. vel us. amitt.

Hauptsache getrennt ist, also durch bloße **Separation**. Vor der Separation nemlich kommt die Frucht noch nicht als selbstständige Sache in Betracht, sie kann mithin vorher, wie für den Eigenthümer, so für den bonae fidei possessor nicht ein Gegenstand eines besonderen Erwerbes sein:

1) „Julianus ait, . . fructus tunc fieri bonae fidei possessoris, „*mox quam a solo separati sunt*" [4]).

2) „Deinde etiam priusquam percipiat, *statim ubi a solo se-„parati sunt*, bonae fidei emtoris fiunt" [5]).

3) „ad bonae fidei possessorem pertinent, *quoquo modo a „solo separati fuerint*" [6]).

In dieser Hinsicht ist jedoch der Emphyteuta dem wirklichen und fingirten Eigenthümer gleichgestellt, auch der Emphyteuta gewinnt die Frucht, sobald sie auf irgend eine Weise vom Grund und Boden separirt ist [7]). Diese Gleichstellung hat ihren Grund in dem Umfang der Berechtigung, welche auf den Emphyteuta übertragen ist. Obgleich derselbe nicht Eigenthümer ist und nicht sein will, ist doch seine Berechtigung von der Art, daß ihm durchweg die Rechte und die Schutzmittel des wirklichen Eigenthümers übertragen werden mußten.

Es ist aber kein Widerspruch vorhanden, wenn dennoch in den Römischen Rechtsquellen der Perception der Früchte rücksichtlich des bonae fidei possessor gedacht wird. Die Perception der Früchte ist nicht so in Rücksicht des Erwerbes, sondern besonders in Rücksicht des Umstandes wichtig, daß die nicht percipirten Früchte niemals dem wirklichen Eigenthümer erstattet werden können [8]).

---

4) l. 13. D. quib. mod. ususfr. vel us. amitt.

5) l. 48. D. de adquirend. rer. domin.

6) l. 25. §. 1. D. de usur. et fructib.

7) „Cum ad bonae fidei possessorum pertineant quoquo modo a „solo separati fuerint, *sicut ejus, qui vectigalem fundum ha-„bet, fructus fiunt, simulatque a solo separati fuerint*"; l. 25. §. 1. D. de usur. et fructib.

8) Dabei ist im Allgemeinen nicht unbeachtet zu lassen, daß das Ei-

Schon aus den angeführten Stellen, aus der Gleichstellung des bonae fidei possessor mit dem Eigenthümer, ebenso aus der Parallele, welche zwischen ihm und dem emphyteuta [9]) und selbst dem Usufructuar [10]) gezogen wird, müssen wir annehmen, daß hier nicht von einer bloßen conditio usucapiendi in Rücksicht der Früchte die Rede sei. Denn der Eigenthümer erlangt ein Eigenthum an den Früchten, ebenso der Emphyteuta und der Usufructuar. Eben darauf, daß der bonae fidei possessor ein wirkliches Eigenthum an den Früchten erlange, deuten nicht weniger bestimmt mehrere andere Angaben. Es sind nemlich in den Quellen für das Recht des bonae fidei possessor an den Früchten durchweg solche Ausdrücke gebraucht, welche nur für das wirkliche Eigenthum gelten. Es heißt von dem bonae fidei possessor: *fructus suos facere* [11]), *ejus fiunt*

---

genthum des bonae fidei possessor sich nur auf die percipirten Früchte, nicht so auf die nicht percipirten Früchte erstrecken kann; eben so wie dies beim Eigenthum der Fall ist. Ungeachtet nemlich jeder Eigenthümer überhaupt schon Eigenthümer der Frucht sein muß, sobald diese auf irgend eine Weise von der Hauptsache getrennt ist, so sind dennoch die nicht percipirten Früchte niemals ein Gegenstand einer dauernden Berechtigung geworden. Auch hier wird demnach immer die Perception als nothwendig in Betracht kommen, um jenes Eigenthum nicht sogleich verloren zu haben. Insofern wird vom bonae fidei possessor im §. 35. J. de rer. divis. bemerkt: „. . . placuit fructus, quos *percepit*, ejus esse"; ebenso in l. 48. pr. D. de adquir. rer. domin.: „Bonae fidei emtor „non dubie fructus *percipiendo* suos interim facit." Die Perception der Früchte daher von Seiten des bonae fidei possessor wird auch in l. 25. §. 2. D. de usur. et fructib. in Erwägung gezogen. Es heißt: „Bonae fidei emtor sevit, et antequam fruc„tus *perciperet*, cognovit fundum alienum esse, *an perceptione* „*fructus suos faciat*, quaeritur." Darauf bezieht sich auch l. 45. D. de usur. et fructib.: „Fructus *percipiendo* uxor vel vir ex „re donata suos facit."

9) l. 25. §. 1. D. de usur. et fructib.

10) l. 25. §. 1. D. de usur. et fructib. l. 13. in f. D. quib. mod. ususfr. v. us. amitt. l. 28. pr. D. de usur.

11) l. 25. §. 1. D. de usur. et fructib.: „an Titius bonae fidei

fructus [12]). Ebenso wird die Bezeichnung gebraucht: *statim pleno jure sunt* [13]), *statim emtoris fit* (sc. fructus) [14]), ferner: *statim ad bonae fidei possessorem pertinebunt* [15]), wo nemlich das *statim* sich überall auf den Augenblick der Separation bezieht. Es heißt auch schlechthin: *fructus ad eum pertinere* [16]). Alle diese Ausdrücke, welche in Rücksicht der Früchte für den bonae fidei possessor gebraucht werden, finden sich im Römischen Rechte nur als technische Ausdrücke zur Bezeichnung des wirklichen Eigenthums [17]). Sie finden sich, abgesehen von dem

„emtor . . *fructus suos faciat?*" — l. 25. §. 2. D. de usur. et fruct.: „an *fructus suos faciat* (sc. bonae fidei emtor) quaeri„tur." — l. 45. D. de usur. et fruct.: „*fructus suos facit*". Vergl. l. 40. und l. 48. §. 1. und 2. D. de adquirend. rer. dom.

12) „*Fructus fieri bonae fidei possessoris*"; l. 13. in f. D. quemadm. ususfr. v. usus amitt. — „*Bonae fidei possessoris fiunt*"; l. 48. pr. D. de adquir. rer. dom. Vergl. l. 25. §. 1. D. de usur. et fructib. l. 45. D. eod. tit. Der Ausdruck *ejus esse*, freilich in der Verbindung pro cultura et cura, kommt vor im §. 35. J. de rer. divis.

13) l. 28. pr. D. de usur. et fructib.: „*itaque statim pleno jure* „*sunt bonae fidei possessoris*".

14) l. 4. §. 19. D. de usurpat. et usucap.: „*sed statim emtoris fit.*"

15) „*Et furtivis equis nati statim ad bonae fidei possessorem* „*pertinebunt*;" l. 48. §. 6. D. de furtis.

16) l. 25. §. 1. D. de usur. et fructib.: „ad bonae fidei posses„sorem *pertineant*, quoquo modo a solo separati fuerint." — l. 48. §. 2. D. de adquir. rer. domin.: „et ideo ad bonae fidei emtorem *pertinent.*"

17) Grade der Ausdruck: *suum esse*, welcher in den meisten dieser Bezeichnungen vorkommt, ist eigentlich technisch für das Eigenthum. „*Non videtur suum esse, quod vindicari non possit*", heißt es daher in l. 27. §. 2. D. de aur. argent. legat. Vergl. l. 49. §. 1. D. de R. V. l. 67. D. eod. l. 2. §. 1. D. de religios. l. 34. D. de aur. legat. l. 25. pr. D. de V. S. Daher heißt es in Betreff der Usucapion: *usu rem suam facere*; l. 1. §. 1. D. ex quib. caus. major. l. 33. pr. D. de usurpat. et usucap. Plaut. Amphytr. I, 1. v. 219. Von dem, welcher die dereliquirte Sache occupirt, heißt es, rem *suam facit*; l. 43. §. 11,

Recht der bonae fidei possessio, nirgends in einem auch nur ähnlichen Sinne [18]), am wenigsten kann damit ein bloßes factisches Innehaben bezeichnet sein, als welches die conditio usucapiendi in Betracht kommt. Daß diese nicht damit gemeint sei, ist schon an sich klar, und wird jene Annahme auch durch ein ausdrückliches Zeugniß völlig ausgeschlossen. Denn es wird in einer betreffenden Stelle ganz bestimmt gesagt, die Wolle, welche von einem bona fide besessenen Schafe geschoren wird, gehöre zur Frucht, sei sogleich ein Eigenthum des bonae fidei possessor, und brauche nicht erst usucapirt zu werdrn (*nec usucapi debet*, sed statim emtoris fit [19]).

D. de furt. Es wird vom Pächter gesagt: *suos facit fructus;* l. 61. §. 8. D. de furt.; dies ebenfalls vom Usufructuar; l. 62. pr. D. de usufr. In Rücksicht des letzteren kommt auch der Ausdruck *fiunt fructuarii* vor, l. 25. §. 1. D. de usur. et fructib.; ebenso *pertinent ad eum*, l. 25. §. 1. D. de usur. et fructib., zur Bezeichnung, daß er ein Eigenthum an den gezogenen Früchten erlange. *Fructus ejus fiunt* heißt es in demselben Sinne von dem emphyteuta, l. 25. §. 1. in f. D. de usur. et fructib., der schon durch die Separation ein Eigenthum an den Früchten erlangt. Ferner derjenige usucapirt *pro suo*, der sich überhaupt für den Eigenthümer hält. *Ex meo tuum fit* heißt es in Betreff des Darlehns, indem das Eigenthum der fungiblen Sache auf den Empfänger übergeht; l. 2. §. 2. D. de reb. cred. Nur die Bezeichnung des Eigenthums ist es, wenn von dem Ehemann in Betreff der ihm übergebenen dos ähnliche Angaben vorkommen. Vergl. l. 75. D de jur. dot. l. 30. C. de jur. dot. l. 7. §. 3. l. 24. §. 5. D. S. M. l. 2. §. 1. l. 3. D. S. M. l. 21. §. 4. D. ad municipal. u. s. w. Während nemlich die Frau wirkliche Eigenthümerin ihrer dos ist, kommt der Mann als procuratorischer Verwalter dieses Vermögens in Betracht Aber mit jeder procuratorischen Administration ist es verbunden, daß der Stellvertreter formell als Eigenthümer (dominus) handeln muß. Siehe mein Römisches Dotal-Recht Bd. I. Abschn. 2.

18) Nur der Ausdruck *pertinere*, wie in bonis esse, kommt außerdem in einem erweiterten Sinne vor; siehe l. 4. pr. D. de edend.

19) Die hierher gehörige Stelle ist l. 4. §. 19. D. de usurpat. et usucap. Sie lautet vollständig so: „Lana ovium furtivarum, si

§. 11.

Fassen wir das bisherige Resultat der Quellen zusammen, so ist außer Zweifel gesetzt, daß der bonae fidei possessor wirklicher Eigenthümer der Frucht werde, sobald sie von der Hauptsache getrennt ist.

Dieses Resultat wird nun in seinen einzelnen Anwendungen genauer zu bestimmen sein. Was im Einzelnen als Frucht in Betracht komme, läßt sich schon nach allgemeinen Grundsätzen beurtheilen, und ist nach den vorhandenen Quellenzeugnissen über die bonae fidei possessio nicht zweifelhaft. Frucht ist nemlich alles, was unbeschadet der Substanz gewonnen wird, es mag etwas auf organischem Wege in Folge natürlicher Erzeugung gewonnen werden (natürliche Frucht), oder auf einem juristischen Wege (Civil-Frucht). Unter die letztere Art der Frucht gehört die Pacht, die Miethe; beide muß, wie der wirkliche, so der prätorische Eigenthümer zu seiner völligen, unumschränkten Berechtigung erlangen.

Der bonae fidei possessor erlangt jene Berechtigung an der Frucht. Es war jedoch darüber Streit unter den Römischen Juristen, ob obiges Princip für alle und jede Frucht entscheidend sein könne, d. h. ob dem bonae fidei possessor nur diejenige Frucht gehöre, welche als fructus industrialis in Betracht komme, oder ob er überhaupt an jeder Frucht, also auch an der

———

„quidem apud furem detonsa est, usucapi non potest: si vero „apud bonae fidei possessorem contra, quoniam est in fructu, „*nec usucapi debet: sed statim emtoris fit.*" Die Wolle, welche von gestohlenen Schafen bei dem Diebe geschoren wird, kann nicht usucapirt werden, weil der Dieb mala fide ist. Für den bonae fidei possessor gilt das Gegentheil. Die Wolle gehört zur Frucht, sie braucht nicht erst von dem bonae fidei possessor usucapirt zu werden, sondern sie ist sogleich sein Eigenthum. Davon ist aber nicht der Grund, weil die Wolle als Frucht in Betracht kommt. Dasselbe ist vielmehr ebenso wahr in Rücksicht der sonstigen Accessionen, so wie der Hauptsache selbst. Allein bei jenem Rechte des bonae fidei possessor ist die Usucapion am wenigsten ausgeschlossen.

fructus mere naturalis diese Berechtigung erwerbe. Das Letztere scheint die herrschende Ansicht gewesen zu sein [1]), welche zugleich eine nothwendige Folge des hier zum Grunde liegenden Principes ist. Das Gegentheil selbst scheint nur aus einer einzigen hierher gehörigen Stelle hervorzugehen, welche den neueren Juristen zu den verschiedenartigsten Controversen Veranlassung gab [2]).

---

1) Dies bestätigen die allgemeinen Andeutungen, wenn überhaupt in verschiedenen Stellen nur danach gefragt wird, ob ein bestimmter Gegenstand Frucht sei oder nicht. In l. 48. §. 6. D. de furt. heißt es nemlich nach der Angabe, daß die Füllen der gestohlenen Pferde sogleich dem bonae fidei possessor gehören: „merito, *quia „in fructu numerantur.*" Vergl. l. 28. pr. D. de usur.: „*In „pecudum fructu etiam fetus est* . . . Itaque cet." Weil die Jungen der Thiere als Frucht in Betracht kommen, gehören sie sogleich als völliges Eigenthum dem bonae fidei possessor. In l. 48. §. 2. D. de adquirend. rer. domin. wird allein darauf Nachdruck gelegt, daß ein Gegenstand Frucht sei: „*Et ovium fe„tus in fructu sunt, et ideo ad bonae fidei possessorem perti„nent.*". Dasselbe geschieht in l. 4. §. 19. D. de usurpat. et usucap.: „*quoniam in fructu est . . ., statim emtoris fit.*" Aber in diesem Sinne heißt es auch ganz ausdrücklich, daß dem bonae fidei possessor alle und jede Frucht gehöre, nicht bloß die, welche er durch seine Sorgfalt und Mühe hervorgebracht habe: „*non tantum eos, qui diligentia et opera provenerint, sed om„nes;*" l. 48. pr. D. de adquirend. rer. domin. Dasselbe bestätigen überdies die sonstigen einzelnen Angaben in den verschiedenen Quellenzeugnissen, indem ausdrücklich solche Gegenstände als dem bonae fidei possessor gehörig vielfach ausgezeichnet sind, welche ohne Mühe des Besitzers als Frucht erlangt werden. Dahin gehören z. B. die Jungen der Thiere, die Milch, die Wolle der Schafe u. s. w.

2) Diese Stelle ist von Pomponius (libro XXII. ad Quintum Mucium), und lautet so: „Fructus percipiendo uxor et vir ex re „donata suos facit: illos tamen, quos suis operis acquisierit, „veluti serendo: nam si pomum decerpserit, vel ex silva caedit, „non fit ejus: sicuti nec cujuslibet bonae fidei possessoris: quia „non ex facto ejus is fructus nascitur;" l. 45. D. de usur. et fructib. Sie hat eine doppelte Schwierigkeit. Einmal, weil hier so bestimmt gesagt wird, daß Mann und Frau die Früchte ex re donata gewinnen. Zweitens: weil gesagt wird, daß der bo-

Es kommt im Einzelnen nur darauf an, daß die Frucht auf der Hauptsache erzeugt und hervorgebracht werde. Wem die Saat gehört, ist dabei völlig einerlei, eben so der Umstand, wer die Saat gesäet hat. Wenigstens findet sich dieses in Rücksicht des bonae fidei possessor bestimmt ausgesprochen [3]). In dieser

nae fidei possessor nicht alle und jede Frucht gewinne, sondern nur diejenige, welche durch seine Mühwaltung entstanden ist. In ersterer Hinsicht steht der bonae fidei possessio der Ehegatten in Betreff der Geschenke der Grundsatz entgegen, daß Geschenke unter Ehegatten selbst unwirksam sind. Kann nemlich nicht Eigenthum übertragen werden, so ist auch jede bonae fidei possessio ausgeschlossen, weil diese die Absicht, Eigenthum haben zu wollen, nothwendig voraussetzt. Zwar kann der Schenker die Hauptsache nur mit den Früchten zurückfordern, um welche der Beschenkte sich zur Zeit der litis contestatio noch bereichert befindet (l. 5. §. 18. l. 6. l. 7. pr. D. de donat. int. V. et U. l. 31. §. 2. l. 55. D. hoc. tit.), allein das fructus *suos facere*, und zwar in Betreff derjenigen Früchte, welche der bonae fidei possessor erlangen soll, erklärt sich aus jenem Umstande nicht. Es kann jedoch bei Geschenken unter Eheleuten sich sowohl der eine, als andere Ehegatte in einem gerechten Irrthum befinden, und somit der Beschenkte die Sache bona fide besitzen. Es kann aber auch diese Stelle sich auf Fälle der Art beziehen, in denen ausnahmsweise die Schenkung unter Ehegatten erlaubt ist. Gewagt würde es sein, wenn wir diese Stelle von der Schenkung eines Dritten verstehen wollten. — Was den letzteren Punkt anbetrifft, so findet sich hier offenbar ein Widerspruch mit den sonstigen Angaben des Römischen Rechtes. Wir müssen daher annehmen, daß hierüber bei den Römern verschiedene Ansichten existirt haben. Diese Ansicht konnte dadurch veranlaßt werden, daß man den bonae fidei possessor eben wegen seiner Mühwaltung, pro cultura et cura, die nicht mehr vorhandenen Früchte behalten ließ. Daß aber jener so angegebene Grund nur ein mehr untergeordneter sei, wird sich weiter unten vollständig ergeben. Es ist, wie es scheint, nur von einem Behalten der percipirten und nicht mehr vorhandenen Früchte die Rede, nicht von dem Recht des bonae fidei possessor an der Frucht selbst, welches, ebenfalls in Nothwendigkeit gegründet, sich auf jede Frucht ohne Unterschied beziehen muß.

3) Darauf bezieht sich die schon oben erwähnte l. 25. §. 1. D. de usur. et fructib.: „Praeterea cum ad fructuarium pertineant

Hinsicht nemlich entscheiden überhaupt die Grundsätze der Accession, insofern durch die Verbindung einer beweglichen Sache mit einer unbeweglichen für den Eigenthümer der letzteren ein Eigenthum erworben wird. Es bezieht sich dieses nicht weniger auf den fingirten, als auf den wirklichen Eigenthümer. Nicht bloß die Saat wird in Folge jener prätorischen Fiction Eigenthum des bonae fidei possessor, ebenso die durch die Saat hervorgebrachte Frucht. Freilich muß hier von dem gewinnenden Eigenthümer eine Entschädigung für die Saat gegeben werden.

Bei unbeweglichen Sachen und zwar beim *fundus* kommt als natürliche Frucht alles dasjenige in Betracht, was auf demselben auf irgend eine Weise erzeugt und hervorgebracht wird, sofern dieses unbeschadet der Substanz, d. h. der Hauptsache geschieht. An allem diesen erlangt der bonae fidei possessor ein Eigenthum, in Folge nemlich jener vom Prätor bestimmten Fiction. Der bonae fidei possessor gewinnt demnach als Frucht das Korn, was auf dem Grundstücke erzielt wird, von welcher Art es auch immerhin sein mag [4]). Er gewinnt den Ertrag der Wiesen, den Ertrag der Waldung, wohin jedoch nur das jährliche Gefälle gehört, wenigstens kommt dieses nur

„fructus *a quolibet sati*, quanto magis hoc in bonae fidei possessoribus recipiendum est, qui plus juris in recipiendis fructibus habent." Damit ist zu verbinden, was a. a. O. schon früher angegeben wird: „*In alieno fundo*, quem Titius bona fide mercatus fuerat, *frumentum sevi*; an Titius bonae fidei emtor perceptos fructus suos faciat? Respondi, quod ad fructus, qui ex fundo percipiuntur, intelligi debet propius ea accedere, quae servi operis suis adquirunt: *quoniam in percipiendis fructibus magis corporis jus, ex quo percipiuntur, quam seminis, ex quo oriuntur, aspicitur.*" Dies wird nun durch die folgende Anwendung noch mehr bestätigt, wenn der Jurist (Ulpian nemlich) hinzufügt: „et ideo nemo unquam dubitavit, quin, si in meo severim, segetes et quod ex messibus collectum fuerit, meum fieret."

4) Vergl. l. 45. D. de usur. et fructib. l. 25. §. 1. D. eod. Allgemein werden die *fructus praediorum* in Betreff des bonae fidei possessor in l. 40. D. de adquirend. rer. domin. genannt.

als Frucht der Waldung in Betracht, nicht so die vom Wind umgerissenen Bäume, welche bekanntlich im Gegensatz der Frucht als Accession gelten, ohne daß für diese in Betreff des bonae fidei possessor ein anderes Recht entscheidend sein könnte. Der bonae fidei possessor erlangt die Früchte der Bäume, und dieses ist unter denselben Gesichtspunkt zu bringen, weil die Bäume nur ein Theil des Grundes und Bodens selbst sind [5]). Als Frucht des Grundstückes zeichnet das Römische Recht ebenfalls aus den Ertrag der Marmorbrüche und Steinbrüche, jedoch nur unter der Voraussetzung, daß der Marmor, daß der Stein wiederwächst; nicht anders den Ertrag der Kalk- und Sandgruben.

Bei Häusern ist in der Regel nur ein Gebrauch in Folge des Wohnens gedenkbar. Die Frucht kann nur eine Civilfrucht sein, wenn nemlich dem Berechtigten eine Miethe gegeben wird.

Für bewegliche Sachen kommen ebenfalls unter dem Begriff der Frucht ganz verschiedenartige Gegenstände vor. Bei Thieren gehören zur Frucht die Jungen, überhaupt alles, was unbeschadet der Existenz der Hauptsache gewonnen wird. Ausdrücklich werden in Rücksicht des bonae fidei possessor als Frucht ausgezeichnet: *agni, haedi, vituli, lac, pilus, lana* [6]). Der Dünger wird ebenfalls zur Frucht gerechnet werden müssen. Nicht gehört hierher das Kind der Sclavin (partus ancillae). Es wird ausdrücklich und wiederholt in den Römischen Rechtsquellen bemerkt, das Kind der Sclavin sei nicht Frucht, was wohl nur daher zu erklären ist, weil das Gebären der Sclavin nicht etwas Regelmäßiges und Wiederkehrendes, somit hier nicht etwas vorhanden ist, was unbeschadet der Hauptsache erlangt wird.

Auch bei Sclaven kann ein Fruchtgenuß vorkommen. Dieser Punkt ist in den Römischen Rechtsquellen in Betreff des

---

5) Die Obstfrucht, wie das Gefälle des Waldes, werden wenigstens erwähnt in l. 45. D. de usur. et fructib.

6) Siehe l. 28. pr. D. de usur. et fructib. l. 48. §. 6. D. de furtis. l. 4. §. 19. D. de usurpat. et usucap. l. 48. §. 2. D. de adquirend. rer. domin.

bonae fidei possessor ein Gegenstand ausführlicher Erörterung. Man erwirbt durch Sclaven, welche man bona fide besitzt, grade so, wie man durch eigene Sclaven erwirbt, insofern nemlich von jenem einstweiligen Rechte des bonae fidei possessor die Rede ist. Der Herr des Sclaven erwirbt in Folge seiner Gewalt über denselben [7]) alles, was dieser erwirbt, sei es durch eigene Arbeit, oder durch Rechtsgeschäfte, welche der Sclave eingeht [8]); nicht bloß Eigenthum, sondern auch juristischen Besitz [9]). Ob das Erworbene im Verhältniß zum Sclaven als Frucht, oder als Accession gilt, ist auch hier nicht erheblich. Accession ist namentlich, was der Sclave durch Erbschaft, Vermächtniß, oder Schenkung von Dritten erwirbt [10]). Auch dieses erwirbt der Sclave seinem Herrn, indem er als Sache kein eigenes Vermögen haben kann [11]).

---

7) Ohnehin konnte man im älteren Römischen Rechte auch noch durch den *filius familias* und die *uxor in manu* erwerben. S. Gaj. II. §. 86. 87. 89. 90. Der Erwerb durch diese war ursprünglich eben so unbeschränkt, als der durch die Sclaven. Im neuesten Römischen Rechte ist von beiden nicht mehr die Rede, nachdem die, welche in potestate sich befinden, eigenes Vermögen haben können, die uxor in manu aber nach Aufhebung der strengen Ehe nicht mehr vorkommen kann.

8) Ueber die Rechtsgeschäfte, welche der Sclave eingeht, siehe Gaj. II. 87. Ulp. XIX, 18. 19. Gaj. epit. II, 1. §. 7. §. 3. J. per quas person. nob. adquir. l. 10. §. 1. D. de adquirend. rer. dom.

9) Siehe nur: Gaj. II, 89. u. 90. §. 3. in f. J. per quas person. nob. adquirit. l. 10. §. 2. D. de adquir. rer. dominio. Der Eigenthümer erlangt also durch den Sclaven das Recht der bonae fidei possessio, ebenso auch die conditio usucapiendi. Der Eigenthümer usucapirt mithin durch den Sclaven als seinen Repräsentanten.

10) Vom Erwerb der Erbschaft und des Legates durch einen Sclaven ist die Rede bei Gaj. II, 87. §. 3. J. per qu. pers. nob. adquir. l. 10. §. 1. D. de adquir. rer. domin. Der Sclave kann als eingesetzter Erbe, oder zum Legatar ernannt, nur auf Befehl des Herrn (jussu nostro) antreten, oder erwerben. Geschieht dieses, so erwirbt der Sclave seinem Herrn ganz in der Art, als wäre dieser selbst zum Berechtigten ernannt worden.

11) Dieser Grund selbst findet sich bestimmt angegeben: Gaj. II, 87.

Alle diese Berechtigungen sind für den bonae fidei possessor in Folge jener prätorischen Fiction entscheidend, da der bona fide besessene Sclave nicht von dem wirklichen Sclaven unterschieden werden kann [12]). Allein für den bonae fidei possessor ist die Frage beantwortet, ob ein Erwerb als Frucht, oder nicht als Frucht in Betracht komme, da nemlich die Frucht regelmäßig verbraucht wird, was bei den sonstigen Accessionen nicht der Fall ist. Weil nemlich die Frucht, wenn sie als solche nicht mehr vorhanden ist, dem wirklich Berechtigten nicht braucht herausgegeben zu werden, ist in den Römischen Rechtsquellen von dem bona fide besessenen Sclaven gemeinhin dort gesprochen, wo von dem Fruchterwerb des Usufructuar [13]), welche Parallele für

l. 10. §. 1. D. de adquir. rer. dom. §. 3. J. per quas person. u. s. w.

12) Aus diesem Grunde nur kann man durch den bona fide besessenen Sclaven nicht bloß das Recht der bonae fidei possessio erlangen, sondern auch usucapiren. „*Per eum vero, quem bona fide* „*possidemus*, sine dubio et possidere et usucapere possumus"; Gaj. II, 94.

13) Genau genommen, kommt die Erörterung unserer Frage in den Römischen Rechtsquellen dort vor, wo es darauf ankam, zu bestimmen, durch welche nothwendige Repräsentanten man, demnach selbst ohne Wissen und Willen, erwerbe. Dahin gehören für das neueste Römische Recht die Sclaven, mögen sie wirkliche Sclaven sein, oder nur vermöge einer bonae fidei possessio ein Erwerb durch dieselben in Betracht kommen. Der einen ususfructus an fremden Sclaven hat, erwirbt ebenfalls durch einen fremden Sclaven, aber sein Recht bezieht sich ausschließlich auf das, was als Frucht des Sclaven in Betracht kommt. An der Frucht hat der Usufructuar nach der Perception ein wirkliches Eigenthum, was ihm selbst niemals abgefordert werden kann. Alles Sonstige kann der Usufructuar nicht erwerben, sondern es gehört dem dominus proprietatis. Der Usufructuar kann daher den Sclaven nicht usucapiren, nur durch ihn usucapirt er diejenigen fremden Sachen, welche als Frucht des Sclaven in Betracht kommen. S. l. 10. §. 3. D. de adquir. rer. dom. §. 4. J. per quas pers. nob. adquir. Gaj. II, 91. 93. 94. Dadurch wird das Recht des Usufructuar sich von dem Recht des bonae fidei possessor im Einzelnen wesentlich unterscheiden.

den Fruchterwerb des bonae fidei possessor überhaupt vorkommt. Als Frucht des Sclaven gilt, was der Sclave *ex re nostra*, und *ex operis suis* erwirbt [14]). Es macht keinen Unterschied, ob man einen fremden Sclaven bona fide besitzt, oder einen freien Menschen bona fide für einen Sclaven hält [15]). Das als Frucht Erlangte kann der bonae fidei possessor niemals genöthigt sein herauszugeben, wenn es nicht mehr vorhanden ist. — Wer aber die sonstigen Accessionen, die noch bei dem bonae fidei possessor vorhanden sind, in Anspruch zu nehmen habe, konnte den Römischen Juristen in Folge der sonstigen allgemeinen Grundsätze eben so wenig Schwierigkeit machen. Nemlich, und dafür findet sich eine völlig übereinstimmende Entscheidung, war der bona fide besessene Sclave ein fremder Sclave, so konnten die Accessionen nur dem Herrn des Sclaven zufallen, d. h. mit der Hauptsache konnten nur die vorhandenen Accessionen an den wirklichen Eigenthümer restituirt werden [16]). War dagegen der

14) Dies ist durch eine Reihe der deutlichsten Quellenzeugnisse außer Zweifel. S. Gaj. II, 91. u. 92. Ulp. XIX, 21. §. 4. J. per quas person. l. 10. §. 3. D. de adquir. rer. domin. l. 23. §. 2. D. eod. l. 40. in f. D. hoc tit. l. 25. §. 1. u. 2. D. de usur. et fructib. l. 1. pr. C. de rei vind. u. s. w. Was die Sache anbetrifft, so erklärt es sich leicht, weshalb der Vortheil, welcher durch die Arbeiten des Sclaven erlangt wird, nur unter den Begriff der Frucht gestellt werden konnte, denn hier ist etwas, was unbeschadet der Hauptsache gewonnen wird. Warum zugleich auch das als Frucht angesehen werden soll, was der Sclave *ex re domini* erwirbt, läßt sich nicht so leicht einsehen. Allein dieses mochte sich nur auf dasjenige beziehen, was der Herr für die Dienstleistungen an ihn hingab, denn auch dieses konnte der Sclave nicht als Eigenthum besitzen, weil er als Sache nichts Eigenes haben kann.

15) Gaj. II, 92.: „Idem placet de eo, qui a nobis bona fide possidetur, *sive liber sit*, *sive alienus servus*." Dieselben Worte finden sich: l. 10. §. 4. D. de adquir. rer. domin. §. 4. J. per quas person. nob. adquir. Siehe auch: l. 10. pr. D. de adquir. rer. dom. l. 23. pr. D. eod. Ulp. XIX, 21.

16) Gaj. II, 92. Ulp. XIX, 21. l. 23. §. 1. D. de adquir. rer. dom. l. 10. §. 4. D. eod.

bona fide besessene Sclave ein Freier, so vindicirte er zunächst seine Freiheit, und vermöge derselben war er im Stande, das von ihm erworbene und noch vorhandene Eigenthum als sein wirkliches Recht iu Anspruch zu nehmen [17]).

Singulair, aber consequent ist die Entscheidung, welche sich in den Quellen für den Fall vorfindet, wo Jemand von zwei verschiedenen Individuen bona fide als Sclave besessen wird. Der bona fide besessene Sclave erwirbt Beiden [18]), jedoch dem Einzelnen, was er ex re ejus erwirbt [19]). Bei Eingehung von Rechtsgeschäften kommt es für die Frage, wer als Eigenthümer durch den fingirten Sclave erwerbe, darauf an, für wen er das Rechtsgeschäft abgeschlossen hat. Läßt der Sclave sich für einen bestimmten Eigenthümer etwas ausdrücklich versprechen, und zwar in dessen Namen, so erwirbt er diesem das Ganze [20]). Dasselbe gilt, wenn der Sclave sich im Auftrage (jussu) des einen Eigenthümers etwas versprechen läßt [21]). Ohnehin

---

17) Gaj. II, 92. Ulp. XIX, 21. l. 10. §. 4. D. de adquir. rer. dom. l. 23. §. 1. D. hoc tit. In letzterer Stelle wird ausdrücklich hinzugefügt, der Erwerb des bonae fidei possessor dauere nur so lange, bis der Sclave erfährt, er sei nicht Sclave, daß also die mala fides superveniens dem Recht des bonae fidei possessor schade, was in Betreff der Usucapion nicht so der Fall ist.

18) In diesem Sinne heißt es: „*Si quis duobus bona fide serviat, utrique adquiret;*" l. 23. §. 3. D. de adquir. rer. dom.

19) „*sed singulis ex re sua;*" l. 23. §. 3. D. de adquir. rer. domin.

20) Es heißt nemlich: „sed *si adjiciat ejus nomen*, ex cujus re „stipulatur: nec dubitandum esse ait, *quin ei soli adquiratur:* „quia si ex re ipsius stipularetur, alteri ex dominis nominatim „stipulando, *solidum ei adquiret*," l. 23. §. 3. D. de adquir. rer. domin.; — „quod si *nominatim* sit stipulatus, nec dubitari „debere, *quin adjecto nomine solidum ei quaeratur*," l. 25. §. 6. D. de usufruct.

21) „Idemque ait, et si *jussu ejus* stipuletur: quoniam jussum pro nomine accipimus; l. 25. §. 6. D. de usufruct. Vergl. l. 23. §. 3. D. de adquir. rer. domin.

kann dem einen Miteigenthümer allein nur erworben werden, wenn *ex re ejus* durch Stipulation erworben wird [22]).

Was jeder der Mitberechtigten zu restituiren habe, sobald nachgewiesen ist, daß sie nur bonae fidei possessores des Sclaven gewesen sind, ist von selbst klar, und ganz nach den sonstigen allgemeinen Grundsätzen zu beurtheilen [23]).

§. 12.

Soweit von der Frage, an welcher Frucht ein bonae fidei possessor jenes prätorische Eigenthum erlange.

Bei diesem Erwerbe des bonae fidei possessor kommt zudem noch ein sehr wichtiges Moment in Betracht, welches von ganz allgemeiner Bedeutung ist. Nemlich jenes Recht auf die Früchte hat der bonae fidei possessor ohne alle Rücksicht darauf, ob er die bona fide besessene Hauptsache selbst usucapiren kann, oder nicht. Auch hier erscheint das Recht der bonae fidei possessio ganz unabhängig von der conditio usucapiendi.

Die Anwendung dieses Satzes zeigt sich darin, daß der bonae fidei possessor dasselbe Recht an den Früchten erlangt, wenn die Sache eine *res furtiva* oder *vi possessa* ist, also wegen eines vitium inhaerens nicht usucapirt werden kann. Eben dies

22) „ait enim, si alienus servus duobus bona fide serviat *et ex „unius eorum re adquirat*, rationem facere, *ut ei dumtaxat in solidum adquirat*;" l. 23. §. 3. D. de adquirend. rer, domin. — „Et ait, vulgo creditum, rationemque hoc facere, ut, *si ex re „alterius stipuletur*" cet.; l. 25. §. 6. D. de usufr. Vergl. l. 23. §. 3. in fin. D. de adquir. rer. dom.

23) Ist nemlich der Besessene ein freier Mensch, so wird er jeden noch vorhandenen Erwerb in Anspruch nehmen, sofern er ihm als Freiem zugefallen sein würde, nicht bloß, was ohnehin erworben, sondern auch die noch vorhandene Frucht. Dasselbe gilt im Wesentlichen eben so, wenn der Besessene ein servus alienus ist. Mit der Hauptsache, d. h. mit dem Sclaven selbst, wird der Herr die vorhandenen Accessionen und Früchte restituirt verlangen, ohne Rücksicht darauf, in wessen Händen sich jene befinden.

gilt, wenn die Sache als *res pupilli*, oder aus sonstigen Gründen von der Usucapion ausgeschlossen wird.

Es heißt:

„*nam e contrario is, qui non potest capere propter*
„*rei vitium, fructus suos facit*" [1]).

Umständlicher findet sich obiger Satz in folgender Angabe erörtert [2]):

„Denique etiam priusquam percipiat, statim ubi a solo
„separati sunt, bonae fidei possessoris fiunt. *Nec interest,*
„*ea res, quam bona fide emi, longo tempore capi*
„*possit, nec ne: veluti si pupilli sit* [3]), *aut vi pos-*
„*sessa* [4]), *aut Praesidi contra legem repetundarum do-*
„*nata* [5]), *ab eoque* alienata sit bonae fidei possessori".

Der Grund, welcher überall entscheidet, ist der, daß auch in diesen Fällen der bonae fidei possessor von dem wirklichen Eigenthümer nicht practisch unterschieden werden kann. Deshalb muß jene prätorische Fiction, wie für die Hauptsache, so für die Nebensache auch hier entscheidend bleiben. Anders ist es

---

1) l. 48. §. 1. D. de adquirend. rer. domin.

2) Nemlich in l. 48. pr. D. de adquir. rer. dom.

3) Sachen der Pupillen nemlich, worauf hier Bezug genommen wird, sind eben so als die Sachen der Minderjährigen der Verjährung entzogen. Indem hierin eine besondere Begünstigung für die Pupillen zu finden ist, bleibt zugleich die Verjährung bis zur erreichten Volljährigkeit ausgeschlossen.

4) Die res vi possessa ist wegen eines vitium inhaerens eine res inhabilis der Verjährung. Sie ist eben so als die res furtiva durch ein bestimmtes gesetzliches Verbot der Verjährung entzogen.

5) Dieser zuletzt angedeutete Fall, in welchem die Verjährung ausgeschlossen sein soll, ist mehr besonderer Art. Eine Bestechung des praeses provinciae, welche hier nur gemeint sein kann, begründet das sogenannte crimen repetundarum. Diese ist mit einer öffentlichen Strafe belegt, aber zugleich kann das Gegebene von dem Empfänger nicht erworben werden, ähnlich wie es bei dem furtum und der vi possessio der Fall ist. Der praeses kann die ihm auf diesem Wege übergebene res aliena nicht usucapiren; eben so wenig ist derjenige dazu berechtigt, welcher durch ihn bona fide besitzt.

bei der Usucapion, von welcher immer erst die Rede sein kann, wenn der Eigenthümer hinterher sein Recht geltend machen will.

Aus demselben Grunde gehören die Jungen der gestohlenen Pferde sogleich dem bonae fidei possessor 6). Ebenso die Jungen, die Wolle, die Milch der gestohlenen Schafe, wenn diese sich nemlich bei einem bonae fidei possessor befinden 7). Dies gilt selbst dann, wenn dieselben auch erst in die Hand eines bonae fidei possessor kommen, als sie schon tragend waren, wenn sie plenis uberibus, oder mit der Wolle gekauft wurden 8). Am

---

6) „*Et furtivis equis nati* statim ad bonae fidei possessorem „pertinebunt." Es wird hinzugefügt: „merito, quia in fructu „numerantur: at partus ancillae non numerantur in fructu;" l. 48. §. 6. D. de furt. Durch letzteren Zusatz könnte man veranlaßt werden, das Gegentheil für die sonstigen Accessionen, im Gegensatz der Frucht, anzunehmen. Allein der Jurist scheint hier von dem Grundsatz ausgegangen zu sein, daß die Frucht dem bonae fidei possessor sogleich als Eigenthum gehöre, wovon die Folge war, daß dieses ebenfalls für die Jungen der Pferde gelten mußte. Ist gleich die partus ancillae nicht Frucht, was der Jurist hier auszeichnet, so gelten doch für dieselbe keine andere Grundsätze, und insofern wird anderswo die partus ancillae der Frucht völlig gleichgestellt; l. 10. §. 2. D. de usurpat. et usucap.

7) „Lana *ovium furtivarum*, si quidem apud furem detonsa est, „usucapi non potest: si vero apud bonae fidei possessorem, „contra: quoniam in fructu est, nec usucapi debet sed statim „emtoris fit. Idem in agnis dicendum, si consumti sint: quod „verum est;" l. 4. §. 19. D. de usurpat. et usucap. Was von der Wolle gilt, muß eben so von den Lämmern gelten, denn beides kommt auf gleiche Wese als Frucht in Betracht. Somit wäre der Zusatz: *si consumti sint* gewiß sehr entbehrlich und überflüssig, nemlich sofern von dem Eigenthum an der Frucht die Rede ist. Allein ich glaube hier das Gegentheil, da jener Zusatz auf die Worte *nec usucapi debet* bezogen werden kann. Denn sind die Früchte bereits consumirt worden, so können dieselben von dem wirklichen Eigenthümer niemals mehr abgefordert werden, und es bedarf rücksichtlich derselben um so weniger der Usucapion. Von den Jungen, der Wolle und der Milch der gestohlenen Schafe spricht l. 48. §. 2. D. de adquir. rer. domin.

8) „Et ovium fetus in fructu sunt, et ideo ad bonae fidei pos-

wenigsten ist hier von einem Behalten der Frucht die Rede, wenn sie selbst schon consumirt war.

Nur deshalb und aus keinem anderen Grunde erwirbt der bonae fidei possessor durch den servus *furtivus*. Er erwirbt dasjenige, was bei diesem als Frucht in Betracht kommt, nemlich was derselbe ex operis und ex re ejus erwirbt, und zwar zum vollen Eigenthum [9]).

Dieselbe bonae fidei possessio, welche sich als ein Recht auf die Frucht erstreckt, bezieht sich auf die sonstigen Accessionen. Die Usucapion ist jedoch ausgeschlossen, wie in Rücksicht der Hauptsache, so in Rücksicht der Nebensache. Dieser Punkt muß hier noch genauer erörtert werden.

Zunächst was die Hauptsache anbetrifft, so kann die res furtiva und vi possessa wegen eines vitium inhaerens niemals usucapirt werden; nicht nur nicht vom Diebe oder vi possessor, denn diese sind mala fide, wodurch selbst jede Usucapion ausgeschlossen wird, sondern auch nicht von einem dritten bonae fidei possessor, er mag sie unmittelbar, oder nur mittelbar aus der Hand des unrechtmäßigen Besitzers erhalten haben [10]). Nur dann kann sie usucapirt werden, *si in potestatem domini reversa sit*, welcher Satz jedoch in keine Ausnahme von der Regel enthält [11]). Die res pupilli und die sonstigen der

„sessorem pertinent, etiam si praegnates venierint, *vel subrep-* „*tae sint*. Et sane, quin lac suum faciat, quamvis plenis ube- „ribus venierint, dubitari non potest. Idemque in lana dicen- „dum est"; l. 48. §. 2. D. de adquir. rer. dom.

9) „Etiam *furtivus* servus bonae fidei possessori adquirit, quod „ex re ejus stipulatur, aut per traditionem accipit"; l. 39. D. de adquir. rer. domin.

10) Die Sache ist bekannt. Siehe nur: Gaj. II, 45. seq. §. 2. u. 3. J. de usucap. l. 4, §. 6. D. de usurpat. et usucap.

11) Dieser Satz bedarf an diesem Orte einer genaueren Erklärung. Er findet sich in §. 8. J. de usucap. l. 4. §. 6. ff. l. 33. §. 2. l. 49. D. de usurpat. et usucap. l. 4. 5. 7. C. de usucap. pr. emtor. (l. 1. C. de usuc. pr. donat. l. 1. C. de praescr. long. tempor.), und hat zu manchen Mißverständnissen Ver-

Usucapion entzogenen Gegenstände fallen im Wesentlichen in dieselbe Kathegorie, auch sie können durch Usucapion nicht Eigenthum des Innehabers werden.

In Rücksicht der Accession und der Frucht sind jedoch die Römischen Juristen, wie es aus den übereinstimmenden Angaben erhellt, einer milderen Theorie gefolgt [12]). Auch wenn die Hauptsache eine gestohlene ist, soll dennoch die partus ancillae usucapirt werden von dem späteren bonae fidei possessor [13]).

anlassung gegeben. So wie er wörtlich von den Römischen Juristen ausgezeichnet wird, enthält er sogar den größten Widerspruch. Nemlich kommt die res furtiva oder vi possessa zurück in die Hand des Eigenthümers, in potestatem domini, wie es hier ausdrücklich heißt, so ist jede Usucapion unnöthig, und rechtlich ganz undenkbar, weil derjenige, der schon ein Eigenthum an der Sache hat, dieselbe nicht mehr usucapiren kann. Es kann daher nur der Fall gemeint sein, daß die res furtiva und vi possessa, sei es vom Diebe, vom vi possessor, oder von einem dritten bonae fidei possessor, demjenigen rechtmäßig übertragen werden, welchem die Sache widerrechtlich entzogen war. Durch Diebstahl, und ebenso durch vi possessio, wird eine interruptio der gültig angefangenen Usucapion bewirkt. Aber der frühere *bonae fidei possessor* fängt von Neuem an zu usucapiren, sobald die Sache wieder in seinen Besitz gekommen ist. Er nemlich leitet sein Recht nicht von dem Diebe oder vi possessor ab, sondern er befindet sich in derselben bonae fidei possessio, welche schon früher begonnen hat, nur daß die Zeit der Usucapion nach jener usurpatio von Neuem zu laufen anfangen muß. Also ist in dieser Verbindung der bonae fidei possessor nur uneigentlich durch den Ausdruck dominus bezeichnet. Diese Bezeichnung kann bei der sonstigen Gleichstellung des bonae fidei possessor mit dem Eigenthümer nicht auffallen, und es konnten dadurch bei den Römern am wenigsten Mißverständnisse herbeigeführt werden. Es ist dabei nothwendig, daß die Sache von dem früheren bonae fidei possessor wieder erworben werde, es genügt nicht, wenn die Sache in die Hände des früheren Repräsentanten zurückkommt, bei dem die Sache gestohlen wurde. Im Uebrigen entscheiden hierbei nur die sonstigen allgemeinen Grundsätze.

12) Jedoch muß es so scheinen, als wenn die Römischen Juristen hier nur einer richtigen Interpretation gefolgt sind.

13) Dieser Satz ist in folgender Stelle enthalten: „Non solum bo-

Dabei wird indeß vorausgesetzt, daß dieselbe bei dem bonae fidei possessor erst concipirt und geboren sei [14]). Dasselbe gilt unter der angegebenen Voraussetzung von der Frucht. Diese kann, wie die partus ancillae, nur dann usucapirt werden, wenn sie bei dem bonae fidei possessor concipirt ist und zur Welt kommt [15]), sie kann von diesem nicht usucapirt werden, wenn sie noch bei dem Diebe, und was dem gleichsteht, bei dem Erben des Diebes concipirt wird [16]).

„nae fidei emtores, sed et omnes, qui possident ex ea causa, „quam usucapio sequi solet, *partum ancillae furtivae usu* „*suum faciunt.*" Es wird hinzugefügt: „Idque ratione intro„ductum arbitror: nam ex qua causa quis ancillam usucaperet, „nisi lex duodecim tabularum vel Atinia obstaret, ex ea causa „necesse est partum usucapi;" l. 33. D. de usurpat. et usucap. Vergl. l. 3. C. de usucap. pro emtor. l. 48. §. 5. D. de furtis.

14) Siehe l. 33. D. de usurpat. et usucap.: „*si apud eum con*„*ceptus et editus eo tempore fuerit, quo furtivam esse matrem* „*ejus ignorabat.*" Daß es auf die Conception bei dem bonae fidei possessor ankam, erhellt ebenso aus l. 3. C. de usuc. pr. emtor.: „Si matrem ejus, cujus nomine te quaestionem pati di„cis, bona fide emtam possidere coepisti: etiam si ipsa in cau„sam furtivam inciderit, *tamen postea conceptum apud te par*„*tum usucapere potuisti.*" Der Grund, welcher bei dieser Bestimmung leiten konnte, war nemlich folgender. Die bonae fidei possessio der Hauptsache erstreckt sich auf die Accession, nicht bloß im Augenblick der Entstehung, sondern auch im Augenblick der Separation derselben, wovon die conditio usucapiendi abhängig ist. Es konnte zudem das positive Verbot der lex duodecim tabularum und der lex Atinia nicht ausdehnend erklärt, also nur auf die Hauptsache bezogen werden, und dies grade ist es, was der Jurist Julian durch die Worte andeutet: „nam ex qua causa quis ancillam usucaperet, nisi lex duodecim tabula„rum vel Atinia obstaret, *ex ea causa necesse est partum usu*„*capi;*" l. 33. D. de usurp. et usucap.

15) l. 48. §. 5. in fin. D. de furt.

16) „Scaevola libro undecimo quaestionum scribit, si bos apud „furem concepit, vel apud furis heredem, *usucapi ab herede* „*distractum juvencum non posse,* sic inquit, quemadmodum „nec ancillae partus;" l. 10. §. 2. D. de usurpat. et usuc. Vgl.

Wie unabhängig das Recht der bonae fidei possessio von der Usucapion sei, zeigt sich auch in dem Fall der mala fides superveniens. Dieselbe schadet der gültig angefangenen Usucapion nicht [17]), dennoch ist sie der Grund, weshalb das Recht der bonae fidei possessio aufhört. Dieses muß, wie in Betreff der Hauptsache, so in Rücksicht der Frucht von größter Wichtigkeit sein, indem die nothwendige Folge davon ist, daß die Frucht nicht mehr dem Besitzer gehört. Auf gleiche Weise entscheiden sich dafür Paulus [18]), Ulpian [19]) und Africanus [20]). Diese

---

l. 4. §. 19. D. eod. Auch in dieser Hinsicht kann die Frucht der sonstigen Accession völlig gleichgestellt sein. Die mala fides rücksichtlich der Hauptsache erstreckt sich hier auf die Nebensache, der Erbe ist eine Person mit dem Erblasser. Deshalb kann der Erbe die partus ancillae nicht usucapiren, wenn er auch nicht weiß, daß die ancilla furtiva ist, und sie bei ihm erst concipirt und geboren hat; l. 4. §. 15. D. de usurp. et usuc. Wenn aber der bonae fidei emtor vor der Geburt der ancilla erfährt, daß sie ihm nicht gehöre, kann er die partus nicht usucapiren, weil die dadurch entstehende mala fides sich ebenfalls auf die partus bezieht, somit der Besitz für die partus mala fide anfängt; l. 4. §. 18. D. de usurp. et usucap. Dennoch wird wegen dieser mala fides superveniens die Usucapion der Hauptsache nicht ausgeschlossen sein.

17) Vergl. auch hier: l. 7. §. 4. l. 2. §. 13. D. pr. emtor. l. 15. §. 2. D. de usurp. et usucap. Die Sache selbst ist bekannt.

18) l. 48. §. 1. D. de adquir. rer. domin.: „. . . quaeritur, si „eo tempore quo mihi res traditur, putem vendentis esse, deinde „cognovero alienam esse: quia perseverat per longum tempus „capio, *an fructus meos faciam? Pomponius, verendum, ne „non sit bonae fidei possessor*, quamvis capiat cet." Auch Pomponius also war derselben Meinung.

19) l. 23. §. 1. D. de adquir. rer. dom.: „Tamdiu autem adquirit, quamdiu bona fide servit: ceterum si coeperit scire, esse „eum alienum, vel liberum, *videamus, an ei adquirit?* Quaestio „in eo est, utrum initium spectamus, an singula momenta? „*et magis est, ut singula momenta spectemus.*"

20) l. 40. §. 1. D. de adq. rer. dom.: „Quaesitum est, si is, cui „liber homo bona fide serviret, decesserit, eique is heres exti„terit, qui liberum eum esse sciret, *an aliquid per eum adqui„rat? Non esse, ait, ut hic bona fide possessor videatur.*

Erklärung kann nur in Folge jener prätorischen Fiction gerechtfertigt erscheinen, da dieselbe ihren Grund hat in der practischen Ungewißheit, ob der bonae fidei possessor nicht wirklicher Eigenthümer sei, mithin der Prätor denjenigen nicht schützen will, von dem es gewiß ist, daß er nicht Eigenthümer sei. Es müssen demnach die seit dieser Zeit gewonnenen Früchte an den wirklichen Eigenthümer künftig herausgegeben werden, wie es von jedem malae fidei possessor geschieht.

Die Sache selbst ist bei einer richtigen Erklärung unzweifelhaft. Dennoch scheint Julian einer entgegengesetzten Ansicht gefolgt zu sein, wenn er gradezu behauptet, die Früchte müßten dem bonae fidei emtor so lange zukommen, bis der fundus evincirt werde [21]). Freilich darf der bonae fidei possessor die Früchte behalten, bis der wirkliche Eigenthümer ihm dieselben abfordert, allein ein Recht zu behalten muß ihm dennoch gradezu abgesprochen werden. Uebrigens macht es in der That keinen Unterschied, ob von der Frucht eines fundus, oder eines Sclaven die Rede ist.

§. 13.

Bis jetzt haben wir die einzelnen Anwendungen des Rechtes der bonae fidei possessio in Rücksicht des Fruchtgenusses zu

---

„*quando sciens liberum possidere coeperit;*" durch folgendes Beispiel wird die Sache erläutert, welches hinzugefügt ist: „*quia* „*si fundum suum quis legaverit, heres, qui eum legatum esse* „*sciat, proculdubio fructus ex eo suos non faciet.*"

21) „Bonae fidei emtor sevit, et antequam fructus perciperit, „cognovit fundum alienum esse, *an perceptione fructus suos* „*faciat, quaeritur? Respondi, bonae fidei emtor, quod ad per-* „*cipiendos fructus, intelligi debet, quamdiu evictus fundus* „*non fuerit:* nam et servus alienus, quem bona fide emero, „tamdiu mihi ex re mea, vel ex operis suis adquiret, quamdiu „a me evictus non fuerit;" l. 25. §. 2.: D. de usur. et fructib. Die Regel selbst ist richtig, aber nur unter der Voraussetzung, daß der bonae fidei possessor nicht früher erfahren hat, die Sache sei eine fremde. Bei genauerer Ansicht kann selbst noch gezweifelt werden, ob Julian wirklich eine entgegengesetzte Ansicht hatte.

erörtern gesucht. Durchweg hat die Darstellung gezeigt, wie die in den Quellen ausgesprochenen Resultate nur das Hauptprincip selbst bestätigen.

Um diesen Punkt vollständig abzuthun, müssen wir noch in der Kürze auf das Rechtsverhältniß Rücksicht nehmen, welches eintritt, wenn die Fiction des Eigenthums für den bonae fidei possessor aufhört, was eben der Fall ist, wenn ein Mehrberechtigter oder der Eigenthümer selbst gegen denselben auftritt. Ungeachtet dieses unten bei dem Aufhören dieses Rechtsverhältnisses näher zur Sprache kommt, kann es hier nicht übergangen werden, weil dadurch erst die hierher gehörigen Quellenzeugnisse vollständig erklärt werden.

Jene prätorische Fiction, welche sich auf Hauptsache und Frucht bezieht, hört auf, sobald der wirkliche Eigenthümer gegen den bonae fidei possessor auftritt. Insofern der bonae fidei possessor durch jene Fiction rechtlich geschützt werden soll, solange es ungewiß ist, ob er nicht wirklicher Eigenthümer sei, kann er dadurch nur gegen sonstige Dritte geschützt sein, nicht gegen den wirklichen Eigenthümer. Diesem muß er weichen, in Rücksicht der Hauptsache sowohl als in Rücksicht der Nebensache. Das heißt es, wenn in den Quellen von dem bonae fidei possessor gesagt wird: *fructus suos interim facit* [1]). Denn das Recht der bonae fidei possessio überhaupt, also auch das an den Früchten, war wie jene Fiction nur ein einstweiliges und vorübergehendes.

Dies kann sich jedoch nur auf die noch vorhandenen Früchte beziehen, und zwar auf diese, sofern sie nicht schon usucapirt sind [2]). Es kann sich nicht beziehen auf die, welche

---

1) „*Bonae fidei possessor non dubie percipiendo fructus ex re* „*aliena suos interim facit;*" l. 48. D. de adquir. rer. domin.

2) Die Usucapion jedoch, während sie für die Hauptsache und die Accession unstreitig von größter Wichtigkeit war, scheint für die Früchte bei ihrer regelmäßig so geringen Dauer nur von sehr untergeordneter Bedeutung gewesen zu sein. Es gibt in den Römischen Rechtsquellen nur einzelne Angaben, in welchen die Usucapion in

consumirt, nicht auf die, welche **nicht percipirt** worden sind. Denn abgesehen von anderen Gründen, fehlt es hier gradezu an einem Object des Eigenthums, was zugleich mit der rei vindicatio hätte verfolgt werden können.

Aus diesem Grunde ist das Behalten der consumirten Früchte von Seiten des bonae fidei possessor in der Nothwendigkeit gegründet. Es ist am wenigsten von einem Erwerb durch Consumtion die Rede, sondern es ist nur gemeint, daß der bonae fidei possessor wegen der consumirten Früchte nicht weiter belangt werden könne. Daß er die consumirten Früchte *pro cultura et cura*, für seine bisherige Mühwaltung, erlange, wie in einer hierher gehörigen Stelle bemerkt wird [3]), ist kein Grund für die Sache, sondern nur eine sehr untergeordnete Unterstützung, in welcher Art sie in den Römischen Rechtsquellen so häufig auch dort vorkommt, wo man glauben möchte, daß es den Römischen Juristen darauf angekommen sei, den Grund einer

ihrer Anwendung für die Frucht erwähnt wird. In l. 4. §. 19 D. de usurp. et usuc. wird gesagt: „Lana ovium furtivarum, si „quidem apud furem detonsa est, usucapi non potest; *si vero* „*apud bonae fidei emtorem, contra*: quoniam in fructu est, „nec usucapi debet, sed statim emtoris fit." Hier ist selbst der Usucapion in Betreff der Frucht nur gelegentlich gedacht. Dasselbe ist in l. 10. §. 2. D. de usurp. der Fall: „Scaevola, heißt es hier, „libro undecimo Quaestionum scribit, Marcellum existi- „masse, si *bos* apud furem concepit, vel apud furis heredem, „pariatque apud furis heredem, *usucapi* ab herede juvencum „non posse: sic inquit, quemadmodum nec anciliae partus." Jedoch ist die Usucapion von Einigen für diesen Fall zugelassen. Wenn das Junge oder das Sclavenkind in die Hand eines bonae fidei possessor kam, während es bei dem Diebe oder dem Erben desselben zur Welt gekommen ist, sollte es usucapirt werden können. „Scaevola autem scribit, se putare, usucapere posse et „partum: nec enim esse partum rei furtivae partem. Ceterum „si esset pars, nec, si apud bonae fidei possessorem peperis- „set, usucapi poterat;" l. 10. §. 2. D. cit. loc.

3) „Naturali ratione placuit, fructus, quos percepit, *ejus esse* „*pro cultura et cura*: §. 35. J. de rer. divis.

Sache anzugeben. Der Ausdruck *ejus esse* in dieser Verbindung kann daher nur in einem analogen Sinne aufgefaßt werden. Er bezeichnet in der That nichts anderes, als was in derselben Stelle durch die Worte: *de fructibus consumtis agi non potest* ausgesprochen wird [4]), oder, wodurch dieselbe Sache anderswo bezeichnet wird: *non habetur ratio consumtorum* [5]).

Wenn in eben demselben Sinne der Ausdruck *fructus consumtos suos facere* vorkommt [6]), so ist demnach nichts anderes damit gesagt, als daß der frühere Gewinn der Früchte nach der Consumtion derselben nicht mehr von dem wirklichen Eigenthümer streitig gemacht, d. h. abgefordert werden könne [7]). Es ist am wenigsten von einer besonderen Belohnung für den bonae fidei possessor die Rede, nicht von einem Eigenthumserwerb, welcher durch Consumtion geschehe. Dies würde sich sogar

4) Die folgenden Worte im §. 35. J. cit. lauten so: „*Et ideo, si* „*postea dominus supervenerit, de fructibus ab eo consumtis* „*agere non potest.*"

5) §. 2. J. de offic. jud. Diese Stelle ist auch hier beweisend, obgleich sie von einem bonae fidei possessor der Erbschaft spricht. — Backe in seiner diss. bonae fidei possessor quemadmodum fructus suos faciat. Lib. I, cap. 2. §. 32—39. meint wegen des *naturali ratione placuit* in §. 35. J. de rer. divis., daß hier von einer Erwerbart ex jure gentium die Rede sei. Dies ist wohl mit Recht abwegig zu nennen, da die Römischen Juristen in Folge der sonstigen allgemeinen Grundsätze die Herausgabe der consumirten Früchte nicht verlangen, jene prätorische Fiction aber, wovon das einstweilige Recht des bonae fidei possessor an den Früchten abhängt, einen civilrechtlichen Grund hat. Jener Ausdruck bezieht sich darauf, daß die Römischen Juristen jenes Erwerben der Früchte nach dem obersten Princip für natürlich und billig halten mußten.

6) „Etenim simul haec fere cedere, ut quo casu fructus praediorum *consumtos suos faciat* bona fide possessor, eodem per „servum ex opera et ex re ipsius ei adquiratur;" l. 40. in f. D. de adquir. rer. domin. — Vergl. l. 4. §. 19. D. de usurpat. et usucap.

7) Vergl. l. 4. §. 2. D. finium regund.: „*et lucrari eum oper-* „*ret, si eos consumsit.*"

widersprechen, weil durch Consumtion grade jedes Eigenthum aufhört. Die consumirten Früchte kann der wirkliche Eigenthümer niemals fordern. Sollte daher der Eigenthümer an seinem Eigenthum und den Früchten desselben ein Pfandrecht bestellt haben, so kann der Pfandgläubiger niemals mit einer actio Serviana utilis wegen der consumirten Früchte einen Anspruch machen, weil diese sich nie im Eigenthum des Schuldners befunden haben. Sie können deshalb auch niemals ein Gegenstand des Pfandrechtes gewesen sein [8]).

Was von den consumirten Früchten gilt, dasselbe gilt von den nicht percipirten; *neque ratio habetur non perceptorum* [9]). Auch diese können von dem bonae fidei possessor niemals gefordert werden, weil er nur als Eigenthümer die Perception unterläßt, und es zugleich an einem Objecte fehlt, was mit der rei vindicatio hätte gefordert werden können. Erst nach der litiscontestatio wird der bonae fidei possessor verpflichtet, alles herauszugeben; wie jeder malae fidei possessor muß er daher nicht bloß für die consumirten, sondern auch für die nicht percipirten Früchte aufkommen [10]).

---

8) Dies ist der Sinn der l. 1. §. 2. D. de pignor. et hypoth.: „Cum praedium pignori daretur, nominatim, ut fructus quoque „pignori essent, convenit. *Eos consumtos bona fide emtor „utili Serviana restituere non cogatur;* pignoris enim causam „nec usucapione perimi placuit: quoniam quaestio pignoris ab „intentione dominii separatur, quod in fructibus dissimile est, „qui nunquam debitoris fuerunt." Nur diejenigen Früchte kann der wirkliche Eigenthümer erlangen, welche noch bei dem bonae fidei possessor vorhanden sind, nur diese sind ein Gegenstand seiner Berechtigung, weshalb sie gültig verpfändet sein können. Die Usucapion und das Recht des bonae fidei possessor können übrigens neben der Verpfändung füglich gedacht werden, und stehen nicht im Widerspruch mit der Verpfändung, welche nicht den animus dominii auf Seiten des Berechtigten voraussetzt.

9) §. 2. J. de offic. judic. Siehe auch l. 78. D. de R. V.

10) l. 22. C. de R. V.: „Certum est, malae fidei possessores „omnes fructus solere cum ipsa re praestare: bonae fidei pos-

In Betreff der Consumtion der Früchte muß hier zur genaueren Bestimmung der Sache die Frage beantwortet werden, ob das von der Consumtion Gesagte ebenfalls für die juristische Consumtion zur Anwendung komme. Kann also der bonae fidei possessor, wenn er die Früchte veräußert, den Erlös derselben für sich behalten, oder nicht? In den Quellen ist, soviel ich weiß, auf diesen Fall nicht besonders aufmerksam gemacht, und doch war er gewiß nicht ein so höchst seltener. Soll das Schweigen der Quellen hier bejahend, oder verneinend erklärt werden? Ich meinestheils glaube das Erstere, ungeachtet der bonae fidei possessor sich hier bereichert befindet. Die rei vindicatio nemlich, welche der wirkliche Eigenthümer anstellt, kann nur auf das vorhandene Eigenthum gerichtet werden, es mag dieses als Haupt- oder Nebensache vorhanden sein. Als vorhanden können aber nur die bei dem bonae fidei possessor noch in natura vorhandenen Früchte (fructus extantes) gelten. Denn es entscheidet hier nicht, wie bei einer universitas juris, der Grundsatz pretium succedit in locum rei, und umgekehrt. Eine condictio anderseits wird hier nicht füglich Anwendung finden, auch selbst überflüssig

„sessores vero extantes: *post autem litis contestationem universos.*" Daß es hierbei auf den Augenblick der litis contestatio ankommt, erhellt auch aus anderen Stellen: l. 4. §. 2. D. finium regund. l. 1. §. 1. C. de petit. hered. Allein nach der Erklärung des **Ulpian** muß dasselbe Resultat, was durch die litis contestatio herbeigeführt wird, schon früher gelten, nemlich sobald der Streit begonnen hat (post controversiam motam). Der Besitzer wird schon nach Beginn des Streites erfahren, daß ihm die besessene Sache nicht gehöre, also bei seinem ferneren Besitz anfangen mala fide zu sein. „Si ante litem contestatam, inquit, fecerint. Hoc ideo adjectum, quoniam post litem contestatam „omnes incipiunt malae fidei possessores esse: *quinimo post* „*controversiam motam.* Quamquam enim litis contestatae mentio fiat in Senatusconsulto, *tamen et post motam controversiam omnes possessores pares fiunt, et quasi praedones tenentur.* Et hoc jure hodie utimur: coepit enim scire rem ad se „non pertinentem possidere se is, qui interpellatur;" l. 25. §. 7. D. de hereditat. petit.

erscheinen, weil schon auf einem anderen Wege jedes Unrecht vermieden werden kann. Dem Eigenthümer steht nichts entgegen, die bei dem dritten Innehaber vorhandenen Früchte mit der rei vindicatio in Anspruch zu nehmen [11]), weil das übertragene Eigenthum an den Früchten nur interim vorhanden ist, d. h. so lange jene prätorische Fiction selbst dauert. Werden aber die Früchte jenem Innehaber evincirt, so muß er dafür von dem Verkäufer auf dem Wege der Evictionsleistung entschädigt werden.

Auch in diesem Falle kann daher der bonae fidei possessor erst zur Restitution verpflichtet sein, sobald er anfängt mala fide zu sein. Allein diese Regel gilt nur für das Eigenthum, nicht in allen Anwendungen der bonae fidei possessio überhaupt, indem die bona fides auch außerhalb des Eigenthums ganz dieselben Wirkungen, die Wirkungen eines vorhandenen wirklichen Rechtes hervorbringt [12]).

---

11) l. 17. §. 1. l. 79. D. de R. V.

12) Die Sache selbst wird weiter unten gezeigt werden, sie ist in l. 136. D. de R. J. angedeutet. Dasselbe gilt aber nicht in Betreff der *hereditatis petitio.* Der bonae fidei possessor der Erbschaft restituirt daher nicht bloß die fructus extantes, sondern alle, *per quos locupletior est;* l. 40. §. 1. D. de hered. petit. l. 20, §. 6. l. 22. 23. 25. §. 1. 11. 15—17. D. eod. l. 28. l. 37. u. l. 38. D. hoc. tit. l. 1. §. 1. C. de petit. hered. l. 14. §. 3. D. de praescriptis verb. Hier gilt nemlich der Grundsatz: *pretium succedit in locum rei*, und umgekehrt. Deshalb darf der bonae fidei possessor den Erlös für die Früchte nicht behalten, wenn er gleich anderseits die wirklich consumirten Früchte lucrirt, und für die nicht percipirten Früchte ebenfalls nicht haftet; §. 2. J. de offic. jud. — Obiges gilt ebenfalls nicht in Betreff der *solutio indebiti.* Der Empfänger als bonae fidei possessor wird mit der condictio indebiti in Anspruch genommen, um was er sich reicher befindet: „Imperator „Titus Antoninus rescripsit: scilicet, quod bonae fidei possessor „*in quantum locupletior factus est*, tenetur;" l. 3. in f. D. de condict. indebit. Auch hier ist kein dinglicher, sondern ein persönlicher Anspruch, weshalb, abgesehen von dem Vorhandensein der Sache, jede Bereicherung restituirt werden muß. Mit der Hauptsache werden die Accessionen und Früchte zurückgegeben, nicht die bereits consumirten und nicht percipirten. Hierher gehört auch

§. 14.

Jetzt wird es der Ort sein, über die Erklärungsversuche der neueren Juristen einige Rechenschaft zu geben.

Ueber die hier behandelte Frage, welches Recht der bonae fidei possessor an den Früchten erlange, sind ebenso in der früheren, als gegenwärtigen Zeit die Ansichten getheilt gewesen [1]).

Die älteste Ansicht, welche von den Glossatoren aufgestellt, und späterhin wiederholt vertheidigt wurde, besteht in der Hauptsache darin: der bonae fidei possessor erwerbe an den Früchten durch Perception ein wirkliches und vollständiges Eigenthum, sobald die Frucht separirt sei. Trete aber der wirkliche Eigenthümer auf, so müsse der bonae fidei possessor die vorhandenen Früchte restituiren, er brauche nicht die consumirten Früchte an den Eigenthümer herauszugeben, und dies bedeute der Ausdruck: consumtos fructus suos facit [2]).

Dieselbe Sache ist von Anderen der späteren Juristen verschieden erklärt worden [3]); es trifft auch Einzelne selbst der Vor-

---

l. 15. pr. D. de cond. ind.: „Indebiti condictio naturalis est: et „ideo etiam, quod rei solutae accessit, in condictionem venit, „utputa partus, qui ex ancilla natus est, vel quod alluvione „accessit, immo et fructus, quos is, cui solutum est, bona fide „percepit, in condictionem venient."

1) Die Literatur und die abweichenden Ansichten sind von Backe diss.: bonae fidei possessor quemadmodum fructus suos faciat in der praefatio pag. 1—6 angegeben. Siehe auch Unterholzner im Archiv für civil. Praxis Bd. VIII. S. 311 ff.

2) Die Glosse macht einen singulairen Unterschied in Betreff der fructus extantes, als wenn diese nicht mit der rei vindicatio, sondern nur officio judicis gefordert werden könnten. Allein das Eigenthum des wirklichen Berechtigten bezieht sich auf die Hauptsache und die später hinzugekommene Nebensache.

3) Manche der älteren Juristen gestatten dem bonae fidei possessor nur ein schon anfangs widerrufliches Eigenthum, so daß das Eigenthum an den vorhandenen Früchten aufhöre, sobald der wirkliche Eigenthümer mit der rei vindicatio auftritt. Es sei ein widerrufliches Eigenthum, so lange dieses nicht durch Consum-

wurf der Unverständlichkeit, so daß es schwer wird zu erfahren, welche Ansicht sie für die richtige halten, welche daher am wenigsten einer Beachtung verdienen. Diese sonstigen Erklärungsversuche der neueren Juristen insgesammt können wir im Wesentlichen übergehen, da sie in unseren Tagen so gut, als gar nicht mehr berücksichtiget worden sind.

Die Ansicht der Glossatoren ist es, welche in unseren Tagen mit aller Ausführlichkeit vertheidigt, und der Ansicht Savigny's entgegengestellt wurde. Sie ist in der neuesten Zeit mit aller

---

tion, oder Usucapion in ein unwiderrufliches verwandelt werde. Diese Ansicht hat noch bis in die neuesten Zeiten Anhänger gefunden. Allein die Unhaltbarkeit derselben ist in unseren Tagen anerkannt worden, und sie muß um so mehr einleuchten, als grade durch Consumtion jedes Eigenthum aufhört. — Andere nehmen an, jenes Recht des bonae fidei possessor an den Früchten sei nicht ein vollständiges Eigenthum, so daß das Recht des wirklichen Eigenthümers aufhöre, es sei nur ein Recht geringeren Umfanges, wodurch der bonae fidei possessor gegen jeden unrechtmäßigen Besitzer geschützt sei. Aber sie bezeichnen dieses Recht auf sehr verschiedene Weise. Noch Andere, indem sie einen Widerspruch finden, wenn der bonae fidei possessor die Früchte erwerben und dennoch restituiren soll, behaupten, die Früchte, welche der bonae fidei possessor erworben habe, könne er nicht restituiren, auch wenn sie noch vorhanden sein. Sie entscheiden sich demnach dafür, der bonae fidei possessor erwerbe nur die *fructus industriales*, welche also nicht restituirt würden. Er erwerbe nicht die fructus naturales, und diese seien es, welche restituirt werden müßten, so oft der bonae fidei possessor von dem Eigenthümer belangt werde. Die consumirten Früchte könnten nicht restituirt werden, weil sie als Eigenthum nicht mehr vorhanden sein, demnach es an einer Klage, sie zu erlangen, fehle. Dies bedeute die Regel: fructus consumtos suos facit.

Bei allen diesen Erklärungsversuchen mußte die Sache selbst auf gleiche Weise höchst problematisch bleiben. Alle gingen davon aus, der bonae fidei possessor als solcher sei nur factischer Innehaber. Ein Recht aber ist an der Nebensache undenkbar, wenn die Hauptsache sich in keiner Berechtigung befindet, sofern, was hier der Fall ist, von keinem besonderen Act des Erwerbes rücksichtlich der letzteren die Rede ist.

Ausführlichkeit von Backe [4]) vertheidigt; Unterholzner [5]), Zimmern [6]) und Andere sind derselben beigetreten. Ist gleich diese Ansicht in den Quellen selbst gegründet, so hat man doch kein Princip vor Augen gehabt, weshalb die Sache ganz unerklärlich blieb. Es mußte in der That höchst singulair erscheinen, daß der, welcher gar kein Recht an der Sache hat, das Eigenthum an den Früchten gewinnen solle. Die bonae fidei possessio sah man dabei stets nur als bloße conditio usucapiendi, als ein bloß factisches Innehaben an; das Recht an den Früchten mit jenem Eigenthum an der bona fide besessenen Sache selbst in Verbindung zu bringen, wodurch erst die ganze Sache Sinn und Bedeutung erlangt, davon sind Alle ohne Unterschied sehr weit entfernt gewesen.

v. Savigny's [7]) Ansicht dagegen ist diese. Für den bonae fidei possessor gelte ganz dieselbe Accession, wie für den wahren Eigenthümer, weil die Regel, welche den Grund der Accession enthalte, ganz allgemein sei. Man erwerbe auf dieselbe Art die Früchte in dem Augenblick ihrer Entstehung, allein von diesem Erwerbe könne um deswillen nie die Rede sein, weil die Frucht selbst in der Hauptsache stets mitbegriffen sei. Durch die Absonderung aber entstehe ein ganz neues Recht, und das vorige höre auf. Nemlich die Grundlage der bonae fidei possessio sei juristischer Besitz, und wenn ein Ganzes in seine Theile zerlegt werde, so fange für diese Theile ein neuer Besitz an.

---

4) In seiner diss.: bonae fidei possessor quemadmodum fructus suos faciat? Berol. 1825.

5) Im Archiv für civil. Praxis, Bd. VIII. Nr. 13. Die Abhandlung dieses Verfassers, welche gleichzeitig mit der erstgenannten erschien, ist von derselben ganz unabhängig.

6) Siehe Rheinisches Museum, Jahrg III. Heft 3. S. 351 ff.

7) Siehe das Recht des Besitzes §. 22. a. III. Die Ansicht ist selbstständig, und kann selbst mit keiner der früheren Ansichten füglich in Verbindung gebracht werden.

Also müsse für diese Theile, nemlich für die Früchte, auch eine neue bonae fidei possessio anfangen. Nach den Regeln des Besitzes werde bei Zerlegung des Ganzen sowohl die Apprehension, als die justa causa von dem Ganzen auf den Theil übertragen, mithin entstehe die neue bonae fidei possessio auch an der Frucht durch die bloße Absonderung, und es sei weder eine neue Apprehension, noch eine justa causa hierzu nöthig [8]).

Es sei anderseits freilich nicht zu leugnen, daß dem bonae fidei possessor an den Früchten etwas ganz Besonderes zugewendet werden solle, nemlich *pro cultura et cura.* Allein dies Besondere gehe nicht auf den Erwerb des Eigenthums, sondern auf die obligatorischen Verhältnisse. Wenn nemlich der Besitzer die Früchte verkaufe oder verzehre, und sich dadurch bereichert habe, so hätte er eigentlich diesen Gewinn herausgeben müssen. Dazu hätte er gezwungen werden können, nicht nur durch die vindicatio, sondern auch durch eine besondere condictio,

8) Eben dadurch unterscheide sich der bonae fidei possessor von dem Usufructuar, dem Pächter. Er unterscheide sich eben so von dem wahren Eigenthümer. Der wirkliche Eigenthümer habe vor und nach der Absonderung das wahre Eigenthum der Frucht: dieser habe vor und nach der Absonderung an der Frucht die bonae fidei possessio, aber von dem Augenblick der Absonderung an eine neue, obgleich nicht aus einem neuen Grunde. Diese Eigenheit der bonae fidei possessio habe zudem die wichtigsten Folgen, denn: 1) fange mit der Absonderung immer eine neue Usucapion an, und zwar immer eine dreijährige; 2) die neue bonae fidei possessio sei unabhängig von den speciellen Ausnahmen der Usucapion, besonders bei der res furtiva und vi possessa. Existire nemlich die Frucht schon bei dem Diebe, so sei sie immer res furtiva, nicht weil die Hauptsache es war, sondern weil sie selbst noch mit in dem furtum begriffen war; existire sie dagegen erst bei dem bonae fidei possessor, so finde für die Frucht die Usucapion Anwendung. Dasselbe beziehe sich auf die Frucht der res vi possessa. Denn hier könne sich in keinem Fall das Verbot der Usucapion auf die Frucht erstrecken, weil dieses Verbot auf unbewegliche Sachen eingeschränkt, alle Frucht aber beweglich sei.

die auf den Werth der verzehrten Früchte gerichtet sei. Diesen Gewinn solle er behalten dürfen, und dies sei es, was in den Quellen mit den Ausdrücken: *ejus fiunt fructus, fructus consumtos suos facit*, bezeichnet werde. Daß übrigens jene Ausdrücke hier nichts mit dem Eigenthum zu schaffen haben, erhelle daraus, daß sie gerade von den consumirten Früchten gebraucht werden, während doch durch Consumtion alles Eigenthum vielmehr untergehen müsse, ferner daraus, daß jenes besondere Recht gewiß auch bei den sogenannten fructus civiles, z. B. dem Miethgeld, zur Anwendung komme, obgleich dabei von einem Eigenthumserwerbe gar nicht die Rede sein könne.

Bei dieser Ansicht ist grade die Hauptsache, nemlich das Recht des bonae fidei possessor an den Früchten, ganz übergangen worden. Dabei hat v. Savigny den so bestimmten Quellenzeugnissen eine völlig abwegige Deutung zu geben versucht, und manches hineingebracht, was sich nicht mit Grund behaupten läßt [9]). Zwar läßt sich nicht verkennen, daß jene andere Seite der bonae fidei possessio, insofern sie als conditio usucapiendi in Betracht kommt, im Wesentlichen richtig behandelt worden sei. Jedoch kann bei dieser rücksichtlich der Frucht nicht von einer accessio als Römischen Eigenthumserwerbart, nicht von einem Erwerb, nicht von einem neuen Rechte die Rede sein.

---

9) So z. B. kann mit Grund nicht behauptet werden, daß die rei vindicatio wegen einer Bereicherung bei nicht mehr vorhandener Sache angestellt werde. Jede rei vindicatio ist vielmehr nur eine Folge des vorhandenen Eigenthums. Daß der malae fidei possessor bei Anstellung jener Klage auch die consumirten Früchte restituiren muß, davon liegt der Grund in den nachtheiligen Folgen der mala fides, welche mit dem Eigenthum nicht weiter zusammenhängen. Es ist daher nur zufällig zu nennen, wenn das Resultat der mala fides auch bei Gelegenheit der rei vindicatio in Betracht kommt. Eine condictio scheint hier unanwendbar zu sein, weil sie in einer besonderen obligatio ihren Grund hat, diese aber für den bonae fidei possessor nicht vorhanden ist.

Die conditio usucapiendi als solche ist ein rein factisches Moment, welches, abgesehen von allem Rechte, durch die Länge der Zeit zum Eigenthum führt.

Dennoch hat v. Savigny's Ansicht über diesen Punkt eine Menge Anhänger gefunden, und auch in den neuesten Systemen ist mehr oder weniger auf jene Ansicht Bezug genommen [10]).

§. 15.

Die dritte Wirkung des Eigenthums betraf des Recht zum Besitz und zur Ausschließung. Die Anwendung in Betreff der bonae fidei possessio hat keine Schwierigkeit, sie wird um so weniger bedenklich erscheinen, als sie von den neueren Juristen

---

10) Zu den Anhängern gehört Schweppe (Römisches Privat-Recht §. 272.). Er behauptet, wer eine fremde Sache besitzt, werde Eigenthümer von den dadurch hervorgebrachten Früchten, obgleich sein Recht dadurch gar nicht stärker werde, als das an der Hauptsache. Der Erwerb erfolge bei allen Früchten, fructus naturales und industriales, im Augenblick der Separation, er befreie aber nicht von der Restitution der vorhandenen Früchte, auch wenn sie fructus industriales, nur die consumirten Früchte und die fructus mere naturales (?) gebe der Erwerber nicht heraus u. s. w.

Thibaut (System Bd. II. §. 568) hat sich von Savigny's Einfluß frei erhalten, er behauptet mit Grund: der bonae fidei possessor erhalte an den separirten Früchten sogleich ein abgesondertes, interimistisches Eigenthum. Eben so ist die Ansicht Mackeldey's (Lehrb. B. II, §. 266.) nur richtig zu nennen, wenner annimmt, der bonae fidei possessor erwerbe schon durch die Separation der Früchte sogleich das Eigenthum derselben, dieses sei aber nur interimistischer Natur. Wening-Ingenheim (Lehrbuch Bd. II. §. 59.) spricht sich dahin aus, das Eigenthum des bonae fidei possessor sei insofern revocabel (?), als er mit der Hauptsache die nicht verjährten fructus extantes herausgeben müsse. Mühlenbruch hat sich auf die hier in Frage stehende Sache überall nicht eingelassen.

selbst niemals bestritten, vielmehr ganz mit Stillschweigen übergangen wurde.

Das oberste Princip wird auch hier den sichersten Weg führen. Der bonae fidei possessor hat zunächst, gleich dem wirklichen Eigenthümer, das Recht zu besitzen, insofern auch er verlangen kann, daß ihm nicht die factische Möglichkeit entzogen werde, nach Willkühr über die Sache zu verfügen. Jenes Recht zu besitzen (*jus possidendi*) ist, wie die sonstigen Berechtigungen, eine Folge jener Fiction, welche als solche für den bonae fidei possessor überhaupt entscheidet. Aber ebenso wie jene kann es nur interimistisch gedacht werden; es dauert nemlich auch diese Berechtigung nur, so lange jene Fiction dauert, so lange nicht der wirkliche Eigenthümer oder ein Mehrberechtigter gegen den gegenwärtigen bonae fidei possessor auftritt.

Das factische Innehaben (*possessio*) ist somit hier ein Ausfluß des fingirten Eigenthums, es kommt als ein Theil jener Berechtigung in Betracht [1]. Es ist ein nothwendiger Bestandtheil jener Berechtigung, weil ohnedem die Ausübung derselben unmöglich sein würde. Wie einerseits nemlich diejenigen Dispositionen, wozu der bonae fidei possessor berechtigt ist, ohne das factische Innehaben nicht Realität erlangen können, so sind anderseits diejenigen Vortheile, welche dem bonae fidei possessor als rechtlichem Innehaber gewährt werden, durch dasselbe bedingt. Insofern das factische Innehaben der

1) Insofern jenes Recht des bonae fidei possessor selbst jus possessionis in den Quellen genannt wird, können wir sagen, die possessio sei eine Wirkung des jus possessionis, ohne daß damit in der Sache etwas Anderes bezeichnet wäre. Das factische Innehaben ist es zudem, wovon die Usucapion abhängig gemacht ist, und das ist der Sinn, wenn in den Quellen gesagt wird: Sine possessione usucapio contingere non potest; l. 25. D. de usurpat. et usucap. Rücksichtlich der Usucapion als solcher ist von einem Recht zu besitzen nicht die Rede, aber man kann auch durch Dritte diese conditio usucapiendi erhalten.

Sache, welches dem rechtlichen Zustande correspondirt, auch hier, wie für den wirklichen Eigenthümer, ein sehr wesentliches Recht ist, wird es ebenso, als bei dem wirklichen Eigenthum, der Gegenstand eines selbstständigen Schutzes. Das factische Innehaben des bonae fidei possessor soll weder total, noch partiell gestört werden. Es soll auch hier schleunige Hülfe stattfinden, ohne daß ein Recht nachgewiesen zu werden braucht. Und die Identität des bonae fidei possessor mit dem Eigenthümer macht hier ganz dieselben possessorischen Schutzmittel nothwendig [2]).

Es ist im Uebrigen wie beim Eigenthum völlig einerlei, ob jenes Recht zu besitzen von dem bonae fidei possessor in eigner Person, oder durch Dritte als Repräsentanten ausgeübt wird [3]).

---

2) Es finden zu diesem Zwecke nemlich dieselben sogenannten possessorischen Interdicte, das *interdictum unde vi, uti possidetis* und *utrubi*, Anwendung. Jene Interdicte gehören demnach in unsere Lehre, sie werden also für das Recht der bonae fidei possessio erörtert werden müssen. Allein um die eigentliche Natur jener Interdicte vollständig einzusehen, wird einige Ausführlichkeit nothwendig werden. Wir können schon an diesem Orte behaupten, was unten bewiesen werden muß, daß sie ursprünglich auf gleiche Weise für den wirklichen Eigenthümer und den bonae fidei possessor eingeführt worden sind, daß der Präter nicht den vollständigen Beweis der Berechtigung verlangt habe, damit nicht die hier so nothwendige schleunige Rechtshülfe unterbleibe. Eben deshalb ist derselbe Schutz auch solchen zu Theil geworden, die jene Berechtigung nicht haben. Aber nur, insofern sie ursprünglich für den Eigenthümer eingeführt worden sind, konnten sie analog für andere dingliche Berechtigungen angewandt werden.

3) Davon sprechen zahlreiche Stellen in dem Titel de adquirenda et omittenda possessione, welcher vom Erwerb und Verlust des Rechtes der bonae fidei possessio handelt. Repräsentanten im Besitze sind auch hier die Sclaven, ebenso der *procurator*. Es wird der bonae fidei possessor in diesem Rechte ohnehin durch eine Reihe von Berechtigten repräsentirt, nemlich durch alle diejenigen, welche ihr dingliches, oder persönliches Recht von dem bonae fidei possessor ableiten. So wird der bonae fidei possessor auch in dieser Hinsicht von dem *usufructuar* repräsentirt, ebenso durch

Ebenfalls in der Totalität seiner Berechtigung ist die Befugniß des bonae fidei possessor gegründet, jeden Dritten **auszuschließen** und von der Sache **abzuhalten**. Dazu muß der bonae fidei possessor aus demselben Grunde berechtigt sein, aus welchem es der wirkliche Eigenthümer ist; insofern nemlich auch das fingirte Eigenthum des bonae fidei possessor ein totales Recht ist, insofern involvirt jede Störung eines Dritten einen unbefugten Eingriff in das Recht des bonae fidei possessor. Nur der wirkliche Eigenthümer so wie jeder mehr berechtigte bonae fidei possessor sind davon ausgenommen, denn jenes Recht des bonae fidei possessor dauert nur bis zu dem Moment, wo ein Mehrberechtigter gegen denselben auftritt [4]).

Jenes Ausschließungsrecht des bonae fidei possessor zeigt sich aber, wie dies beim Eigenthum nicht anders der Fall ist, in einer dreifachen Hinsicht. Derselbe kann jeden Dritten von der Disposition über die Sache, sowohl der totalen, als partiellen, ferner von dem Gebrauche und der Benutzung abhalten, und endlich von dem Besitze der Sache ausschließen. Auch diese Berechtigung kann der bonae fidei possessor in eigner Person und durch Stellvertreter geltend machen [5]).

---

den **Pächter** (*colonus*), an welchen die Sache von dem bonae fidei possessor übertragen worden ist. Anwendungen davon werden unten bei den sogenannten possessorischen Interdicten vorkommen.

4) Insofern ist diese Berechtigung nur interimistisch vorhanden, wie es das Recht des bonae fidei possessor überhaupt. Allein von einer interimistischen Berechtigung ist doch nur für den bonae fidei possessor unter der Voraussetzung die Rede, daß ihm die Sache von einem Dritten selbst rechtlich evincirt wird. Sie dauert wie sonst jedes Eigenthum in perpetuum, wenn jenes nicht der Fall ist, denn diese Berechtigung ist in der That ein ebenso wirksames Eigenthum, als es durch die vollendete Usuacapion nur gedacht werden kann, nur daß nach vollendeter Verjährung nicht mehr von einem bonae fidei posseesor die Rede sein kann.

5) Als Stellvertreter kommen hierbei besonders die **Sclaven** in Betracht, welche bei den Römern zu allen Dienstleistungen gebraucht

Alle diejenigen Angaben der Quellen, welche sich auf das Eigenthum in dieser Hinsicht beziehen, müssen sogar stillschweigend auch auf die bonae fidei possessio bezogen werden. Dies ist nothwendig wegen der Identität, welche zwischen dem Eigenthümer und bonae fidei possessor obwaltet. Von diesen Berechtigungen, wie von seinen Berechtigungen überhaupt, wird der bonae fidei possessor im Einzelnen Gebrauch machen, ohne Rücksicht darauf, ob Dritten dadurch ein Nachtheil erwächst, oder nicht. Denn auch hier entscheidet der Grundsatz: *qui jure suo utitur, neminem laedit* [6]).

Freilich kommen ebenso für den bonae fidei possessor diejenigen positiven Beschränkungen in Betracht, welche wir oben für das Eigenthum unter dem Namen *servitutes personales* ausgezeichnet haben [7]).

---

wurden. Eben so häufig wird jedoch die Vertretung durch einen sonstigen Dritten als *procurator* in Betracht kommen.

6) Diese Regel ist nemlich ganz allgemeiner Art. Sie beruht in dem Princip, daß jede Berechtigung als solche in dem Umfange, in welchem sie vorhanden ist, von Dritten anerkannt werden muß, worin eben das für jedes Rechtsverhältniß vorhandene Klagerecht gegründet ist. Sie findet sich ausgesprochen in l. 151. u. l. 155. D. de R. J.

7) Der bonae fidei possessor darf daher z. B. nicht so tief auf seinem Grundstücke eingraben, daß dadurch dem Gebäude des Nachbaren Schaden gedrohet wird. Er muß bei vorzunehmenden Bauten von der Gränze des Nachbaren etwas entfernt bleiben. Auch er darf auf seinem Grundstücke kein Gebäude aufführen, wodurch einer Dreschtenne des Nachbaren der nothwendige Luftzug entzogen wird. Ferner darf er keine Anlagen machen, wodurch der natürliche Abfluß des Wassers gehindert würde. Die sonstigen Beschränkungen dieser Art können hier als bekannt vorausgesetzt werden. Aber zu diesen läßt sich ebenfalls das *damnum infectum* zählen, obgleich es in den neuern Systemen nur als ein obligatorisches Verhältniß ausgezeichnet wird. Der eigentlich entscheidende Gesichtspunkt ist nemlich hier, der Innehaber eines Gebäudes darf sein Gebäude nicht so verfallen lassen, daß durch den Einsturz desselben den Nachbaren ein Schade zugefügt werden könne. Der Nachbar soll wegen eines künftigen Schadens durch Caution sicher gestellt werden; um

§. 16.

Bis jetzt ist von den einzelnen Berechtigungen, welche dem bonae fidei possessor in Folge seines fingirten Eigenthums zustehen, vollständig gesprochen. Ueberall hat sich auf dieselbe Weise der Grundsatz bestätigt, daß der bonae fidei possessor in seinen Befugnissen dem wirklichen Eigenthümer gleichgestellt sei, so lange, als kein Mehrberechtigter gegen ihn auftritt.

Nach dieser Erörterung über das Rechtsverhältniß der bonae fidei possessio muß jetzt von den Schutzmitteln die Rede sein, welche dem bonae fidei possessor gestattet sind. Grade durch diese wird sich obiges Resultat eben so sehr bestätigen lassen.

Wäre der bonae fidei possessor nur factischer Innehaber der Sache, so würde sich am wenigsten der Umstand rechtfertigen lassen, daß er gegen Dritte durch eine dingliche Klage geschützt

---

diese zu bewirken, ertheilt der Prätor eine *missio in possessionem.* Daß jene Verpflichtung sich nicht bloß auf den wirklichen Eigenthümer, sondern eben so auf den bonae fidei possessor beziehe, läßt sich aus den vorhandenen Quellenzeugnissen vollständig beweisen. Der Prätor ertheilt nemlich, wenn ungeachtet der missio in possessionem jene Caution nicht bestellt wird, wiederholt eine missio in possessionem (*ex secundo decreti*), durch diese soll der Nachbar das Eigenthum des fraglichen Objectes erlangen. War der Innehaber nur bonae fidei possessor, so kann auch der Nachbar nur eine bonae fidei possessio erlangen, wovon in den Quellen selbst vielfach die Rede ist; l. 15. §. 16. D. de damn. infect. l. 18. §. 15. D. eod. l. 3. §. 23. D. de possess. Diese bonae fidei possessio ist nicht bloß eine conditio usucapiendi, sondern als jede bonae fidei possessio überhaupt zugleich ein Rechtsverhältniß. Daher kann denn der Nachbar, wenn er herausgeworfen sein sollte, nicht bloß petitorisch mit der *actio Publiciana*, sondern auch possessorisch mit dem *interdictum unde vi* klagen: „si is, qui jussu „Praetoris coeperat possidere, et possidendo dominium capere, „aut non admissus aut ejectus inde fuerit, *utile interdictum* „*unde vi, vel Publicianam actionem* habere potest;" l. 18. §. 15. D. de damn. infect. Es findet hier zugleich eine actio in factum Anwendung l. 18. §. 15. D. cit. loc.

ist [1]). Eine dingliche Klage setzt nothwendig ein dingliches Recht voraus, es ist selbst ohne ein dingliches Recht die Anstellung einer dinglichen Klage völlig undenkbar. Dennoch ist es sogar niemals unbekannt gewesen, daß der bonae fidei possessor durch eine dingliche Klage geschützt werde. Ein unerklärliches Problem mußte sich demnach zeigen, so oft es darauf ankam, das rechtlich Vorhandene auch rechtlich zu begründen [2]).

Allein der Schutz dieses Rechtsverhältnisses ist umfassender, als die neueren Juristen bis jetzt angenommen haben. Es ist nicht bloß die actio Publiciana, über deren Bedeutung man jedoch so vielfach hin und her gestritten hat [3]), welche zum Schutz des bonae fidei possessor eingeräumt worden. Es läßt sich vielmehr behaupten, daß alle diejenigen Schutzmittel, welche dem wirklichen Eigenthümer gestattet sind, ebenfalls dem bonae fidei possessor zukommen müssen. Dieses ist eine nothwendige Folge des obersten Princips, wonach der bonae fidei possessor als Eigenthümer angesehen und behandelt wird, und dieses wird in der folgenden Darstellung bewiesen werden müssen.

---

1) Nemlich durch die *actio in rem Publiciana.*

2) Dieser Vorwurf trifft besonders v. Savigny, welcher behauptet, die bonae fidei possessio sei ihrer eigentlichen Bedeutung nach nichts, als ein bloß factisches Innehaben. Denn wie dieses für jeden juristischen Besitz von ihm angenommen wird, so geschieht dies auch für den, welcher bona fide und justo titulo angefangen hat.

3) Der Hauptstreit bezog sich jedoch darauf, wodurch sich diese Klage von der rei vindicatio unterscheide, und man hat sich oft seltsam genug desto mehr beruhigt gefunden, je mehr Unterscheidungsmerkmale man zwischen beiden Klägern aufgefunden hatte. Daß gradezu das Umgekehrte der Fall sei, sogar eine völlige Identität beider Klagen vorhanden sei, wie dies nach den vorhandenen Quellenzeugnissen mit so großer Bestimmtheit behauptet werden kann, ist in unseren Tagen aufgestellt worden, wenn gleich nicht in dem Umfang und der Bedeutung, welche hier die entscheidende ist. Jedoch ist die actio Publiciana gemeinhin als eine Eigenthumsklage ausgezeichnet und behandelt worden, welche in Rücksicht ihrer Wirkung manches Uebereinstimmende mit der rei vindicatio habe.

Wie nemlich beim wirklichen Eigenthum, so gibt es bei der bonae fidei possessio nicht bloß petitorische Klagen, womit die Anerkennung des Rechtes von denen verlangt wird, welche dieser Berechtigung störend entgegentreten, es gibt anderseits ebenso possessorische Schutzmittel, wodurch der Besitz, worauf der bonae fidei possessor einen Anspruch hat, geschützt werden soll. Aber rücksichtlich jener Schutzmittel überhaupt läßt sich noch genauer bestimmen, es sind völlig dieselben Schutzmittel, welche dem wirklichen Eigenthümer zustehen. Ein Anderes ist durchaus undenkbar, denn der bonae fidei possessor gilt als wirklicher Eigenthümer, als solcher kann er nur auftreten, um rechtlich gegen Dritte geschützt zu werden.

Abgesehen von dem sonstigen Schutz, welcher dem bonae fidei possessor als Beklagten gewährt ist [4]), kommt für denselben zunächst ein petitorisches Rechtsmittel, die *actio Publiciana* in Betracht. Sie geht auf Anerkennung des Eigenthums, demnach auf Herausgabe dessen, was der unbefugte Besitzer in Händen hat. Sie ist nichts, als eine utilis rei vindicatio, wie sich vollständig beweisen läßt, oder vielmehr eine Anwendung der rei vindicatio für einen Fall, der im früheren Rechte unbe-

---

4) Dahin gehört die *exceptio rei venditae et traditae.* Außerdem stehen dem bonae fidei possessor alle sonstige nur gedenkbare Einreden zur Seite, wodurch der wirkliche Eigenthümer in obligatorischen Verhältnissen geschützt ist. Denn dieselben obligatorischen Verhältnisse, welche für den Eigenthümer, kommen für den bonae fidei possessor in Betracht, und zwar ohne alle Ausnahme. Wie der wirkliche Eigenthümer, so hat auch der bonae fidei possessor das Recht der Selbstvertheidigung als sogenanntes *moderamen inculpatae tutelae.* Dies sagt ausdrücklich l. 1. C. de vi: „recte possidenti ad defendendam possessionem, quam sine vitio tenebat, inculpatae tutelae moderatione illatam vim propulsare licet." Nicht jedoch können für ihn die exceptio justi dominii, nicht die exceptio si ea res possessoris non sit gelten. Beide stehen nur dem wirklichen Eigenthümer zu, wenn der klagende Gegner bonae fidei possessor ist.

kannt war. Sie ist mit jener insofern identisch, als selbst stets ungewiß bleibt, ob nicht die rei vindicatio angestellt wird, nur daß sie wie jede prätorische Klage überhaupt eine selbstständige Natur hat [5]). Eben als rei vindicatio kann sie daher nur bei

5) Dieses bedarf hier noch einer genaueren Erklärung. Jede actio utilis ist nur eine analoge Anwendung einer bereits früher vorhandenen Klage, actio directa. Insofern sie auf Analogie, in derselben legis ratio gegründet ist, können wir jede actio utilis als eine nicht von der actio directa verschiedene bezeichnen. Mit anderen Worten, so oft dieselbe Analogie vorhanden ist, muß dieselbe Klage Anwendung finden, wenn auch in dem Gesetze nur bestimmte Fälle der Anwendung bezeichnet worden sind. Dies gilt allgemein nemlich für den Fall, wenn überhaupt eine analoge Interpretation des Gesetzes zulässig ist. Dabei ist aber nicht zu übersehen, daß jede in den Quellen als utilis actio ausgezeichnete Klage nur ein Resultat der Interpretation Römischer Juristen sei, welche bei ihren Erklärungen und Anwendungen stets von der ratio des ursprünglichen Gesetzes ausgingen. Dieselbe Analogie liegt bei vielen prätorischen Klagen zu Grunde, indem auch schon der Prätor bereits vorhandene Klagen vermöge derselben ratio auf andere ursprünglich nicht berücksichtigte Fälle anwandte. Dabei hat aber jede prätorische Klage, selbst in diesem Falle, eine selbstständige Natur, und sie wird in den Römischen Rechtsquellen niemals mit dem technischen Namen actio utilis bezeichnet. Für die prätorischen Klagen ist, abgesehen von den Interdicten, welche ein schleuniges Verfahren begründen, der eigentlich technische Name: *actiones in factum*, mit dem Beisatz *civiles* oder *praescriptis verbis*. Vergl. meine Schrift de judicibus apud Romanos, Lib. I, §. 6. pag. 53 sq. Diese selbstständige Natur der prätorischen Klagen hat darin ihren Grund, daß die Prätoren in der Qualität eines Gesetzgebers das vorhandene Recht erweiterten.

In obiger Art ist die actio in rem Publiciana nichts als eine Anwendung der rei vindicatio, welche jedoch für die bonae fidei possessio nur stattfinden konnte nach der hier zum Grunde gelegten Fiction, daß der bonae fidei possessor Eigenthümer sei. Die actio Publiciana ist nur eine actio in factum, die nur zufällig von ihrem Erfinder genannt worden ist. Man kann somit die actio Publiciana füglich eine Anwendung der rei vindicatio nennen, jedoch nur uneigentlich eine utilis rei vindicatio, weil sie von dem Prätor und nicht von den Römischen Juristen herrührt. Die Röeiner totalen Störung in der Berechtigung angestellt werden. Als zweite petitorische Klage kommt für den bonae fidei possessor dieselbe *actio negatoria* in Betracht, welche dem Eigenthümer gestattet ist. Wie beim Eigenthum, so gewährt sie bei der bonae fidei possessio den nothwendigen Schutz, wenn nur eine partielle Störung der Berechtigung vorgekommen ist. Sie geht auf Anerkennung des Rechtes, demnach auf Ersatz wegen der zugefügten Verletzung.

Als possessorische Schutzmittel gehören hierher die sogenannten possessorischen Interdicte. Nachdem der Prätor bereits jenes Rechtsverhältniß der bonae fidei possessio ausgezeichnet hatte, war es selbst in der Nothwendigkeit gegründet, die für das Eigenthum bestimmten Interdicte zugleich für das publicianische Eigenthum anzuwenden, dies nemlich, weil beides practisch nicht von einander unterschieden werden kann. Wir behaupten demnach gradezu, daß diese ursprünglich schon für beide Arten des Eigenthums auf gleiche Weise angeordnet worden sind.

Rücksichtlich der unbeweglichen Gegenstände sind mithin für den bonae fidei possessor das interdictum *unde vi* und *uti possidetis* auszuzeichnen. Ersteres soll bei totaler Störung im Besitz dem bonae fidei possessor den nothwendigen possessorischen Schutz gewähren, letzteres bei partieller Störung im Besitz jener Berechtigung. Es soll durch beide auf gleiche Weise der Besitz, das factische Innehaben der Sache, worauf es jedem Berechtigten besonders ankommt, geschützt wer-

---

mischen Juristen erweiterten die Anwendung der rei vindicatio für verschiedene anderweitige Fälle, in denen die rei vindicatio noch nicht gegolten hatte. Für diese späteren Anwendungen wird die rei vindicatio mit dem Namen *utilis* rei vindicatio bezeichnet, wovon in den Römischen Rechtsquellen ganz verschiedene Beispiele vorkommen. Auch selbst die Kaiser zeichneten die späteren Anwendungen der rei vindicatio häufig unter dem Namen *utilis* rei vindicatio aus; l. 5. §. 1. D. de R. V. l. 6. C. quib. n. objicit. long. tempor. praescr. u. s. w.

den, dieses nemlich abgesehen von dem genaueren Nachweis der Berechtigung selbst.

Bei beweglichen Sachen findet für den bonae fidei possessor das interdictum *utrubi* statt, so oft es darauf ankommt, den gestörten factischen Besitz zu erhalten, es muß mithin der Besitzer nicht selbst aus dem Besitz gestoßen sein. Um den verlornen Besitz wieder zuerlangen, gibt es auch hier kein besonderes selbstständiges interdictum. Allein es muß so scheinen, als wenn es eines solchen nicht bedurft habe, da die actio furti, vi bonorum raptorum und die actio ad exhibendum, welche schon früher vorhanden waren, und in dieser Beziehung ausdrücklich erwähnt werden, auch hier die nothwendige und dabei schleunigere Hülfe gewährten, wenigstens müssen sie ebenfalls für den bonae fidei possessor vermöge seines fingirten Eigenthums Anwendung finden [6]).

Für die Interdicte insgesammt kommt der Umstand als wesentlich in Betracht, es soll nicht auf den Nachweis des vorhandenen Rechtes gesehen werden. Dies nemlich, damit nicht die hier so nothwendige schleunige Rechtshülfe verhindert werde. Der Prätor geht demnach nur von gewissen äußeren Begebenheiten und Voraussetzungen aus, unter denen er jene schnellere Hülfe zusagt [7]), wie dieses bei anderen ganz verschiedenartigen Schutzmitteln ebenso der Fall ist, bei welchen es nur darauf ankommt, die Sache interimistisch zu reguliren [8]). Eben dieses führte ganz

---

6) Vergl. l. 1. §. 6. D. unde vi.

7) Es ist dies der Fall bei dem interdictum uti possidetis, und, was demselben gleich steht, dem interdictum utrubi. Eben so läßt sich dies für das interdictum unde vi behaupten. Die verübte Gewalt, welche bei dem interdictum unde vi vorausgesetzt wird, ist schon ein Umstand, wodurch das Unrecht des Beklagten sogleich erhellet.

8) So hat derjenige das *remedium ex lege ult. C. de edicto Divi Hadriani tollendo*, der eine Urkunde als Testament für sich aufzuweisen hat, welches nicht an einem äußeren, in die Augen fallenden Fehler (vitium visibile) laborirt. Auch hier kommt es nemlich, abgesehen von dem Rechte selbst, darauf an, wenigstens vor-

nothwendig auf das Resultat, daß auch Andere selbst Nichtberechtigte mit jenen Interdicten geschützt werden, was um so mehr die neueren Juristen von dem richtigen Gesichtpunkt abgeleitet hat [9]).

läufig zum Besitz und Genuß der fraglichen Erbschaft zu gelangen, um nicht ohne Grund in seinem vorhandenen Rechte gestört zu werden. Der eigentliche Nachweis des vorhandenen Rechtes ist davon eben so unabhängig, wie dies für das Eigenthum rücksichtlich der Interdicte der Fall ist. Auch hier soll nemlich nur einstweilen provisorisch ein Schutz gewährt werden, und es bleibt auch hier dem Gegner überlassen, sein Recht gegen den Besitzer durchzuführen.

Eben dieses ist der Fall, wenn gleich in anderer Art, bei den sog. bonorum possessiones decretales. Auch bei diesen wird über das Recht selbst noch nicht entschieden, sondern nur vorläufig der Besitz und Genuß angewiesen. Auch hier geht der Prätor bloß von äußeren Umständen aus, um vorläufig das etwa vorhandene Recht zu schützen. Durch die bonorum possessio *ventris nomine* gelangt die bei dem Tode vorhandene schwangere Ehefrau zum Besitz und Genuß der Erbschaft. Ein wirkliches Erbrecht kann für den venter noch nicht vorhanden sein, weil er erst nach seiner wirklichen Existenz, durch die Geburt als Mensch, demnach als Subject von Rechten angesehen werden kann. Kommt daher der nasciturus nicht zur Existenz, so kann er noch gar kein Erbrecht erworben haben. Das äußere Factum der Schwangerschaft ist es, wovon hier der Prätor ausgeht, wenn nur der nasciturus ein suus des Verstorbenen sein würde. Bei der bonorum possessio *ex edicto Carboniano* soll der Besitz und Genuß der Erbschaft dem Kinde des Erblassers verschafft werden, wenn die Kindschaft desselben von Dritten bestritten wird. Es erlangt hier das Kind bis zur erreichten Pubertät einen Schutz, ebenfalls ganz abgesehen von seinem wirklichen Rechte, worüber mit demselben erst nach erreichter Mündigkeit gestritten werden kann. Endlich durch die bonorum possessio *furiosi nomine* erlangt der Wahnsinnige den Besitz und Genuß der ihm angefallenen Erbschaft. Er kann nicht wirklicher Erbe werden, weil er sich über die Antretung der Erbschaft als Wahnsinniger nicht erklären kann. Mithin wird auch hier, ganz abgesehen von einem wirklichen Rechte, ein vorläufiger Schutz und zwar ein Schutz im Besitze gewährt.

9) Davon wird unten bei der Erörterung jener Interdicte ausführlicher gesprochen werden.

§. 17.

Zunächst gehört hierher die *actio in rem Publiciana.* Es ist diese Klage zugleich die älteste unter allen, welche überhaupt für die bonae fidei possessio zur Anwendung gebracht sind [1]).

Als die Hauptfrage kommt in Betracht, welches die eigentliche Bedeutung dieser Klage sei, von welcher aus sich die einzelnen Anwendungen derselben erklären lassen, und dieses kann nach dem, was wir schon oben für das Rechtsverhältniß selbst ausgezeichnet haben, am wenigsten einem Bedenken unterworfen sein.

Gehen wir nemlich von dem aus, was wir für das Rechtsverhältniß an die Spitze stellen mußten, so ist völlig gewiß, daß die actio Publiciana ebenfalls auf einer Fiction beruht, nemlich auf der Fiction, daß der bonae fidei possessor wirklicher Eigenthümer sei, oder was dasselbe sagt, auf der Fiction der vollendeten Usucapion [2]). Denn dasselbe Fundament, was für das Rechtsverhältniß in Betracht kommt, muß für die Klage entscheidend sein, welche in jenem Rechtsverhältniß ihren Grund hat. Eben deshalb mußte diese Klage gegründet sein auf die intentio, *rem suam esse* [3]). Eben deshalb

---

1) Daß die actio Publiciana älter sei, als jene sogenannten possessorischen Interdicte, läßt sich vollständig beweisen. Außer dieser Klage sind nur jene Interdicte für dieses Rechtsverhältniß vom Prätor ausgezeichnet worden, so lange er als Gesetzgeber an der Spitze der Rechtspflege dastand. Beide Schutzmittel nur sind prätorischen Ursprungs, wie es jenes Rechtsverhältniß der bonae fidei possessio selbst ist. Alles Uebrige, was für dieses Rechtsverhältniß in Betracht kommt, ist das Resultat der Interpretation Römischer Juristen, gehört somit einer späteren Zeit an. Auch selbst das, was der Prätor nur in der Hauptsache bei diesen Schutzmitteln ausgezeichnet hatte, mußte erst durch die Interpretation der Römischen Juristen vollständig für die Anwendung bestimmt werden.

2) „*Nam quia non potest eam ex jure Quiritium suam esse in-*
„*tendere, fingitur rem usucepisse, et ita quasi ex jure Quiri-*
„*tium dominus factus esset:* Gaj. IV, 36.

3) Gaj. IV, 36 cet.

mußte die Klagformel, welche der Prätor dem judex zu dessen vorläufigen Instruction gab, hier ganz ebenso lauten, als bei der wirklichen *rei vindicatio* [4]).

Mit diesen allgemeinen Angaben des Gajus stimmt das justinianeische Recht vollkommen überein. Es wird nemlich ausdrücklich in Betreff dieser Klage erwähnt, daß der Kläger die vollendete Usucapion für dieselbe behaupte, behaupte, daß er Eigenthümer sei [5]). Ebenso wird ausdrücklich angegeben, daß die actio Publiciana nicht auf Besitz, sondern auf Eigenthum gegründet sei [6]). Sie wird als *actio in rem* gleich der rei vindicatio bezeichnet, auch kommt rücksichtlich dieser Klage der Ausdruck *rem vindicare* vor [7]).

Allein wie der bonae fidei possessor behauptet, daß er Eigenthümer sei, wie das Rechtsverhältniß der bonae fidei possessio nicht von dem wirklichen Eigenthum unterschieden werden kann, ebenso muß die hier stattfindende Klage, die actio Publiciana, und dies ist für die Anwendung derselben ungemein wichtig, praktisch nicht von der *rei vindicatio* unterschieden werden können. Es mußte somit der Kläger der

---

4) Dieselbe ist schon oben im Eingange dieser Untersuchung erwähnt worden, sie findet sich ebenfalls bei Gaj. IV, 36. angegeben.

5) In diesem Sinne heißt es nemlich ausdrücklich: „inventa est a „Praetore actio, *in qua dicit is, qui possessionem amisit, eam* „*rem se usucepisse*;" §. 4. J. de action.

6) „*Publiciana actio ad instar proprietatis*, non ad instar pos„sessionis respicit;" l. 7. §. 6. D. de Public. in rem act. In ganz demselben Sinne wird anderswo gesagt, daß die actio Publiciana nach dem Beispiel der rei vindicatio eingeführt sei: „item „Publiciana, *quae ad exemplum vindicationis datur*;" l. 35. pr. D. de oblig. et action.

7) Als actio in rem wird die Publicianische Klage schon in der Ueberschrift des Titels, welche von derselben handelt, bezeichnet; Dig. VI, 2.: „de Publiciana *in rem* actione." Ebenfalls in vielen einzelnen Stellen dieses Titels. Zur Bezeichnung dieser Klage findet sich hier auch die Umschreibung: rem vindicare, welcher Ausdruck eigentlich technisch für die Eigenthumsklage ist.

Meinung sein, daß er die *rei* vindicatio anstelle; ebenfalls der Prätor glauben, daß nur die rei vindicatio angestellt sei. Denn was von dem Rechte gilt, dasselbe muß von der dadurch begründeten Klage gelten [8]). Es wäre ferner hart gewesen, dem bonae fidei possessor die Eigenthumsklage zu verweigern [9]), und sie mußte daher für denselben aus der Nothwendigkeit Anwendung finden, aus welcher jene Fiction des Eigenthums selbst nothwendig wurde. Jene Fiction dauerte für die bonae fidei possessio jedoch nur so lange, als kein stärkerer Berechtigter dem bonae fidei possessor entgegentrat; also kann auch die actio Publiciana nur für diesen Zeitraum angestellt werden [10]).

Aus dem Bisherigen ergiebt sich, daß für die *actio Publiciana* im Einzelnen nichts Anderes gelten könne, als was für die *rei vindicatio* gilt. Das heißt, weil der bonae fidei possessor hier gegen schwächere Gegner als Eigenthümer auftritt, kann bei der actio Publiciana kein anderes Resultat gedacht werden, als bei der rei vindicatio. Dies gilt selbst für das größte Detail dieser Klage. Sie ist auf dieselbe justa causa traditionis gegründet, worauf der Eigenthümer sich gründet, um mit seiner rei vindicatio durchzubringen, und der einzige Unterschied, der jedoch stets unermittelt bleibt, besteht darin, daß die angestellte Klage nur eine *rei* vindicatio ist, wenn der Vorgänger Eigenthümer gewesen ist, wäh-

8) Es braucht aber hier kaum noch wiederholt zu werden, daß es im Römischen Prozesse nicht darauf ankam, die anzustellende Klage mit ihrem Namen zu nennen.

9) Siehe §. 4. J. de action.: „Sed quia sane durum erat deficere actionem, inventa est a Praetore actio."

10) Demnach kann die actio Publiciana nur angestellt werden, so lange man sich noch bona fide befindet, in dem guten Glauben, daß man Eigenthümer sei. Denn die Behauptung des Klägers ist hier, daß er Eigenthümer sei, sie wird ausgeschlossen durch die Wissenschaft, daß er nicht Eigenthümer sein könne. Die mala fides superveniens wird mithin der Anstellung dieser Klage hinderlich sein müssen.

rend es für den entgegengesetzten Fall nur die actio Publiciana sein kann [11]).

Von diesem obersten Gesichtspunkte aus lassen sich die einzelnen Anwendungen dieser Klage leicht übersehen. Es sind überall nur die Anwendungen der rei vindicatio vorhanden. Es kann daher nur der als Kläger mit der actio Publiciana auftreten, welcher die rei vindicatio anstellen darf, welcher Eigenthümer zu sein behauptet. Der bonae fidei possessor steht nemlich demjenigen Eigenthümer völlig gleich, welcher mit der rei vindicatio in Folge der justa causa traditionis wird durchdringen können. Es kann hier nur der als Beklagter gedacht werden, gegen den die rei vindicatio unter obiger Voraussetzung stattfindet. Der Beklagte muß sich demnach hier ebenso wie bei der rei vindicatio im Besitz der Sache befinden, während er auch hier entweder bonae, oder malae fidei possessor sein kann. Der Erfolg dieser Klage wird ebenso kein anderer sein können, als der, welcher bei der rei vindicatio unter obiger Voraussetzung vorkommt. Es muß das Eigenthum des Klägers anerkannt, demnach alles herausgegeben werden, was der Besitzer widerrechtlich im Besitz gehabt hat. Auch kommen für diese Klage dieselben Gegenforderungen in Betracht, welche für die rei vindicatio, es kann nemlich auch hier der Beklagte Verwen-

11) Aus diesem Grunde um so mehr wird es sich erklären, wenn im System der Digesten von der Publiciana actio dort gehandelt ist, wo von der rei vindicatio gesprochen wird, oder insofern das Recht selbst bei Gelegenheit der Klagen behandelt worden ist, dort von dem Recht der bonae fidei possessio gesprochen wurde, wo vom Eigenthum die Rede war. Schon nach der Anordnung des edictum perpetuum ist das Sachenrecht der erste Abschnitt des Privat-Rechts, und in den Digesten ist vom Eigenthum oder der rei vindicatio in Dig. VI, 1. gehandelt. Dann folgt unmittelbar Dig. VI, 2. das Recht der bonae fidei possessio oder die actio Publiciana. Hierauf das jus in agro vectigali Dig. VI, 3, und endlich ist noch ausführlich von den Servituten die Rede, zuerst von den persönlichen Dig. libr. VII. dann von den dinglichen Servituten Dig. lib. VIII.

dungen auf die Sache gemacht haben. Endlich rücksichtlich des Beweises ist hier alles ganz so, wie bei der rei vindicatio, für den Fall nemlich, daß der Eigenthümer in Folge der nachgewiesenen rechtmäßigen Erwerbart wird durchdringen können. Auf den Nachweis des rechtmäßigen Erwerbes kann es jedoch bei der actio Publiciana immer nur ankommen. Der Beweis wird in beiden Fällen durch ganz dieselben Mittel geführt, durch Zeugen, Urkunden, Eid [12]).

Alles dieses ist eine nothwendige Folge des Principes, welches der bonae fidei possessio zum Grunde liegt. Daß es sich wirklich so verhalte, muß nun im Einzelnen nachgewiesen werden. Alles, was sich in den Quellen vorfindet, bestätigt das angegebene Resultat vollständig, jedoch konnten die Compilatoren der justinianeischen Rechtsbücher es völlig überflüssig halten, wenn sie der Reihe nach für die actio Publiciana das hätten wiederholen wollen, was bereits ausführlich genug für die rei vindicatio dargelegt war. Ohne irgend Mißverständnisse in der Sache herbeizuführen, konnten sie sich mit der allgemeinen Bemerkung begnügen: „*omnia eadem erunt in Publi-„ciana actione, quae et in rei vindicatione diximus*" [13]).

---

12) Mit Vergnügen erkenne ich das an, was Kritz in seiner Darstellung practischer Materien des Römischen Rechtes I. Bd. in Betreff der actio Publiciana dargelegt hat. Von practischem Tact geleitet, ist er dem Sinn der vorhandenen Quellenzeugnisse um vieles näher gekommen, als so viele seiner Vorgänger. Er hat es versucht, die actio Publiciana der rei vindicatio gleich zu stellen, und ist dabei davon ausgegangen, daß der Eigenthümer das dominium auctoris nicht zu beweisen brauche. Allein im Einzelnen findet sich dennoch manches, was verworfen werden muß. Er entbehrt jedoch jedes obersten Principes, ohne welches wir im Einzelnen nicht feststehen können.

13) l. 7. §. 6. D. de Public. in rem act. Diese Worte sollen nach der vorhandenen Inscription sich schon bei Ulpian *libr.* XVI ad Edictum gefunden haben, und wir können der Sache nach daran kein gegründetes Bedenken finden, weil schon zu Ulpian's Zeit die actio Publiciana so ausgebildet dastand, wie sie noch für das

§. 18.

Nach dieser allgemeinen Erörterung über die Bedeutung dieser Klage kommen wir nun zu der wesentlichen Bedingung derselben.

Die wesentliche Voraussetzung dieser Klage ist, daß man bonae fidei possessor sei, oder was dasselbe sagt, daß man justo titulo die Sache überkommen habe, sich demnach für den Eigenthümer halten könne. — In dieser Hinsicht hatte der Prätor Publicius in seinem Edict nur den Fall erwähnt, daß man ex justa causa die Sache tradirt erhalten habe [1]). Die traditio überträgt Eigenthum, wenn ein Rechtsgeschäft, wodurch die Uebertragung selbst erst eine rechtliche Bedeutung erlangt, vorausgegangen ist. Als solche justa causa praecedens werden besonders Kauf [2]), Tausch [3]) und Schenkung [4]) erwähnt.

---

justinianeische Recht zur Anwendung kommt. Es konnte daher schon Ulpian in seinem Commentar ad edictum perpetuum es für überflüssig halten, das für die actio Publiciana im Einzelnen zu wiederholen, was bereits ausführlich über die rei vindicatio von ihm angegeben war. Henschel jedoch im Archiv für civil Praxis Bd. IX. S. 325. hält diese Worte für eine emblema Triboniani. Er sagt: „sollte dieser Satz nicht ein emblema Triboniani verra„then? Die Allgemeinheit, womit er hingestellt ist, und das fu„turum: *erunt* dürften sonst nicht leicht zu erklären sein. Am wenigsten steht damit l. un. C. de nud. jur. Quir. tollend. in Verbindung, wodurch der Unterschied zwischen dem ex jure Quiritium und dem in bonis aufgehoben wurde. Nachdem das in bonis zu dem alleinigen Eigenthum erhoben worden war, gilt für dieses die rei vindicatio, während dasselbe früher, wegen der stattfindenden Usucapion, nur durch die actio Publiciana geschützt wurde. Das in bonis galt also ebenfalls als bonae fidei possessio.

1) „Ait Praetor: si quis id, *quod traditur ex justa causa* a „non domino, et nondum usucaptum petet judicium dabo;" l. 1. pr. D. de Public. in rem act. Vergl. §. 4. J. de action.

2) Vom Kauf, als der hier vorkommenden justa causa, ist die Rede in l. 3. §. 1. D. de Public. in rem act. und §. 4. J. de action.

3) Vom Tausch spricht l. 7. §. 5. D. de Public. in rem act.

4) Die bonae fidei possessio in Folge der Schenkung wird in

Allein die ratio ging weiter, als worauf der Prätor in seinem Edict Bezug genommen hatte. Man konnte ebenso noch aus anderen Gründen sich für den Eigenthümer halten, mithin bei seinem Besitze bona fide sein, ohne daß die traditio erfolgt war, indem selbst jede rechtmäßige Eigenthumsübertragung ganz dasselbe bewirkte. Das Princip wurde durch Interpretation der Römischen Juristrn consequent erweitert, und demnach kommen für die bonae fidei possessio so verschiedene justae causae in Betracht, als es überhaupt derivative Eigenthumserwerbarten gibt [5]). Als solche werden ausgezeichnet die Bestellung der *dos* [6]), die *solutio* [7]), die *noxae dedi-*

---

l. 7. §. 3. D. de Public. in rem act. §. 4. J. de action erwähnt. Von der *donatio* unter Brautleuten, und der dadurch begründeten actio Publiciana handelt l. 12. pr. D. de Public. act.

5) Dieser Gesichtspunkt wird ausgezeichnet in l. 3. §. 21. D. de adquir. et amittend. possess.: „*Genera possessionum tot sunt,* „*quot et causae adquirendi ejus, quod nostrum non sit.* . . . „Et in summa unum genus est possidendi. *species infinitae.*" Darauf geht auch die Angabe: „*cum satis multae sint juris par-* „*tes, ex quibus dominium quis nancisceretur;*" l. 1. §. 2. D. de Public. act. Ebenso bestimmt erhellt dasselbe aus l. 13. pr. D. de Publ. act.: „*Quaecunque sunt justae causae acquirendarum* „*rerum*, si ex his causis nacti res amiserimus, dabitur nobis, „earum rerum persequendarum gratia haec actio."

6) §. 4. J. de action. l. 3. §. 21. D. de adquir. et amitt. poss. l. 3. §. 1. D. de Public. act. l. 12. pr. D. eod. Bekanntlich geschieht die datio dotis, welche nur im Gegensatz der promissio und pollicitatio dotis gemeint sein kann, nicht bloß durch traditio, sondern auch durch acceptilatio, delegatio, novatio u. s. w. Aber selbst nicht alle Fälle, welche als dotis datio im Römischen Rechte vorhanden sind, gehören hierher, so z. B. gehört nicht hierher die datio nominis, weil es rücksichtlich der bonae fidei possessio als fingirten Eigenthums nur darauf ankommt, daß wirkliches Eigenthum hätte erworben werden können. Die Bestellung oder Constitution der dos ist in allen Fällen, wo eine Sache, ein Eigenthum auf den Mann übertragen werden soll, einer wirklichen Uebertragung des Eigenthums gleich behandelt worden. Eben nur insofern ist eine bonae fidei possessio der dem Manne zur dos übergebenen fremden Sache gedenkbar. Dabei darf aber nicht übersehen werden,

tio [8]), die *adjudicatio* [9]), sowie der bonae fidei possessor ebenso, als der wirkliche Eigenthümer, sich auch in einer communio befinden kann [10]). Ebenfalls gehören dahin die *litis aestimatio* [11]), die missio in possessionem *damni infecti nomine*, sofern diese *ex secundo decreto* geschah [12]). Der Erwerb auf dem

daß der Mann nicht wirklicher Eigenthümer der dos sei, sondern nur in Folge einer Fiction als Eigenthümer in Betracht komme, nemlich in allen den Handlungen, welche er als procuratorischer Administrator für die Frau vorzunehmen verpflichtet ist. Siehe mein Römisches Dotal-Recht Bd. I. Abschn. 2. §. 31. Dadurch aber unterscheidet sich diese Uebertragung von allen sonstigen Eigenthumsübertragungen.

7) „*Vel solvendi causa*;“ l. 4. D. de Public. act. Die bonae fidei possessio ist hier nicht bloß dann gedenkbar, wenn man eine bestimmte schuldige Sache durch solutio empfängt, sondern ebenfalls in Folge einer datio in solutum. In Betreff der Usucapion findet sich dieser Gegensatz in l. 46. D. de usurp. et usucap.: „Pro soluto usucapit, qui rem debiti causa recipit: *et non tantum* „*quod debetur, sed et quodlibet pro debito solutum*, hoc titulo usucapi debet.“

8) l. 3. §. 21. D. de adquir. et amitt. poss. l. 5. u. 6. D. de Public. act. Die noxae deditio bezieht sich sowohl auf Sclaven, als auf Thiere. Von ersteren spricht l. 6. D. de Public. act. ausdrücklich.

9) „Sed et *si res adjudicata sit*, Publiciana competit;“ l. 7. pr. D. de Public. action. S. auch l. 3. §. 1. D. eod.

10) Wie der wirkliche Eigenthümer, während er sich noch in der communio befindet, seinen ideellen Antheil mit der rei vindicatio bei einem dritten Innehaber verfolgen kann, eben so stellt der bonae fidei possessor vermöge seines fingirten Eigenthums als Miteigenthümer für seinen ideellen Antheil die actio Publiciana an. Darauf bezieht sich l. 12. §. 6. D. de Public. act.: „*Si pro* „*parte quis rem petere vult, Publiciana actione uti potest.*“

11) Die litis aestimatio wird zugleich mit einem Kaufgeschäft verglichen: „Si lis fuerit aestimata, similis est venditioni: et ait Julianus libro vicesimo secundo Digestorum, si obtulit reus aestimationem litis, Publicianam competere; l. 7. §. 1. D. de Public. action.

12) l. 15. §. 16. D. de damn. infect. l. 18. §. 15. D. eod. l. 3. §. 23. D. de adquir. et amittend. poss. Die missio ex primo

Wege der Accession [13]) so wie jede sonstige Eigenthumsübertragung [14]) begründen dieselbe bonae fidei possessio. Es gehören ebenso hierher die Erwerbarten, welche von Todes wegen gedacht werden können, der Erwerb der Erbschaft, sei es als *heres* [15]), oder *bonorum possessor* [16]), der Erwerb des Legats

decreto überträgt nie Eigenthum, oder bonae fidei possessio. Eben sowenig die missio rei servandae causa oder ventris nomine, wodurch auf gleiche Weise nur die custodia eingeräumt wird. Deswegen muß es höchst seltsam erscheinen, wenn dennoch der Jurist Quintus Mucius hier Besitz behauptet hat, was aber Paulus als etwas höchst Ungereimtes beseitigt; l. 3. §. 23. D. de adquir. vel amittend. poss.

13) Von der *partus ancillae*, als Gegenstand der actio Publiciana, handelt l. 12. §. 3. D. de Public. act. Ebenfalls ist davon die Rede in l. 11. §. 2—5. D. eod. In Rücksicht der partus kommt es nur darauf an, daß sie bona fide besessen wird, was nemlich auch gedenkbar ist bei einer ancilla furtiva. Nur soll man in dem Augenblick der anzustellenden Klage nicht wissen, daß die Mutter eine ancilla furtiva sei. Dasselbe gilt von der partus partus, auch wenn das Kind des Sclavenkindes nicht wirklich geboren, sondern nach dem Tode der Mutter ausgeschnitten wird, findet die actio Publiciana statt. Die partus ancillae wird in den hierher gehörigen Rechtsquellen besonders erwähnt. Was von dieser gesagt ist, muß ebenfalls von den sonstigen Gegenständen der Accession gelten. Von Accessionen bei Häusern spricht l. 11. §. 6. D. de Public. act.: „Idem ait, aedibus emtis, si fuerint dirutae, ea, quae „aedificio accesserunt, hujusmodi actione petenda." Von der Alluvion bei Grundstücken und davon, daß das durch Alluvion dem Grundstücke Hinzugekommene als Accession in Betracht komme, demnach ein Gegenstand der actio Publiciana sei, wenn es die Hauptsache selbst ist, handelt überdies l. 17. §. 7. D. de Public. act. Dieselbe Klage muß auch für die von der Hauptsache gewonnene Frucht in Betracht kommen, hier entscheidet dieselbe Eigenthumserwerbart, nemlich die Accession.

14) Wer aus einem sonstigen Grunde Eigenthümer zu sein glaubt, der besitzt und usucapirt unter dem titulus *pro suo*; l. 3. §. 21. D. de adquir. et amittend. poss. Dig. XLI, 10.: *pro suo*.

15) „Haec actio *et heredi* . . . competit;" l. 7. §. 9. D. de Public. act. Der bonae fidei possessor besitzt *pro herede*, indem

oder Fideicommisses [17]), und der *mortis causa donatio* [18]). In allen diesen Fällen kann, wie der Erwerb des Eigenthums, so der Erwerb der bonae fidei possessio auch auf eine mittelbare Weise geschehen [19]).

Ueberall kommt es hier wesentlich darauf an, daß man sich mit Grund für den Eigenthümer halte, weshalb eben bei der Uebertragung das Rechtsgeschäft selbst vorkommen muß [20]). Im Uebrigen wird gar nicht auf die Zeit gesehen, welche hindurch

---

er behauptet heres zu sein; l. 3. §. 21. D. de adquir. et amittend. poss.

16) „Haec actio . . . et *in honorariis successoribus* competit;" l. 7. §. 9. D. de Public. act. Der bonae fidei possessor behauptet bonorum possessor zu sein, als welcher er auftritt. Er besitzt *pro possessore*. — Auch derjenige, welcher nach dem SCtum Trebellianum die Erbschaft erlangt, der *heres fideicommissarius* erwirbt durch die Restitution der Erbschaft Eigenthum, oder eine bonae fidei possessio. Beides wird erworben durch die bloße Erklärung des Erben, daß die Erbschaft restituirt sein solle, mithin ohne Uebertragung des Besitzes der einzelnen in der Erbschaft enthaltenen Gegenstände. Demnach wird die actio Publiciana hier angestellt werden, ohne daß die bestimmte Sache factisch übergeben ist. Darauf geht l. 12. §. 1. D. de Public. act.: „*Is, cui ex* „*Trebelliano hereditas restituta est, etiamsi non fuerit nanctus* „*possessionem uti potest Publiciana.*" Es macht keinen Unterschied, ob in Folge der Disposition die Erbschaft ganz, oder nur zum Theil restituirt werden soll.

17) S. in l. 1. §. 2. D. de Public. act. die Worte: „*utputa legatum.*" Der Legatar besitzt als bonae fidei possessor *pro legato*; l. 3. §. 21. D. de adquir. et amitt. possess., vergl. §. 4. J. de action. Dasselbe gilt vom Fideicommiß.

18) „Vel mortis causa donationes factae: nam amissa possessione *competit Publiciana*, quia ad exemplum legatorum capiuntur; l. 2. D. de Publ. act.

19) Nemlich durch Repräsentanten. Von den Stellvertretern beim Erwerbe des Besitzes wird erst unten bei dem Erwerb des Besitzes überhaupt gesprochen werden.

20) Ein bloßer Glaube ohne Grund genügt somit hier nicht. Dies scheint es zu sein, was Ulpian in l. 27. D. de usurpat. et usucap gegen die Meinung der anders Denkenden behauptet.

man sich im Besitz der Sache befunden hat. Deshalb ist derjenige nicht weniger zur Anstellung dieser Klage berechtigt, der auch nur einen Augenblick im Besitz der Sache war [21]), wie man die rei vindicatio anstellen kann ohne Rücksicht auf die Zeit, welche man Eigenthümer gewesen ist.

Dieselbe bona fides, der Glaube, daß man Eigenthümer geworden sei, ist jedoch nicht bloß in Folge eines titulus justus, sondern ebenso in Folge eines *titulus putativus* vorhanden [22]). Ein titulus putativus ist begründet, wenn die rechtmäßige Uebertragung nicht wirklich vorgekommen ist, während man sich rücksichtlich derselben dennoch bona fide befindet. Dahin gehört der Fall, wenn man nicht weiß, daß der Uebertragende minor sei, mithin nicht rechtlich übertragen könne [23]). Ferner: wenn man die Sache von einem Wahnsinnigen erlangt, den man aus Gründen für vernünftig hält [24]).

---

21) „Sed etiam is, *qui momento possedit*, recte hac actione experietur;“ l. 12. §. 7. D. de Public. act.

22) Im Allgemeinen wird darauf Bezug genommen mit den Worten: sive vera causa sit, *sive falsa;* in l. 5. D. de Public. act.

23) l. 7. §. 4. D. de Public. act.: „*Si a minore quis emerit*, „*ignorans eum minorem esse*, *habet Publicianam.*“ Noch genauer in Rücksicht der ignorantia wird die Sache bestimmt in l. 13. §. 2. D. hoc tit. Der Käufer muß beweisen, daß er tutore auctore auf eine gehörige Weise die Sache von dem Pupillen gekauft habe. Er stützt seine bona fides auf einen titulus putativus, wenn der tutor, welcher seine Auctorität interponirt hat, ihn als falsus tutor hinterging. „Qui a pupillo emit, probare debet, tutore „auctore, lege non prohibente, se emisse. *Sed et si deceptus* „*falso tutore auctore emerit*, *bona fide emisse videtur.*“

24) Ganz bestimmt findet sich die Sache in l. 7. §. 2. D. de Publ. act. ausgesprochen: „Marcellus libro septimo decimo Digestorum „scribit: *Eum, qui a furioso, ignorans eum furere, emit, posse* „*usucapere: ergo et Publicianam habebit.*“ Auch in dieser Stelle bemerkt Ulpian, daß die actio Publiciana Anwendung finde, weil die Usucapion statt hat, obgleich die Regeln der Usucapion von den Regeln, welche für das Recht des Besitzes entscheiden, völlig unabhängig sind. Dennoch können wir die Anwendung der actio Publiciana für den hier bezeichneten Fall keineswegs bedenk-

Jene bona fides, worauf es hier ankommt, muß zu Anfang des Besitzes vorhanden sein. Beim Kauf, wo das Eigenthum erst durch Tradition, nicht also schon im Augenblick des abgeschlossenen Contractes übergeht, kann die bonae fidei possessio immer erst nach der Tradition existiren. Sie wird daher in beiden Momenten erfordert [25]), es kommt dabei ebenso auf die Bezahlung des *pretium* an, sofern nicht Credit gegeben ist. Ohne die Concurrenz aller jener Umstände kann nicht Eigenthum erworben, demnach auch nicht der gute Glaube, daß man Eigenthümer geworden sei, gedacht werden [26]).

Anderseits muß jene hier erforderliche bona fides in dem Augenblick vorhanden sein, wo die *actio Publiciana* angestellt werden soll. Eben nur unter dieser Voraussetzung ist

---

lich halten. Aber das Gegentheil, die Nichtanwendung der actio Publiciana, behauptet Paulus, während er die Usucapion für zulässig erklärt. „*Si a furioso, quem putem sanae mentis, eme-„ro: constitit usucapere me utilitatis causa posse*, quamvis nul-„la esset emtio, et ideo neque de evictione actio nascitur mihi, „*nec Publiciana competit*, nec accessio possessionis;" l. 2. §. 16. D. pro emtor.

25) l. 7. §. 14. D. de Public. act.: „Ut igitur Publiciana actio „competat, haec debent concurrere: *ut et bona fide quis eme-„rit, et ei res emta eo nomine sit tradita.* — l. 7. §. 17. D. eod.: „Julianus libro septimo Digestorum scripsit, *traditionem „rei emtae oportere bona fide fieri: ideoque si sciens alienam „possessionem apprehendit, Publiciana eum experiri non „posse*, quia usucapere non poterit." Vergl. auch l. 44. §. 2. D. de usurpat. et usucap.

26) Dies, was für die rei vindicatio gewiß ist (l. 2. §. 1. D. de contrah. emt. — §. 41. J. de rer. divis.), muß nothwendig ebenso für die actio Publiciana angenommen werden. Singulair muß es daher genannt werden, wenn Gajus die Conjectur aufstellt, auf die Zahlung des pretium scheine es nicht anzukommen, weil der Prätor in seinem Edict davon nichts bemerkt habe. Siehe darüber l. 8. D. de Publ. act. Davon ist schon oben die Rede gewesen. Ausdrücklich dagegen ist für die actio Publiciana die solutio pretii erwähnt in l. 4. §. 32. D. de doli mal. et met. except. Vergl. l. 72. D. de rei vind.

das Fundament der Klage, die Behauptung, daß man Eigenthümer der Sache sei, rechtlich begründet. Ohne dieß kann man nicht mehr behaupten, Eigenthümer der Sache geworden zu sein, nicht die Eigenthumsklage, als welche die actio Publiciana in Betracht kommt, anstellen wollen. Jede *mala fides superveniens* also, wie sie das Recht der bonae fidei possessio aufhebt, ebenso hindert sie die Anstellung der durch diese begründeten Klage [27]). Dieses bezieht sich nicht bloß auf die Hauptsache, sondern ebenso auf die Nebensache [28]).

---

27) Dieser Satz ist in l. 7. §. 17. D. de Public. act., einer Stelle des Ulpian ganz bestimmt und deutlich enthalten: „*Nec quisquam* „*putet, hoc nos existimare, sufficere initio traditionis, igno*„*rasse rem alienam, uti quis possit Publiciana experiri: sed* „*oportere et tunc bona fide emtorem esse.*" Dasselbe entscheidet in Betreff des Fruchtgenusses des bonae fidei possessor. Derselbe erwirbt nicht mehr die Frucht, sobald er anfängt mala fide zu sein. Siehe oben §. 12. Es kommt hierbei nur auf die bona fides des Empfängers an, l. 7. §. 15. D. hoc tit. Der dolus des Uebertragenden schadet dem Empfänger nicht, l. 7. §. 11. D. eod. Bei einem Erwerb durch einen Repräsentanten kommt es auf die bona fides desselben, nicht auf die bona fides dessen an, für welchen erworben wird. „Sed enim si servus meus emit, dolus ejus erit „spectandus, non meus: vel contra"; l. 7. §. 13. D. de Public. act. Was hier von dem Sclaven gesagt wird, gilt unstreitig ebenso von den sonstigen Stellvertretern beim Erwerbe des Besitzes.

Das Gegentheil, nemlich daß es bei Anstellung der actio Publiciana nicht auf die bona fides im Augenblick der Klage ankomme, hat man aus einer anderen Stelle entlehnen wollen. Sie ist ebenfalls von Ulpian, und hat in demselben Werke jenes Verfassers, selbst an einem nicht entfernten Orte, Platz gefunden. Ulpian erwähnt dabei die Meinung des Pomponius, der in der Sache eine entgegengesetzte Ansicht vertheidigt zu haben scheint, denn es läßt sich kaum denken, daß derselbe Verfasser die grade entgegengesetzte Meinung ebenfalls für richtig anerkannt haben sollte. l. 7. §. 14. D. de Publ. act.: „Publiciana tempus emtionis continet, et ideo neque quod ante emtionem, neque quod postea „dolo malo factum, in hac actione deduci Pomponio videtur."

28) In Betreff der partus ancillae findet sich Obiges in l. 11. §. 3. D. de Public. act. Es wird ausdrücklich erwähnt, daß die partus

Eine Ausnahme von dieser Regel findet sich in Rücksicht des Erben. Der Erbe als eine Person mit dem Erblasser soll wegen seines Besitzes keinen anderen Glauben haben können, als welchen der Erblasser hatte. War also der Erblasser bona fide, so besitzt der Erbe bona fide, selbst wenn er weiß, daß die Sache eine fremde sei. Im umgekehrten Falle, wenn der Erblasser mala fide war, besitzt der Erbe mala fide, wenn er auch selbst glaubt, daß er Eigenthümer der Sache sei. Es wird in einer hierher gehörigen Stelle ausdrücklich angegeben, daß in Rücksicht der hier anzustellenden actio Publiciana es nur auf die bona fides des Erblassers ankomme [29]). Allein in Rücksicht dieses Punktes konnten auch die Meinungen der Römischen Juristen sehr wohl getheilt gewesen sein, da die Sache nur in einer einzigen Stelle des justinianeischen Rechtes erwähnt wird. Dies ist um so mehr anzunehmen, als über die Regel selbst nicht Alle einverstanden gewesen zu sein scheinen [30]). Mußte doch nach der richtigeren Ansicht, in Folge des hier zum Grunde liegenden Principes, die actio Publiciana dem Erblasser entzogen werden,

---

ancillae furtivae, wenn sie nemlich bei einem bonae fidei possessor concipirt und geboren wird, mit der actio Publiciana in Anspruch genommen werde, aber nur, wenn man noch zur Zeit der anzustellenden Klage nicht weiß, daß die ancilla eine furtiva sei. Durch das Wissen, daß die Mutter eine ancilla furtiva sei, entsteht nothwendig auch die mala fides in Betreff der Accession. Es kann nemlich die partus, welche durch die Sclavin erzeugt ist, nicht dem Innehaber gehören, wenn die Sclavin selbst nicht ein Gegenstand seiner Berechtigung sein kann. „Interdum tamen, licet furtiva mater „distracta non sit, sed donata ignoranti mihi, et apud me con„ceperit et pepererit, *competit mihi in partu Publiciana, ut Julia„nus ait: si modo eo tempore, quo experias, furtivam matrem „ignorem.*" Es ist auch diese Stelle von **Ulpian** und aus demselben Buche ad Edictum entlehnt. Vergl. l. 7. §. 4. in fin. D. hoc tit.

29) Es heißt: „In hac actione non oberit mihi, si successor sum, „et dolo feci, cum is, in cujus locum successi, bona fide emis„set: nec proderit, si dolo careo, et emtor, cui successi, dolo „fecisset;" l. 8. §. 12. D. de Public. in rem act.

30) Nemlich nach l. 7. §. 14. D. de Public. act.

wenn er hinterher einsah, daß ihm die Sache nicht gehören könne, warum sollte eine hinterherige mala fides des Erben gänzlich ausgeschlossen sein? Es mußte, was grade bei Anstellung der actio Publiciana das Wichtigste ist, die Behauptung auf Seiten des Erben wegfallen, daß er wirklicher Eigenthümer sei, es mithin an dem Fundament jener Klage fehlen [31]. Anstellen konnte man hier die actio Publiciana wohl, aber nicht mit dem sonstigen Erfolge, wenn die dabei concurrirende mala fides ent-

31) Die Einheit der Person, welche zwischen dem Erblasser und Erben vorkommt, macht jedoch einige Schwierigkeit für die Anwendung unseres Principes. Genau genommen mußte der Erbe, wenn er sich bona fide befindet, als bonae fidei possessor rechtlich behandelt werden; allein sofern er eine Person mit dem Erblasser ausmacht, ist dies nicht gedenkbar, weil man nicht in eigner Person die mala fides in eine bona fides umwandeln kann, mit anderen Worten: das anfängliche Wissen, daß die Sache eine fremde sei, kann nicht in der späteren Zeit aufhören. Eben deshalb ist hier die Usucapion ausgeschlossen, eben so das Recht der bonae fidei possessio, deshalb wird auch kein Fruchterwerb auf Seiten des Erben stattfinden können, auch die Anstellung der actio Publiciana unzulässig sein.

Rücksichtlich der mala fides des Erben dagegen scheint man bei einer richtigen Interpretation das Gegentheil annehmen zu müssen, annehmen zu müssen, daß die bonae fidei possessio des Erblassers in eine malae fidei possessio umgeändert werden könne. Wie nemlich überhaupt eine mala fides superveniens bei demselben Innehaber der Sache rechtlich gedacht werden kann, eben so muß sie für den Erben gedenkbar sein, auch wenn er mit dem Erblasser als eine Person gedacht werden soll. Wie die mala fides superveniens nur dem Recht der bonae fidei possessio, nicht der Usucapion störend entgegentritt, so muß hier behauptet werden, daß die Usucapion fortgesetzt werde, wenn der Erbe seinerseits mala fide sein sollte. Das Recht der bonae fidei possessio wird durch hinterherige mala fides aufgehoben, also muß der Erbe, wenn er anfängt mala fide zu besitzen, nicht diejenigen Rechte ausüben können, wozu der bonae fidei possessor als Eigenthümer berechtigt ist. Bloße Anwendungen davon sind, daß er nicht mehr die Früchte gewinnt, bei entzogener Sache nicht die actio Publiciana anstellen kann.

deckt wurde, weil nemlich der Prätor niemals jenen Schutz ebenso auf den malae fidei possessor erstreckt hat.

Eine nicht unwichtige Frage ist die, ob jener Schutz der actio Publiciana auch bei denjenigen Gegenständen stattfinde, welche durch ein positives Verbot der Usucapion entzogen sind. Auch diese können von dritten Innehabern bona fide besessen werden. Die Frucht dieser Gegenstände gehört dem bonae fidei possessor, wie bereits früher nachgewiesen ist [32]. Der Innehaber ist in dem Glauben, daß er Eigenthümer der Sache sei, muß demnach consequent die actio Publiciana anstellen können. Dennoch finden sich über diesen Punkt zwei Angaben von verschiedenen Verfassern, welche das grade Gegentheil enthalten [33]. In der einen Stelle wird als Grund angegeben, der Prätor gewähre hier nicht den sonstigen Schutz, damit nicht etwas gegen bestimmte Gesetze geschehe (ne contra leges faciat) [34]. Dieser Grund ist höchst abwegig, wenn er auch sonst ganz allgemeine Bedeutung hat, und ich glaube daher behaupten zu müssen, daß eine unrichtige Ansicht von Römischen Juristen vertheidigt worden ist. Wie nemlich diese Annahme mit sonstigen Anwendungen der bonae fidei possessio völlig im

32) Siehe oben §. 12.

33) Die eine der hier Bezug habenden Stellen ist von Ulpian, die andere von Paulus. Ulpian zunächst spricht sich so aus: „Haec actio in his, quae usucapi non possunt, puta furtivis et „in servo fugitivo, locum non habet;" l. 9. §. 5. D. de Public. act. Paulus mit folgenden Worten: „Si res talis sit, ut „eam lex aut constitutio alienari prohibeat, eo casu Publiciana „non competit;" l. 12. §. 4 D. de Public. act. — Sind die Innehaber mit der Beschaffenheit der besessenen Sache bekannt, so leidet die Sache kein Bedenken. Allein dieser Fall wird hier nicht vorausgesetzt, indem nur davon die Rede ist, daß jene Objecte sich in der Hand eines bonae fidei possessor befinden, nemlich eines solchen, der mit jenem Zustand der Sache nicht bekannt ist.

34) In l. 12. §. 4. D. de Public. act. finden sich nemlich die Worte: „*quia in his casibus neminem Praetor tuetur, ne con-„tra leges faciat.*"

Widerspruch steht, so ist sie zugleich durchaus unstatthaft, weil die bonae fidei possessio, so lange sie als solche besteht, practisch von einem wirklichen Rechte nicht unterschieden werden kann. Es darf somit der angegebene Grund, so richtig er auch sonst ist, hier am wenigsten entscheiden, und wenn zwar der Prätor bei Einführung der actio Publiciana auf die Usucapion Bezug genommen hat, so sind doch die Regeln des Rechtes der bonae fidei possessio, wie dieses durchweg sichtbar ist, von den Regeln der Usucapion völlig unabhängig. Am wenigsten kann eine einmalige irrige Entscheidung der Römischen Juristen irre leiten, da dieselben ebenso an anderen Orten, wo es sich um die richtige Anwendung des obersten Principes handelt, mit einander in graden Widerspruch gerathen.

Wie in Rücksicht der Hauptsache, so scheint Ulpian auch für die Nebensache das Richtige verfehlt zu haben, indem die Grundsätze der Usucapion offenbar mit den Grundsätzen jenes Rechtes der bonae fidei possessio verwechselt worden sind. Die partus ancillae furtivae, wenn sie bei dem bonae fidei emtor concipirt ist, soll mit der actio Publiciana verfolgt werden, auch wenn sie von dem bonae fidei possessor selbst nicht besessen, also erst bei einem dritten Innehaber geboren wurde [35]). Nicht so soll der Erbe

35) Also, müssen wir annehmen, nicht auch schon dann, wenn sie ohnehin nur bei dem bonae fidei possessor geboren wird. „Partus ancillae furtivae, qui apud bonae fidei emtorem conceptus „est, per hanc actionem petendus est, etiamsi ab eo, qui emit, „possessus non est;" l. 11. §. 2. D. de Public. act. Daß hier bei Anstellung der actio Publiciana im Einzelnen nur gefragt wurde, ob die Usucapion zulässig sei, darüber siehe l. 11. §. 4. D. de Public. act.: „Idem Julianus generaliter dicit, ex qua causa matrem usucapere possem, si furtiva non esset, ex ea causa partum me usucapere, si furtivam esse matrem ignorem. *Ex „omnibus igitur casibus Publicianam habebo.*" Die Conception der partus bei dem bonae fidei possessor wird außer der Geburt auch in l. 7. §. 3. D. de Public. act. als Bedingung ausgezeichnet, um die actio Publiciana zur Verfolgung der partus anstellen zu können.

des Diebes, ungeachtet er sich bona fide befindet, diese Klage wegen der partus anstellen können [36]).

Machten doch die Römischen Juristen den Grundsatz geltend, daß der bonae fidei possessor der gestohlenen Sache die Früchte erwerbe (fructus suos facere) [37]). Es mußte dieses geschehen, weil der Innehaber sich für den Eigenthümer hält, und als Eigenthümer rechtlich behandelt wird, obgleich auch hierüber seltsam genug Streit war. Der Fruchterwerb setzt eine bonae fidei possessio voraus, indem das Recht der bonae fidei possessio durch den guten Glauben, daß man Eigenthümer sei, bedingt ist; und eben zum Schutz dieses Rechtes gilt als Eigenthumsklage die actio Publiciana [38]). Das Recht der bonae fidei possessio und

36) „Sed heres furis hanc actionem non habet: quia vitiorum „defuncti successor est;" l. 7. §. 2. in fin. D. de Public. act. Dieses war nothwendig in Folge der Einheit der Person, welche zwischen Erben und Erblasser vorhanden ist. Allein wie soll der Erbe des Diebes, der als solcher sich bona fide befindet, in Erfahrung bringen, daß sein Erblasser die Sache gestohlen habe? Sicher wird demnach der Erbe des Diebes die actio Publiciana anstellen, weil er sich für den Eigenthümer hält, und von dem Diebstahl des Erblassers keine Wissenschaft haben kann. Freilich wird der Usucapion aus diesem Grunde ein Hinderniß entgegenstehen, wie in Rücksicht der ancilla, so in Rücksicht der partus.

37) Vergl., was darüber oben im §. 12. angegeben ist. Der bonae fidei possessor erwirbt alle und jede Frucht, welche bei ihm von der gestohlenen Sache gewonnen wird, auch wenn die Frucht schon bei dem Diebe vorhanden war.

38) Von der Behauptung bei dieser Klage, daß man Eigenthümer sei, worauf der Eid gerichtet werden muß, so oft durch Eid der fragliche Beweis zu führen ist, spricht l. 7. §. 7. D. de Public. act.: „Si petenti mihi rem jusjurandum detuleris, egoque „juravero, *rem meam esse*, *competit Publiciana mihi.*" Es ist hier nemlich von dem Eide die Rede, welchen der Beklagte dem Kläger zurückschiebt. Der Kläger muß, um mit der actio Publiciana durchzubringen, schwören, daß er Eigenthümer sei. Die Bezeichnung *rem meam esse* kann auch hier in keinem anderen Sinn, als in dem gewöhnlichen verstanden werden.

die Regeln der Usucapion sind dabei im Einzelnen von einander völlig unabhängig.

§. 19.

Wer Kläger und wer Beklagter bei der actio Publiciana sei, läßt sich jetzt sehr leicht beantworten.

Kläger ist derjenige, welcher sich für den Eigenthümer halten muß, weil er die Sache in Folge einer rechtmäßigen Erwerbart erlangt hat, der aber dennoch nicht Eigenthümer geworden sein kann, weil der Vorgänger nicht Eigenthümer war. Die Wissenschaft nemlich, daß der Vorgänger nicht Eigenthümer ist, kann man nur ausnahmsweise erlangt haben, sie enthält die Kenntniß eines factum alienum, welche von Niemandem rechtlich verlangt werden kann. Eben deshalb klagt der bonae fidei possessor als Eigenthümer. Daß er nur bonae fidei possessor sei, bleibt für ihn unermittelt, es darf nicht ermittelt werden, wenn überhaupt die actio Publiciana ein rechtliches Resultat erlangen soll. Als Kläger kommt aber nicht bloß der in Betracht, welcher die entzogene Sache ganz zurückfordert [1]), sondern ebenso derjenige, welcher nur einen aliquoten Theil derselben in Anspruch nimmt [2]), wie dieses bei der rei vindicatio nicht anders der Fall ist. Völlig fremd ist jedoch dem Römischen Rechte die Behauptung, daß auch der

1) Dies wird jedoch als der gewöhnliche Fall angesehen werden müssen.

2) „*Si pro parte quis rem petere vult, Publiciana actione uti* „*potest;*" l. 12. §. 6. D. de Public. act. Es ist dabei an den eben nicht seltenen Fall zu denken, wo der bonae fidei possessor mit mehreren zugleich berechtigt ist. Wie es nemlich ein condominium gibt, ganz in demselben Sinne gibt es eine compossessio. Die mehreren bonae fidei possessores behaupten Miteigenthümer zu sein. Jeder ist hier ebenfalls auf das Ganze berechtigt, und dieses Recht des Einzelnen ist nur nach einem ideellen Antheil vorhanden. Deshalb müssen alle vereint klagen, um die Sache von dem dritten Besitzer zurück zu erhalten.

wirkliche Eigenthümer die actio Publiciana anstellen könne, wenn er nicht den Nachweis des dominium auctoris zu führen im Stande sei [3]).

Beklagter anderseits ist derjenige, welcher sich im Besitz der Sache befindet, wie bei der rei vindicatio. Der Kläger muß den Besitz wider seinen Willen verloren haben; wenn Justinian sagt, daß dies casu [4]) geschehen sein müsse, kann es keinen ande-

3) Die actio Publiciana ist ursprünglich nur für den gegeben, der Eigenthümer zu sein behauptet. Allein wie die rei vindicatio späterhin analog angewandt wurde, so ist nach derselben Analogie die actio Publiciana für den bonae fidei Besitz bei den sonstigen dinglichen Rechten zur Anwendung gebracht worden. Es ist aber in diesen Fällen die actio Publiciana nicht identisch mit der rei vindicatio, sondern mit den Schutzmitteln jener anderen dinglichen Rechte. Der *emphyteuta* hat demnach bei seiner bonae fidei possessio die actio Publiciana utilis; l. 12. §. 2. D. de Public. act. Von ihm wird zudem die rei vindicatio utilis angestellt, vermöge des Umfanges seiner Berechtigung, durch welche er fast durchweg in seinen Befugnissen dem wirklichen Eigenthümer gleichgestellt ist. Ebenso stellt der *superficiar* die actio Publiciana utilis an; l. 12. §. 1. D. de Public. act. Ferner der Servitutberechtigte, wenn er sich nur bona fide in seiner Berechtigung befindet, wo er als wirklicher Berechtigter behandelt wird; l. 11. §. 1. D. de Public. act. In diesem Fall bleibt es nemlich practisch ungewiß, ob er nicht die actio confessoria angestellt habe. — Für den Pfandberechtigten, der sich bona fide in seiner Berechtigung befindet, muß in der Sache dasselbe gelten. Auch er wird in jenem Zustande gleich dem wirklichen Berechtigten geschützt. Allein die hier stattfindende Klage heißt nicht actio Publiciana utilis, sondern actio Serviana; l. 18. D. de pignor. et hypoth. Es findet somit hier auch formell ganz dieselbe Klage Anwendung, welche zum Schutz der wirklichen Pfandberechtigung gegeben ist.

4) Es heißt nemlich in §. 4. J. de action., daß die actio Publiciana von dem bonae fidei possessor angestellt werde, *si ejus rei possessionem casu amiserit.*

ren Sinn haben, als jenen, weil in dieser Hinsicht ganz dasselbe gilt, was für die rei vindicatio [5]).

Der Beklagte also muß sich im Besitz der Sache befinden; allein es kommen für ihn noch folgende Erfordernisse in Betracht, er muß zugleich das Eigenthum des Klägers bestreiten, und kein stärkeres Recht für sich in Anspruch nehmen, als der Kläger durch seinen rechtmäßigen Erwerb der Sache nachzuweisen im Stande ist. Gleichgültig im Uebrigen ist es, ob der Beklagte die Sache ganz, oder nur zu einem aliquoten Theil besitze, so daß auch hier dasselbe gilt, was für die rei vindicatio [6]).

Der Beklagte kann ferner ebenso, wie bei der rei vindicatio, nicht bloß *malae*, sondern auch *bonae fidei possessor* sein [7]). Als malae fidei possessor bestreitet der Beklagte das Eigenthum, wenn er gar keinen rechtlichen Grund seines Besitzes anzugeben vermag. Als bonae fidei possessor dagegen kann der Beklagte nur dann das Recht des Klägers bestreiten, wenn er selbst in Folge eines rechtlichen Erwerbes Eigenthümer zu sein behauptet. Gegen ersteren wird der Kläger jedenfalls geschützt sein, gegen letzteren nur unter der Voraussetzung, daß der Beklagte ein schlechteres Recht habe [8]). Unter dieser Voraussetzung wird auf gleiche Weise der wirkliche

---

5) Die heimliche Entwendung der Sache von Seiten des Beklagten schließt die Anwendung der actio Publiciana nicht aus. Aber durch dieselbe sind außerdem die Klagen des Diebstahls, die actio furti und condictio furtiva, begründet, wenn diese heimliche Entwendung zugleich in der Absicht des Gewinnes vorgenommen wird. Dasselbe ist für die rei vindicatio nach den vorhandenen Quellenzeugnissen unzweifelhaft.

6) In Betreff der rei vindicatio vergl. l. 8. D. de rei vindicat. l. 76. pr. und §. 1. D. eod. Es ist im Uebrigen auch dieser Punkt ganz nach den sonstigen allgemeinen Grundsätzen zu beurtheilen.

7) Siehe l. 9. §. 4. D. de Public. act. l. 31. §. 2. D. de act. emt. vend. Vergl. l. 4. §. 32. D. de dol. mal. et met. except. l. 28. D. de noxal. act.

8) Das schlechtere Recht des bonae fidei possessor im Verhältniß

Eigenthümer mit der rei vindicatio durchdringen, wenn er nur zur Begründung seiner Behauptung die rechtmäßige Erwerbart nachweist.

Auch kann der Beklagte nicht bloß *verus*, sondern selbst *fictus* possessor sein, ganz so, wie es für die rei vindicatio in Betracht kommt. Fictus possessor ist hier ebenfalls, welcher *dolo malo desüt possidere*, und welcher *liti se obtulit*. Beide sollen als Besitzer, demnach als Beklagte in Betracht kommen, ungeachtet sie nicht wirklich besitzen; gegen beide wird daher derselbe Anspruch geltend gemacht, welcher gegen den wirklichen Besitzer begründet ist. Ersterer soll als wirklicher Besitzer rechtlich behandelt werden, weil Niemand durch seinen dolus Vortheile erlangen darf [9]), letzterer wegen seiner Verwegenheit, mit welcher er sich auf den Prozeß eingelassen hat.

---

zu einem anderen bonae fidei possessor wird in den Quellen auf folgende Weise bestimmt. Wenn zwei Individuen bona fide die Sache von einem non dominus erhalten haben, so hat derjenige den Vorzug, welchem zuerst die Sache tradirt worden ist. Dagegen wenn verschiedene Individuen von verschiedenen non dominis die Sache erworben haben, hat derjenige ein Vorrecht, welcher sich im Besitz befindet. Gegen letzteren wird daher die actio Publiciana nicht mit Erfolg angestellt werden können. „Si duobus „quis separatim vendiderit bona fide ementibus, videamus, quis „magis Publiciana uti possit: utrum is, cui priori res tradita „est, an is, qui tantum emit. Et Julianus libro septimo Di„gestorum scripsit: *ut si quidem ab eodem non domino eme„rint, potior sit, cui priori res tradita est: quod si a diversis „non dominis, melior causa sit possidentis, quam petentis:* „quae sententia vera est;" l. 9. §. 4. D. de Public. act. l. 31. §. 2. D. de act. emt. vend. Dem Eigenthümer muß aber der bonae fidei possessor jedenfalls weichen; l. 16. und l. 17. D. de Public. act. l. 57. D. mandat. l. 72. D. de rei vindic.; und nur in Folge der exceptio rei venditae et traditae ist ein Schutz gegen den klagenden Eigenthümer gewährt worden, l. 1. pr. u. §. 2. D. de exc. rei vend. et trad.

9) Der dolo malo aufgehört hat zu besitzen, kann demnach auch nicht zur Wiedererlangung des Besitzes die actio Publiciana anstellen. „Nec quasi Publicianam actionem ei dandam placuit;" l. 70. D. de rei vind.

Leugnet der Beklagte arglistig den Besitz, und wird er dessen überführt, so muß er die Sache zur Strafe an den Kläger herausgeben, ohne daß dessen Eigenthum nachgewiesen ist [10]).

Auch hier muß der Innehaber der Sache, wenn er nur im Namen eines Anderen besitzt, den eigentlichen Besitzer nennen, damit nicht der Kläger ohne Grund an seiner Rechtsverfolgung gehindert werde. Es gilt also auch für die actio Publiciana die für den Eigenthumsstreit bestimmte *laudatio* seu *nominatio auctoris*. Wird diese von dem Besitzer unterlassen, so haftet er als Beklagter, indem er sich verwegen in den Prozeß eingelassen hat (temere liti se obtulit).

Alles dieses wird zwar nur in Rücksicht der rei vindicatio ausdrücklich in den Quellen erwähnt. Allein die Identität der actio Publiciana mit der rei vindicatio, welche bereits oben ausgezeichnet ist, macht die Sache unzweifelhaft. Auch bezieht sich hierauf die allgemeine Bemerkung: *in Publiciana actione omnia eadem erunt, quae et in rei vindicatione diximus* [11]), deren richtige Anwendung für die einzelnen Fälle, welche hier nicht namentlich angegeben sind, nach dem Bisherigen nicht mehr zweifelhaft sein kann.

§. 20.

Der Zweck und das Resultat der actio Publiciana lassen sich nach der bisherigen Erörterung mit eben so großer Sicherheit bestimmen, ungeachtet in dieser Hinsicht ausdrückliche Quellenzeugnisse so ganz fehlen.

Auch hier kann im Einzelnen nur die Regel gelten: *in Publiciana actione omnia eadem erunt, quae et in rei vindicatione diximus*, also durchweg dasjenige, was von der rei vindicatio angegeben worden, weil die actio Publiciana keine davon

10) l. ult. D. de rei vind. Nov. 18. cap. 10.
11) l. 7. §. 3. D. de Public. act.

verschiedene Klage ist, welchemnach, wenn der Kläger mit dieser durchdringt, bei seiner Behauptung, er sei Eigenthümer, alle diejenigen Ansprüche realisirt werden, welche der wirkliche Eigenthümer geltend machen kann. Ein Anderes ist in Folge des obersten Principes völlig undenkbar, und in der Sache findet sich auch bei den neueren Juristen kein Widerspruch, wenn sie zwar das eigentliche Princip dieser Klage ganz unrichtig aufgefaßt haben.

Das Resultat, was zur Sache gehört, läßt sich kurz zusammenfassen. Wie die Klage zum Schutz der bonae fidei possessio als fingirten Eigenthums bestimmt ist, so soll der hier beabsichtigte Schutz durch dieselbe vollständig erreicht werden. Es muß demnach zunächst das von dem bonae fidei possessor behauptete Eigenthum von dem Beklagten anerkannt werden, wie es bei der rei vindicatio ebenso der Fall ist [1]). Hierauf geht das Verlangen des Klägers, und diese Anerkennung hat die Zurückgabe der Sache, welche der Beklagte somit widerrechtlich besitzt, zur nothwendigen Folge. Die Sache muß dem Kläger herausgegeben werden, wie sie sich in den Händen des Besitzers befindet, mit allem, was bei derselben als Gegenstand der Eigenthumsberechtigung vorhanden ist.

Die Hauptsache kann, wie bei der rei vindicatio, nicht bloß eine bestimmte einzelne Sache sein, sondern ebenso ein aliquoter Theil einer Sache [2]): ferner eine *universitas*, sofern

---

1) Wenn man hier behauptet hat, der Zweck der Eigenthumklage sei der, daß das Eigenthum dem Kläger zuerkannt werde, so ist doch dieses Zuerkennen des Eigenthums von Seiten des Richters nur die Folge des für den Kläger vorhandenen Rechtes. In Folge des Richterspruches aber wird der Beklagte zur Anerkennung des Eigenthums und seines Unrechtes genöthigt. Der Schutz des vorhanden Rechtes soll durch die Auctorität des Richters und somit der höchsten Gewalt im Staate realisirt werden.

2) l. 12. §. 6. D. de Public. act.

diese nur *rerum* oder *facti* ist, wenn nemlich der Begriff der Sache durch mehrere gleichartige Gegenstände bestimmt wird [3]). Die actio Publiciana, wie die rei vindicatio, bleibt demnach ausgeschlossen, wenn eine universitas juris in Anspruch genommen werden soll, wenn gleich auch hier das Recht der bonae fidei possessio vorkommt. Bei einer universitas juris, z. B. einem Peculium, können nur die einzelnen in derselben enthaltenen Sachen ein Gegenstand der rei vindicatio und der actio Publiciana sein [4]).

Durch die Hauptsache kommt die Nebensache als Gegenstand der actio Publiciana in Betracht. Sie wird in den Quellen mit dem Namen: *omnis causa* bezeichnet. Es muß daher die Sache cum omni causa restituirt werden. Zur omnis causa gehört alles, was auf dem Wege der Accession der Hauptsache hinzugekommen ist, die *accessio* im eigentlichen Sinn, aber ebenso die Frucht, welche der Innehaber gewonnen hat [5]). In Rücksicht der letzteren muß es jedoch ebenfalls für die actio Publiciana einen Unterschied machen, ob der Beklagte ein bonae oder malae fidei possessor sei. Ersterer nemlich braucht nur die noch vorhandenen Früchte (fructus extantes) herauszugeben, sofern sie nicht schon usucapirt sind. Nur diese sind ein Gegenstand der Eigenthumsberechtigung überhaupt, also auch der des bonae fidei possessor. Die consumirten und die

---

3) Daß z. B. eine Heerde ein Gegenstand der Eigenthumsklage sein könne, wird für die rei vindicatio in verschiedenen Quellenzeugnissen bemerkt. S. l. 1. §. 3. D. de rei vindic. l. 3. pr. l. 2. D. eod. Für eine universitas facti ist der Begriff der Sache nur für das Ganze vorhanden, daher der Wechsel der einzelnen Objecte ganz gleichgültig. Allein auch wenn neu hinzugekommene Gegenstände bona fide besessen werden, wird die rei vindicatio in Betreff der Heerde nicht ausgeschlossen; l. 3. pr. D. de rei vindic.

4) Für die *rei vindicatio* ist dies gesagt in l. 56. D. de rei vindic.: „*Vindicatio non* ut gregis, ita et *peculii recepta* est: *sed res singulas is*, cui legatum peculium est, *petet.*"

5) Vergl. l. 16. pr. l. 17. pr. l. 20. l. 31. l. 35. pr. u. §. 1. l. 44. D. de rei vindicat. l. 62. l. 64. l. 65. pr. l. 78. u. l. 79. D. eod.

nicht percipirten Früchte kann auch der bonae fidei possessor nicht verlangen. Jedoch haftet der Beklagte nach der litis contestatio für alle Früchte, gleich einem sonstigen malae fidei possessor [6]). Der Beklagte als malae fidei possessor dagegen muß auch bei der actio Publiciana alle Früchte ohne Unterschied restituiren, also nicht bloß die fructus extantes herausgeben, sondern überdies für die consumirten und nicht percipirten Früchte Ersatz leisten. Der Grund dieser Verpflichtung ist mit dem Eigenthum ganz unzusammenhängend, vielmehr eine bloße Folge der Bestimmung, Niemand solle durch seinen dolus Vortheile erlangen [7]).

Es kann aber ebenso bei der actio Publiciana von dem Beklagten ein Ersatz für die der Sache zugefügte Beschädigung gefordert werden [8]). Auch fragt es sich hier wo die Rückgabe geschehen müsse [9]).

---

6) l. 22. C. de rei vindicat.

7) Der Erbe des *malae fidei possessor* haftet jedoch nur *quanto locupletior;* l. 52. D. de rei vindicat.

8) Wenn ein Sclave durch Schläge oder Verwundungen des Besitzers verschlechtert worden ist, soll der Richter bei angestellter rei vindicatio bestimmen, um was der Sclave dadurch verschlechtert worden ist, und dieses zugleich mit jener Klage gefordert werden, l. 13. D. de R. V. Dies kann nur auf den malae fidei possessor, nicht auch auf den bonae fidei possessor bezogen werden. Allein dieser Anspruch, welcher hier realisirt wird, hängt mit dem Recht des Eigenthums nicht weiter zusammen, sondern ist ganz allgemein durch die lex Aquilia und auf einem obligatorischen Wege begründet.

9) Für die rei vindicatio wird in dieser Hinsicht folgendes ausdrücklich bestimmt. Ist der Beklagte ein bonae fidei possessor und die zu restituirende Sache eine bewegliche, so muß dieselbe entweder dort, wo sie sich befindet, oder am Ort der Klage zurückgegeben werden, im letzteren Fall auf Kosten des Klägers; l. 10. D. de rei vindicat. vergl. auch l. 11. D. eod. Ist der Beklagte malae fidei possessor, so muß die Sache am Ort der Klage zurückgegeben werden, sie muß dorthin auf Kosten des Beklagten gebracht werden, wenn sie sich anderswo befinden sollte; l. 12. D. de rei vindicat.

Es kommen ferner für die actio Publiciana dieselben Gegenforderungen in Betracht, wie für die rei vindicatio, nemlich wegen Verwendungen, welche der Beklagte auf die Sache gemacht hat, und welche er auf dem Wege der Retention wird erlangen können. [10]). Auch hier müssen folgende Rücksichten entscheiden:

Erstens: die impensae necessariae kann jeder Beklagte ersetzt verlangen, er mag bonae, oder malae fidei possessor sein.

Zweitens: wegen impensae utiles und voluptuariae hat der Besitzer nur das Recht der Wegnahme, soweit dies unbeschadet der Hauptsache geschehen kann. Er muß aber dieselben bei der Hauptsache lassen, wenn der Kläger ihn dafür entschädigen will [11]).

§. 21.

Die letzte Frage, welche für die actio Publiciana zu erörtern ist, betrifft den Beweis, welchen der bonae fidei possessor zu führen hat, und diese wird sich nach dem Bisherigen eben so leicht beantworten lassen.

Der Beweis bei der actio Publiciana ist ganz derselbe, wie bei der rei vindicatio, wenn dem Eigenthümer kein mehr Berechtigter entgegentritt, als welchen er durch den Nachweis des rechtmäßigen Erwerbes entfernen kann. In dieser Hinsicht haben auch schon Andere mit allem Recht behauptet, die Anstellung der rei vindicatio sei in den verschiedensten Quellenzeugnissen von denselben Bedingungen abhängig gemacht, welche für

---

10) Siehe l. 27. §. 5. l. 28. l. 29. l. 30. u. l. 32. D. de rei vindicat. l. 37. l. 48. u. l. 53. D. de rei vindicat.

11) Das Bisherige mag genügen, um das Resultat der actio Publiciana im allgemeinen zu bezeichnen. Es finden sich überdies eine Menge sonstiger Anwendungen für die rei vindicatio ausgezeichnet, welche ebenso in Folge des obersten Principes für die actio Publiciana in Betracht kommen.

die actio Publiciana entscheidend sind [1]). Die Sache wurde schon oben im Eingang für die rei vindicatio vollständig bewiesen [2]); allein das Gesagte ist doch nur unter der Voraussetzung wahr, daß dem Kläger kein mächtigerer Gegner gegenübertritt, als welchen er von seinem besseren Rechte durch den Nachweis des rechtmäßigen Erwerbes überführen kann: welches nothwendige Erforderniß von den neueren Juristen nirgends ausgezeichnet worden ist.

Das Recht des bonae fidei possessor, das Eigenthum, was derselbe durch die Fiction des Prätors in Anspruch nimmt, ist in dem rechtmäßigen Erwerbe und der dadurch entstehenden practischen Ungewißheit, ob der bonae fidei possessor nicht wirklicher Eigenthümer sei, gegründet: demnach kann es hier, anders als bei dem wirklichen Eigenthum, immer nur auf den Nachweis des rechtmäßigen Erwerbes ankommen. Eben daher ergibt sich sehr einfach, nicht bloß, was im Einzelnen bewiesen werden müsse, sondern auch, auf welche Weise jener Beweis zu führen sei.

Es muß nemlich dargethan werden, daß der rechtmäßige Erwerb, worauf das Recht gegründet wird, vorgekommen, daß dabei alles vorgekommen sei, was zum rechtmäßigen Erwerbe erforderlich ist [3]). Dieser Beweis wird ver-

---

1) Schon Henschel im Archiv für civil. Praxis Bd. IX. S. 328. bemerkt ganz richtig: nach l. 24. C. de rei vind. sei die rei vindicatio an dieselben Bedingungen (nemlich an den justus titulus praecedens, durch welchen die Tradition nur Eigenthum übertragen kann), geknüpft, welche der Prätor zur Begründung der publicianischen Klage in l. 1. §. 2. — l. 3. §. 1. D. de Public. act. voraussetze.

2) Hierher gehören alle diejenigen Beläge, welche wir schon oben für die Behauptung auszeichneten, daß der Eigenthümer, um mit der rei vindicatio durchzubringen, nur seinen rechtmäßigen Erwerb nachzuweisen habe. Siehe oben §. 4.

3) Dieses kann auf ganz verschiedene Umstände bei den verschiedenen Erwerbarten bezogen werden. Bei jedem Erwerbe wird außer den zum Act des Erwerbes erforderlichen Handlungen noth-

schieden sein nach den verschiedenen Erwerbarten, aus denen man sein Recht ableitet. Beim Kauf, durch welchen man Eigenthümer geworden zu sein behauptet, muß bewiesen werden, daß der Kaufcontract wirklich abgeschlossen[4]), aber auch daß der Kaufpreis gezahlt sei[5]), sofern nicht auf Credit gehandelt wurde: ohnedem konnte nie Eigenthum übertragen sein. Ebenso muß bewiesen werden, daß in Folge des Kaufes die Sache tradirt oder was dasselbe sagt, daß der Besitz (vacua possessio) eingeräumt worden sei[6]): weil man nemlich

---

wendige Bedingung sein, daß sowohl der Uebertragende, als der Empfangende diejenigen Fähigkeiten besitze, welche zur Uebertragung einerseits, und anderseits zur Erwerbung nothwendig sind. Auch die Fähigkeit der Sache relevirt bei dem Erwerbe. Allein auf alle diese Punkte scheint sich der Beweis des Empfängers in der Regel nicht bezogen zu haben, denn sonst würde z. B. eine res furtiva, eine res vi possessa sich niemals in einem bonae fidei Besitz haben befinden können. Es würde auch kein titulus putativus gedenkbar sein. Es kam vielmehr nur darauf an, das zu beweisen, wovon der Empfänger eine bestimmte Wissenschaft haben mußte, daß nemlich alle diejenigen Handlungen vorgekommen seien, welche zu einem rechtmäßigen Erwerbe führen konnten.

4) Deshalb ist (rücksichtlich des Beweises des Eigenthums) in l. 4. C. de probat. von dem instrumentum *emtionis* die Rede, d. h. von der Urkunde, welche über das abgeschlossene Kaufgeschäft aufgenommen wurde. Von dem Nachweis, *factam emtionem* spricht ebenso l. 12. C. de probat. Vergl. l. 31. D. de adquirend. rer. domin.

5) Die Bezahlung des Kaufpreises (*pretium numeratum*) wird als Gegenstand des Beweises für den Eigenthümer in l. 12. C. de probat. angegeben. Ueber den Beweis des bonae fidei possessor siehe l. 4. §. 32. D. de doli mal. et met. except. vergl. l. 72. D. de rei vind. Daß dagegen die l. 8. D. de Public. act. schon an sich nicht beweisend sein könne, ist oben aus entschiedenen Gründen behauptet, und bereits von Anderen, namentlich von Thibaut, richtig bemerkt worden.

6) Dieses wird durch die Worte: *in vacuam possessionem inductum esse*, in l. 12. C. de probat. ebenfalls als Gegenstand des Bewei-

erst nach der Tradition Eigenthümer geworden sein kann. Durch alle diese Umstände ist beim Kauf der Erwerb des Eigenthums, mithin auch der Erwerb der bonae fidei possessio bedingt [7]). Es muß überall der Umstand nachgewiesen werden, wodurch man wirklich hat Eigenthümer werden können. Dies bezieht sich auf alle sonstige derivative Eigenthumserwerbarten, Tausch, Schenkung, dos, solutio noxae deditio, adjudicatio u. s. w.

Bei einem titulus *putativus*, welcher nicht anders, als der titulus verus zur bonae fidei possessio berechtigt, verhält es sich im Wesentlichen auf dieselbe Weise. Auch hier muß der Kläger alles beweisen, was in Betracht kommt, um die Sache gültig erworben zu haben. Der gute Glaube muß daher gestützt sein auf die vorgekommene Erwerbart, ein bloßes gutmüthiges Glauben ist hier nicht genügend. Nur wenn der Empfänger hintergangen wurde, soll seine rechtlich begründete bona fides dieselbe Wirkung erzeugen [8]).

---

ses ausgezeichnet; nemlich für den Eigenthümer, der allein in Folge des rechtmäßigen Erwerbes sein Eigenthum behauptet. Dasselbe kann nur für den bonae fidei possessor entscheidend sein; l. 7. §. 14. D. de Public. act.

7) Letzteres, weil die bonae fidei possessio den gegründeten Glauben voraussetzt, daß man Eigenthümer geworden sei.

8) l. 7. §. 4. D. de Public. act. l. 13. §. 2. D. eod. Kaufte man von einem Pupillen, so war der Beweis darauf zu richten, daß man unter der Auctorität des Tutors von dem Pupillen gekauft habe, während kein gesetzliches Veräußerungsverbot entgegenstehe. „Qui a pupillo „emit, *probare debet, tutore auctore, lege non prohibente se* „*emisse.*" Nur unter dieser Voraussetzung konnte man die Sache rechtmäßig erworben haben, und sich in dem Glauben befinden, daß man Eigenthümer geworden sei. War aber der Tutor, welcher seine Auctorität interponirte, ein falsus tutor, so war das Rechtsgeschäft ungültig, allein der Empfänger dennoch bona fide, weil er von der Qualität des falsus tutor keine Wissenschaft hatte, oder vielmehr haben konnte. „*Sed si deceptus, falso tutore auctore*

Fordert jemand die Sache nur nach einem intellectuellen Antheil, so muß er, um keine plus petitio zu begehen, diesen genauer bestimmen, d. h. angeben, *pro qua parte res ejus sit* [9]). Auch in Rücksicht des Beweises ist dies von besonderer Wichtigkeit.

Im Uebrigen sind hier ganz dieselben Beweismittel zulässig, welche bei jedem sonstigen Beweise in Betracht kommen. Die zu beweisende Thatsache kann nicht bloß durch Urkunden [10]), sondern auch durch Zeugen und Eidesdelation dargethan werden [11]).

„*emerit, bona fide emisse videtur;*" l. 13. §. 2. D. de Public. act. — Ebenso verhält es sich, wenn man von einem *furiosus* kauft. Es ist mit dem furiosus kein wirklicher Kauf zu Stande gekommen, weil derselbe nicht consentiren kann. Aber dennoch wird der Käufer sich bona fide befinden, wenn er beweisen kann, daß alle Erforderniße eines gültigen Kaufes vorgekommen sind, wenn er nur die Qualität des furiosus nicht wissen konnte; l. 7. §. 2. D. de Public. act. Höchst singulair muß es daher erscheinen, wenn Paulus für diesen Fall nur die Usucapion zulassen will, während er die actio Publiciana ausschließt, aber auch die Evictionsleistung und accessio possessionis in Folge des nichtigen Kaufes verwirft; l. 2. §. 16. D. pro emtor.

9) „In speciali actione non cogitur possessor dicere, pro qua „parte ejus sit: *hoc enim petitoris munus est, non possessoris.* „*Quod et in Publiciana observatur.*" l. 73. pr. D. de rei vind. Es ist hier an eine Mitberechtigung verschiedener bonae fidei possessores zu denken, während der eine sich im Besitz des Ganzen befindet, und zugleich das Recht des anderen bestreitet.

10) In Rücksicht des Beweises des Eigenthums werden Urkunden als Beweismittel erwähnt in l. 4. und l. 12. C. de probat.

11) „Sed et quibuscunque aliis legitimis probationibus;" l. 4. C. de probat. vergl. l. 12. C. eod. Vom Eid ist rücksichtlich der bonae fidei possessio die Rede in l. 7. §. 7. D. de Public. act. Der Eid konnte vom Kläger dem Beklagten deferirt, aber eben so auch dem Kläger zurückgeschoben werden. Um mit der actio Publiciana durchzubringen, soll der Kläger schwören: *rem suam esse.* Schwört der Beklagte den Eid, *rem petitoris non esse*, so wird der Kläger mit der actio Publiciana nicht durchbringen können. Allein insofern durch diese Eidesableistung, wie

§. 22.

Als zweite petitorische Klage wurde oben für den bonae fidei possessor die actio negatoria ausgezeichnet, von deren Anwendung auf das Recht der bonae fidei possessio nun das Wesentliche angegeben werden muß.

Auch diese Klage war ursprünglich nur zum Schutz des Eigenthümers vorhanden. Nachdem aber der Prätor Publicius den bonae fidei possessor als wirklichen Eigenthümer zu behandeln sich genöthigt sah, mußte für dieses neue Eigenthum wie die rei vindicatio, so auch die actio negatoria Anwendung finden.

Die Anwendung der rei vindicatio bestimmte selbst der Prätor unter dem Begriff der actio Publiciana. Wegen der actio negatoria eine solche Bestimmung zu erlassen, dazu scheint der Prätor während der Zeit, in welcher er als Gesetzgeber dastand, eben weil er nur dem obwaltenden Bedürfnisse gemäß das vorhandene Klagerecht erweiterte, keine besondere Veranlassung gehabt zu haben. Die Römischen Juristen jedoch konnten, so oft der bonae fidei possessor gegen partielle Störung in seinem Eigenthum geschützt werden sollte, nur auf diese Klage recurriren. Wie die rei vindicatio hier angewandt wurde, ganz in demselben Sinne mußte die actio negatoria Anwendung finden, und dieselben Zeugnisse, welche dem wirklichen Eigenthümer dieses Klagerecht gestatten, mußten ebenso

---

bei einem Vertrage, nur ein jus inter partes begründet wird, so können durch dieselbe auch nur für die Partheien Nachtheile oder Vortheile erwachsen. „Si petenti mihi rem jusjurandum detu„leris, egoque juravero rem meam esse, competit Publiciana „mihi, sed adversus te duntaxat: ei enim soli jusjurandum „nocere poterit, qui detulit. Sed si possessori delatum „erit jusjurandum, et juraverit rem petitoris non esse, adver„sus eum solum exceptione utetur (nemlich die exceptio jurisju„randi oder pacti) non ut et habeat actionem?“

unbedingt auf den bonae fidei possessor bezogen werden, weil dieser durch jene prätorische Fiction ebenfalls Eigenthümer ist [1].

Daß aber der bonae fidei possessor gleich dem wirklichen Eigenthümer eines Schutzes bei partieller Störung in seiner Berechtigung bedurft habe, ist von selbst klar und bedarf keiner weiteren Erörterung.

Wie schon oben bewiesen ist, kann der bonae fidei possessor alle dingliche Rechte ertheilen, welche ein fremdes Eigenthum voraussetzen, nicht bloß Servituten, sondern auch die dinglichen Rechte größeren Umfanges. Ebenso werden Dritte sich unbefugter Weise dingliche Rechte anmaßen können, nicht anders, als dies beim wirklichen Eigenthum der Fall ist. Grade in der unbefugten Anmaßung einer Servitut hat dieses Klagerecht besonders seinen Grund, und es muß so scheinen, als wenn dasselbe ursprünglich nur durch jene herbeigeführt worden sei.

Das Recht dieser Klage steht selbst den dinglich Berechtigten größeren Umfanges zu, nemlich dem *emphyteuta* und dem *superficiar*. Auch diese können Servituten rücksichtlich ihres Rechtes constituiren, sie können nicht anders es verhindern, wenn ein Dritter unbefugt sich das Recht der Servitut anmaßt [2]. Um so mehr muß dazu der bonae fidei possessor, der dem wirklichen Eigenthümer völlig gleichgestellt ist, berechtigt sein.

Die Bedeutung dieser Klage kann auch im Einzelnen keine andere sein [3]. Sie findet statt bei partieller Störung

---

1) Soviel ich weiß, ist jedoch in keiner Stelle des neuesten Römischen Rechtes der bonae fidei possessor ausdrücklich als solcher erwähnt, der mit der actio negatoria auftreten kann. Vom Eigenthümer, oder auch dominus proprietatis, sprechen l. 5. §. 6. D. si ususfr. petet. l. 6. §. 3. l. 4. §. 7. D. si servit. vindicet. Es mag aber diese Klage überhaupt nur selten nothwendig gewesen sein. Daraus würde sich erklären, weshalb die Gesetze hier von dem bonae fidei possessor so ganz schweigen, und nur des Eigenthümers in sehr wenigen Stellen gedenken.

2) Zu letzterem wird ebenso der Pfandgläubiger berechtigt sein.

3) Alles folgt hier sehr nothwendig daraus, daß der bonae fidei possessor dieselbe Intention hat, welche der wirkliche Eigenthümer.

im Eigenthum. Kläger ist daher, welcher Eigenthümer zu sein behauptet, Beklagter anderseits, der sich unbefugt eine Servitut anmaßt, oder eine sonstige Störung vornimmt, wodurch der Kläger nicht seines Besitzes entsetzt, sondern nur partiell, rücksichtlich einzelner ihm zustehender Befugnisse, gestört wird [4]). Die Tendenz dieser Klage ist Anerkennung des Eigenthums, oder vielmehr der natürlichen Freiheit desselben. In Folge dieser Anerkennung ist der Beklagte verpflichtet, künftig Störungen dieser Art zu unterlassen, und deshalb kann er angehalten werden, eine Caution zu bestellen. An eine Zurückgabe ist hier vernünftigerweise nicht zu denken, er kann nur zu einem Schadensersatz wegen des zugefügten Unrechts verpflichtet sein.

Was den Beweis dieser Klage anbetrifft, so versteht es sich von selbst, daß auch hier die Behauptung des Klägers nachgewiesen werden müsse [5]). Der Kläger nemlich behauptet Eigenthümer zu sein, ob er wirklicher oder nur fingirter Eigenthümer sei, bleibt dabei völlig gleichgültig. Allein auf diesen Beweis des Klägers wird es in der Regel gar nicht ankommen, indem das Eigenthum an und für sich gar nicht bestritten wird. Ist aber das Eigenthum als solches anerkannt, so entscheidet zugleich eine allgemeine Präsumtion für die völlige Freiheit desselben, insofern nemlich die Behauptung des Beklagten, daß ihm ein Recht an jenem Eigenthum zustehe, ein Umstand ist, der sich

---

Wird er nemlich als Eigenthümer, wofür der bonae fidei possessor sich halten muß, auch rechtlich behandelt, was selbst keinem Zweifel unterworfen ist, so muß auch rücksichtlich der Anwendung dieser Klage im Einzelnen völlig dasselbe gelten, was rücksichtlich des Eigenthümers selbst gilt.

4) Grade durch diese Voraussetzung unterscheidet sich die actio negatoria in ihrer Anwendung für den bonae fidei possessor von der actio Publiciana sehr wesentlich.

5) Jedoch nur unter der Bedingung, daß diese überhaupt bestritten wäre. Würde sich beweisen lassen, daß der Kläger nicht Eigenthümer sei, so würde er als malae fidei possessor mit seiner Anforderung nicht durchdringen können.

niemals von selbst versteht. Aus diesem Grunde muß der Beklagte den Beweis seiner Behauptung übernehmen, um gegen die Klage des Eigenthümers durchdringen zu können, und deshalb wird der Beweis bei der actio negatoria gemeinhin nur darauf gerichtet sein, daß das vom Beklagten behauptete Recht demselben wirklich zustehe [6]).

Die Sache selbst ist von den Neueren hin und wider anerkannt worden. Man hat behauptet, daß das Recht der actio negatoria auch von dem geltend gemacht werden könne, der nachweise, daß er die Sache in Folge der Tradition, also bona fide erworben habe. Man brauche daher z. B. das Grundstück, dessen Freiheit man behaupte, nur bona fide erworben zu haben, um rechtlich geschützt zu sein [7]). Dies ist in der That richtig zu nennen, allein mit Unrecht hat man diese Klage *actio in rem Publiciana* genannt [8]). Die hier gedenkbare Klage kann nur eine actio negatoria sein, und zwar eine *actio negatoria utilis*, weil die Anwendung dieser Klage erst von den Römischen Juristen bestimmt wurde. Ebenso sehr mit Unrecht hat man jene Klage *Publiciana in rem actio negatoria* genannt, in welchem Sinne man jedoch auch eine *Publiciana in rem actio confessoria* auszeichnete [9]). Der richtige Gesichtspunkt ist

---

6) Deshalb ist jedoch die actio negatoria noch keinesweges eine bloße exceptio ihrer eigentlichen Bedeutung nach zu nennen. Sie besteht auch nicht in einem bloßen Leugnen, worauf der Name selbst sich bezieht.

7) Diese Behauptung findet sich z. B. bei Mackeldey Lehrbuch des heutigen Römischen Rechtes §. 293. C.

8) Siehe Mackeldey a. a. O.

9) Durch die Benennung der *Publiciana in rem actio confessoria* hat man nemlich die Klage bezeichnen wollen, welche der bonae fidei possessor anstellt, wenn er sich in dem Besitz einer Servitut befindet. Wie der wirkliche Eigenthümer, so kann auch der bonae fidei possessor für sein Eigenthum Servituten erwerben, und im Besitz der Servitut die Anerkennung derselben von dem dritten Störer rechtlich verlangen. Diese Klage ist aber keine andere, als die actio confessoria selbst, wir können sie nur eine *utilis actio*

nemlich: daß die actio Publiciana nur bei totaler Störung der Berechtigung angestellt werden kann, niemals auch bei einer partiellen Störung, für welche letztere nur die actio negatoria entscheidet.

§. 23.

Soweit von den petitorischen Klagerechten; wir kommen jetzt zu den possessorischen Schutzmitteln, welche dem bonae fidei possessor gestattet sind.

Wie der wirkliche Eigenthümer, so hat auch der bonae fidei possessor als Eigenthümer den Anspruch, in seinem Rechte zu besitzen (*jus possidendi*) geschützt zu sein. Er hat dieselben Schutzmittel, welche der wirkliche Eigenthümer, nemlich das *interdictum unde vi, uti possidetis* und *utrubi*. Diese possessorischen Schutzmittel wurden von dem Prätor erst eingeführt, nachdem die bonae fidei possessio bereits als Eigenthum anerkannt war, und weil beide Arten des Eigenthums nicht practisch von einander unter-

---

confessoria nennen. Sie ist auf dasselbe Fundament gestützt, auf welcher die actio confessoria beruht, wenn sie von dem Eigenthümer als Servitutberechtigten angestellt wird. Ebenso können auch die an einem fremden Eigenthum dinglich Berechtigten die actio confessoria anstellen, wegen der Servituten nemlich, welche ihrem dinglichen Rechte zustehen. Dies gilt vom *emphyteuta*, eben so vom *superficiar*. Ersterer kann für sein dingliches Recht an dem Grundstück, letzterer für sein dingliches Recht an dem Hause Servituten erwerben, beide können sich gegen Störung in ihrer Servitutberechtigung durch diese Klage sichern. Ebenso findet der Pfandgläubiger durch diese Klage den nothwendigen Schutz, wenn nemlich dem ihm verpfändeten Gegenstande eine Servitutberechtigung zusteht. Ueberall ist diese Klage auf Anerkennung der Servitutberechtigung gerichtet, sie ist für die dinglich Berechtigten größeren Umfangs analog zur Anwendung gebracht worden (utilis actio confessoria). S. l. 20. pr. D. de servit. praedior. l. 16. pr. D. de servit. l. 3. §. 3. D. de oper. nov. nunciat. l. 3. C. de servit. et aq.

schieben werden können, müssen dieselben Klagerechte schon gleich anfangs für beide Arten des Eigenthums bestimmt worden sein [1]).

Dieses Resultat ergiebt sich in Folge des obersten Princips sehr nothwendig. Dennoch sind darüber die Ansichten der neueren Juristen durchaus abweichend. Besonders gehört hierher die Meinung v. Savigny's, wie sie in seiner Lehre des Besitzes auseinandergesetzt ist. Wenn auch gegen diese verschiedene Bedenklichkeiten ausgesprochen sind, zumal in Betreff der Natur und eigentlichen Bedeutung der sg. possessorischen Interdicte, so scheint dennoch in der Sache selbst die Ansicht, wie sie von Savigny aufgestellt ist, allein die herrschende geblieben zu sein, und schon aus diesem Grunde wird hier in Betreff der Interdicte einige Ausführlichkeit nothwendig, um so mehr, als jene Ansicht der unsrigen gradezu entgegen steht [2]).

---

1) An diesem Orte wird es leicht sein, zu erklären, weshalb für den Pfandgläubiger, der sich bona fide in seiner Berechtigung befindet, nur die *actio Serviana* und *quasi Serviana* (*actio hypothecaria*) gelten, und nicht die actio Publiciana zur Anwendung gebracht sei. Es ist völlig derselbe Grund, welcher für die Interdicte entscheidet. Auch die actio hypothecaria wurde erst eingeführt, nachdem das Recht der bonae fidei possessio bereits als Eigenthum practisch vorhanden war. Wie bei den Interdicten, so mußte daher bei der actio hypothecaria der erforderliche Schutz auf beide Arten des Eigenthums schon gleich anfangs bezogen werden, weil nemlich der Prätor beide in der Anwendung nicht von einander unterscheiden konnte. Der Prätor hat mit anderen Worten auch diese Klage gleich anfangs nothwendig für die bonae fidei possessio anordnen müssen, und es gilt dies nicht bloß von der actio Serviana, sondern auch quasi Serviana, also von der actio hypothecaria überhaupt. Die Anwendung der actio Publiciana für das jus in agro vectigali, für die superficies und die Servituten geschah erst später, und durch die Römischen Juristen, welche nur durch Interpretation vorhandene Schutzmittel analogisch anwandten; es konnte keine andere, als die bereits vorhandene actio Publiciana zur Anwendung gebracht werden. Dabei ist jedoch nur ein formeller, kein materieller Unterschied vorhanden.

2) Gemeinhin sind die heutigen Juristen Savigny's Ansicht gradezu und ohne alles Bedenken gefolgt. Sie sprechen von einem ju-

Die Gründe, welche von Savigny für seine Behauptung benutzt, sind von der Art, daß sie vollständig widerlegt werden

ristischen Besitz als Interdictenbesitz ganz in der Art, wie v. Savigny den Besitz und die Bedeutung desselben angenommen hat, und man ist gutmüthig genug gewesen, die Sache ganz so, wie sie vorgetragen wurde, wiederzugeben, ohne nach den vorhandenen Quellenzeugnissen irgend ein Bedenken zu finden. Was in der Sache bestritten wurde, besteht darin, ob jener Interdictenbesitz eine rein factische, oder eine rechtliche Natur habe, selbst also ein Recht sei. Ersteres ist besonders durch v. Savigny ausgesprochen. Dasselbe ist von vielen Anderen, selbst von Thibaut (System §. 291.) und Hufeland (vom Besitz S. 30—40) bewährt worden. Letzterer jedoch nimmt an: „als factum sei der „Besitz zugleich etwas Wirkliches, und da nun in jeder rechtlichen „Verfassung für das Wirkliche und Bestehende mehr die Vermuthung der Rechtmäßigkeit streite, als für das Gegentheil, so sei „daraus die Regel hervorgegangen, daß jeder, welcher sich factisch „in der Ausübung eines Rechtes befinde, provisorisch und bis dahin, daß ein Anderer ein besseres Recht darauf beibringe, in die„sem factischen Zustande gelassen und geschützt werden müsse." Dieselbe Ansicht ist noch vor kurzem von Rudorf (Zeitschr. für geschichtl. Rechtswissensch. Bd. VI. S. 90) vertheidigt. Auch dieser Verfasser hält den Besitz für ein bloßes factum, weicht jedoch darin von Savigny ab, daß er nicht den Rechtsgrund jenes Schutzes des Besitzes in einer allgemeinen Präsumtion, der Besitzer könne auch Eigenthümer sein, setzt, sondern lediglich in einem anderen Unrecht. Jede bloß factische Verletzung des Besitzes soll nemlich immer eine Selbsthülfe oder unrechtliche Gewalt enthalten, und das hierin liegende Unrecht der Grund sein, warum der Besitz als bloßes factum Schutz durch die Interdicte finde.

Für die an sich rechtliche Natur des Interdictenbesitzes oder gradezu dafür, daß der Besitz ein Recht sei, haben sich dennoch in unseren Tagen nicht Wenige erklärt. Jedoch ist auch hier eben so wenig eine Uebereinstimmung der Ansichten zu finden. Die meisten älteren Juristen gehören dieser Ansicht an, unter den neuesten gehören hierher: Mühlenbruch (doctrin. pandectar. Tom. II. §. 342. u. 340.), Schweppe (d. Römische Privat-Recht Bd. II. §. 216. Nr. IV. 4te Ausg.), *Du Roi* (observat. de jur. in re, obs. I. §. 1.), Hugo (Institutionen des Römischen Civil-Rechts §. 50.), Gans (System des Röm. Civil-Rechts S. 202—215.), Puchta (Rheinisch. Museum, Jahrg. III. Hft. 2. S. 305—308.),

können, während es der entgegengesetzten Ansicht, welche ich für die richtige halte, nicht an directen und solchen Zeugnissen mangelt, welche am wenigsten bestritten werden dürfen. Diese können jedoch erst unten bei den einzelnen Interdicten angegeben werden, da sie keineswegs auf demselben Grundsatze beruhen, vielmehr jedes derselben auf eine verschiedene Voraussetzung basirt ist.

Der Prätor nemlich erfordert verschiedene factische Umstände, unter denen er dem Eigenthümer jenen possessorischen Schutz einräumt. Wie dieser possessorische Schutz nicht anders bei sonstigen Rechten ertheilt wird, aber unter abweichenden Voraussetzungen, so sind auch bei dem Eigenthum die Bedingungen, die äußeren Umstände, unter welchen jener Schutz im Einzelnen gewährt werden soll, verschiedene. Als ein ganz allgemeiner Gesichtspunkt jedoch muß hier in Betracht gezogen werden, daß die Berechtigung des factischen Innehabens, worauf es dem Eigenthümer so sehr ankommt, eine schleunige Hülfe nothwendig macht, eben weil das längere Ausbleiben jener Hülfe für den Verletzten so sehr wesentliche Nachtheile herbeiführt. Schleunig kann einem Unrecht abgeholfen werden, wenn die Untersuchung nur eine summarische ist, es also nicht auf den Nachweis des behaupteten Rechtes ankommen soll. Dies ist der Fall bei jenen possessorischen Schutzmitteln insgesammt. Der Prätor verlangt,

---

endlich v. Thaden (Allgem. Untersuch. üb. d. Begr. des Römisch. Interdictenbesitzes und dessen Classification im Rechtssystem 1833). Grade die Hauptfrage, warum der Besitz ein Recht sei, bleibt überall unberührt, wie man bei Allen vergebens danach fragt, welches Recht es denn eigentlich sei, was man sich hier zu denken habe. Die einzelnen Verfasser haben sich jedoch bei dieser ihrer Behauptung den Angaben der Quellen angeschlossen, und diese richtiger verstanden, als es bei den Vertheidigern der gegnerischen Ansicht der Fall sein konnte. Nur ist es zu bedauern, daß eine eigentliche gründliche Erörterung der Sache mehr oder weniger ganz außer ihrem Plane lag. Auch kann die Natur des Interdictenbesitzes ohne genügende Erörterung des Rechtsverhältnisses, worauf die Interdicte sich beziehen, nicht richtig verstanden werden.

um sie zu gewähren, nur den Nachweis gewisser äußerer Umstände, wodurch das Unrecht des Störenden wenigstens im Allgemeinen erhellt; und diese brauchten in sehr vielen Fällen als sogleich ersichtbar gar nicht genauer nachgewiesen zu werden, niemals bedurfte es dieserhalb einer langwierigen Erörterung. Solches werden wir bei den einzelnen Interdicten ausführlicher zu zeigen haben, indeß schon hier wird es erlaubt sein, von dieser Ansicht auszugehen, zumal in unseren Tagen manches Wesentliche mit wahrem Grund gegen v. Savigny behauptet worden ist. Man hat mit allem Recht angenommen, daß das Verfahren bei jenen Interdicten sich von dem der petitorischen Klagen unterschieden, und daß der Unterschied in der mehr summarischen Untersuchung und der schnelleren Beendigung des Prozesses bestanden habe.

Bekanntlich ist dieses noch in unseren Tagen ein Gegenstand wiederholten Streites gewesen [3]). Die ganz richtige Ansicht

3) v. Savigny's Ansicht (siehe das Recht des Besitzes 4te Ausg. S. 345 ff. verglichen mit der Zeitschrift für geschichtl. Rechtswissenschaft Bd. V. Hft. 1. Nr. 1.) geht bekanntlich dahin: bei den Interdicten habe der Prätor, nachdem er den Kläger gehört, sogleich einen Befehl oder ein Verbot erlassen, welchem der Beklagte folgen sollen. Sei aber der Beklagte jenem Befehl nicht gefolgt, weil die Angaben des Klägers nicht in Wahrheit gegründet, oder ersterem Exceptionen zur Seite standen, so sei die Sache zum judex oder arbiter gekommen, dann ausführlich untersucht worden, und was früher als Befehl gelautet, habe nun dem Richter zur Instruction gedient. Ein Unterschied zwischen den Interdicten und den sonstigen Klagen sei nur dann im Verfahren vorgekommen, wenn der Beklagte sogleich dem Befehl des Prätors Folge leistete, denn bei den actiones in diesem Gegensatz sei nie, ohne auch die andere Parthei gehört zu haben, ein Befehl erlassen, vielmehr stets von der Bestellung eines Richters die Rede gewesen. Jene Verschiedenheit des Verfahrens zwischen den Interdicten und den sonstigen Klagen sei verschwunden mit dem alten ordo judiciorum, und nur der Name sei übrig geblieben, während die Interdicte ebenso gut actiones genannt werden können. Es habe im Einzelnen der Interdictenprozeß eben so lange dauern können, als der Prozeß bei den actio-

meines Erachtens, daß es nemlich bei den Interdicten auf ein schleunigeres Verfahren ankomme, hat Thibaut [4]) mit aller Ausführlichkeit dargelegt [5]), so daß ich um so mehr an diesem Orte eines deßfallsigen umständlichen Beweises glaube überhoben zu sein. Thibaut's Ansicht wird auch im Einzelnen nur gebilligt werden können, wenn er gleich in Betreff des Grundes der Interdicte und ihrer Bedeutung zu einem dem unsrigen entgegengesetzten Resultate gelangt ist.

Jedes Zögern würde hier dem Verletzten einen wesentlichen

---

nes, denn es seien hier gegenseitige sponsiones und restipulationes vorgekommen, und außerdem eine höchst merkwürdige Versteigerung der Früchte, so daß der Beklagte zu fünf verschiedenen Leistungen verurtheilt werden können. Dabei gibt er jedoch zu, daß die Interdicte höchst summarisch seien, wenn der Kläger sogleich gehorche, also es gar nicht zum Prozeß kommen lasse: komme es dagegen zum Prozeß, so sei dieser nicht summarischer, als der Actionenprozeß.

4) Im Archiv für civilist. Praxis Bd. X. S. 456—472.

5) Thibaut's Ansicht geht nemlich dahin, daß es bei den Interdicten ein für allemal auf eine schleunige Abhülfe angekommen, daß daher das Verfahren bei den Interdicten jedenfalls ein mehr schleuniges gewesen sei, als das bei den actiones. Dies bezeuge eine Menge der deutlichsten Quellenzeugnisse, welche die Sache selbst völlig unzweifelhaft machen. — Wie v. Savigny seine deßfallsige Meinung bei diesen so deutlichen Zeugnissen habe behaupten können, ist nicht leicht einzusehen, wenigstens sind diejenigen Gründe, welche er zur Unterstützung seiner Behauptung angegeben hat, in der That nur abwegig zu nennen. Es ist schwer einzusehen, wie durch sponsiones und restipulationes, welche eben hier wie überhaupt den Zweck hatten, das verwegene Prozessiren zu verhindern, wie durch jene noch zu Gajus Zeit bei den Interdicten geltende fructus licitatio, an welche v. Savigny denkt, und wodurch ebenso nur eine Strafe für den künftig Unterliegenden bewirkt werden sollte, der Prozeß habe in die Länge gezogen werden können. Wurde doch bei den Interdicten der Schutz gewährt, ohne daß das Recht der Partheien selbst genauer nachgewiesen zu werden brauchte. Schon an einem anderen Orte, in meiner Schrift de historia et ordine Digestorum Tit. I. p. 361 sq. habe ich mich für Thibaut's Ansicht entschieden, und zugleich die entscheidenden Hauptstellen angegeben.

und leicht unwiederbringlichen Nachtheil zugefügt haben, was eben den Prätor zu jener schleunigen Hülfe veranlassen mußte. Der Besitz, das factische Innehaben nemlich, ist auch ein um so mehr wichtiges Recht, als durch die Störung, oder den Verlust desselben die Möglichkeit des Berechtigten, nach Willkühr auf die Sache einzuwirken, ausgeschlossen wird.

§. 24.

Was die Ansicht v. Savignys betrifft, so läßt sich diese der Hauptsache nach kurz angeben. v. Savigny nemlich hat sich dahin erklärt, das Römische Recht kenne den Besitz nicht bloß als factisches Innehaben, als die Folge eines Rechtes (jus possidendi). Es kenne anderseits den Besitz das bloße Innehaben ohne alles Recht, als die Bedingung von Rechten. Somit werden durch den Besitz abgesehen von allem Recht rechtliche Folgen erzeugt, dadurch werde der Besitz ein Rechtsverhältniß (*jus possessionis*), und in dieser Qualität ein Gegenstand rechtlicher Erörterung [1]).

Der so angegebene juristische Besitz wird von Savigny als der Grund jener possessorischen Interdicte bezeichnet, diese als die Folge jenes juristischen Besitzes, derselbe soll es sein, welcher mit den Interdicten, deren Natur und eigentliche Beschaffenheit hier in Frage steht, rechtlich geschützt werde. Allein dieser so bezeichnete Besitz muß hier, um in der Sache nichts zu übergehen, genauer gewürdigt werden, weil nach Savigny's Meinung nur jene Interdicte als das endliche und alleinige Resultat desselben angegeben sind, und die ganze Lehre des von Savigny dargestellten Besitzes, von dessen Begriff, Erwerb und Aufhören so ausführlich gesprochen wird, nur für diese sogenannten possessorischen Interdicte allein eine Bedeutung haben soll.

1) Sieh. v. Savigny das Recht des Besitzes §. 1.

Jener Besitz, welchen v. Savigny juristischen Besitz nennt [2]), soll zu seinem Vorhandensein außer dem factischen Innehaben der Sache nur die Absicht besitzen zu wollen, als ein der Detention correspondirendes Wollen (animus possidendi), erfordern. Ersteres, das factische Innehaben, soll nichts, als bloßes factisches Innehaben, oder Detention sein. Letzteres, die dabei vorkommende Absicht, soll bestehen in der Absicht, Eigenthum haben zu wollen (animus dominii) [3]), oder auch nur in der Absicht, Besitz, juristischen Besitz, haben zu wollen (animus possidendi). Die Fälle, in denen die Absicht, juristischen Besitz zu haben, entscheidet, nennt v. Savigny den abgeleiteten Besitz, und dieser erscheint als die Ausnahme von der sonstigen Regel [4]).

---

2) Vergl. a. a. O. §. 1. Dieser sogenannte juristische Besitz wird von der bloßen Detention unterschieden, obgleich nur letztere bei jenem vorausgesetzt wird. v. Savigny bemerkt, bei einer juristischen Theorie des Besitzes könne nur von den Rechten des Besitzes die Rede sein (jus possessionis), nicht von dem Recht zu besitzen (bei den neueren Juristen jus possidendi), welches in die Theorie des Eigenthums gehöre.

3) Man könnte sagen, behauptet v. Savigny a. a. O. §. 9., der animus possidendi bestehe in der Absicht Eigenthum ausüben zu wollen, weil die Detention als der physische Zustand in Betracht komme, welcher dem Eigenthum als einem rechtlichen correspondire. Allein diese Bestimmung sei nicht hinreichend, indem derjenige, welcher die Detention habe, diese Absicht auf zweifache Weise haben könne, entweder um fremdes, oder um eignes Eigenthum auszuüben. Habe man die Absicht, fremdes Eigenthum auszuüben, welches man also eben jetzt anerkenne, so liege darin kein solcher animus possidendi, durch welchen die Detention zum Besitz erhoben werden könne. Es bleibe also nur der zweite Fall übrig, in welchem die Absicht auf eigenes Eigenthum gerichtet sei, so daß der animus possidendi durch animus domini oder animus sibi habendi erklärt werden müsse, folglich nur der als Besitzer gelten könne, welcher die Sache, deren Detention er hat, als Eigenthümer behandle. Am wenigsten, fügt v. Savigny hinzu, sei die Ueberzeugung, daß man wirklich Eigenthümer sei (opinio s. cogitio dominii) hier nothwendig.

4) Siehe v. Savigny d. Recht des Besitzes §. 9. Die Sache selbst

Als juristische Folge jenes an sich bloß factischen Innehabens zeichnet v. Savigny zunächst die Usucapion aus, welche jedoch außer dem bloßen Besitze noch voraussetze, daß der Besitz bona fide und justo titulo angefangen habe, aus welchem Grunde genau genommen die Usucapion nicht als Folge des juristischen Besitzes angesehen werden könne [5]). Zweitens nennt er als juristische Folge jenes bloß factischen Innehabens den Schutz durch Interdicte. Die Interdicte seien die eigentliche Folge des bloßen Besitzes, abgesehen von allem Recht seien diese als juristische Folge des factischen Innehabens auszuzeichnen, sie müssen überall Anwendung finden, wo jener juristische Besitz vorhanden sei. Insofern jene Interdicte zum Schutz des bloßen Besitzes, des juristischen Besitzes, gegeben worden, nennt sie v. Savigny possessorische Interdicte, als welche das interdictum *unde vi, uti possidetis* und *utrubi*, jenachdem von unbeweglichen, oder beweglichen Sachen die Rede sei, genannt

wird von demselben folgendermaßen bestimmt. Der Besitz werde als Recht betrachtet, und sei insofern einer Veräußerung fähig. Deswegen könne eben in jenem Falle der eigentliche ursprüngliche Besitzer das Recht des Besitzes auf den übertragen, welcher für ihn das Eigenthum ausübe, also nicht als Besitzer zu betrachten sei. Es gebe also außer dem ursprünglichen Besitz, welcher auf Detention und animus dominii beruhe, noch einen abgeleiteten, welcher sich auf den ursprünglichen Besitz einer anderen Person gründe. Aller Unterschied des Besitzes von dem ursprünglichen liege in dem animus possidendi, in der Detention seien beide ganz gleich. Dieser gehe auf das von dem bisherigen Besitzer übertragene jus possessionis, er könne jedoch nur da angenommen werden, wo ihn das positive Recht ausdrücklich gelten lasse.

5) Insofern gelte sie nicht für jeden juristischen Besitz als solchen. Bei der Usucapion sei der bloße Besitz, unabhängig von allem Recht, Grund des Eigenthums selbst. Zwar müsse der Besitz auf besondere Weise angefangen haben, wenn er jene Wirkung haben solle, aber dabei bleibe er, was er außerdem sei, ein bloßes Factum, ohne anderes Recht, als welches ihm jene Wirkung gebe. Demnach sei es der Besitz an sich, abgesondert von jedem anderen rechtlichen Verhältniß, wovon die Usucapion, also der Erwerb des Eigenthums abhänge. Siehe v. Savigny d. Recht des Besitzes §. 2.

werden. Rücksichtlich der Interdicte aber verhalte sich die Sache so. Da der Besitz an sich kein Rechtsverhältniß sei, so sei auch die Störung desselben keine Rechtsverletzung, und sie könne es nur dadurch werden, daß zugleich ein anderes Recht mit verletzt werde. Wenn nun die Störung des Besitzes gewaltsam geschehe, so liege in dieser Störung eine Rechtsverletzung, weil jede Gewalt unrechtlich sei, und dieses Unrecht sei es, was durch ein Interdict aufgehoben werden solle. Es wird dabei hinzugefügt, alle possessorischen Interdicte setzen eine Handlung voraus, die an sich schon durch ihre Form unrechtlich [6]) ist, daraus zeige sich auch klar, warum der Besitz ohne alle Rücksicht auf eigne Rechtlichkeit der Grund von Rechten sein könne [7]).

Sehen wir hier noch ab von dem Detail, wodurch unsere entgegengesetzte Ansicht nachgewiesen werden kann, und worauf wir erst unten einzugehen im Stande sein werden, so lassen sich

---

6) Siehe das Recht des Besitzes §. 2. Es wird weiter angeführt: Bei gewaltthätigen Handlungen, der ersten und wichtigsten Art solcher Handlungen überhaupt, habe dies gar keinen Zweifel; aber aus demselben Gesichtspunkte werden auch die übrigen Fälle im Römischen Rechte betrachtet, in welchem possessorische Interdicte gebraucht werden können. So z. B. gründe sich das interdictum de precario weder auf Vertrag, noch darauf, daß der Kläger mehr Recht an der Sache zu haben behaupte, als der Beklagte: sondern allein darauf, daß es an sich unrecht sei, den guten Willen des Anderen zu mißbrauchen. Auch sein darum überall die drei Arten, wie der Besitz unrechtlich erworben werden könne (vitia possessionis), mit einander verbunden.

7) Siehe v. Savigny a. a. O. §. 2. Es wird weiter angegeben, es gelte hier etwas ganz anderes, als bei der rei vindicatio, bei welcher nicht danach gefragt werde, auf welche Weise der Andere zum Besitz gekommen sei. Wer dagegen bloß den Besitz einer Sache habe, habe damit gar kein Recht auf die Detention, aber er habe das Recht von jedem zu fordern, daß er überhaupt keine Gewalt gegen ihn gebrauche: thue er dieses dennoch, und sei diese Gewalt gegen den Besitz gerichtet, so schütze sich der Besitzer durch Interdicte. Der Besitz sei die Bedingung dieser Interdicte, also hier, wie bei der Usucapion, die Bedingung von Rechten überhaupt.

doch schon jetzt gegen jene Grundsätze im Allgemeinen die gegründetesten Bedenken erheben.

Als Fälle, wo v. Savigny, abgesehen von der bonae fidei possessio [8]), für welche auch wir jenen Schutz durch Interdicte behaupten, juristischen Besitz und in Folge desselben die Interdicte auszeichnet, kommen insbesondere vier Fälle in Betracht, in welchen juristischer Besitz, jedoch nicht ein für allemal, vorhanden sein soll: sie betreffen insgesammt den sg. abgeleiteten Besitz. Erstens nemlich soll für den Innehaber des *jus in agro vectigali* ein für allemal und ohne Beschränkung jener juristische Besitz vorhanden [9]), demnach derselbe durch

8) Dabei müssen wir denn ebenfalls davon absehen, daß v. Savigny auch dem Diebe jenen juristischen Besitz ertheilt, ebenso dem Ehegatten in Folge einer donatio inter virum et uxorem. Beide können bekanntlich nicht Eigenthümer der erlangten Sache werden, sie erlangen vielmehr gar kein Recht an der Sache, aber sie sollen nach v. Savigny juristische Besitzer in dem angegebenen Sinne sein. Dieser Punkt wird passend erst weiter unten im Zusammenhang seine Erledigung finden.

9) Siehe v. Savigny d. Recht des Besitzes §. 9. (5), §. 22. a. (IV) u. §. 24. (I). v. Savigny sagt, nach dem Begriff des Besitzes dürfe auch hier, wie bei der Superficies, kein juristischer Besitz angenommen werden, ein wahrer Besitz sei unleugbar, und diese scheinbare Inconsequenz lasse sich nur historisch erklären. Obgleich nemlich bei dem ager vectigalis dem Pachter nur ein jus in re zugeschrieben werden könne, so habe sich der ager vectigalis nach der Analogie des alten ager publicus gebildet, und so viele und wichtige Verschiedenheiten zwischen beiden gelten mochten, so sei doch auch nichts natürlicher, als daß diese Analogie ohne weiteren Grund manche practische Rechtssätze für den ager vectigalis veranlassen mußte. Da nun grade die possessio bei dem ager publicus sogar zuerst entstanden, sei es sehr natürlich, daß man sie in dem ager vectigalis, als der neueren Form des ager publicus habe fortdauren lassen. v. Savigny das Recht des Besitzes §. 12. a. (4). Diese ganze Erklärung hängt zusammen mit der Geschichte, welche v. Savigny für den Besitz annimmt, welche jedoch auf einer schon an und für sich unhaltbaren Conjectur beruht. Savigny nimmt nemlich nach Niebuhr an, daß der Besitz und jener Schutz durch Interdicte zuerst am ager publicus

die sg. possessorischen Interdicte geschützt sein. **Zweitens** soll dasselbe für den **Pfandberechtigten** gelten, der durch ein Faustpfand, pignus im eigentlichen Sinne, berechtigt worden ist [10]).

---

entstanden sei. Der ager publicus im Gegensatz des ager privatus, welcher letztere sich im Römischen Eigenthum befunden, sei nach der alten Verfassung größtentheils an einzelne Römische Bürger zum Besitz und Genuß überlassen, so daß jedoch die Republik das Recht behielt, ihn völlig willkührlich einzuziehen. Es finde sich für diesen Besitz der Einzelnen, also für eines der wichtigsten und häufigsten Verhältnisse im alten Rom, nirgends eine bestimmte Rechtsform erwähnt, obgleich bei dem juristischen Ordnungssinn der Römer nicht zu zweifeln sei, daß hier ein Schutz des Innehabers gegen willkührliche Störung gegolten habe, man dürfe wohl annehmen, daß der Interdictenbesitz eben diese Rechtsform für den ager publicus gewesen sei. — Allein für diese ganze Hypothese läßt sich in der That nichts weiter angeben, als daß für den ager publicus die Ausdrücke: *possessio*, *possessor*, *possidere* gebraucht werden, wenn gleich v. **Savigny** damit noch verschiedenes Andere in Verbindung gebracht hat. S. d. Recht des Besitzes §. 12. a. Dabei ist ausserdem hervorzuheben: der Pächter eines ager vectigalis, und eben so der emphyteuta, erwerben nicht wie der sonstige Pächter durch Perception, sondern schon durch Separation die Frucht. Dies erklärt v. **Savigny** a. a. O. §. 22. a. IV. so, weil derselbe den juristischen Besitz der Sache habe, müsse er gleich dem bonae fidei possessor die Frucht gewinnen, sobald sie von der Hauptsache abgesondert sei. Aber auch der Zeitpunkt des Erwerbes sei für beide derselbe, und habe für beide denselben Grund, nemlich die Regeln des Besitzes, so daß eine andere Erklärung dieses Umstandes unmöglich sei.

10) S. d. Recht des Besitzes §. 9, 6. und daselbst §. 24. II. Es soll also jener Besitz nicht durch jede Verpfändung überhaupt entstehen, namentlich nicht ein bloßes prätorisches Pfand genügen, denn dieses entstehe aus jeder missio in possessionem, und doch habe die missio in den meisten Fällen keinen Besitz zur Folge. Den juristischen Besitz für das pignus erklärt v. **Savigny** so: Die Römer hätten lange Zeit nur 2 Arten gehabt, durch das Eigenthum des Schuldners die Erfüllung einer Obligation zu sichern. Man habe **erstens** mit dem pactum de remancipando auf dem Wege der fiducia das Eigenthum der Sache gleich anfangs über-

Drittens soll jener juristische Besitz für den **Depositar**, jedoch nur ausnahmsweise, vorhanden sein [11]). Endlich **viertens** soll derselbe für den *precario accipiens*, wenn auch nicht ohne alle Ausnahme, dennoch als die Regel in Betracht kommen [12]).

Beim *jus in agro vectigali* zunächst, wie schon früher angegeben und an einem andern Orte genügend nachgewiesen ist, unterliegt es auch nicht dem mindesten Zweifel, daß der emphyteuta **rechtlicher**, und nicht bloß factischer Innehaber seines Grundstückes sei [13]). Die Sache ist so völlig klar, daß gewiß niemand der Ansicht v. **Savigny's** beitreten wird. Der emphyteuta hat an einem fremden, fruchttragenden Grundstücke **ein dingliches Recht, ein dingliches Recht größeren Umfanges**, so daß er selbst dem Eigenthümer eines Grundstückes in seinen Befugnissen und Berechtigungen analog

lassen. Diese Form sei nicht bloß beschwerlich, sondern auch auf bestimmte Arten von Sachen (res mancipi) beschränkt gewesen. Deshalb sei es **zweitens** gewöhnlich geworden, die Sache dem Gläubiger bloß hinzugeben, ohne daß dadurch für den Schuldner ein anderes Recht entstanden, als das, in Zukunft die Zurückgabe zu verlangen (actio pigneratitia). Hier fehle der animus dominii, es könne demnach nur ein abgeleiteter Besitz sein. Der Gläubiger erhalte durch die Uebergabe bloß die natürliche Sicherheit, die ihm die Aufbewahrung einer Sache gewähre, verliere er den natürlichen Besitz, so sei alle Sicherheit verloren. Der Gläubiger habe die Detention nach dem Inhalt des Contractes, und insofern die Interdicte bloß dazu vorhanden sein, Detention zu erhalten und wiederzugeben, müsse er und nicht der Schuldner die possessorischen Interdicte anstellen können. Nach eingeführter actio hypothecaria habe der Gläubiger eine Realklage, um den verlornen Besitz wieder zu erlangen, dadurch seien die Interdicte mehr entbehrlich geworden, allein man habe die Interdicte dennoch beibehalten, denn auch der Eigenthümer habe sie bekommen, obgleich er von jeher eine Vindication hatte u. s. w.

11) Siehe das Recht des Besitzes §. 25.

12) Siehe ebendaselbst.

13) S. meine Schrift über das frühere Verhältniß des Rechtes am ager vectigalis, S. 34. ff.

behandelt ist. Dasselbe gilt deshalb auch von den Schutzmitteln, welche dem emphyteuta, jedoch erst durch Interpretation der Römischen Juristen, gestattet worden sind. Es sind hier dieselben Klagen angewandt, welche dem Eigenthümer zustanden [14]). Auch der emphyteuta soll possessorisch klagen, ihm bei seinem Rechte zn besitzen (jus possidendi) eine schleunige Hülfe geschafft werden: allein zum Schutz im Besitze hatte der Prätor dem Berechtigten bereits ein eignes selbstständiges Interdict, das *interdictum de loco publico fruendo*, gegeben, und wir können mit Bestimmtheit behaupten, daß ein Schutz, wie er durch die sg. possessorischen Interdicte erlangt wird, hier überflüssig und unnöthig sei, weil durch jenes grade schon dieser Schutz gestattet ist. Es ist zugleich völlig ausgemacht, daß jenes Interdict, nicht anders als die sonstigen Schutzmittel des emphyteuta, demselben keinesweges als Folge eines bloßen factum, eines leeren Nichts gewährt worden sei [15]).

Grade dasselbe ist in Betreff des Pfandes, bei welchem v. Savigny jedoch ebenso nur juristischen Besitz behauptet hat, unzweifelhaft. Für den Pfandgläubiger, wenn ihm der Besitz des verpfändeten Objectes übertragen worden, was v. Savigny hier vorausgesetzt, ist nicht bloße Detention, verbunden mit der Absicht zu besitzen, vorhanden, vielmehr ist derselbe ohne Rücksicht, ob ein pignus, oder hypotheca vorliegt, dinglich Berechtigter. Er hat ein dingliches Recht größeren Umfanges, und ist deshalb selbst dem Eigenthümer analog behandelt worden. Es betrifft jedoch diese Behauptung nicht so die sonstigen Befugnisse [16]), als vielmehr das Recht des

---

14) Auch dieser Punkt ist in meiner angeführten Schrift genügend dargethan, S. 35 ff.

15) Vergl. auch hierüber meine Schrift, S. 45 ff.

16) Der Pfandgläubiger, ohne Unterschied, ob er creditor pigneratitius oder hypothecarius ist, hat in Folge seines dinglichen Rechtes nicht diejenigen einzelnen Berechtigungen, welche den sonstigen dinglich Berechtigten größeren Umfanges, dem Emphyteuta und Superficiar zustehen. Als Dispositionberechtigung hat er nur das

Schutzes, welchemnach dem Pfandgläubiger alle die Schutzmittel zustehen, welche ursprünglich nur für den Eigenthümer zur Verfolgung seines Rechtes bestimmt waren [17]). Dieser Ana-

Recht der Veräußerung bei nicht erfüllter Verbindlichkeit. Außerdem kann er nur noch sein dingliches Recht Anderen verpfänden (*creditor creditoris*). Einen Anspruch auf den Fruchtgenuß hat der Pfandgläubiger nur ausnahmsweise, nemlich in Folge einer besonderen Nebenverabredung, des *pactum antichreticum*. Das Recht, die Sache factisch inne zu haben, steht nur dem creditor pigneratitius zu. Auch kann nur für diesen, nicht so für den creditor hypothecarius, das Recht gedacht werden, Dritte von der Sache abzuhalten. Die Beschränktheit jener Berechtigungen erklärt sich aus der bei dem Pfandcontract zum Grunde liegenden Absicht, der Pfandgläubiger soll nur zu seiner Sicherheit in größerem Umfange dinglich berechtigt sein, was bei der Emphyteuse und der Superficies sich ganz anders verhält.

17) Grade dieser Schutzmittel bedurfte der Pfandgläubiger, um hinlänglich gesichert zu sein, und dadurch, daß auf ihn dieselben analog übertragen worden sind, characterisirt sich das Pfandrecht, wie die Emphyteuse und Superficies, als ein größeres dingliches Recht. Obgleich das Pfandrecht ein fremdes Eigenthum voraussetzt, ist es doch dem wirklichen Eigenthum ganz analog behandelt, welches von der Emphyteuse und superficies ebenfalls behauptet werden muß. Der Pfandgläubiger hat zur Verfolgung der ihm verpfändeten Sache die actio *hypothecaria*, welche als actio in rem ausgezeichnet nur eine analoge rei vindicatio ist. Sie vertritt für den Pfandgläubiger die bei der Emphyteuse und Superficies vorkommende *actio Publiciana utilis*. Eben so sind für den Pfandgläubiger nach derselben Analogie die drei Theilungsklagen zur Anwendung gebracht, nemlich die *actio communi dividundo*, *familiae erciscundae* und *finium regundorum*. Auch ist für ihn analog die *actio confessoria* und *negatoria* angewandt worden, er ist gleich dem Eigenthümer mit diesen Klagen aufzutreten berechtigt, wenn dem verpfändeten Object eine Servitut zusteht, oder eine solche von einem Dritten unbefugterweise in Anspruch genommen wird. Er hat die *condictio furtiva* und die *actio rerum amotarum*, um als dinglich Berechtigter hinreichend gesichert zu sein; beide Klagen ist sonst nur der wirkliche Eigenthümer anzustellen berechtigt. Auch kann er sich eine *cautio damni infecti* bestellen lassen, ebenso das *opus novum* nunciiren, er stellt das *interdictum de precario* an u. s. w.

logie wäre es gemäß, auch die possessorischen Interdicte für den Pfandgläubiger zur Anwendung zu bringen. Allein es scheint, als wenn diese Art des Schutzes weniger nöthig gewesen, daß es dem Pfandgläubiger vielmehr nur darauf angekommen sei, den Besitz der verpfändeten Sache zu erlangen, zu welchem Ende schon vom Prätor ein eignes Interdict, das *interdictum Salvianum*, was hinterher nach der Analogie auch als *quasi Salvianum* angewandt wurde, bestimmt worden war.

Dasselbe Rechtsverhältniß, was bei der Emphyteuse entscheidet, ist nicht anders für die Superficies entscheidend. v. Savigny hat indeß in Betreff der letzteren jenen juristischen Besitz geläugnet [18]; und dieser Irrthum wurde durch die hier üblichen technischen Ausdrücke veranlaßt. Es findet sich nemlich für den emphyteuta, oder vielmehr für den Berechtigten am ager vectigalis, welches sich jedoch auf dasselbe Rechtsverhältniß bezieht, in einzelnen Angaben der Ausdruck *possidere*, worunter v. Savigny juristischen Besitz versteht. Allein der Emphyteuta sowohl als der creditor pigneratitius heißen in keinem anderen Sinne *possessores*, als der Eigenthümer selbst. Von einem possidere ad interdicta ist nirgends die Rede, es wird vielmehr jenes possidere ebenso durch *jure hereditario possidere*, und andere ähnliche Umschreibungen bezeichnet, nemlich in Betreff des jus in agro vectigali [19]. Und die *reliquae causae possessionis* in Betreff des creditor pigneratitius, welche im Gegensatz der Usucapion in **l. 16. D.** de usurpat. et usucap. erwähnt werden, worauf v. Savigny am meisten Gewicht gelegt zu haben scheint, beziehen sich nur auf die verschiedenen Vortheile, welche, wie z. B. das Retentionsrecht, von dem factischen Innehaben im Römischen Rechte ab-

18) Siehe das Recht des Besitzes §. 23. Das hier stattfindende interdictum de superficiebus ist in der That nichts anderes, als eine Anwendung des interdictum uti possidetis, nur daß diese Anwendung bereits vom Prätor festgestellt worden war.

19) Siehe meine Schrift über das frühere Verhältniß des Rechtes am ager vectigalis, S. 43 ff.

hängig, und bereits oben gelegentlich erwähnt worden sind. *Possessio* wird das factische Innehaben des Pfandgläubigers in demselben Sinne genannt, in welchem das factische Innehaben des Eigenthümers mit diesem Ausdruck bezeichnet wird [20]).

Die Unrichtigkeit der Meinung v. Savigny's in Betreff des *depositum* und *precarium* wird sich nach dem Obigen um so leichter ergeben. Auch hier scheint v. Savigny durch den Ausdruck *possidere* verleitet worden zu sein, indem er demselben jene technische Bedeutung unterlegt. Indeß dieser Ausdruck bezieht sich überhaupt auf factisches Innehaben der Sache, und auf dieses in einem ganz verschiedenen Sinne. Schon deshalb muß v. Savigny's Conjectur höchst gewagt erscheinen. Allein die Sache läßt sich eben so leicht auf andere Weise erklären.

Beim *depositum* zunächst soll Besitz nur ausnahmsweise vorhanden sein, für einen sehr beschränkten Fall [21]). Wenn das Eigenthum einer Sache vindicirt, die Sache selbst aber bei einem Dritten (sequester) deponirt wird, so können nach Savigny die Partheien ausdrücklich bestimmen, daß dieser Dritte den Besitz haben solle, damit dadurch alle bisherige Usucapion unterbrochen werde. Die hierher gehörigen Quellenzeugnisse, worauf

20) Am wenigsten sind die von Savigny außerdem angegebenen Stellen für das Gegentheil beweisend. Vergl. l. 29. u. 37. D. de pignerat. act. l. 37. D. de possess. l. 36. eod. l. 16. D. de usurpat. et usucap. l. 33. §. 5. D. eod. l. 16. D. de oblig. et action. Es ist in keiner dieser Stellen bemerkt, daß der Ausdruck *possessio* mit dem Schutz durch jene bestimmten Interdicte in irgend einer Verbindung stehe, es ist auch nirgends ausdrücklich gesagt, daß der Pfandgläubiger jene Interdicte anzustellen berechtigt sei, wie sich ebenso dafür in Betreff der Emphyteuse keine ausdrückliche Stelle findet.

21) Abgesehen von diesem bestimmten Falle soll grade das Gegentheil sogar als die Regel gelten nach l. 3. §. 20. D. de adquir. et amitt. possess. l. 33. §. 4. D. de usurp. et usucap. l. 9. §. 9. D. de reb. cred. Diese sonstige Regel ist nemlich die, daß beim Depositum ebenso wenig, als bei der Pacht u. s. w., der Besitz veräußert werde.

jene Behauptung gestützt ist [22]), enthalten indeß nichts von den sg. possessorischen Interdicten, sondern sprechen von den verschiedenen Arten der Sequestration. Dieselbe ist eine Art des Depositums, wie bei diesem, erlangt der Sequester gemeinhin auf einem obligatorischen Wege nur das Recht der Aufbewahrung, oder unter Umständen die Verwaltung der Sache. Dann ist der Sequester, wie der Depositar, nur factischer Innehaber der Sache, als solcher ein Repräsentant des zur Sequestration Hingebenden, er erlangt gar kein Recht an der übergebenen Sache, und aus diesem Grunde bleibt der Sequestrirende Eigenthümer oder *bonae fidei possessor*; und in letzterer Qualität wird er auch die Usucapion fortsetzen können. Allein das Gegentheil kann bei der Sequestration ausdrücklich verabredet, dem Sequester das Eigenthum an der Sache eingeräumt werden, er also als Eigenthümer bis zur ausgemachten Sache in Betracht kommen. In diesem Falle nun kann der Sequester auch ebenso gut nur ein *bonae fidei possessor* sein, nemlich wenn die übertragene Sache kein Eigenthum des Uebertragenden war. Diese Uebertragung der bonae fidei possessio wird hier, im Gegensatz des Eigenthums (proprietas), schlechthin *possessio*, und insofern es sich von der Usucapion handelt, *possessio ad usucapionem* genannt. Es ist also in jenen Stellen ganz etwas anderes enthalten, als was v. Savigny behauptet hat. Insofern

22) Solche sind l. 39. D. de adquir. et amittend. poss.: „Interesse puto, qua mente apud sequestrem deponitur res: nam si „amittendae possessionis causa, et hoc aperte fuerit approbatum: ad usucapionem possessio ejus partibus non procederet: „ut si custodiae causa deponatur, ad usucapionem eam possessionem victori procedere constat." — l. 17. §. 1. D. deposit.: „Rei depositae proprietas apud deponentem manet, sed et possessio nisi apud sequestrem deposita est: nam tum demum „sequester possidet: id enim agitur in depositione, ut neutrius „possessioni id tempus praecedat." Das Depositum gibt also keinen Besitz, außer wenn von einem sequester die Rede ist. Letzterer hat aber nicht immer, sondern nur ausnahmsweise den Besitz, wenn ihm nemlich derselbe ausdrücklich übertragen worden,

er auch für diesen Fall einen abgeleiteten Besitz annimmt, der nur den animus possidendi erfordert, müßte die Usucapion, die hier doch so ausdrücklich erwähnt wird, ganz ausgeschlossen bleiben, weil dieselbe eine bonae fidei possessio, somit den animus dominii voraussetzt [23]).

Rücksichtlich des *precario tenens* heißt es in einer Stelle: *etiam possidere* [24]). Deshalb nimmt v. Savigny hier als die Regel an, daß Besitz übertragen werde, daß jedoch auch nur die bloße Detention übertragen werden könne, allein letzteres müsse besonders verabredet sein, um behauptet werden zu können [25]). Das precarium war, wie so viele andere Institute,

23) Bei der Emphyteuse, bei dem Pfande usucapirt derjenige, der die Emphyteuse bestellt oder das Pfandrecht ertheilt hat, weil sie, ungeachtet der Uebertragung der Sache und der Ertheilung jenes dinglichen Rechtes größeren Umfangs, die Absicht behalten, Eigenthümer zu sein, wogegen der Emphyteuta sowie der Pfandgläubiger dies fremde Eigenthum anerkennen, mithin nicht den zur Usucapion erforderlichen animus dominii haben können.

24) l. 4. §. 1. D. de praescr.: „Meminisse autem nos oportet, „eum, qui precario habet, *etiam possidere*."

25) v. Savigny's Ansicht (das Recht des Besitzes §. 25.) ist vollständig diese. Beim precarium werde theils Besitz, theils bloße Detention übertragen. Der Grund, weshalb Uebertragung des Besitzes hier als Regel gelte, liege darin, daß sie dem Eigenthümer nicht schade. Sein Usucapionsbesitz nemlich werde durch accessio possessionis fortgesetzt, und es finde für ihn ein eignes interdictum recuperandae possessionis statt, um den veräußerten Besitz wieder zu erlangen. Daß bloße Detention übergehen solle, könne durch ausdrückliche Verabredung bestimmt werden. Zwar werde auch in diesem Fall der Besitz verloren, wenn der rogans zugleich Eigenthümer der Sache sei, allein nun sei in Wahrheit kein precarium vorhanden. Deswegen leide der Satz selbst eine Ausnahme, wenn der Eigenthümer wissentlich das precarium eingehe; dann nemlich sei nur ein precarium solius possessionis vorhanden, indem jener Vertrag mit Rücksicht auf den Besitz eines Anderen geschlossen werde, nicht werde dann der juristische Besitz durch precarium übertragen. Eine wichtige Anwendung komme bei dem Pfandcontract vor. Wenn der Schuldner das Pfand precario rogire, so gelte diese rogatio, weil sie offenbar mit Rücksicht auf den juristi-

prätorischen Ursprungs; und es fragt sich hier, ob der precario tenens ein Recht an der Sache habe, oder nicht. Derselbe kann keinen animus dominii haben, demnach nicht Eigenthümer, oder bonae fidei possessor, sein [26]). Vielmehr bleibt der Uebertragende Eigenthümer, der precario tenens erlangt nur, so lange es jenem gefällt, den Besitz und das Recht des Genusses, und die Frage, welche hier entstehen könnte, ist die, ob er dieses sein Recht als ein persönliches, oder als ein dingliches Recht in Anspruch nehme. Die Quellen lassen solche unentschieden. Das precarium wird nur mit anderen vorhandenen Rechtsgeschäften verglichen: so mit der *donatio*, jedoch dadurch von dieser unterschieden, daß das Gegebene zurückgegeben werden müsse, sobald es dem Geber gefalle [27]). Ebenfalls wird das precarium mit dem Commodat gleichgestellt, besonders in der Rücksicht, daß der Empfänger nicht Eigenthümer werde [28]), jedoch ausdrücklich angegeben, es sei mehr einer Schenkung oder einer Wohlthat, als einem Contracte zu vergleichen [29]), es entstehe dadurch, daß jemand auf seine Bitten den Besitz einer Sache oder eines Rechtes und zugleich den Genuß erlangt habe [30]). Der

---

schen Besitz des Gläubigers geschehe. Der Usucapionsbesitz des Schuldners dauere fort; aber ebenfalls der Besitz des Gläubigers, wenn das precarium die bloße Detention zum Gegenstand habe.

26) Aus diesem Grunde, und aus keinem anderen, begründet das precarium ein *vitium possessionis*. Der precario angefangen hat zu besitzen, besitzt ebenso injuste, als der, welcher vi, clam den Besitz erlangt hat.

27) l. 1. §. 2. D. de precar.

28) l. 1. §. 3. D. de precar.

29) Es heißt in l. 14. D. de precar.: „Interdictum de precariis „merito introductum est, quia nulla eo nomine juris civilis „actio esset: *magis enim ad donationis et beneficii causam*, „*quam ad negotii contracti, spectat precarii conditio.*" Diese an sich unbestimmte Angabe des Paulus über die rechtliche Natur des precarium hat darin ihren Grund, weil der Prätor durch Gewährung des interdictum de precario nur das Rechtsverhältniß des precarium als solches der Sache nach ausgezeichnet hat.

30) In diesem Sinne sagt l. 2. §. 3. D. de precario: „Habere

accipiens erlangt also bittweise das Recht des Genusses, so lange es dem Eigenthümer gefällt [31]).

Bei diesem Rechte mochte im Einzelnen manches auf die Verabredung ankommen. Doch ist ausgemacht, daß der precario accipiens nicht usucapiren könne, denn es wird ausdrücklich gesagt, daß er im Verhältniß zu dem Eigenthümer, gleich dem usufructuar, dem colonus und inquilinus, nur als Repräsentant im Besitze sich verhalte. Es heißt gradezu: *non possidet, sed possessio apud eum, qui concessit, remanet*, ohne daß dabei einer besonderen Verabredung erwähnt wird [32]). Der Ausdruck *possidere* kann demnach nur auf jenes factische Innehaben bezogen werden. Es heißt ferner vom precario tenens: *injuste possidet*, sein Innehaben wird *injusta possessio* genannt, mit einer solchen kann aber kein Recht verbunden sein. Der Dieb, der *vi possessor* sind rechtlos, und müssen aus diesem Grunde die Sache, welche sie unrechtmäßig besitzen, herausgeben [33]). Zwar wird die injusta possessio possessorisch geschützt, aus einem besonderen Grunde, der unten genauer anzugeben ist, und daher der precario tenens das interdictum uti possidetis ha-

„precario videtur, *qui possessionem vel corporis, vel juris* „*adeptus est*, ex hac solummodo causa, *quod preces adhibuit* „*et impetravit, ut sibi possidere, aut uti liceat.*"

31) *Precarium est, quod precibus potenti utendum conceditur tamdiu, quam is, qui concessit, patitur;* l. 1. pr. D. de precar.

32) l. 6. §. 2. D. de precar.: „*Is qui rogavit, ut precario in* „*fundo moretur, non possidet: sed possessio apud eum, qui* „*concessit, remanet:* nam et fructuarius, inquit, et colonus et „inquilinus *sunt in praedio: et tamen non possident.*" Auch ist in *l. 10 pr. §. 1. D. de adquir. et amittend. poss.* von einer besonderen Verabredung nicht die Rede.

33) Nur das factische Innehaben, worauf ein Berechtigter Anspruch hat, ist hier entzogen. Das Recht des Verletzten dauert fort, und eben daraus folgt, daß er rechtlich den Besitz der Sache wieder erlangen könne.

den [34]), weshalb sich auch hier die Sache ganz anders verhält, als v. Savigny behauptet [35]).

34) Vergl. nur l. 17. D. de precar.: „Qui precario fundum pos„sidet, is *interdicto uti possidetis adversus omnes, praeter „eum, quem rogavit, uti potest.*"

35) Nichts steht aber schon nach allgemeinen Grundsätzen im Wege, daß an einem Pfandrechte ein precarium überlassen werde, da es bei dem precarium am wenigsten auf Eigenthum ankommt, was der Pfandgläubiger nicht hat. Diese rogatio precarii konnte selbst von denjenigen geschehen, welche die Sache verpfändet hatten; l. 6. §. 4. D. de precar. Allein vom Pfandgläubiger wird hier überall nicht etwa, was v. Savigny behauptet, juristischer Besitz in dem von ihm angegebenen Sinne übertragen, sondern nur ein factisches Innehaben und das Recht des Genusses, welches bei dem Pfandrecht dem Eigenthümer entzogen sein konnte. Das Recht des Eigenthümers, welcher ein precarium ertheilt, soll durch ein eigenes selbstständiges Interdict, das *interdictum de precario*, geschützt werden; außerdem gestattet der Prätor demselben eine *actio praescriptis verbis;* l. 2. §. 2. D. de precar. Jenes Interdict ist eingeführt, damit der Eigenthümer auf einem schleunigen Wege zum Besitz und Genuß seines Eigenthums gelange; es ist ein interdictum *adipiscendae possessionis*. v. Savigny findet den Grund desselben darin, es sei unrecht, den guten Willen eines Anderen zu mißbrauchen. Daran konnte der Prätor allenfalls denken bei Einführung dieses Instituts, bestimmter ist indeß jenes Interdict in einem obligatorischen Verhältniß, welches als solches vom Prätor abgesehen von früheren Contracten ausgezeichnet wurde, nicht auf Eigenthum gegründet, und aus diesem Grunde muß das Genauere über das interdictum de precario hier als überflüssig übergangen werden. Deshalb findet sich dieses Interdict im System auch nicht dort, wo von den possessorischen Schutzmitteln des Eigenthümers gesprochen wird. v. Savigny nimmt zugleich an, daß die precaria possessio theils justa, theils injusta gewesen sei, aber zu verschiedenen Zeiten. Der Besitz sei erst injusta, nachdem in Folge der Aufkündigung des Ertheilers die Sache nicht restituirt worden, während er bis dahin eine possessio justa gewesen. S. d. Recht des Besitzes §. 42. Allein es ist in den Quellen nirgends diese injusta possessio von dem Aufkündigen abhängig gemacht, vielmehr der Besitz des precario tenens ganz allgemein als injusta possessio ausgezeichnet, und diese injusta possessio häufig in dem

Ausser diesen Fällen des sg. abgeleiteten Besitzes [36]), und einigen anderen, für welche die Unhaltbarkeit der Behauptung v. Savigny's ebenso leicht eingesehen werden kann [37]), bleibt nur noch die *bonae fidei possessio* übrig. Auf diese allein bezieht sich das, was v. Savigny für eine ganz allgemeine Anwendung behauptet. Hier allein ist an und für sich ein bloß factisches Innehaben, aber immer verbunden mit dem animus dominii, niemals animus possidendi. Sie ist der Grund der Usucapion, und der possessorischen Interdicte. Allein diese sind nicht eine juristische Folge des bloßen Besitzes abgesehen

---

Zusammenhange erwähnt, daß die Verjährung wegen des hier stattfindenden vitium possessionis ausgeschlossen bleibe. Wie kann hier irgend eine Bedenklichkeit obwalten. Der precario besitzt, weiß ja, eben so als der Dieb und vi possessor, daß er nicht Eigenthümer sei, er muß gleich jenen in jedem Augenblicke dem Eigenthümer weichen, er kann sich nie für den Eigenthümer halten, demnach auch nicht bonae fidei possessor sein. Denn hiezu ist der Glaube, daß man Eigenthümer oder Berechtigter geworden sei, durchaus nothwendig.

36) Die von Savigny gemachte Eintheilung des Besitzes in den ursprünglichen und abgeleiteten Besitz hat bereits bei vielen der neueren Juristen Widerspruch erfahren, ungeachtet für die Lehre des Besitzes letzterer grade als die Hauptsache durch v. Savigny ausgezeichnet wurde. Nicht bloß hat früher Zachariä den abgeleiteten Besitz verworfen, dasselbe ist in ganz neuerer Zeit von ausgezeichneten Civilisten geschehen. Namentlich gehören dahin: Bartels über den abgeleiteten Besitz (in der Zeitschrift für Civil-Recht Bd. VI, im letzten Heft), Roßhirt (Archiv für civilist. Praxis Bd. VIII. S. 1 ff.), v. Schröter (Zeitschr. für Civil-Recht u. Prozeß Bd. II. S. 233 ff.), Warnkönig (Archiv für civilistische Praxis Bd. XIII. S. 169 ff. Jene Verfasser stimmen jedoch schon in der Hauptsache nicht mit einander überein, und ihre Ansichten sind von der unsrigen durchaus abweichend. Siehe auch Sintenis Beiträge zu der Lehre vom juristischen Besitz überhaupt, und von dem Pfandbesitz insbesondere (in d. Zeitschr. für Civil-Recht und Prozeß von Linde, Marezoll und v. Schröter).

37) Es gehört nemlich dahin, daß nach v. Savigny auch der Dieb und der beschenkte Ehegatte jenen juristischen Besitz haben sollen.

von allem Recht, vielmehr, wie die sonstigen Schutzmittel der bonae fidei possessio, die Folge eines wirklichen Rechtes, nemlich des Eigenthums, was für den bonae fidei possessor durch den Prätor Publicius bestimmt wurde. Es ist die Fiction des Prätors Publicius, welche den bonae fidei possessor überall dem wirklichen Eigenthümer gleichstellt; wenn daher jene Interdicte für den bonae fidei possessor gelten, so kann dies nur eine Folge davon sein, daß letzterer ebenfalls als Eigenthümer angesehen wird.

Von diesem Gesichtspunkte aus ist alles völlig klar und einfach. Es läßt sich kein Unrecht denken, ohne daß ein Recht vorhanden wäre, denn ein Nichts kann nicht verletzt werden: was v. Savigny so ganz übersehen, und v. Thaden mit Grund gegen ihn bemerkt hat [38]). Für die Schutzmittel überhaupt spricht sich allgemein der Grundsatz aus, ein Recht muß in dem Umfange, in welchem es vorhanden ist, anerkannt, und gegen unrechtmäßige Störungen geschützt werden. v. Savigny sucht seine Ansicht dadurch zu basiren, daß er behauptet, es liege hier eine Präsumtion zum Grunde, man könne den Besitz als ein präsumtives Eigenthum betrachten. Auch gegen dieses führt v. Thaden mit Grund an, eine Präsumtion widerspreche der Grundansicht, daß der Besitz ein bloßes Factum sei, denn eine Präsumtion erhebe den Besitz zu einem Rechte, was derselbe nach v. Savigny nicht sein solle. Er bemerkt ganz richtig, eine Präsumtion lasse etwas vermuthen, solle hier nun Eigenthum vermuthet werden, und werde ein solches Recht ganz allgemein in dem Besitz vermuthet, so sei damit der letztere auch gradezu zu einem Rechte, d. h. dazu erhoben, was er nach v. Savigny nicht sein solle [39]).

38) a. a. O. S. 12.

39) a. a. O. S. 11. Nicht mit der Lehre des Besitzes zusammenhängend und abwegig ist jedoch, was v. Thaden über das furtum possessionis a. a. O. S. 13. u. 14. anführt. Auf den Rechtsgrund der possessorischen Interdicte ist auch aufmerksam gemacht in

Diese und andere Einwendungen sind sehr treffend von jenem Verfasser geäußert worden, die obersten Grundsätze des Römischen Rechtes konnten nur dazu führen; in der Hauptsache jedoch hat derselbe weniger festen Fuß gefaßt. — Es ist nicht eine Vermuthung, welche hier juristische Folgen herbeiführt, es ist die rechtliche Bestimmung, daß der *bonae fidei possessor* dem Eigenthümer gleichgestellt sein solle, und diese ist, wie sie auf einer Fiction beruhet, in der innersten Nothwendigkeit gegründet. Was aber v. Savigny bei jener allgemeinen Erörterung des Grundes des Besitzes, zumal sogar die bonae fidei possessio von ihm für die ganze Darstellung als gleichgültig behandelt wird, vor Augen gehabt habe, ist schwer einzusehen [40]).

§. 25.

Jene Behauptung in Ansehung des präsumtiven Eigenthums soll jedoch nur die Begründung des Besitzes im Allgemeinen betreffen, durchaus nicht den Rechtsgrund irgend eines concreten Besitzes; dieser soll vielmehr in dem Schutz gegen die formelle

---

Seevius, Blätter für juristische Kritik, von v. Meysenbug, 1stes Heft S. 112 ff.

40) Wie kann für den Dieb, für den beschenkten Ehegatten, welche wissen, daß sie gar kein Recht an der Sache haben, daß ihnen nicht gehöre, was sie besitzen, die Vermuthung entstehen, sie dürften auch wohl Eigenthümer sein. Ebenso wird obige Behauptung für jenen sog. abgeleiteten Besitz, welcher grade nach v. Savigny's Darstellung als die Hauptsache für die ganze Lehre des Besitzes angesehen werden muß, nur singulair erscheinen. Wie kann für einen solchen, der nur ein dingliches Recht an der Sache hat, der also ebenfalls weiß, daß er nicht Eigenthümer sei, den Emphyteuta und den Pfandgläubiger, vermuthet werden, er dürfte auch wohl Eigenthümer sein. Sicher wird niemals eine Gesetzgebung sich auf solche Argumente stützen. Noch weniger kann dieses auf die Sequestration und das *precarium* bezogen werden, für welche v. Savigny die sehr deutlichen Angaben der Quellen durchaus mißverstanden hat.

Verletzung enthalten sein [1]). In wiefern diese Nebenbestimmung für die possessorischen Interdicte richtig sei oder nicht, wird unten genügend erhellen.

Mit obiger Behauptung stehen manche andere Punkte in Verbindung, welche sich ebenfalls leicht widerlegen lassen, und von mehreren derselben ist schon früher gesprochen worden. Hier wird es der Ort sein, die Gründe, welche v. Savigny für das Dasein der Interdicte aufgestellt hat, genauer zu beurtheilen.

Wir können hierbei absehen von dem Streit, welchen v. Savigny mit den älteren Juristen führt, indem er behauptet, es sei am wenigsten die Rede von provisorischen Vindicationen, als welche nach den früheren Bearbeitern des Römischen Rechtes jene Interdicte angesehen wurden; dieser Streit dürfte in der That nur abwegig genannt werden [2]). In der

1) v. Savigny (das Recht des Besitzes §. 2.) spricht sich nemlich dahin aus: Fragt man nach dem Grunde, warum diese Art des Schutzes eingeführt sei, so könne man allerdings sagen, dieser Grund liege in einer allgemeinen Vermuthung, der Besitzer dürfte auch wohl Eigenthümer sein. Insofern also könne man den Besitz als einen Schatten des Eigenthums, als ein präsumtives Eigenthum betrachten; nur treffe dieses lediglich die Begründung des Rechtsinstituts im Allgemeinen, durchaus nicht den Rechtsgrund irgend eines concreten Besitzes. Dieser Rechtsgrund liege vielmehr lediglich in dem Schutz gegen die formelle Verletzung, weshalb die possessorischen Interdicte eine durchaus obligatorische Natur hätten, und auf keine Weise für provisorische Vindicationen gelten könnten.

2) v. Savigny (a. a. O §. 2.) erwähnt, die Meisten hätten irriger Weise jede Verletzung des Besitzes für eine materielle Rechtsverletzung angesehen, die possessorischen Klagen für provisorische Vindicationen. Diese Ansicht wird im §. 36. daselbst zu beseitigen gesucht. v. Savigny nennt provisorische Rechtsmittel diejenigen, deren Entscheidnng den Streit nur vorläufig endige, indem noch eine andere peremtorische Untersuchung und Entscheidung derselben Rechtsfrage möglich sei. Wenn also die possessorischen Klagen wirklich solche provisorische Rechtsmittel wären im Verhältniß zum Eigenthum, so müßte der Besitzer nach einer allgemeinen Präsumtion vorläufig als Eigenthümer angenommen werden, aber diese Ent-

Hauptsache ist v. Savigny's Ansicht diese [3]). Die sg. possessorischen Interdicte, wohin die interdicta retinendae und recuperandae possessionis, nicht die interdicta adipiscendae possessionis [4]), gerechnet werden, seien auf Besitz, auf juristischen

scheidung der provisorischen Vindication könne bei der folgenden Untersuchung sowohl geändert, als bestätigt werden. Dies sei falsch, indem das Recht der Interdicte auf Gründen beruhe, die in gar keiner Beziehung auf Eigenthum stehen. Die interdicta retinendae possessionis werden zwar als nöthige Vorbereitungen der Vindication angegeben, sogar gesagt, daß dieser Umstand Gelegenheit zu zu ihrer Einführung gegeben habe, auch jedem Eigenthümer gerathen, wo möglich ein Interdict, und nicht die rei vindicatio anzustellen. Allein dieses vorbereitende Verhältniß sei offenbar von dem eines provisorischen Rechtsmittels sehr verschieden, und selbst bloß zufällig, da es ohne Zweifel auch dann gebraucht werden könne, wenn keiner der streitenden Theile Eigenthum zu haben behaupte, wie sich bei sehr vielen andern Klagen (z. B. aus Contracten) jenes vorbereitende Verhältniß ebenso denken lasse. Jeder Jurist werde dem Eigenthümer, der außer der vindicatio auch eine Klage aus dem Contract habe, zu dieser letzteren rathen, wiewohl sie nicht eine provisorische Vindication sei; auch könne selbst eine Civilsache zur Vorbereitung einer Criminaluntersuchung dienen. — Was Wahres oder Falsches bei dieser Behauptung der älteren Juristen zum Grunde liege, welche sicher nicht durch v. Savigny's vorgefaßte und keineswegs bewiesene Ansicht als beseitigt angesehen werden kann, wird die folgende Darstellung schon ohne Weiteres ergeben. Sie gründet sich nemlich auf die Natur und Bedeutung der possessorischen Interdicte, über welche hier das Genauere erfolgen muß.

3) Das Recht des Besitzes §. 35.

4) Ueber letztere spricht sich v. Savigny so aus. Bei den interdictis adipiscendae possessionis behaupte der Kläger weder jetzt zu besitzen, noch ehemals den Besitz gehabt zu haben. Dennoch ließe sich eine zwiefache Art denken, diese Interdicte mit den übrigen possessorischen Klagen in Verbindung zu bringen: 1) indem man eine Fiction hinzudächte, durch welche der Besitz als erworben behandelt würde, den wir bloß das Recht haben zu erwerben: allein eine solche Fiction dürfe nicht willkührlich angenommen werden, und habe alle Analogie gegen sich; 2) indem man den Besitz einer anderen Person, deren successor der Kläger sei, als Bedingung be-

Besitz des Klägers gegründet. Sie können demnach nur unter der Bedingung angestellt werden, daß der Kläger ein *jus possessionis* wirklich erworben habe, und dieser Besitz als solcher verletzt worden sei; sie seien nicht diejenigen, wie die neueren Juristen sich ausgesprochen haben, welche den Besitz zum Zweck hätten, welcher Zweck sogar bei den meisten Klagen vorkomme. Insofern nun jene Interdicte auf dem juristischen Besitz des Klägers beruhen, komme es bei denselben auf den Beweis des Daseins dieses Besitzes an. Dieses Dasein müsse für bestimmte Zeitpunkte dargethan werden, es genüge nicht der Beweis, daß der Kläger den Besitz einmal erworben habe. Der Besitz beruhe in Betreff seiner Fortdauer auf fortgehenden factischen Verhältnissen zur Sache, welche wahrgenommen und nachgewiesen werden können. Jenes aber habe eine etwas unbestimmte Natur, und deshalb müsse der Richter in der Beurtheilung des Beweises desselben völlig freie Hand behalten, er werde dabei auch den erwiesenen Erwerb des Besitzes berücksichtigen, insofern aus demselben die gegenwärtige Fortdauer vermuthet werden könne. Diese Vermuthung werde um so mehr Gewicht haben, je kürzere Zeit seit dem Erwerbe verflossen sei. Wollte

---

trachtete. Allein auch die letztere Beziehung sei falsch, vielmehr haben die interdicta adipiscendae possessionis mit jenen possessorischen Klagen nichts gemein. Dieselben haben sogar untereinander nichts gemein, weshalb sie auch an ganz verschiedenen Stellen der Quellen abgehandelt worden. Siehe das Recht des Besitzes §. 35. Dennoch werden von Savigny als possessorische Interdicte, außer dem interdictum unde vi, uti possidetis und utrubi, auch noch das interdictum *de clandestina possessione*, welches jedoch für das neueste Recht nicht mehr vorhanden blieb, und das interdictum *de precario* ausgezeichnet. Siehe das Recht des Besitzes §. 36. am Ende, wo eine Uebersicht der Interdicte gegeben wird, und besonders §. 41. und 42. Allein die beiden letzteren Interdicte beruhen offenbar auf einem obligatorischen Verhältniß, was für das interdictum de precario schon oben angegeben worden ist. Insofern können sie gar nicht in die Lehre des Besitzes gehören, selbst nicht in dem Sinne, in welchem v. Savigny den Besitz auszeichnet. Beide werden daher an diesem Orte unberührt bleiben.

man aber annehmen, daß beim Besitz, wie beim Eigenthum, lediglich der Beweis des Erwerbes gefordert würde, so müßte man doch auf jeden Fall den Unterschied einräumen, daß der Erwerb bei dem Eigenthum auch in der Person des Erblassers stattfinden dürfe, bei dem Besitz dagegen für die eigene Person des Klägers nachgewiesen werden müsse, indem durch Beerbung zwar Eigenthum übergehe, Besitz aber nicht [5]).

Jedoch nur die Verletzung des Besitzes in bestimmten Formen gebe dem Besitzer das Recht der Interdicte, und nach diesen Formen der Verletzung werden die einzelnen Interdicte von einander unterschieden. Sie gründen sich entweder auf Gewalt, oder Verheimlichung, oder auf den Mißbrauch des precarium [6]). Gewalt könne den Besitz entweder bloß stören, oder entziehen, und wegen der bloßen Störung gebe es verschiedene Interdicte, jenachdem ein Grundstück, oder eine bewegliche Sache Gegenstand des Besitzes sei [7]). Dieses ist, was die Hauptsache betrifft,

---

5) Ebenso soll auch bei der Usucapion der Beweis des Besitzes keinesweges hinreichen.

6) Diese allgemeine Classification muß schon nach dem so eben über das interdictum de clandestina possessione und de precario Bemerkten verworfen werden. Auch kann Gewalt nicht einmal als ein sicheres Criterium gelten, es sei denn in Rücksicht des interdictum unde vi. Hier ist unter Gewalt jedoch nicht bloß die durch Waffen, sondern überhaupt jede widerrechtliche Bemächtigung begriffen Bei dem interdictum uti possidetis und dessen Nachbildung, dem interdictum utrubi, muß Gewalt im eigentlichen Sinne noch unerheblicher sein, ebenso bei der actio negatoria.

7) Außer der bisher angegebenen Darlegung Savigny's über die Natur der Interdicte im Allgemeinen findet sich noch im §. 37. eine allgemeine Auseinandersetzung, welche die interdicta retinendae possessionis betrifft. Wir können die Sache hier um so kürzer abthun, als das Nöthige bei dem interdictum uti possidetis und utrubi angegeben werden muß. v. Savigny unterscheidet für die Anwendung jener Interdicte drei verschiedene Fälle. Erstens den Fall, wenn der Besitzer durch die Störung Schaden gehabt habe, welchen er jetzt ersetzt verlange. Dieser Fall sei im Edict namentlich angegeben. Insbesondere habe die Verjährung des Interdicts für jeden anderen Fall keinen Sinn, auch könne es nicht zweifelhaft

v. Savigny's Ansicht über die Bedeutung der sg. possessorischen Interdicte. Die Darstellung enthält eine Reihe von Conclusionen, welche sich schon aus anderen Gründen zum Theil widerlegen lassen, und wir können uns mit derselben keinesweges einverstanden erklären.

Insofern jene Deduction sich auf die einzelnen Interdicte bezieht, werden wir sie unten am besten zu würdigen im Stande sein, da die Bedingungen und Voraussetzungen bei diesen verschiedene sind, und somit nicht in eine allgemeine Darstellung über die possessorischen Interdicte gehören. Als allgemeine Ent-

---

sein, daß hier eine obligatio ex maleficio zum Grunde liege. Der zweite Fall sei der, wenn eine zukünftige Störung des Besitzes zu fürchten sei, gegen welche der Besitzer geschützt sein wolle. Auch dieser stehe namentlich im Edict, und könne ebenfalls auf eine obligatio ex maleficio reducirt werden, nur daß das maleficium nicht als geschehen, sondern als unvollendet gedacht werden müsse. Beide Fälle kämen darin miteinander überein, daß der jetzige Besitzer gegen Störung geschützt werden solle, so daß in beiden die Untersuchung, ob der Kläger Besitzer sei, als Hauptsache angesehen werden müsse. Endlich die dritte Anwendung jener Interdicte betreffe den Fall, wenn der Prozeß über das Eigenthum durch die vorläufige Untersuchung des Besitzstandes regulirt werden solle, falls auch gar keine gewaltsame Störung vorgefallen oder zu erwarten sei. Man habe nur nöthig gehabt, jeden streitigen Fall so zu behandeln, als ob dabei Thätlichkeiten verhütet werden sollten, um mit Hülfe dieser Fiction das interdictum retinendae possessionis als diejenige juristische Form zu erlangen, wodurch alle jene Forderungen vollständig erfüllt würden. Dieser Fall sei in den Worten des Edicts nicht enthalten, denn das *vim fieri veto* habe damit nichts zu schaffen, allein er werde durch die ganz unschuldige Fiction der Regel des Edicts subsumirt.

Was außerdem über die Bedingungen und den Zweck dieser Interdicte u. s. w. angegeben worden, können wir an diesem Orte übergehen, da es die einzelnen Interdicte selbst betrifft. Nur mag hier bemerkt werden, daß auch bei diesen Interdicten sich der überall sichtbare Irrthum zeigt, daß der Besitz wirklich erworben sein müsse, juristische possessio, wie diese von jenem Verfasser im Gegensatz der possessio ad usucapionem und des bloß natürlichen Verhältnisses der Detention überhaupt ausgezeichnet worden ist.

gegnung mag hier nur wiederholt werden, was so eben ausgeführt ist, daß nemlich in den Fällen, wo jene Interdicte vorkommen sollen, keineswegs an einen juristischen Besitz in der bezeichneten Art gedacht werden könne. In manchen Fällen hat v. Savigny die Anwendung der sg. possessorischen Interdicte gestattet, ohne daß dafür auch nur der mindeste Beweis vorhanden wäre. Derselbe hat sich nemlich durch den Ausdruck *possessio, possidere*, welchen er stillschweigend für jenen juristischen Besitz verstand, irre leiten lassen. Wie dieser Ausdruck in einem durchaus verschiedenen Sinne in den Römischen Rechtsquellen vorkommt, was bereits bewiesen worden, welchemnach es höchst gewagt sein muß, denselben im Voraus auf ein bestimmtes Verhältniß zu beziehen, so ist anderseits der Besitz, welcher durch Interdicte geschützt wird, am wenigsten als solcher in den Quellen bezeichnet, wie ihn v. Savigny annimmt. Im Gegentheil ergibt die bisherige Darstellung, und wird sich solches unten auf das Bestimmteste nachweisen lassen, daß keineswegs ein bloß factisches Innehaben es sei, was abgesehen von allem Rechte durch jene possessorischen Interdicte geschützt werden solle. Wie dieses schon an sich etwas Widersprechendes enthält, so ist es auch für die bonae fidei possessio völlig ungegründet.

Jene sg. possessorischen Interdicte werden vielmehr von solchen in Anspruch genommen, welche vollständig Berechtigte sind. Dies wird unten erhellen. Allein ich behaupte sogar, daß sie ursprünglich für den Eigenthümer, den wirklichen oder fingirten gleichviel, eingeführt worden sind [8]).

8) Dieses widerspricht der Savigny'schen Theorie durchaus, weil der Eigenthümer nicht bloß factischer Innehaber der Sache genannt werden kann, während doch das factische Innehaben abgesehen von allem Recht durch jene Interdicte geschützt sein soll. Dennoch gibt v. Savigny zu, daß auch der Eigenthümer dieselben habe anstellen können, wenn er gleich auf diesen Punkt nur gelegentlich kommt. Er behauptet nemlich bei Gelegenheit des Pfandgläubigers, demselben seien die Interdicte mehr entbehrlich geworden, nachdem für ihn eine dingliche Klage zur Wiedererlangung des Besitzes einge-

Es wird sich auf das Bestimmteste darthun lassen, daß der **Eigenthümer** jene Interdicte anstelle. Von diesem kann aber am wenigsten gesagt werden, daß er bloß factischer Innehaber abgesehen von allem Rechte sei. Grade der Eigenthümer nimmt diesen Schutz in Anspruch, so daß nur aus **besonderen Gründen** und nach **sonstigen Analogien** die Anwendung jener Interdicte erweitert wurde.

Ist dargethan, daß die sg. possessorischen Interdicte auf den Eigenthümer berechnet sind, so muß dasselbe nicht bloß für den wirklichen Eigenthümer, sondern ebenso für den bonae fidei possessor angenommen werden; indeß fehlt es auch hier nicht an directen Zeugnissen.

Es soll eine schleunige Hülfe gewährt werden. Daher kommt es hier nicht, wie bei den sonstigen possessorischen Schutzmitteln, auf den Nachweis des Rechtes an, was der Besitzer zu haben behauptet [9]). Wäre dies, so hätten die petitorischen

---

führt sei, denn auch der Eigenthümer habe sie bekommen, obgleich er von jeher eine Vindication gehabt habe. Darauf ist v. **Savigny** an verschiedenen anderen Stellen zurückgekommen. Er sagt ferner, wenn auch eine possessio civilis kein Interesse für den Eigenthümer haben könne, während sein Recht in keiner Art schlechter sei, als der Usucapionsbesitz, habe er doch die juristische possessio, den Interdictenbesitz, auf jeden Fall. Aus welchem Grunde es erklärt werden könne, wenn der Streit über das Eigenthum durch ein possessorisches Interdict vorläufig regulirt werde. Dieser Umstand ist von **Savigny** nicht übersehen worden. Allein auf welchem geschichtlichen Wege ein Schutzmittel, was ein leeres Nichts voraussetzen soll, für den Eigenthümer hat entscheidend werden können, darüber gibt v. **Savigny** keine Rechenschaft. Grade nur die Rechte und Schutzmittel, welche für den Eigenthümer bestimmt waren, wurden, wie es die Geschichte zeigt, für anderweitige Rechtsverhältnisse zur Anwendung gebracht.

9) Daß es indeß, abgesehen von den Interdicten, nicht immer auf den Nachweis des fraglichen Rechtes ankam, zeigen die zum Schutz des **Erbrechts** eingeführten provisorischen Rechtsmittel sehr deutlich. Auch dort war eine **schleunige** Hülfe nöthig, indem es darauf ankam, den fraglichen Rechtsstand vorläufig zu **reguliren**. Die Verfolgung des Rechtes selbst war davon ganz **unabhängig**.

Klagen angestellt werden können, und daneben würde jeder sonstige Schutz durch Interdicte völlig überflüssig gewesen sein, indem man beim Eigenthum mit der rei vindicatio ebenfalls den verloren gegangenen Besitz wiedererlangen, mit der actio negatoria ebenfalls die partielle Störung des Besitzes verhindern konnte [10]). —

Beim Schutz durch die Interdicte geht der Prätor bloß von äußeren factischen Umständen aus, und es kommt dabei besonders auf zweierlei an. Einmal auf den Besitz, das factische Innehaben der Sache, welches als äußeres Moment leicht dargethan werden kann. Es soll nemlich der Besitzer für den Berechtigten gehalten werden, damit nicht einem Berechtigten jene so nothwendige schleunige Hülfe, bei dem oft sehr schwierigen Beweise der Berechtigung selbst, ohne Grund entweder

10) Jener Gesichtspunkt gilt für alle Interdicte ohne Unterschied, nicht bloß für die interdicta *retinendae* und *recuperandae* possessionis, sondern auch für die interdicta *adipiscenda* possessionis. Auch bei letzteren soll das Recht zu besitzen ohne Zögerung einen Schutz erlangen, und der einzige Unterschied besteht darin, daß der Berechtigte das fragliche Object bis dahin noch nicht factisch besessen hat. So ist für den Pfandgläubiger das interdictum *Salvianum* in eben der Art ein possessorisches Schutzmittel, in welcher die actio Serviana demselben einen dinglichen Schutz gewährt. So ist ferner für den prätorischen Erben das interdictum *quorum bonorum* dasjenige Rechtsmittel, wodurch ihn der Prätor, noch abgesehen von seinem wirklichen Rechte, provisorisch und auf einem schleunigeren Wege zum Besitz der Erbschaft verhilft, indem er dabei von gewissen äußeren Gründen der Billigkeit ausgeht. Die *hereditatis petitio possessoria*, wodurch das Recht selbst verfolgt wird, ist davon ganz unabhängig. Beim Eigenthum kommt ein interdictum adipiscendae possessionis nicht vor, weil in Ansehung einzelner Objecte kein Eigenthum ohne Besitzübertragung gedacht werden kann. Die Störung muß sich demnach auf den gegenwärtigen Besitz beziehen. Anders verhält es sich beim Pfandrecht, welches auch ohne factisches Innehaben existirt, ebenso beim Erbrecht, wo das Recht selbst erworben wird durch die Erklärung, daß man Erbe sein wolle, also ohne Besitzübertragung, welche ohnehin bei einer universitas juris unmöglich ist.

verzögert, oder gar verweigert werde. Der Besitz, als das wichtigste Recht des Eigenthümers, soll Gegenstand eines selbstständigen rechtlichen Schutzes sein. Zweitens erfordert der Prätor eine bestimmte, näher bezeichnete Verletzung des factischen Innehabens. Grade durch diese, die eben so leicht außer Zweifel gesetzt sein wird, mußte der Prätor das Recht des Klägers für ein besseres halten, als das des Beklagten, und den Kläger ohne allen Nachweis seines Rechtes zu schützen veranlaßt sein.

Namentlich und besonders zeigt sich dies beim *interdictum unde vi*, denn die hier vom Beklagten verübte Gewalt kommt gleich einem Vergehen in Betracht, und das relativ bessere Recht des Klägers ist durch sich selbst klar, wenn nur erhellt, daß er sich factisch im Besitz der Sache befunden habe. Es soll mit anderen Worten durch dieses interdictum der Eigenthümer in seinem Rechte zu besitzen gegen Gewaltthätigkeiten geschützt werden. Grade bei dem so entschiedenen Unrecht, der verübten Gewalt des Beklagten konnte der Kläger um so leichter in Schutz genommen werden, auch wenn er nicht wirklich Eigenthümer war: ungeachtet der Prätor bei Einführung dieses Interdictes nur daran denken mochte, durch dasselbe dem Eigenthümer, dem wirklichen und prätorischen, in seinem Besitze gegen Gewaltthätigkeiten schleunigst und ohne Aufschub einen Schutz zu gewähren.

Dasselbe ist für das *interdictum uti possidetis*, und was diesem in rechtlicher Hinsicht gleichsteht, für das *interdictum utrubi* entscheidend. Auch durch diese soll der Eigenthümer, wie es so wiederholt und bestimmt ausgezeichnet wird, possessorisch geschützt sein, auch hier erhellt ohne den Nachweis des Rechtes auf Seiten des Klägers das bessere Recht desselben, weil von Seiten des Beklagten eine widerrechtliche, wenn zwar nicht gewaltsame Störung vorausgesetzt wird [11]). Es mußte

11) Auch hier heißt es: *Vim fieri veto;* l. 1. pr. D. uti possid. l. 1. pr. D. utrub.

mithin dieser possessorische Schutz, wie bei dem interdictum unde vi, ebenfalls dem Nichteigenthümer zu Theil werden, indem auch für ihn das relativ bessere Recht durch die widerrechtliche Handlung des Beklagten sich ergab.

Falsch ist es jedoch, wenn man dieses Unrecht gradezu als ein maleficium, jene Interdicte für Klagen *ex maleficiis* angesehen hat, als wenn hier obligationes ex maleficiis vorhanden wären. v. Savigny behauptet dies, und sieht sich dadurch veranlaßt, die ganze Lehre vom Besitze ins Obligationen-Recht zu bringen [12]). Er sagt, jene Interdicte hätten demnach

---

12) Die Sache ist im §. 6. a. a. Orte umständlich behandelt, wo v. Savigny die Frage aufwirft, zu welcher Classe von Rechten der Besitz gehöre. Für die Usucapion, bemerkt er, lasse sich diese gar nicht denken. Niemand falle es ein, zu fragen, zu welcher Art von Rechten die justa causa gehöre, ohne welche die Tradition kein Eigenthum übertragen könne. Sie sei gar kein Recht, aber sie sei ein Theil der ganzen Handlung, wodurch Eigenthum erworben werde. So auch der Besitz in Beziehung auf Usucapion. Demnach bleibe nur der Besitz übrig, auf welchen die Interdicte sich gründen. Für diesen lasse sich jene Frage, ohne auf die Classification des ganzen Privatrechts einzugehen, vollständig beantworten. Es lasse sich zeigen, daß der Besitz ins Obligationenrecht gehöre, er sei von allem Sachenrecht zu trennen. Daß nemlich die possessorischen Interdicte ins Obligationenrecht gehören, folge schon daraus, daß dieser Satz für alle Interdicte überhaupt gelte. Allein es lasse sich noch bestimmter darthun, daß sie sich auf obligationes *ex maleficiis* gründen. Bei dem interdictum de vi habe dies keine Schwierigkeit; das interdictum uti possidetis werde nicht nur überall mit dem interdictum unde vi zusammengestellt, sondern es gelte auch, wie dieses, nur im ersten Jahr, folglich auch nicht gegen den Erben schlechthin, was denn wieder mit der allgemeinen Regel zusammenhänge, welche für alle actiones ex delicto die Verbindlichkeit des Erben beschränke. Die übrigen Interdicte seien alle dem interdictum uti possidetis ganz ähnlich, das de precario ausgenommen, allein auch bei diesem sei die Verbindlichkeit des Erben gerade so beschränkt, wie bei jeder obligatio ex maleficio.

Es ist jedoch, soviel ich weiß, keiner der neueren Systematiker dieser Behauptung beigetreten, und die Gründe, welche v. Saim Obligationenrecht unter die obligationes ex maleficio zusammengestellt werden müssen. Daß dieses aber nicht geschehen, erkläre sich daher, weil eine besondere abweichende Art des Prozesses dabei vorgekommen sei. Würde das Edict in allen Fällen actiones gestattet haben, so wären die Interdicte ohne Zweifel unter die obligationes ex maleficiis gesetzt worden, was wir jedenfalls thun müßten, nachdem die Bedeutung jener Trennung für uns verschwunden sei [13]). Dieses kann indeß aus keinem Grunde

---

vigny für dieselbe vorbringt, sind in der That sehr gesucht, am wenigsten beweisend. Der Satz, welcher sich für die Interdicte insgesammt in l. 1. §. 3. D. de interd. ausgesprochen findet: „Interdicta omnia, licet in rem videantur concepta, *vi tamen* „*ipsa personalia sunt*," kann nur richtig auf die obligatorische Natur bezogen werden, welche sich bei allen Klagen ohne Unterschied, also auch bei den Interdicten, vorfindet. Eben aus diesem Grunde waren die Römischen Systematiker sehr geneigt, die Klagen überhaupt beim Obligationenrecht abzuhandeln; es würde dadurch also durchaus nichts Besonderes für die Interdicte nachgewiesen sein, weil dasselbe sich ebenso auf die dinglichen, als persönlichen Klagen bezieht. Aber eben so wenig können die so verschiedenen Interdicte für dingliche Klagen im eigentlichen Sinne gelten, wie es z. B. die rei vindicatio ist. Deshalb wird nur gesagt, daß sie eine Sache betreffen. v. Savigny will jedoch die Worte: *licet in rem videantur concepta* nicht auf alle Interdicte bezogen wissen, sondern nur auf wenige, z. B. das interdictum quorum bonorum, nicht namentlich auf die possessorischen, was sich indeß bei jener allgemeinen Angabe am wenigsten rechtfertigen läßt.

Die sonstigen Andeutungen, welche sich in Betreff des interdictum unde vi vorfinden, enthalten nur allgemeine Bezeichnungen, und können für die Sache nicht entscheidend sein; l. 19. D. de vi. l. 1. §. 14. und 15. D. eod.

13) Siehe das Recht des Besitzes §. 6. Mit Obigem verbindet v. Savigny noch die allgemeine Bemerkung: das jus possessionis, das Recht, welches der bloße Besitz gebe, bestehe lediglich in dem Anspruch, welchen der Besitzer auf die Interdicte habe, sobald eine bestimmte Form der Verletzung hinzutrete. Abstrahirt von dieser Verletzung, gebe der bloße Besitz gar kein Recht, weder ein jus obligationis, wie sich von selbst verstehe, noch ein Recht auf die Sache, denn keine Handlung auf eine Sache sei bloß deswegen für

für jene Interdicte, nicht einmal für das interdictum unde vi angenommen werden. Der bezeichnete Gesichtspunkt ist auch für die Interdicte, wie für den Besitz, ein ganz untergeordneter. Wie wenig es auf die Art der Störung bei dem Schutz eines Rechtes ankomme, sehen wir selbst bei der rei vindicatio sehr deutlich. Diese Klage ist zum Schutz des Eigenthums eingeführt, im Eigenthum selbst gegründet, allein die Bedeutung derselben ist gar keine verschiedene, wenn auch der Beklagte sich durch ein Delict in den Besitz der Sache gesetzt hat: denn wie die rei vindicatio gegen jeden Innehaber, der als solcher das Recht des Klägers bestreitet, angestellt wird, ebenso geschieht dieses gegen den Dieb, und doch hat noch Niemand behauptet, daß die rei vindicatio in einem maleficium, oder gradezu in einem Delict gegründet sei [14]).

Das bisher für die Bedeutung jener Interdicte Angegebene, welches erst unten gerechtfertigt werden kann, wird durch das System der Digesten, auf welches wir uns um so mehr beschränken können, als dasselbe den übrigen Rechtsbüchern zum Grunde liegt, vollständig bestätigt. Dieser Umstand muß hier noch in der Kürze gewürdigt werden.

Alle Interdicte finden sich im System der Digesten in einem Anhang, der schon im edictum perpetuum dem Römischen

---

rechtlich zu halten, weil etwa der Handelnde den Besitz der Sache habe.

14) Nach unserer bisherigen Erörterung wird die Frage, an welcher Stelle des Systems der Besitz abzuhandeln sei, gar keine Schwierigkeit haben. Als Rechtsverhältniß kann nur der Besitz gedacht werden, welcher als bonae fidei possessio gilt. Und dieser juristische Besitz, d. h. derjenige, welcher rechtliche Wirkungen hat, muß im Sachenrecht Platz finden, dort, wo vom Eigenthum die Rede ist, indem die bonae fidei possessio bloß als eine besondere Anwendung und Unterart des Eigenthums in Betracht kommt. Die Interdicte können mithin nur da angetroffen werden, wo vom Schutz des Eigenthums gehandelt wird. Dies ist es, was ebenfalls die Römischen Systematiker durch ihr System an die Hand geben.

Privat-Recht hinzugefügt war; Dig. Lib. XLIII. Nachdem zunächst von den Interdicten gesprochen ist, welche sich auf das Erbrecht, dann von denen, welche sich auf das öffentliche Recht beziehen, folgen diejenigen, welche dem Sachenrecht angehören, und hierauf die, welche in obligatorischen oder sonstigen Rechtsverhältnissen gegründet sind [15]).

Rücksichtlich derjenigen Interdicte, welche das Sachenrecht betreffen, stehen grade oben an das *interdictum unde vi* [16]) und *possidetis* [17]), was sich nur daher erklärt, daß sie zum Schutz des Eigenthumsbesitzes, also auch der bonae fidei possessio eingeführt worden sind. Dann folgt das *interdictum de superficiebus* [18]), welches seiner Bedeutung nach nichts anderes ist, als ein interdictum uti possidetis, analog für die superficies angewandt [19]). Die superficies wurde wie die Emphyteuse und das Pfand ver-

---

15) Das *interdictum de precario* hat in der letzten Classe seinen Platz gefunden, nemlich Dig. XLIII, 26. Und schon dieser Umstand wird unsere frühere Behauptung, daß jenes Interdict in einem obligatorischen Verhältnisse gegründet sei, hinreichend bestätigen. Deshalb kann es auf keine Weise mit den possessorischen Interdicten in Verbindung gebracht werden. Wollte man den Umstand, daß der Eigenthümer jenes Interdict anstellt, als entscheidend betrachten, und demnach dasselbe für ein Schutzmittel des Eigenthums ansehen, so müßte man auch die übrigen obligatorischen Klagen, welche der Eigenthümer zunächst und besonders anzustellen berechtigt ist, unter dieselbe Rubrik bringen.

16) Dig. XLIII, 16.: *de vi et de vi armata.*

17) Dig. XLIII, 17.: *uti possidetis.*

18) Dig. XLIII, 18: *de superficiebus.*

19) Dies ist in l. 1. §. 2. D. de superfic. ganz ausdrücklich angegeben: „Proponitur autem interdictum duplex *exemplo interdicti uti possidetis. Tuetur igitur Praetor eum, qui superficiem petit, veluti uti possidetis interdicto*: neque exigit, „quam causam possidendi habeat." Der letzte Zusatz sagt unstreitig, daß der superficiar als Besitzer durch dieses Interdict eben so geschützt sein solle, wie der Eigenthümer als Besitzer durch das interdictum uti possidetis geschützt werde, nemlich ohne den Nachweis des von ihm behaupteten Rechtes führen zu dürfen. Vergl. auch l. 3. §. 7. D. uti possidet.

möge des Umfanges des dinglichen Rechtes dem Eigenthume analog behandelt. Es mußten daher auch die Schutzmittel des Eigenthums, folglich jenes interdictum für die superficies Anwendung finden, und daß diese Anwendung nicht unter dem Namen interdictum uti possidetis utile, sondern als ein selbstständiges Interdict vorkommt, erklärt sich vollständig daher, daß es vom Prätor eingeführt worden ist. Nun werden der Reihe nach diejenigen Interdicte erörtert, welche ausserdem von dem Prätor nach Analogie jener für den Eigenthümer bestimmten Interdicte als selbstständige Schutzmittel ausgezeichnet waren. In ganz guter Ordnung haben das *interdictum de itinere actuque privato* [20]), *de aqua cottidiana et aestiva* [21]), *de rivis* [22]), *de fonte* [23]), de cloacis [24]) ihren Platz gefunden.

Diesemnach ist auch hier dieselbe Anordnung, welche im System des Sachenrechts, Dig. VI — VIII, sich vorfindet, nur daß aus schon früher angegebenen Gründen nicht von einem selbstständigen Interdict des bonae fidei possessor die Rede sein konnte, eben so wenig von dem Interdict, was den ager vectigalis, demnach die Emphyteuse betrifft, gehandelt wird. Das possessorische Schutzmittel, welches schon vom Prätor für das jus in agro vectigali ausgezeichnet wurde, findet sich an einer früheren Stelle, wo von den das öffentliche Recht betreffenden Interdicten gesprochen ist. Dieses aus dem Grunde, weil sich das jus in agro vectigali auf die öffentlichen Ländereien, den ager publicus bezog; allein ganz consequent konnte das interdictum de loco publico fruendo von den Compilatoren für die spätere Emphyteuse, die jenem Rechte völlig gleich stand, angewandt werden [25]).

---

20) Dig. XLIII, 19.: *de itinere actuque privato.*

21) Dig. XLIII, 20: *de aqua cottidiana et aestiva.*

22) Dig. XLIII, 21.: *de rivis.*

23) Dig. XLIII, 22.: *de fonte.*

24) Dig. XLIII, 23.: *de cloacis.*

25) Das interdictum *de loco publico fruendo*, Dig. XLIII, 9., konnte, nachdem das jus in agro vectigali seinem Objecte nach aufgehört hatte, nur bedeutungslos sein. Als aber die Compilatoren

Das interdictum adipiscendae possessionis des Pfandgläubigers hat vermöge der obligatorischen Natur, welche für das Pfandrecht in Betracht kommt, nur in der letzten Rubrik Platz finden können [26]), es steht mit jenen possessorischen Schutzmitteln nicht weiter in Verbindung.

Auch das interdictum *utrubi* befindet sich in der letzten Klasse, wohl aus dem Grunde, weil es im edictum perpetuum daselbst abgehandelt war. Es hatte aber dieses Interdict früher eine ganz andere Natur, und erst späterhin ist es dem interdictum uti possidetis völlig gleichgestellt worden [28]).

Dieses führt uns jetzt zu der genaueren Erörterung des *interdictum unde vi*, *uti possidetis* und *utrubi* [29]).

---

des Kaisers **Justinian** die später entstandene Emphyteuse, welche auf ganz denselben rechtlichen Grundsätzen beruhete, durch diejenigen Bestimmungen ergänzten, welche sie in den Schriften der älteren Juristen über den ager vectigalis vorfanden, mußte auch jenes Interdict consequent für die Emphyteuse zur Anwendung gebracht werden. Daß die Compilatoren solches beabsichtigt haben, ist schon aus dem Grunde klar, weil sonst dieses Interdict, wovon in der **justinianeischen** Compilation gesprochen wird, als veraltet hätte übergangen werden müssen.

26) Dig. XLIII, 33.: *de Salviano interdicto.*

27) Dig. XLIII, 31.: *utrubi.*

28) Daß ddie Interdict, wie es vom Prätor angeordnet worden ist, auf ganz anderen Grundsätzen beruhet, als das interdictum uti possidetis, ergeben die Worte des Edicts, welche in l. 1. pr. D. utrubi aufbewahrt sind. Die völlige Gleichstellung desselben mit jenem interdictum uti possidetis erhellt aus l. 1. §. 1. D. hoc tit.: „*sed obtinuit, vim ejus exaequatam fuisse uti possidetis* „*interdicto, quod de rerum soli competit.*"

29) Jene Interdicte werden wir hier in der angegebenen Ordnung erörtern, weil dieses der Sache am meisten zu entsprechen scheint, indem der Schutz bei **totaler** Störung im Besitz als der wichtigere angesehen werden muß In eben der Art haben wir oben bei den petitorischen Klagen zuerst von der rei vindicatio, oder vielmehr actio *Publiciana*, und dann von der actio *negatoria* gesprochen. Grade die umgekehrte Anordnung hat v. **Savigny** befolgt, indem er zunächst die interdicta retinendae possessionis, das in-

§. 26.

Was zunächst das *interdictum unde vi* anlangt, so finden wir in den Rechtsquellen nichts, was dem oben Behaupteten entgegenstände, im Gegentheil läßt sich das, worauf es hier ankommt, daß grade dem Eigenthümer bei entzogenem Besitze jenes Schutzmittel gegeben sei, vollständig beweisen. Dieses muß dargethan werden, um gegen v. Savigny den Beweis zu führen. Der Eigentbümer hat das vollständigste Recht, was an einer Sache gedacht werden kann, hat demnach das Recht zu besitzen, er ist am wenigsten bloß factischer Innehaber, was nach v. Savigny jeder sein soll, der auf die sg. possessorischen Interdicte Anspruch macht. Was vom Eigenthümer gilt, muß vermöge der practischen Unentschiedenheit zwischen beiden ebenfalls vom *bonae fidei possessor* gelten. Aber selbst die erweiterte Anwendung, welche dieses Interdict erlangt hat, läßt sich geschichtlich nur aus dem Grundprincip erklären, daß das Recht, was hier seinem Besitze nach provisorisch geschützt werden soll, nicht braucht nachgewiesen zu werden.

Die Worte des Edictes, wodurch dieses Interdict eingeführt ist, lassen es unentschieden, wer durch dasselbe geschützt sei, wenn sie gleich mit der Hauptsache am wenigsten im Widerspruch stehen, sondern dieselbe stillschweigend enthalten. Es kam dem Prätor zunächst nur darauf an, zu bestimmen, unter welchen Voraussetzungen jener Schutz stattfinden, und was das Resultat desselben sein solle:

„Praetor ait, *unde tu illum vi dejecisti, aut familia* „*tua dejecit, de eo, quaeque ille tunc ibi habuit, tan-* „*tummodo intra annum de eo, quod ad eum, qui vi* „*dejecit, pervenerit, judicium dabo* [1]).

---

terdictum uti possidetis (§. 38.) und das interdictum utrubi (§. 39.) erörtert, und dann erst sich über das interdictum unde vi (§. 40.) umständlich verbreitet.

1) l. 1. pr. D. de vi et vi armat. Es soll also die entzogene Sache mit allem, was sich auf derselben befindet, und in die Hände

Die Störung sollte durch Besitzentsetzung geschehen sein, mochte sie ein Dritter in eigner Person, oder durch Stellvertreter verübt haben. Man mußte mit Gewalt des Besitzes entsetzt, *vi dejectus* sein [2]). Jedoch kam es auf den Grad der Gewaltthätigkeit, zumal zu Justinian's Zeit, nicht weiter an, und der Gebrauch der Waffen war dabei kein nothwendiges Erforderniß [3]). Es wird zwar zwischen vis *armata* und *quotidiana* [4]) unterschieden, aber in beiden Fällen ist man auf gleiche Weise zu diesem Interdict berechtigt.

Daß grade dem Eigenthümer jener Schutz des Interdictes gewährt werden soll, ist nach der Interpretation der Römischen Juristen außer allem Zweifel [5]). Fast durchgehends wird in den hierher gehörigen Quellen der Eigenthümer als derjenige ausgezeichnet, welcher mit diesem Interdict auftreten könne, auf das Ausdrücklichste angegeben, daß es der Besitz des Eigen-

des Störers kommt, restituirt werden. Der Prätor berücksichtigt zugleich den Fall, wo die Verletzung durch Mittelspersonen verübt wird, was sehr häufig geschah durch Sclaven, welche sich im Dienste des Störers befanden. Die Zeit, in welcher dieses Schutzmittel angestellt werden muß, wird auf 1 Jahr bestimmt.

2) Vergl. auch: l. 1. §. 1. §. 3. D. hoc tit.

3) Auf die mit Waffen verübte Gewalt wird in der Ueberschrift des Titels: de vi et *vi armata* Bezug genommen, ebenfalls in l. 3. pr. D. hoc tit.: „quod est et *si quis armis dejecus est*;" vergl. l. 3. §. 8. D. eod. l. 14. D. eod. Was *arma* und *vis armata* hier bedeuten, darüber siehe l. 3. §. 2. — §. 5. D. und. vi. l. 3. §. 8. D. eod. Die Gewalt im Allgemeinen wird als eine vis *atrox* bezeichnet in l. 1. §. 3. D. eod.: „Ad solam autem *atrocem vim* pertinet hoc interdictum." Es heißt anderswo, daß diese Gewalt *sine vi corporali*, d. h. ohne körperliche Einwirkung auf den Verletzten, nicht gedacht werden könne; l. 1. §. 29. D. und. vi.

4) Siehe Cic. pr. Caecin. Cap. 31. u. 32. Die Gewalt, welche nicht mit Waffen verübt wurde, scheint dadurch bezeichnet zu sein. Und auf diese beziehen sich auch die Worte *de vi* in der Ueberschrift jenes Titels.

5) Die Römischen Juristen waren grade diejenigen, welche die Anwendung dieses Interdictes genauer bestimmten.

thümers sei, welcher bei totaler Störung [6]) zu diesem Interdicte berechtige. Grade für den Eigenthümer werden die Ausdrücke: *possessio, possidere* hier gebraucht, um das factische Innehaben desselben zu bezeichnen, in welchem er total gestört sein müsse, um jenes Interdict anstellen zu können.

Hierher gehört:

l. 1. §. 22. D. unde vi.

„Quod servus vel procurator, vel colonus tenent, *dominus* „*videtur possidere*: et ideo, his dejectis, ipse dejici de „possessione videtur, etiam si ignoret eos dejectos, per quos „possidebat. Et si quis igitur alius, per quem possidebam, dejectus fuerit: mihi competere interdictum, nemini „dubium est.

Die Stelle hat gar keine Schwierigkeit. Der Eigenthümer ist es, welcher durch jenes Interdict geschützt werden soll, wenn er gewaltsam aus seinem Besitz entsetzt worden. Aber was hier besonders erörtert wird, die vi dejectio gilt für geschehen, sobald auch nur ein procurator, oder colonus, oder ein sonstiger Stellvertreter, die im Namen des Eigenthümers besitzen [7]), der gegen sie gebrauchten Gewalt haben weichen müssen, mag jener solches erfahren oder nicht.

Dasselbe Resultat ergibt

l. 1. §. 24. D. hoc. tit.

---

6) Insofern ist dieses Interdict ein interdictum *recuperandae possessionis*; l. 1. §. 1. D. de vi. Gaj. IV, §. 154. §. 6. J. de interdict.

7) Der Besitz wurde so häufig durch Stellvertreter ausgeübt, und deshalb werden diese in sehr vielen Stellen als diejenigen erwähnt, welche des Besitzes entsetzt worden. Vergl. auch l. 1. §. 45. u. 46. D. hoc tit. l. 20. D. hoc tit. In der letzten Stelle werden außer dem *colonus* und *inquilinus* auch der *colonus coloni*, *inquilinus inquilini* genannt. Durch den Repräsentanten kann der Besitz erhalten werden, wenn ein Dritter nicht diesen, sondern nur den Eigenthümer mit Gewalt entsetzt; l. 1. §. 45. D. und. vi. Auch der Commodatar und Depositar gehören hieher; §. 5. J. de interd.

„Sive autem corpore, sive animo possidens quis dejectus „est, palam est, eum vi dejectum videri. Idcirco si „quis *de agro suo vel domo* processisset, nemine suorum „relicto, mox revertens, prohibitus sit ingredi vel ipsum „praedium, vel si quis eum in medio itinere detinuerit et „ipse possederit, vi dejectus videatur" [8]).

Hier ist die Frage aufgeworfen, ob der Eigenthümer seines Besitzes entsetzt werden könne, wenn er sich, ohne einen Stellvertreter zurückzulassen, von seinem Eigenthume entfernt, aber noch immer die Absicht hat zu besitzen. Diese Frage mußte nothwendig bejahet werden, weil der Besitz des Eigenthümers *solo animo* erhalten bleibt [9]). Kann also in diesem Fall eine vi dejectio vorkommen, so muß dann auch das *interdictum unde vi* statthaben, weil das Recht des factischen Innehabens hier ebenfalls vorhanden ist. Jene gewaltsame Besitzentsetzung geschieht übrigens, sobald der Eigenthümer nur auf irgend eine Weise an der Ausübung seines Rechtes zu besitzen gänzlich gehindert wird: also nicht bloß durch wirkliches Herauswerfen, sondern selbst dadurch, daß der Eigenthümer verhindert wird, in sein Grundstück zu kommen, oder schon gehindert wird, während er noch auf der Reise begriffen ist.

Daß eben der Eigenthümer berechtigt sei, dieses Interdict anzustellen, wird bei Gelegenheit der rei vindicatio sehr deutlich ausgesprochen in l. 24. D. de rei vindicat. Es wird dem Eigenthümer, der den Besitz seiner Sache verloren hat, der Rath gegeben, zur Wiedererlangung der Sache lieber ein Interdict, als die *rei vindicatio* anzustellen, denn beim Eigenthumsstreit sei es viel bequemer, die Rolle eines Beklagten, als die des Klägers zu haben. Dieser Rath war sehr natürlich, weil bei dem Interdict die Beweisführung des Rechtes selbst wegfiel, und der Eigenthümer ohne Aufschub zu seiner Sache

8) Vergl. l. 11. C. unde vi.

9) Siehe auch l. 1. §. 25. D. und. vi. §. 5. in f. J. de interd. Hiervon weiter unten.

gelangte, somit also der Gegner im hinterherigen Eigenthumsstreite die Rolle des Klägers übernehmen mußte [10]). Ausserdem wird der Eigenthümer noch in folgenden Stellen als vi dejectus und berechtigt, jenes Interdict anzustellen, erwähnt:

l. 3. §. 8. D. de vi.

„Si autem, cum *dominus* veniret in possessionem, armati „eum prohibuerunt, qui invaserant possessionem, videri „eum armis dejectum" [11]).

l. 10. D. de vi.

„Si de fundo *proprietarium* ... praedo expulerit ... „nemo dubitat, quin *dominus* retinere debeat reversum „ad se usumfructum".

Es ist hier nemlich davon die Rede, daß ein ususfructus, welcher an einem Grundstücke bestellt war, an den dominus proprietatis

10) „Is qui destinavit rem petere, *animadvertere debet, an aliquo „interdicto possit nancisci possessionem*: quia longe commo„dius est, ipsum possidere et adversarium ad onera petitoris „compellere, quam alio possidente petere." Diese Stelle bezieht sich gradezu auf das interdictum *unde vi*, obgleich dasselbe nicht namentlich genannt wird.

11) Auch bei dieser Stelle wird der Fall vorausgesetzt, daß sich Dritte in Abwesenheit des Eigenthümers in dessen Besitz gesetzt haben, und ihn bei seiner Rückkehr von seinem Besitze abhalten, und zwar mit Waffen (armati). Ist gleich das interdictum unde vi begründet, es mag die Gewalt mit Waffen verübt sein, oder nicht, so muß doch folgende Beschränkung ausgezeichnet werden, welche in einem besonderen Abhängigkeitsverhältniß ihren Grund hat. Nemlich die Kinder, die Freigelassenen sollen dieses Interdict nicht gegen die Eltern oder den Patron anstellen dürfen, wegen der Achtung, welche sie diesen schuldig sind (*quia atrocitatem facinoris in se habet*); l. 1. §. 43. D. unde vi. l. 2. §. 1. u. l. 7. §. 2. D. de obsequiis parent. et patron. praestand. Nur wenn mit Waffen die vi dejectio verübt worden, soll gegen sie das Interdict stattfinden: „*aliter atque si vi armata usus sit „adversus libertum patronus, vel adversus liberos parens; nam „hic interdictum competit;* l. 1. §. 43. D. und. vi. Dabei war jedoch das interdictum unde vi eben so wenig, als irgend ein sonstiges Interdict, eine actio famosa; l. 13. D. und. vi.

zurückfällt, während der Eigenthümer aus seinem Besitze durch räuberische Hand entsetzt wird. Für diesen Fall soll der Eigenthümer auch den *usus fructus* durch das interdictum unde vi behaupten, weil sich hierauf die Verletzung des Besitzes ebenfalls bezieht.

l. 18. §. 1. D. hoc. tit.

„Eum, *qui fundum vindicavit*, ab eo, cum quo inter-
„dicto unde vi potuit experiri, pendente judicio nihilo mi-
„nus interdicto recte agere placuit".

Die Unabhängigkeit des interdictum von der bereits angestellten rei vindicatio ist völlig klar. Bei einem doppelten Rechte muß auch eine doppelte Klage zulässig sein. Der Eigenthümer kann daher bei entzogenem Besitze die rei vindicatio zur Anerkennung seines Eigenthums geltend machen, aber ebenso während dieses Prozesses zur Wiedererlangung des Besitzes mit dem interdictum unde vi klagen. Am wenigsten liegt in der Anstellung der ersteren Klage eine Verzichtleistung auf jenes Interdict.

l. 20. D. eod.

„Si colonus tuus vi dejectus est, ages unde vi interdicto.
„Idem si inquilinus tuus vi dejectus fuerit. Paulus: idem
„dici potest de coloni colono, item inquilini inquilino".

Auch hier kann nur an den Eigenthümer gedacht werden, der sein Grundstück verpachtet, sein Haus vermiethet hat. Durch die dejectio des Pächters oder Miethers, ebenso durch die dejectio des Afterpächters oder Aftermiethers, als Repräsentanten im Besitze, wird der Eigenthümer als vi dejectus angesehen werden müssen.

Durch die bisherigen Angaben, indem durchweg der Eigenthümer als derjenige genannt wird, welcher dejicirt, demnach jenes Interdict anzustellen berechtigt ist, muß die gegnerische Ansicht völlig widerlegt erscheinen; denn der Eigenthümer ist nicht bloß factischer Innehaber, was aber nach Savigny jeder sein soll, welcher das interdictum unde vi vorbringt [12]). — Wird

12) Gewaltthätigkeiten wurden ohnehin durch die *leges Juliae pu-*

also grade der **Eigenthümer** durch dieses Interdict geschützt, wenn er nemlich den Besitz verloren hat, so muß dasselbe bei der obwaltenden Identität, auch nothwendig auf den *bonae fidei possessor* bezogen werden. In diesem Sinne haben wir oben behauptet, daß schon der Prätor jenes Interdict für beide Arten des Eigenthums eingeführt habe. Was vom Eigenthümer gesagt ist, muß ohne Weiteres auf den bonae fidei possessor bezogen werden. Die Anwendung des Interdictes für den bonae fidei possessor ist zudem durch verschiedene ausdrückliche Quellenzeugnisse außer allem Zweifel gesetzt [13]). Daher hat der bonae fidei possessor, welcher ex secundo decreto eine missio in possessionem erlangte, bei totaler Störung im Besitze nicht anders das interdictum unde vi, als er die actio Publiciana anstellen kann [14]). Durch jede Besitzentsetzung entsteht zugleich eine Unterbrechung der Usucapion, dieselbe muß daher nach Wiedererlangung des

blicorum et privatorum und nach **kaiserlichen Constitutionen öffentlich** bestraft; l. 1. §. 2. D. und. vi. Die hier in Betracht kommende Störung wird auch schon dadurch verübt, daß der Gegner in der Sache nur einzelne Handlungen vornimmt, welche die freie Willkühr des anderen Theils rücksichtlich seines Eigenthums vollständig ausschließen, z. B. Säen, Graben, Ackern, Bauen und andere Handlungen dieser Art. Dies nemlich, weil der Besitz in der Ausübung derjenigen Berechtigungen besteht, welche im Eigenthum enthalten sind. „Vim facit, qui non sinit possidentem „eo, quod possidebit, uti arbitrio suo: sive inserendo, sive fodiendo, sive arando, sive quid aliud faciendo, per quod liberam possessionem adversarii non relinquit;" l. 11. D. unde vi.

13) Zweifelhaft ist es jedoch, ob hierauf l. 8. D. und. vi bezogen werden könne. „Fulcinus dicebat vi possideri, quotiens vel *non* „*dominus*, cum tamen possideret, vi dejectus est." Der hier als Besitzer genannte non dominus kann auch eben so gut ein solcher sein, welcher gar kein Recht zu besitzen hat.

14) Dies enthält nemlich die schon früher angeführte l. 18. §. 15. D. de damn. infect.: „cum alioquin, si is, qui jussu Praetoris „coeperat possidere et possidendo dominium capere, aut non „admissus aut ejectus inde fuerit, *utile interdictum de vi*, vel „Publicianam actionem habere potest."

Besitzes von Neuem beginnen. Weiß also der bonae fidei possessor in dem Augenblick, wo er mit Hülfe jenes interdictum unde vi den Besitz erlangt, daß die Sache eine fremde sei, so wird wegen der dadurch entstandenen mala fides die Usucapion nicht wieder anfangen können [15]).

§. 27.

Haben wir bis jetzt bewiesen, was oben behauptet wurde, daß das interdictum unde vi für den Eigenthümer, und nicht bloß für den wirklichen, sondern auch, was uns hier besonders interessirt, für den fingirten Eigenthümer (bonae fidei possessor) bestimmt sei, so lassen sich von diesem Grundprincip aus die weiteren Anwendungen dieses Interdictes sehr leicht erklären. Dieselben sind das Resultat der Interpretation Römischer Juristen, welche solche auch hier theils nach Analogien, theils aus innerer Nothwendigkeit bestimmten.

Dasselbe Interdict ist nemlich dem Usufructuar [1]), und ebenfalls dem Usuar [2]) gewährt worden.

Diesen Umstand erklärt v. Savigny aus einem quasi juristischen Besitz, welchen er *quasi possessio*, oder *juris quasi possessio* nennt [3]). Besitz nemlich, als das factische Innehaben

---

15) l. 7. §. 4. D. pr. emtor. — Die Besitzergreifung muß von Seiten des Störers geschehen sein, damit die Sache eine res vi possessa sei. Aber eine vi dejectio, wodurch als solche schon das interdictum unde vi begründet wird, ist eben so vorhanden, wenn nach der Störung sich ein Dritter bona fide in den Besitz setzt; l. 4. §. 22. D. de usurpat. et usucap.

1) „*Unde vi interdictum necessarium fuisse fructuario apparet,* „*si prohibeatur uti frui usufructu fundi;*" l. 3. §. 13. D. unde vi. — „ex quacunque enim causa *constitutus est ususfructus* . . „*hoc interdictum locum habebit;*" l. 3. §. 16. D. eod. — „*Qui* „*ususfructus nomine* qualiter fuit *quasi in possessione, utetur* „*hoc interdicto;*" l. 3. §. 17. D. hoc tit. Siehe auch l. 60. pr. D. de usufr. l. 9. §. 1. D. unde vi.

2) „Item si non ususfructus, *sed usus sit relictus, competit hoc* „*interdictum* cet." l. 3. §. 16. D. und. vi. — l. 27. D. de donat.

3) Das Recht des Besitzes §. 12.

einer körperlichen Sache, könne nur an dieser, nicht ebenso an Rechten gedacht werden, da letztere res incorporales sein. Dies müsse von allen dinglichen Rechten gelten, welche ein fremdes Eigenthum voraussetzen, wenn gleich auch für sie etwas Analoges, und ebenso eine gewaltsame Störung gedacht werden könne. Dieser nachgebildete Besitz bestehe in der Ausübung eines jus in re, und auch hierauf gründe sich das Recht der Interdicte [4]. — Wie aber der Begriff des juristischen Besitzes, wie ihn v. Savigny hingestellt hat, dem Sinn und Geist des Römischen Rechtes durchaus fremd ist, so gehört auch diese von Savigny behauptete Modification am wenigsten dem Römischen Rechte an. *Possessio* heißt bei den Interdicten das factische Innehaben einer Sache, worauf besonders der Eigenthümer als solcher ein Recht hat [5]). Dieses Recht seines factischen Innehabens wird, abgesehen von dem Nachweis seines Rechtes, durch Interdicte geschützt. Es besitzen der Usufructuar und Usuar ebenso als der Eigenthümer [6]), auch haben beide ein

4) Dabei warnt v. Savigny a. a. O. vor einer doppelten Verwechselung. Erstlich könne in derselben Person zugleich von einer possessio *corporis* und *juris* die Rede sein, welche genau unterschieden werden müssen. So habe z. B. der Usufructuar an der Sache selbst, d. h. in Beziehung auf das Eigenthum, gar keinen juristischen Besitz, sondern nur eine possessio naturalis; allein an dem jus ususfructus habe er den juristischen Besitz, und deswegen könne er die possessorischen Interdicte gebrauchen. Zweitens müsse diese juris quasi possessio nicht verwechselt werden mit der possessio ususfructus, von welcher, wie von einer possessio hereditatis, in den Quellen gesprochen werde. In diesem letztern Sinne bezeichne possessio gar nicht mehr den Besitz, sondern entweder ein bloß prätorisches Recht, oder das prozessualische Verhältniß eines Beklagten.

5) Insofern erstreckt sich dieser Besitz im eigentlichen Sinne nur auf Körper, nicht auf Rechte; l. 4. §. 27. D. de usurpat. et usucap. l. 3. pr. D. de adquir. et amittend. possess.

6) Wenn nemlich bloß von einem factischen Innehaben die Rede ist. In diesem Sinne finden sich die Angaben: *jus fundi possedisse*, l. 7. de itin. — *jus possedit*, l. 2. commun. praedior. Nicht gehören hierher: l. 2. §. 3. D. de precar. l. 10. C. de possess.

Recht zu besitzen (jus possidendi); allein sie besitzen nicht eine körperliche Sache, sondern nur ein Recht, was an einer fremden Sache zusteht. Aus diesem Grunde erklären sich die Angaben, welche sich in den Römischen Rechtsquellen vorfinden, wenn Besitz im eigentlichen Sinne geleugnet wird [7]), während anderseits das Innehaben dieser Berechtigten *quasi possessio* oder auch *juris possessio* genannt ist [8]). Dasselbe muß nicht bloß von den Servituten, sondern ebenso von den dinglichen Rechten größeren Umfanges gelten, welche nicht anders ein fremdes Eigenthum voraussetzen, wenn gleich bei diesen das factische Innehaben mit dem Ausdruck *possessio*, und, wie es scheint, in einem technischen Sinne bezeichnet wird.

Die Anwendung des interdictum unde vi für den Usufructuar und Usuar ergibt sich sehr einfach. Wie nemlich die rei vindicatio der Analogie wegen für die untergeordneteren dinglichen Rechte Anwendung gefunden hat [9]), und selbst die Klage der Servituten, die actio confessoria, nur als eine analoge rei vindicatio erscheint, so mußten die Römischen Juristen auch hier, bei fehlenden possessorischen Schutzmitteln, auf diejenigen Interdicte recurriren, welche für das Eigenthum vorhanden waren. Es ist dies nicht etwa etwas Besonderes für den ususfructus und usus, sondern dieselbe Analogie ist für alle Servituten ohne

---

7) „*neque ususfructus, neque usus possidetur*, sed magis tenetur;" l. 1. §. 8. D. quod legator. l. 4. §. 27. D. de usurpat. et usucap. l. 32. §. 1. D. de servitut. praed. urban. Vergl. l. 12. pr. D. de adquir. vel amittend. possess.

8) „Qui ususfructus nomine . . *quasi in possessione*;" l. 3. §. 17. D. und. vi. — l. 23. §. 2. D. ex quib. caus. major. l. 10. pr. D. si serv. vindicet. Gaj. IV. §. 139.

9) Es braucht an diesem Orte wohl kaum erinnert zu werden, daß eine *utilis rei vindicatio* dem Emphyteuta durch Interpretation ertheilt worden sei, ebenso dem Superficiar. Auch ist die *actio hypothecaria* in der That nichts anderes, als eine Erweiterung der *rei vindicatio*, wenn sie gleich schon vom Prätor eingeführt wurde.

Ausnahme entscheidend, für welche nicht schon vom Prätor selbstständige Schutzmittel angeordnet waren [10]).

Auch hier wird eine wirkliche Berechtigung, keinesweges ein bloßes factisches Innehaben, abgesehen von allem Rechte, possessorisch geschützt.

Man hat ferner dieses Interdict auf den *colonus* ausgedehnt [11]), wohl deshalb, weil es sonst demselben sehr leicht an

10) Was die Störung betrifft, wodurch der Usufructuar und Usuar berechtigt werden, jenes interdictum unde vi anzustellen, so kam es nur darauf an, das vom Prätor über die Verletzung des körperlichen Innehabens Gesagte consequent anzuwenden. Es kann nemlich die Ausübung der Servituten auf dieselbe Weise gewaltsam gestört werden, wie die Ausübung des Eigenthums. Der Usufructuar wird dadurch gewaltsam dejicirt, daß er entweder von dem Grundstücke vertrieben, oder von demselben abgehalten wird, während er sich entfernt befindet, ohne jedoch den ususfructus aufgegeben zu haben. Hat er die Ausübung seines Rechtes, worauf es hier ankommt, noch nicht erlangt, so bleibt jenes Interdict ausgeschlossen. „Uti frui autem pro„hibuisse is videtur, *qui vi dejecit utentem fruentem: aut non „admisit, cum ex fundo exisset non ususfructus deserendi „causa.* Ceterum si quis ab initio volentem incipere uti frui „prohibuit, hoc interdictum locum non habet: quid ergo est? „debet fructuarius usumfructum vindicare;" l. 3. §. 14. D. und. vi. Stirbt der Usufructuar nach der Entsetzung, oder erleidet er eine *capitis deminutio*, so sind auch seine Erben berechtigt, dieses Interdict anzustellen; allein, da sein Recht durch den Tod aufhört, so können jene nicht die Restitution, sondern nur einen Ersatz für die Verletzung fordern; l. 3. §. 17. D. de vi. Im übrigen sind die Bedingungen und Wirkungen dieser Störung ganz so, wie beim Eigenthum; l. 3. §. 15. D. unde vi. l. 9. §. 1. l. 10. D. eod. l. 60. pr. D. de usufruct.

11) *Igitur interdictum unde vi colono competiturum*; l. 12. D. und. vi. Der Fall, worauf sich diese lex bezieht, ist der. Jemand hat als Pächter den Käufer eines Grundstückes von der Besitznahme gewaltsam abgehalten; darauf ist der Pächter selbst von einem Dritten des Besitzes entsetzt worden. Hier entscheidet der Jurist Marcellus, es könne der Pächter das interdictum unde vi anstellen, aber auch der Eigenthümer, weil dieser dadurch, daß der Käufer nicht admittirt worden, ebenfalls seines Besitzes entsetzt sei.

allem Schutz fehlen würde. Grade der colonus als Repräsentant des Eigenthümers läuft bei der Besitzentsetzung am meisten Gefahr. Eine *possessio* hat er nicht, eben weil er nur als Stellvertreter des Eigenthümers erscheint, *tenet, dominus videtur possidere* [12]). Er besitzt auch nicht ein Recht an der Sache wie der Usufructuar, so daß sein Besitz eine juris possessio genannt werden könnte, er ist vielmehr bloß persönlich Berechtigter. Eigentlich hätte demnach der Eigenthümer das interdictum unde vi anstellen müssen, wenn sein colonus aus dem Besitze entsetzt war [13]), was selbst in der Regel geschehen sein mag, wenn es gleich Schwierigkeiten herbeiführen konnte. Allein wie der colonus den Eigenthümer repräsentirt, so kann er auch in dessen Namen klagen. Aus diesem Grunde stand gewiß nichts im Wege, ihn sogleich direct, ohne Abtretung des Klagerechts, das interdictum unde vi anstellen zu lassen [14]). Indeß erscheint auch der colonus am wenigsten als ein bloß factischer Innehaber.

§. 28.

Diese Anwendungen des Interdictes folgen aus dem Grundprincipe sehr einfach. Aber auch für die Individuen, welche außerdem noch dasselbe anstellen können, zeigt sich keine Schwierigkeit.

Der Käufer handelte nemlich im Auftrage und als Repräsentant des Verkäufers, wenn er sich in den Besitz des Grundstückes setzen wollte.

12) l. 1. §. 22. D. unde vi.

13) Denn es wird eigentlich nur der Eigenthümer durch die dejectio des colonus seines Besitzes entsetzt; l. 12. D. unde vi. Die Sache selbst ist in l. 20. D. und. vi bestimmt genug ausgesprochen: „*Si* „*colonus tuus vi dejectus est, ages unde vi interdicto.* Idem si „inquilinus tuus vi dejectus fuerit. Paulus: idem dici potest „de coloni colono, item inquilini inquilino.“

14) Die Anwendung dieses Interdicts auf den colonus wird gradezu geläugnet in l. 1. §. 10. D. de vi. — Daß derselbe anderseits als vi repellens damit in Anspruch genommen werden könne, ergibt l. 18. D. l. 12. D. hoc tit.

Es kommt nemlich bei diesem possessorischen Streit nur darauf an, daß der Eigenthümer zur Zeit der Dejection sich im Besitz befunden habe [1]): welches gemeinhin augenblicklich erhellte, und niemals ein Gegenstand weitläuftiger Erörterungen war. Ebenso konnte das andere Erforderniß, die *vi dejectio*, zumal bei der Menge der auf einem Grundstück Anwesenden, leicht ausgemittelt werden. Diese beiden Umstände genügen, indem durch den Nachweis derselben das bessere Recht des Klägers schon von selbst klar ist. Einen Nachweis des Rechtes zu besitzen erfordert der Prätor keinesweges [2]), um nicht dem Berechtigten in seinem Besitz die so nothwendige schleunige Hülfe zu entziehen; vielmehr bleibt jede Entgegnung des Beklagten dieserhalb unberücksichtigt. Davon war eine nothwendige Folge, daß auch derjenige geschützt werden mußte, der gar kein Recht zu besitzen für sich hatte: was durch Interpretation der Römischen Juristen, und zwar in Gemäßheit der Worte des Edictes, festgestellt worden ist.

Aus dem angegebenen Grunde wird dieses Interdict ebenfalls demjenigen ertheilt, welcher einsieht, daß ihm die bis dahin *bona fide* besessene Sache nicht als Eigenthum gehöre [3]). Ist gleich derselbe jetzt malae fidei possessor, so hat er doch, eben weil er besitzt, ein besseres Recht als der Beklagte, denn Niemand darf auf eine gewaltsame Weise seines Besitzes entsetzt werden. Diese erweiterte Anwendung war für das interdictum unde vi nothwendig, obgleich sie erst späterhin durch Interpretation stattfand. Die ratio nemlich, nach welcher zunächst

---

1) Siehe l. 1. §. 23. D. und. vi. l. 1. §. 26. D. eod.

2) Siehe l. 8. §. 2. C. de praescript. XXX. v. XL annor.

3) Vergl. l. 7. §. 4. D. pr. emtor. Wer bona fide ein fremdes Grundstück kauft, den Besitz verliert, und diesen erst wieder erlangt, nachdem er weiß, daß die Sache eine fremde sei, kann nicht usucapiren, weil der Anfang des zweiten Besitzes vitiös ist. In diesem Sinne wird nach anderen Ausführungen hinzugefügt: „Idem „juris est in eo, qui de fundo dejectus, possessionem per in- „terdictum reciperavit, sciens jam alienum esse."

der Eigenthümer nicht aus seinem Besitze gewaltsam entsetzt werden sollte, ging weiter: dasselbe Unrecht des Beklagten zeigte sich, wenn der Besitzer ein malae fidei possessor war, für welchen als solchen niemals ein bestimmtes Schutzmittel eingeführt sein konnte.

Ueberhaupt muß jeder Besitzer durch dieses Interdict geschützt werden, der auch gar kein Recht an der Sache hat oder behauptet: eben weil er Besitzer ist [4]). Daher stellt selbst die von ihrem Manne beschenkte Ehefrau das Interdict an, wenn sie aus dem Besitze der geschenkten Sache gewaltsam entsetzt worden [5]). Eine Ehefrau nemlich, die von ihrem Manne beschenkt wird, kann wegen des Verbots der donatio inter virum et uxorem kein Eigenthum erlangen, mithin auch keine bonae fidei possessio [6]). Sie erhält gar kein Recht, und der Mann kann das geschenkte Object zu jeder Zeit zurückfordern; ihr Besitz ist daher keine possessio civilis, aber eine possessio naturalis, sie gilt insofern als factische Innehaberin, als Repräsentant im Besitze ihres Mannes [7]). Wie sehr die Anwendung jenes Interdictes von den

---

4) l. 1. §. 9. D. und. vi. „*Dejicitur is, qui possidet, sive civiliter, sive naturaliter possideat, nam et naturalis possessio* „*ad hoc interdictum pertinet*" Eine Anwendung dieses Satzes gibt der darauf folgende §. 10.

5) „Denique, et si maritus uxori donavit, *eaque dejecta sit: poterit interdicto uti*;" l. 1. §. 10. D. und. vi.

6) l. 26. pr. D. de donat. int. V. et U. Es entsteht nur eine possessio pro possessore; l. 16. D. de adquirend. et amittend. possess.

7) Dennoch findet sich in l. 1. §. 4. D. de poss. folgende Angabe: „Si vir uxori cedat possessione donationis causa, *plerique putant possidere eam*: quoniam res facti infirmari jure civili „non potest: et quid attinet dicere, non possidere mulierem, „cum maritus ubi noluit possidere, protinus amiserit possessionem." Indeß dieser Ausdruck *possessio* auf Seiten der beschenkten Ehefrau bezeichnet nur das factische Innehaben, eine naturalis possessio. — v. Savigny ist entgegengesetzter Ansicht, indem er die l. 1. §. 10. D. und. vi auf eine besondere Weise erklärt. Er

Wirkungen und Folgen des juristischen Besitzes unabhängig sei, wird mithin völlig klar sein.

Aber sogar derjenige, welcher aus einem unrechtmäßigen Grunde besitzt, ist als vi dejectus dieses Interdict anzustellen berechtigt. Es kommt dabei die vitiosa possessio in Betracht, welche *vi*, *clam* oder *precario* angefangen hat [8]). Nur muß für diesen Fall die vi dejectio von einem extraneus, von einem Anderen, als demjenigen geschehen sein, von dem man selbst den Besitz unrechtmäßig erlangt hat [9]). Auch hier ist das bessere Recht auf Seiten des Klägers, denn obgleich Jemand unrechtmäßig besitzt, ist kein Dritter berechtigt, denselben

behauptet, jenes Interdict gelte bei jeder possessio, also nicht bloß bei der civilis, sondern auch bei der naturalis, bei dieser jedoch nur dann, wenn sie eine juristische possessio sei. So sei zwar der Besitz der Frau sowohl, als der des Pächters, unter der possessio naturalis enthalten, denn beide seien gleich unfähig zur Usucapion, aber dieses Interdict habe nur die Frau, nicht der Pächter, weil nur die possessio naturalis der Frau als eigentliche possessio gedacht werden könne. S. das Recht des Besitzes §. 7. Allein an einem animus dominii fehlt es doch der beschenkten Ehefrau ebenso, als dem colonus, und gleichwohl hat letzterer ein Recht dieses Interdict anzustellen, nach l. 12. D. und. vi.

8) Aus diesem Grunde hat v. Savigny auch den Dieb juristischen Besitzer genannt, welchemnach selbst der Räuber, der *vi possessor*, welche v. Savigny jedoch nicht als juristische Besitzer auszeichnet, ebenso der *precario possidens* für juristische Besitzer gehalten werden müßten. Allein, wie der ganze Begriff des juristischen Besitzes unrichtig ist, so ist es auch diese Conclusion.

9) Dies ist die *vitiosa possessio ab extraneo*, und daß diese zur Anstellung des interdictum unde vi berechtige, enthalten folgende Stellen: l. 53. D. de possess. „*Adversus extraneos et vitiosa* „*possessio prodesse solet.*" — l. 1. §. 30. D. und. vi. „Qui „a me vi possidebat, si ab alio dejiciatur, habet interdictum." — l. 14. D. und. vi. „Sed si vi armata dejectus es, sicuti „ipsum fundum recipis, etiam si vi, aut clam, aut precario „eum possideres." — Es war aber keine vi possessio vorhanden, wenn man das Grundstück von Jemandem erhielt, von dem man wußte, daß er dasselbe durch vi dejectio erlangt hatte; l. 3. §. 10. D. uti possid. vergl. l. 4. §. 22. D. de usurpat.

aus seinem Besitz zu vertreiben. Die Entgegnung des Beklagten, daß der Kläger *vitiose* besitze, soll demnach völlig unberücksichtigt bleiben, und der Kläger nur dann nicht mit diesem Interdict durchdringen können, wenn der Beklagte selbst es ist, von dem er auf eine unrechtmäßige Weise den Besitz erlangt hat (*vitiosa possessio ab adversario* [10]). Für diesen Fall ist nemlich ein gleiches Unrecht auf Seiten des Klägers und des Beklagten, und letzterer muß jedenfalls als jetziger Besitzer den Sieg davon tragen [11]).

Insofern es nun bei diesem Streit über den Besitz nicht auf den Nachweis des Rechtes selbst ankommt, kann sogar der Eigenthümer als vi dejiciens verurtheilt werden, die Sache herauszugeben [12]). Man durfte hier auch im Einzelnen, bei dem äußerlich entschiedenen Unrecht des Beklagten, annehmen, daß der Kläger wirklich Berechtigter sei [13]), obgleich das Gegentheil eben so häufig der Fall sein konnte. Der Streit über Besitz und Eigenthum sind zudem von einander völlig unabhängig [14]).

---

10) Cic. pr. Caecina c. 32. ad famil. VII, 13. Paul. V, 6, 7. Gaj. IV, §. 154 u. 155. Nur wenn eine *vis armata* die Besitzentsetzung des Klägers herbeigeführt hatte, sollte diese Entgegnung der Beklagten unberücksichtigt bleiben, Cic. pr. Caecin. cap. 8. 22. u. 32. Gaj. IV, §. 154 u. 155.

11) Kaiser Justinian verwirft jedoch diese Einrede, und es scheint, als wenn man sich schon früher gegen dieselbe bestimmt habe, da durch die Ausführung derselben die Sache sehr leicht in die Länge gezogen werden konnte. „Nam ei proponitur inter-„dictum unde vi, per quod is, qui dejecit, cogitur ei resti-„tuere possessionem, *licet is ab eo, qui dejecit, vi, vel clam,* „*vel precario possidebat.*" §. 6. J. de interdict.

12) l. 4. §. 26. D. de usurpat. et usucap.: „Si *dominus fundi* „possessorem vi dejecerit, Cassius ait, non videri in potestatem „ejus rediisse, *quando interdicto unde vi restituturus sit pos-„sessionem.*"

13) So glaube ich folgende Stelle verstehen zu müssen: „Si quis „vi de possessione dejectus est, *perinde haberi debet, ac si* „*possideret*: cum interdicto unde vi reciperandae possessionis „facultatem habeat;" l. 17. pr. D. de adquir. et am. poss.

14) Eben deshalb wird dem Eigenthümer der Rath gegeben posseſſo-

Schon aus diesem Grunde hatten die Römischen Juristen Veranlassung genug, vor der Verwechselung des Besitzes mit dem Eigenthum zu warnen, ungeachtet der Eigenthümer als Besitzer geschützt werden sollte. Es heißt [15]): „*nec possessio et pro-„prietas misceri debent*"; nnd an einer anderen Stelle [16]): „*nihil commune habet proprietas cum possessione*". Diese Angaben sind von Savigny gänzlich mißverstanden worden, daß er sie sogar als Hauptsätze der ganzen Lehre des Besitzes angesehen hat, obgleich sich dieselben auf das Recht des Besitzes, als welches nur die bonae fidei possessio in Betracht kommt, gar nicht beziehen. Wie ganz anders jene Angaben verstanden werden müssen, zeigt die Anwendung, welche in der letztern Stelle von denselben gemacht wird. Es heißt nemlich: „*et „ideo non denegatur ei interdictum uti possidetis, qui coe-„pit rem vindicare: non enim videtur possessioni renun-„tiasse, qui rem vindicavit*" [17]).

§. 29.

Die sonstigen Grundsätze, welche das interdictum unde vi betreffen, lassen sich jetzt sehr leicht angeben. Sie sind von der Hauptfrage im Ganzen unabhängig und weniger bestritten. Die bisherige Darstellung betraf nemlich die Frage, wem dieses Interdict zum Schutz gereiche, oder wer als Kläger mit demselben auftreten könne. Dies war zugleich die entscheidende Frage, rücksichtlich der eigentlichen Bedeutung jenes Interdictes [1]). Es

---

risch zu klagen, bevor er die Eigenthumsklage anstelle; l. 24. D. de rei vind. Ganz allgemein für die Interdicte wird obiger Satz in l. 3. C. de interd. aufgestellt: „Incerti juris non est, orta „proprietatis et possessionis lite, *prius possessionis decidi opor-„tere quaestionem competentibus actionibus, ut ex hoc ordine „facto de dominii disceptatione probationes ab eo, qui de „possessione victus est, exigantur.*"

15) l. 52. D. de poss.

16) l. 12. §. 1. D. de possess.

17) Dasselbe erhellt aus l. 18. §. 1. D. und. vi.

1) Jedoch muß hier noch bemerkt werden, daß auch die Erben und

kommen hier, wie bei den sonstigen Klagen, nur noch zwei Punkte in Betracht, wenigstens werden sich die sonstigen Resultate des Interdictes auf diese leicht zurückführen lassen. Zunächst nemlich entsteht die Frage, wer bei diesem Interdict Beklagter sei, und zweitens, welchen Zweck und welche Tendenz dasselbe habe. Vom Beweise mußte schon früher gesprochen werden, weil davon selbst die Anwendung des Klagerechtes abhing.

Beklagter ist derjenige, welcher eine Gewalt verübt hat, wodurch der Kläger aus seinem Besitze gestoßen wurde (vi dejiciens) [2]; aber auch gegen den findet das Interdict statt, der dolo malo bewirkt, daß jemand vi dejicirt werde [3]). Die Gewalt muß eine *atrox vis*, eine körperliche Gewalt sein; daß sie aber mit Waffen geschehe, wird nicht erfordert. Hat sich Jemand aus bloßer unbegründeter Furcht aus seinem Besitz entfernt [4]), so ist keine vi dejectio vorhanden. Daß jene gewaltsame Störung von dem Beklagten in der Meinung vorgenommen wird, daß er ein Recht auf die Sache habe, ändert gar nichts [5]). Eben so wenig macht es einen Unterschied, ob der Störer zugleich Besitzer der Sache sei oder nicht [6]); doch ist nur

---

die sonstigen Universalsuccessoren das interdictum de vi anstellen können. Hoc interdictum et *heredi*, et *ceteris successoribus* competit; l. 1. §. 44. D. und. vi. Vergl. l. 3. §. 17. D. eod. tit.

2) Im Edict selbst heißt es: „*unde tu illum dejecisti;*" l. 1. pr. D. und. vi

3) l. 3. §. 12. D. und. vi: „Hoc interdictum et adversus eum „proponitur, *qui dolo malo fecit*, quo quis armis dejiceretur."

4) l. 3. §. 6. u. 7. D. und. vi. Gewalt durch Gewalt *in continenti* zu entfernen, ist dabei völlig erlaubt; l. 3. §. 9. D. und. vi. l. 1. §. 27. u. 28. D. eod.

5) Auch der Eigenthümer also kann als vi dejiciens mit diesem Interdict in Anspruch genommen werden; l. 4. §. 26. D. de usurp. et usuc.

6) „Etiam is, *qui non possidet, restituere cogitur;*" l. 1. §. 42. D. und vi.

im ersteren Falle eine *vi possessio* begründet [7]. Die eigentliche practische Anwendung dieser Regel besteht darin, daß das Interdict auch dann gegen den vi dejiciens angestellt werden darf, wenn sich ein Dritter im Besitz der Sache befindet; aber dieser Dritte ist kein vi possessor, er kann zugleich bona fide sein, und wird demnach die fragliche Sache usucapiren [8].

Die Erben und sonstigen Universalsuccessoren des vi dejiciens können ebenfalls mit diesem Interdict belangt werden, jedoch zufolge der allgemeinen Rechtsregeln nur auf das, um welches sie bereichert sind, (in id, quod ad eos pervenit. [9]), sofern sie nicht dolose die Bereicherung verhinderten [10]. Es war ferner ganz gewöhnlich, daß die Gewalt auch von Stell-

---

7) „Si tu me vi expuleris de fundi possessione, nec adprehen-„henderis possessionem, sed Titius in vacuam possessionem „intraverit . . . *interdictum unde vi locum habet*, quia verum „est, vi me dejectum: non tamen verum est, et vi possessum;" l. 4. §. 22. D. de usurp. et usuc.

8) In diesem Sinne wird in l. 4. §. 22. D. cit. gesagt: „*potest „longo tempore capi res*," nemlich in Betreff desjenigen, welcher sich nach der von einem Andern vorgenommenen vi dejectio in den Besitz gesetzt hat (*in vacuam possessionem intravit*). Vergl. l. 3. §. 10. D. uti possidet.

9) l. 2. C. unde vi. l. 11. C. de adqu. et retin. poss. l. 1. §. 48. D. unde vi. l. 3. pr. u. §. 1. 18. l. 9. pr. D. hoc tit. Der in einigen dieser Stellen vorkommende Ausdruck *in factum actio* ist nur eine verschiedene Bezeichnung des interdictum unde vi. In l. 2. C. und. vi heißt es: *interdicti exemplo*. Wie der Erbe keine Nachtheile erleiden soll durch die unrechtmäßigen Handlungen seines Erblassers, so soll er durch dieselben auch keine Vortheile erlangen. Bei Miterben wird jeder nur *pro rata* in Anspruch genommen, nach dem Theil, um welchen er selbst bereichert worden ist. Dieser Theil der Bereicherung ist im Ganzen völlig unabhängig von der Erbschaftsquote des Einzelnen; deshalb kann ein Einzelner der Miterben sehr füglich auch auf das Ganze belangt werden.

10) „*Dolove malo eorum factum est, quo minus perveniret;*" l. 2. D. unde vi. Hier entscheidet nemlich die allgemeine Rechtsregel, daß Niemand durch seinen dolus Vortheile erlangen solle.

vertretern des Beklagten verübt wurde, und daher berührt schon der Prätor diesen Fall, wie er das interdictum unde vi anordnet [11]). Als solcher wird der *procurator* genannt. Mag ein bestimmter Auftrag erfolgt, oder die Handlung nur hinterher genehmigt sein, so ist jedenfalls derjenige verpflichtet, in dessen Namen jene Handlung vorgenommen wird [12]); selbst wenn der Stellvertreter für Lohn gedungen war (mercenarius) [13]). Außer dem procurator, mit welchem Ausdruck hier überhaupt jede freie Mittelsperson bezeichnet wird, kann jene gewaltsame Besitzentsetzung auch durch nothwendige Repräsentanten bewirkt werden. So haftet der Vater für die Handlung des Sohnes [14]), der Herr, wenn sein Sclave die Gewalt vollführt hat [15]). Eben der Sclaven bediente man sich zu diesem Zwecke sehr häufig, welche im Edict mit dem Ausdruck *fami-*

11) Durch die Worte: „*aut familia tua dejecit*;" l. 1. pr. D. und. vi.

12) l. 3. §. 10. D. unde vi: „Cum *procurator* armatus venit, et „*ipse dominus dejecisse videtur*, sive *mandavit*, sive, ut Julia„nus ait, *ratum habuit*." Vergl. l. 1. §. 12—14. D. hoc tit. Hat ein *verus* procurator die Dejection vorgenommen, so kann nach den sonstigen Grundsätzen des Römischen Rechtes nicht bloß gegen den Eigenthümer mit dem interdictum unde vi geklagt werden, sondern ebenso gegen den *procurator* selbst. Denn der procurator ist hier durch den erhaltenen Auftrag eben so wenig entschuldigt, als bei dem Auftrage, Jemanden zu tödten. Ist der procurator aber ein *falsus* procurator, so kann nur dieser mit jenem Interdict belangt worden.

13) l. 1. §. 20. D. und. vi: „si *mercenarius* vi dejecerit, utile in„terdictum competit."

14) l. 1. §. 20. D. und. vi. l. 16. D. hoc tit.

15) Jedoch muß ein Befehl (*jussus*) vorangegangen, oder die *rati habitio* erfolgt sein. „Hoc et in familia dicendum est: nam „cum familia sine me armata venit, ego non videor venisse, „sed familia: *nisi jussi, vel ratum habui;* l. 3. §. 11. D. und. vi. — Quare et si familia mea *ex voluntate mea* dejecerit, ego videor dejecisse;" l. 1. §. 12. D. und. vi. vergl. l. 1. §. 15. D. eod.

lia [16]) bezeichnet werden. Hatten dieselben jedoch ohne Auftrag (*jussus*) gehandelt, so brauchte der Herr ausser dem Falle der Bereicherung nicht aufzukommen, indem er sich durch noxae deditio frei machen konnte [17]). Interessant ist hier die Frage, wie viele Sclaven nothwendig sind, damit eine vi dejectio angenommen werden könne; daß dieselbe aber schon durch einen einzigen Sclaven verübt werde, unterliegt keinem Bedenken [18]).

Der Zweck dieses Interdicts geht auf vorläufige Anerkennung des Besitzes, woraus sich ergibt, daß der Kläger wieder in seinen Besitz eingesetzt werden müsse. Der dejectus muß wieder in die Lage kommen, in welcher er vor der dejectio war, ihm demnach die Sache mit allem, was sich auf und in derselben befand, restituirt werden [19]).

---

16) l. 1. §. 16. D. und. vi. Dahin gehören auch diejenigen, welche nur als Sclaven (*servorum loco*) behandelt werden; l. 1. §. 18. D. eod.

17) l. 1. §. 15. D. und. vi: „nec gravari debet dominus, qui „non jussit si servorum suorum factum praestaret, et si non „jussu ejus dejecerunt: nam non gravabitur hoc nomine: „*quippe cum aut pervenit ad eum aliquid, et restitueret, aut* „*non pervenit, et ipsos servos maleficii causa noxae dedendo* „*indemnis erit*: quod enim noxae dedere compellitur, in damno „debet reputare, cum servus hoc possit domini deteriorem con-„ditionem facere." Vergl. l. 1. §. 17. D. und. vi.

18) Diese Frage wird aufgeworfen und beantwortet in l. 1. §. 17. D. und. vi. — Das Interdict wird auch dann einen Erfolg haben, wenn darüber Streit entsteht, ob man frei, oder Sclave sei; l. 1. §. 21. D. und. vi.

19) Hierauf beziehen sich die Worte des Edicts: „*quaeque ille* „*tunc ibi habuit*;" l. 1. pr. und §. 33. D. und. vi. Dahin gehören nicht bloß die Sachen, welche sich im Eigenthum des Klägers befinden, sondern auch alle sonstigen, an welchen derselbe nur ein persönliches oder dingliches Recht hat, oder welche selbst nur zur Aufbewahrung hingegeben waren. Sind letztere nach der Dejection verloren gegangen, so muß ebenfalls eine Entschädigung geleistet werden; l. 1. §. 34—36. D. und. vi. Doch wird vorausgesetzt, daß sie sich auf dem Grundstücke, nicht anderswo, befunden haben; l. 1. §. 37. u. §. 38. D. hoc tit.

Die zu restituirende Sache kann jedoch nur eine unbewegliche sein, also ein Grundstück im eigentlichen Sinne, oder ein Haus [20]); bei beweglichen Gegenständen findet das Interdict nach den ausdrücklichen Angaben der Quellen nicht statt [21]). Diese sind nur dann ein Gegenstand der Klage, wenn sie sich auf dem Grundstücke, oder in dem Hause befunden haben: in welchem Falle sie jedoch bloß als Theil der Hauptsache, keinesweges als selbstständiger Gegenstand in Betracht kommen [22]). Ist die Sache nicht mehr vorhanden, so muß die Verbindlichkeit auf eine indirecte Weise erfüllt werden, nemlich durch Schadensersatz, welcher auch jedesmal eintritt, so oft der Beklagte den Besitz nie inne gehabt, oder ihn wieder verloren hat [23]).

---

20) l. 1. §. 3—8. D. und. vi. Paul. V, 6, 5. Gemeinhin wird im Zusammenhange nur der *fundus* genannt.

21) l. 1. §. 6. D. und. vi. In l. 3. §. 15. D. hoc tit. wird daher für den ususfructus jenes Interdict verweigert, wenn derselbe nicht an unbeweglichen Sachen zusteht. Siehe auch l. 1. §. 32. D. hoc tit.

22) l. 3. §. 15. D. und. vi. l. 14. D. hoc. tit. — Dieser Punkt, so deutlich ihn auch die vorhandenen Quellen aussprechen, ist dennoch ein Gegenstand des Streites, und von Savigny gradezu geläugnet worden, indem er das interdictum unde vi ebenfalls auf bewegliche Gegenstände bezieht. Früher sei dieses nicht nothwendig gewesen, weil das interdictum utrubi ausgeholfen habe, für das justinianeische Recht aber müsse jene Erweiterung des interdictum unde vi unbedenklich behauptet werden. — Die von ihm allegirten Belagstellen (l. 7. C. und. vi und §. 1. J. de vi bonorum ruptor.) unterstützen indeß, bei einer richtigen Interpretation, seine Behauptung keinesweges, und erhellt das Gegentheil nur zu klar aus den hier angeführten Gesetzen, welche dem justinianeischen Rechte angehören.

23) l. 1. §. 42. D. und. vi sagt ausdrücklich, daß auch der Ersatz leisten müsse, der selbst nicht besitze. Man braucht aber nicht dolo malo den Besitz verloren zu haben, die Verpflichtung entspringt schon aus der *dejectio*; l. 1. §. 36. D. und. vi. l. 15. D. eod. Die Entschädigung ist darauf gerichtet, *quanti mea intersit*; l. 15. D. und. vi. l. 6. D. l. 1. §. 31. u. 41. D. eod. Vom *damnum praeteritum*, was der Erbe zu fordern hat, wenn der entsetzte Usufructuar stirbt, spricht l. 3. §. 17. D. und. vi.

Es muß Ersatz geleistet werden für die Beschädigung, welche an der Sache entstanden ist, selbst wenn der Beklagte sich hierbei in keiner culpa befindet, sofern nur nicht jene Beschädigung auch ohne die dejectio geschehen sein würde [24]). Das Angegebene betrifft ebenfalls die nicht mehr vorhandenen Nebensachen [25]). Ueber die Größe des Schadens kann auch hier durch den Eid des Klägers bei fehlenden anderweitigen Beweismitteln der Beweis geführt werden, nachdem zuvor der Richter ein *maximum* bestimmt hat [26]).

Object der Restitution ist alles, was der Beklagte durch die vi dejectio erlangt hat, und dieses bezieht sich nicht bloß auf die zur Zeit der dejectio vorhandenen Gegenstände, sondern ebenso auf das, was denselben späterhin hinzukommt [27]). Auch die Früchte müssen, bis zum Augenblick der Dejection berechnet, restituirt werden [28]), und es kommt hier nicht darauf an, ob

24) l. 1. §. 35. D. und. vi. Paul. recept. sent. V, 6, 8. l. 14. §. 11. D. quod met. caus.

25) Welche sich nemlich auf dem Grundstücke zur Zeit der Dejection befunden haben. Siehe l. 1. §. 34. D. und. vi. l. 19. D. eod. Paul. V, 6, 8. Dahin gehören nicht bloß leblose Gegenstände, welche späterhin vernichtet, oder abhänden gekommen sind, sondern auch Sklaven und Thiere. Für die gestorbenen Sclaven muß daher die *aestimatio* entrichtet werden. Auf die Schuld des dejiciens kommt dabei nichts an, denn er muß gleich dem Diebe für seine *mora* aufkommen, l. 1. §. 34. D. und. vi. Es versteht sich übrigens von selbst, daß der vi dejiciens auch dann verhaftet sei, wenn die Sachen sich bloß nicht mehr in seinem Besitz befinden. „Et ideo, et *si quid postea desiit ibi esse*, dicendum „erit in interdictum venire; l. 1. §. 34. D. und. vi.

26) l. 9. C. und. vi.

27) Alle später hinzugekommenen Nebensachen können überhaupt nur nach denselben rechtlichen Grundsätzen beurtheilt werden, welche für die Hauptsache entscheiden.

28) „*Ex die, quo quis dejectus est, fructuum ratio habetur:* „quamvis in ceteris interdictis, ex quo edita sunt non retro „computantur. *Idem est et in rebus mobilibus, quae ibi erant:* „*nam et eorum fructus computandi sunt, ex quo quis vi de-* „*jectus est;*" l. 1. §. 40. D. und. vi.

der Beklagte dieselben wirklich erhalten hat, sondern ob der Kläger sie hätte erhalten können [29]). Der Herr braucht jedoch nur dasjenige zu ersetzen, um was er durch seinen Sclaven bereichert worden ist [30]); welches überhaupt gilt, so oft man durch die von einem Dritten verübte vi dejectio etwas erlangt, ohne sich durch Auftrag, oder auf andere Weise verbindlich zu machen [31]). Der Anspruch bei dem interdictum unde vi kann jedoch nur ein Jahr geltend gemacht werden [32]), und dieses Jahr ist ein annus *utilis* [33]). Wegen Bereicherung des Beklagten dauert derselbe aber länger [34]), es ist in dieser Hinsicht das Interdict eine actio perpetua, wie jede reipersecutorische Klage [35]).

---

29) l. 4. C. und. vi: „causam omnem praestare oportet, in qua „fructus etiam, *quos vetus possessor percipere potuit*, non tan„tum quos praedo percepit, venire non ambigitur." — Von den sonstigen hier in Betracht kommenden Sachen, nemlich im Gegensatz der Früchte, handelt l. 1. §. 41. D. de vi. Es kann überhaupt, außer der Hauptsache, alles gefordert werden, was der Besitzer auf irgend eine Weise würde erlangt haben („omnia, „*quaecunque habiturus vel assecuturus erat is*, *qui vi dejectus* „*est*, *si vi dejectus non esset*, restitui"). Für diejenigen Gegenstände, welche nicht mehr in natura vorhanden sind, muß allgemein die *litis aestimatio* prästirt werden; l. 1. §. 41. D. cit.

30) l. 1. §. 15. u. 19. D. und. vi.

31) Von der Verpflichtung des Vaters, wenn er durch die vi dejectio seines Sohnes bereichert ist, besagt l. 16. D. hoc tit.: „In „interdicto unde vi dicendum est, ex ejus causa, *quod ad pa*„*trem pervenit*, ipse teneatur." In Betreff der municipes, welche durch die vi dejectio eines Dritten bereichert worden sind, findet sich ein Fall in l. 4. D. und. vi.

32) l. 1. pr. D. und. vi. Die Worte des Edictes: „*intra annum*."

33) „Annus in hoc interdicto *utilis* est;" l. 1. §. 39. D. und. vi. Darauf bezieht sich auch: „Vi pulsos restituendos esse in„terdicti exemplo, *si necdum utilis annus excessit*, certissimi „juris est;" l. 2. C. und. vi.

34) l. 1. pr. D. und. vi bestimmt nemlich: „*post annum de eo*, „*quod ad eum*, *qui vi dejecit*, *pervenerit*, judicium dabo." Dasselbe enthält l. 7. §. 5. D. com. dividund.: „placuit etiam

§. 30.

Das zweite possessorische Interdict, was hier in Betracht kommt, ist das *interdictum uti possidetis*, bei welchem wir uns im Ganzen kürzer fassen können.

Es läßt sich vollständig beweisen, daß der Eigenthümer durch dieses Interdict in seinem factischen Innehaben, bei partieller Störung des Besitzes, und was wir dabei hinzunehmen müssen, auf einem schleunigen Wege geschützt werden solle. Ist aber der Eigenthümer grade der im vollsten Umfange Berechtigte, so kann jener Besitz nicht, wie v. Savigny behauptet, ein an sich bloß factisches Innehaben, verbunden mit der Absicht zu besitzen, sein [1]).

Die Worte des Edicts, worauf sich dieser Schutz gründet, erwähnen zwar den Eigenthümer nicht ausdrücklich, da es dem Prätor hauptsächlich nur darauf ankam, die Bedingungen und die Tendenz des Interdictes zu bestimmen [2]).

„*post annum in eum, qui vi dejecit, interdictum reddi.*" — Cic. ad famil. XV, 16.

35) Dieses ist nicht bloß für die Person des vi dejiciens, sondern ebenso für diejenigen wichtig, welche sich durch die vi dejectio eines Anderen bereichert befinden, namentlich also auch für die Erben. „Haec actio, quae adversus heredem ceterosque successores per„tinet, *perpetuo competit: quia in ea rei persecutio continetur*; l. 3. §. 1. D. und. vi.

1) Wenig erheblich ist es für unsere Untersuchung, daß das interdictum uti possidetis, gleich dem interdictum utrubi, als interdictum *duplex* in Betracht kommt, was die Bedeutung hat, daß jeder der streitenden Theile zugleich als Kläger und Beklagter angesehen, mithin nicht bloß der Beklagte, sondern auch der Kläger condemnirt werden kann. „Ideo autem duplicia vocantur, „quia par utriusque litigatoris in his conditio est, nec quis„quam praecipue reus vel actor intelligitur: sed unusquisque „tam rei, quam actoris partes sustinet;" §. 7. J. de interd. — Gaj. IV, 160. — l. 3. §. 1. D. uti possidet.

2) l. 1. pr. D. uti possid.

„Ait Praetor, *uti eas aedes, quibus de agitur, nec vi,*
„*nec clam, nec precario alter ab altero possidetis,*
„*quo minus ita possideatis, vim fieri veto.* De cloacis
„hoc interdictum non dabo [3]): *neque pluris quam*
„*quanti res erit, intra annum, quo primum expe-*
„*riundi potestas fuerit, agere permittam*".

Daß indeß der Eigenthümer gemeint sei, darüber kann nach der Interpretation der Römischen Juristen, welche im Sinn und Geist jener prätorischen Gesetzgebung erfolgt ist, kein Zweifel obwalten. Also der Besitz des Eigenthümers, insofern er sich auf Grundstücke bezieht [4]), wird hier mit dem Ausdruck possidere bezeichnet [5]), und dieser Besitz muß im Augenblick des anzustellenden Interdictes vorhanden sein [6]).

3) Was dieser Zusatz, daß nemlich das interdictum uti possidetis nicht in Betreff der Cloakengerechtigkeit gelten solle, für eine Bewandtniß habe, ist schwer einzusehen. Daß es nicht für diese zur Anwendung kommen kann, ist aus dem Grunde klar, weil sich für dieselbe ein eignes selbstständiges Interdict vorfindet.

4) Im Edict ist nur von Gebäuden (aedes) die Rede; indeß in l. 1. §. 1. D. uti possid. heißt es allgemein: „Hoc interdictum „*de soli possessione* scriptum est." Ebenso in l. 1. §. 3. D. eod.: „si *res soli* sit:" ferner: „possessorem *praedii* tuetur" in l. 1. §. 6. D. hoc tit. Ganz in demselben Sinne wird gesagt: „si de *fundi* vel aedium possessione contenditur" (§. 4. J. de interdict.), und: siquidem de *fundo* vel aedibus interdicitur" (Gaj. IV, §. 150.). Dieser Satz ist auch in l. 1. §. 8. D. uti possidet. enthalten: „Hoc interdictum in omnibus etiam pos„sessionibus, *quae sunt soli*, sine dubio locum habebit, dum„modo possideri possit." Es ist also mit anderen Worten der Grundbesitz, worauf es hier ankommt.

5) Abwegig ist es daher, wenn Albert über das interdictum uti possidetis der Römer S. 102. behauptet, daß dieser Staatsschutz sich nicht sowohl auf eine Vermuthung der Rechtlichkeit des Besitzes, als vielmehr auf das Verbot der Privatgewalt (*vis*) gründe. Wiederhold das interdictum uti possidetis S. 5. kommt in Folge einer falschen Conclusion zu dem Resultat, daß zu diesem Interdict Civil-Besitz erforderlich sei.

6) „Nam uti possidetis interdicto is vincebat, qui *interdicti tem-*

„Hoc interdictum sufficit ei, qui aedificare *in suo* prohi-
„betur". Jenes *in suo* kann nur bedeuten: auf seinem Eigenthum, was in den folgenden Worten dieser Stelle durch *mea possessio* bezeichnet wird: „etenim
„videris mihi possessionis controversiam facere, qui pro-
„hibes me uti *mea possessione* [7]).

Der Eigenthümer ist vermöge seiner totalen Berechtigung vorzugsweise zu besitzen berechtigt, und daher grade ihm dieses Interdict als Schutzmittel für seinen Besitz gegeben. — Dasselbe erhellt aus den Angaben, in welchen bemerkt wird, daß bei einer *controversia proprietatis*, bei einem Streit über das Eigenthum eines Grundstücks, es rathsam sei, zuvor den Streit über den Besitz zu führen, bevor man über das Eigenthum selbst streite [8]). In diesem Sinne werden auch die einzelnen Störungen, welche zu jenem Interdict berechtigen, als Störungen im Besitz des Eigenthums ausgezeichnet. Der Eigenthümer klagt demnach mit diesem Interdict gegen den *inquilinus*, welcher ihn verhindert, sein Haus auszubessern [9]), wozu er nemlich ungeachtet der Miethe berechtigt ist. Eine gleiche Störung geschieht, wenn der Eigenthümer verhindert wird, auf seinem Grundstücke zu bauen [10]). Ferner

„*pore* possidebat;" §. 4. J. de interdict. Es soll nemlich verhindert werden, daß der Besitzer eine widerrechtliche Störung erfahre, wodurch der Besitz verloren gehe; insofern ist dieses Interdict ein interdictum *retinendae possessionis;* l. 1. §. 4. D. uti possid. vergl. §. 4. J. de interd. l. 2. §. 3. D. de interdict.

7) l. 3. §. 2. D. uti possidet.

8) In diesem Zusammenhange wird von dem interdictum uti possidetis gesprochen in l. 1. §. 3. D. uti possid. §. 4. J. de interdict. (vergl. Theophil. z. d. Stell.) l. un. C. uti possidet.

9) l. 3. §. 3. D. uti possid.: „*Cum inquilinus dominum aedes „reficere volentem prohiberet, aeque competere interdictum uti „possidetis placuit:* testarique dominum, non prohibere inqui-„linum, ne habitaret, sed ne possideret."

10) Daß diese Störung zu jenem Interdict berechtige, enthält l. 3. §. 2. D. uti possid.: „*Hoc interdictum sufficit ei, qui aedifi*

findet das Interdict gegen den Nachbaren Anwendung, welcher nahe an der Gränze stehende Weinstöcke auf seine Bäume hinüberzieht, oder auch nur dem Eigenthümer verwehrt, dieselben abzuhauen oder nach Gefallen zu ziehen [11]). Eben so gegen den, welcher den Eigenthümer in Bebauung seines Feldes hindert [12]). Eine gleiche partielle Störung ist es, wenn Jemand sich eine *projectio* über den Grund und Boden des Nachbaren [13]),

„*care in suo prohibetur*: etenim videris mihi possessionis controversiam facere, qui prohibes me uti mea possessione." Vergl. l. 5. §. 10. D. de oper. nov. nunciat.

11) Siehe l. 3. §. 4. D. uti poss.: „Item videamus, *si auctor* „*vicini tui ex fundo tuo vites in suas arbores transduxit*, quid „juris sit? Et ait Pomponius, posse te ei denuntiare et vites „praecidere: idque et Labeo scribit: *aut uti eum debere inter-* „*dicto uti possidetis de eo loco, quo radices continentur vi-* „*tium*: nam si tibi vim fecerit, quominus vel praecidas vel „transducas, vim tibi facere videtur, quominus possideres."

12) „Etenim qui *colere fundum* prohibetur, possidere prohibetur, inquit Pomponius" (l. 3. §. 4. D. uti possid.).

13) „Item videamus, *si projectio supra vicini solum non jure* „*haberi dicatur*, an interdictum uti possidetis sit utile alteri „adversus alterum? Et est apud Cassium relatum, utrique esse „inutile, quia alter solum possidet, alter cum aedibus superficiem (l. 3. §. 5. D. uti possidet.). Ueber den Sinn dieser Stelle hat sich Albert a. a. O. S. 100 ff. weitläuftig ausgesprochen, dem ich jedoch keinesweges beistimmen kann. Vielmehr würde die Conjectur des Cujacius die richtige sein, welcher statt utrique esse inutile lesen will: *utrique esse utile*. Auf dasselbe würde hinauskommen: *utrique non esse inutile*. Daß entweder das Eine oder das Andere gelesen werden müsse, dafür sprechen die Schlußworte dieser Stelle: „*quia alter solum possidet, alter* „*cum aedibus superficiem*." Während Jemand den Grund und Boden besitzt, ein Anderer auf demselben ein Haus, sind alle Bedingungen vorhanden, weshalb sowohl der Eine als der Andere jenes Interdict anstellen kann. Der Eigenthümer des Grundes und Bodens nemlich, wenn der Andere sich eine projectio anmaßt, wodurch er nach Willkühr zu bauen verhindert wird; der Besitzer des Hauses, wenn der Eigenthümer des Grundstückes bei Errichtung eines Gebäudes sich eine projectio über das Haus des Anderen an-

eine Servitut [14]), eine *superficies* [15]), oder ein sonstiges dingliches Recht, welches fremdes Eigenthum voraussetzt, widerrechtlich anmaßt. Es kommt hier überhaupt nur auf eine partielle

---

maßt. In diesem Sinne ist auch der §. 6. derselben Stelle aufzufassen, es wird hier ausdrücklich gesagt, daß sowohl der Eine als der Andere jenes Interdict anstellen könne, und die Verbindung durch „*Labeo quoque scribit*" ergibt deutlich, daß Labeo nur dieselbe Ansicht vertheidigt habe, welche von Cassius angenommen war, „Labeo quoque scribit, *ex aedibus meis* „*in aedes tuas projectum habeo: interdicis mecum, si eum* „*locum possideamus, qui projecto tegetur.*" Das heißt also, wenn ich von meinem Gebäude über das deinige einen projectus errichte, bist du im Stande, das interdictum uti possidetis gegen mich anzustellen. Eine partielle Störung im Besitze geschieht durch die widerrechtliche Anmaßung desselben. Aber eben so kann der Gegner sich im Besitz seines projectus durch dieses Interdict schützen: „an quo facilius possim retinere possessionem ejus „projectionis, interdico tecum, sicuti nunc possidetis eas aedes, „ex quibus projectus est;" l. 3. §. 6. D. uti possid. In den letzten Worten ist eine ausdrückliche Beziehung auf die Worte des Edicts enthalten. — Hat der Nachbar über meinem Terrain (in parte mea) tectoria, kann ich mit diesem Interdict auf die Wegnahme derselben dringen; l. 3. §. 9. D. uti possidet.: „*Si vicinus meus in parte mea tectoria habeat, et in parte sua: uti* „*possidetis mihi efficax est, ut ea tollere compellatur.*"

14) l. 8. §. 5. D. si servit. vind. Dasselbe besagt auch l. 3. §. 5. u. 6. D. uti possid.

15) Dies ist der Sinn der so viel besprochenen l. 3. §. 7. D. uti possid. Auch der Superficiar stellt dasselbe Interdict an zu seinem possessorischen Schutz, wenn es gleich in der Qualität eines selbstständigen Interdictes (*interdictum de superficiebus*) vorkommt. Doch wird der Eigenthümer in dieser Concurrenz, wie gegen sonstige Dritte, stets den Vorzug behalten: „*dominus* „*autem soli, tam adversus alium, quam adversus superficiarium potior erit interdicto uti possidetis.*" Dasselbe enthalten die Anfangsworte jener Stelle: „Sed si supra aedes, quas pos- „sideo, cenaculum sit, in quo alius quasi dominus moretur, „*interdicto uti possidetis me uti posse, Labeo ait, non eum,* „*qui in cenaculo moraretur:* semper enim superficiem solo „cedere."

Störung des Eigenthums an, denn dadurch wird auch der Besitz des Eigenthümers partiell gestört, und insofern dieser selbstständig und auf einem schleunigen Wege geschützt werden soll, muß dem Eigenthümer in allen jenen Fällen nicht bloß eine petitorische, sondern auch possessorische Klage zustehen. Ob derselbe Alleineigenthümer, oder nur Miteigenthümer (condominus) sei, darauf kommt es weiter nicht an [16].

Ganz dasselbe muß für den *bonae fidei possessor* unter der Voraussetzung gelten, daß er im Besitz eines unbeweglichen Gegenstandes partiell gestört wird. Es ist ein Anderes bei der Gleichstellung desselben mit dem wirklichen Eigenthümer völlig undenkbar. Auch sein Besitz ist eine *justa possessio* [17]), welche nach den Quellen zu diesem Interdict berechtigt [18]), und es hat schon der Prätor den Besitz des bonae fidei possessor durch den Ausdruck *possidere* als hierher gehörig bezeichnet.

§. 31.

Die weiteren Anwendungen des Interdictes ergeben sich ebenfalls sehr einfach. Der Prätor ging bei Gewährung dieses Schutzes nur davon aus, daß Besitz vorhanden, und daß eine partielle Verletzung desselben vorgekommen sei. Beide Umstände erforderten keine weitläuftige rechtliche Erörterung. Die Verletzung konnte sehr leicht durch Anwesende nachgewiesen werden, auf den Nachweis des Rechtes kam es dagegen niemals an [1]),

16) „Hoc interdictum locum habet, sive quis totum fundum se „possidere dicat, sive pro certa parte, *sive pro indiviso*;" l. 1. §. 7. D. uti possid. Hierher gehört auch l. 3. C. fin. regundor.

17) Darauf geht die Regel: „*juste possidet, qui auctore Prae*„*tore possidet;*" l. 11. D. de adquir. vel am. poss.

18) l. 2. D. uti possidet. Darauf kann ebenfalls l. 1. C. und. vi bezogen werden.

1) Die Sache ist in folgender Stelle sehr bestimmt enthalten: „Pos„sessiones, quas ad te pertinere dicis, more judiciorum perse„quere: *non enim possessori incumbit necessitas probandi eas* „*res ad se pertinere*;" l. 2. C. de probat.

damit nicht jene so nothwendige schleunige Hülfe verfehlt werde. Behauptete der Beklagte, was er zu beweisen hatte, daß der Kläger im Verhältniß zu ihm vi, clam oder precario besitze, so war dies der alleinige Einwand, welcher berücksichtigt werden durfte. Daher sind folgende weitere Anwendungen sehr natürlich.

Erstens: nach Analogien.

Wie das interdictum unde vi auf andere dinglich Berechtigte, für welche noch kein selbstständiges Interdict vorhanden war, zur Anwendung gebracht wurde, so ist das interdictum uti possidetis ebenfalls, und ganz nach derselben Analogie, ausgedehnt worden. Ausdrücklich werden in dieser Hinsicht der Usufructuar und Usuar genannt [2]). Auch bei diesen, ungeachtet sie keine Sache, sondern nur ein Recht an einer Sache besitzen, läßt sich das Recht selbst von dem Besitz dieses Rechtes sehr wohl unterscheiden, und somit der durch das interdictum uti possidetis gewährte possessorische Schutz füglich anwenden, indem eine partielle Verletzung des Besitzes hier ebenfalls gedenkbar ist. Es kann jenes Interdict für diesen Fall ganz mit dem gewöhnlichen Erfolge angestellt werden [3]). — Die Anwendung desselben für den *colonus* ist in den Quellen des justinianeischen Rechtes nicht ausgezeichnet. Und dem missus in possessionem rei servandae causa wird es gradezu abgesprochen, aus dem Grunde, quia non possidet, d. h. weil er nicht in eignem Namen, sondern für den Eigenthümer besitzt [4]).

---

2) „In summa puto dicendum, et *inter fructuarios* hoc interdictum reddendum, etsi alter usumfructum alter possessionem „sibi defendat. Idem erit probandum, et si usufructus quis „sibi defendat possessionem; et ita Pomponius scribit. Proinde „et si *alter usum*, alter fructum sibi tueatur, et his interdictum „erit dandum; l. 4. D. uti possid.

3) Es ist hier eine analoge Ausdehnung eines Klagerechtes vorhanden, wie sie sich im Sachenrecht durchweg findet.

4) „Creditores missos in possessionem rei servandae causa in„terdicto uti possidetis uti non posse: et merito, quia non pos-

Zweitens: auf sonstige Weise.

Die fernere Anwendung dieses Interdictes besteht darin, daß nichts auf die Rechtmäßigkeit jenes factischen Innehabens ankommt, welchemnach auch der im Verhältniß zu Anderen ausser dem Beklagten unrechtmäßige Besitz geschützt wird. „Justa, *an* „*injusta adversus ceteros possessio sit, in hoc interdicto ni*„*hil refert*" [5]). Der Grund davon ist offenbar der, weil die Entgegnung des Beklagten, daß der Kläger unrechtmäßig besitze, nach der Bestimmung des Prätors nicht weiter gehört werden soll. Es läßt sich aber auch sagen, selbst wenn Jemand unrechtmäßig besitze, müsse er doch nicht von Dritten auf solche widerrechtliche Weise gestört werden. Dagegen ist es nicht für die Angabe eines Grundes zu achten, wenn in obiger Stelle [6]) hinzugefügt wird: „qualiscunque enim possessor hoc ipso, quod „possessor est, plus juris habet, quam ille qui non possidet" [7]). Denn ein Recht hat der injustus possessor an der Sache nicht, es kann ihm dieselbe zu jeder Zeit von dem Eigenthümer abgefordert werden; er repräsentirt nur letzteren in seinem Recht zu besitzen. Daß die injusta possessio den animus dominii erfordere, läßt sich keinesweges behaupten. Wer mit Gewalt oder heim-

---

„sident. Idemque et in ceteris omnibus, qui custodiae causa „missi sunt in possessionem, dicendum est;" l. 3. §. 8. D. uti possid.

5) l. 2. D. uti possid. Vergl. l. 53. D. de adquirend. et amitt. possess. l. 1. §. 9. D. uti possid. §. 4. J. de interdict. l. un. C. uti possid. Eine bestimmte Anwendung davon findet sich in l. 17. D. de precar.

6) l. 2. D. uti possid.

7) Eine ganz interessante Anwendung findet sich in l. 3. pr. D. ut. possid. für den Fall, wo der Eine juste, der Andere injuste zu besitzen behauptet. Jeder wird als Besitzer, demnach als berechtigt jenes Interdict anzustellen betrachtet, oder wie es heißt: *duo possident in solidum.* Es kann aber keiner über den Anderen den Sieg davon tragen, wo nicht der unrechtmäßige Besitzer von dem rechtmäßigen selbst seinen Besitz ableitet (*si vero non a me, neuter nostrum vincetur*. nam et tu possides, et ego).

lich sich einer Sache bemächtigt, kann dies sehr wohl auch in einer andern Absicht thun [8]); bei dem precario possidens ist die Absicht, Eigenthümer zu sein, sogar völlig undenkbar, sowie dieselbe ebenfalls bei dem Diebe und dem Räuber rücksichtlich beweglicher Sachen rechtlich gar nicht gedacht werden kann.

Die einzige Einwendung, welche dem Beklagten freisteht, betrifft, auch noch im neuesten justinianeischen Rechte, die *vitiosa possessio ab adversario*. Diese soll zur Folge haben, daß man den Besitz nicht behaupte [9]). Der Kläger wird sogar condemnirt werden können, seinen Besitz an den Gegner herauszugeben. Aus diesem Grunde würde der precario tenens mit dem interdictum uti possidetis nicht gegen den, welcher das precarium ertheilt hat (quem rogavit), durchdringen [10]).

§. 32.

Die sonstigen dieses Interdict betreffenden Resultate haben durchaus keine Schwierigkeit.

Als Beklagter kommt jeder in Betracht, der entweder selbst oder durch Andere eine partielle Störung, d. h. eine solche vornimmt, wodurch der Innehaber nicht seines Besitzes entsetzt wird; und welche einzelne Störungen hierher gehören, ist bereits oben angegeben worden [1]). Es sind ganz dieselben Störungen, welche

---

8) Vergl. nur: l. 12. D. und. vi.

9) Ueber diese *vitiosa possessio ab adversario:* §. 4. J. de interd. l. 1. §. 5. u. §. 9. D. uti possidet. Gaj. IV, §. 150. Der justus possessor wird demnach durchdringen, wenn ein Anderer von ihm injuste besitzt. „Si quis proponerit possessionem justam et in„justam: ego possideo ex justa causa, tu vi aut clam: *si a me* „*possides, superior sum interdicto*;" l. 3. pr. D. uti possid. — Wäre aber v. Savigny's Ansicht, daß der Besitz, welcher durch dieses Interdict geschützt werden soll, ein bloßes Factum des Innehabens ohne alles Recht sei (§. 38.), richtig, so würde jene vitiosa possessio nie in Betracht kommen.

10) l. 17. D. de precar.

1) Im §. 30.

die actio negatoria begründen [2]). Ob der Beklagte ein Recht an der Sache habe, ist von keinem Belange, denn es kann selbst der Eigenthümer auf diese Weise verklagt, und sogar wegen seiner widerrechtlichen Anmaßung bestraft werden [3]).

Die Wirkung dieses Interdictes ist die Anerkennung des Rechtes zu besitzen, wobei wir aber von der späteren Ausdehnung für den injustus possessor absehen müssen. Es muß daher die Störung unterbleiben, und der Beklagte namentlich die *tectoria*, welche er sich widerrechtlich über dem Grundstück des Klägers angemaßt hat, wegnehmen [4]), weil nur dadurch die Verletzung aufgehoben wird. Auch für die Zukunft muß jede ähnliche Störung vermieden werden. Sollte das Gegentheil zu befürchten sein, so wird eine Caution die zweckmäßige Aushülfe gewähren. Aber auch für den Unterliegenden kann schon jetzt eine Sicherstellung (satisdatio) wegen seiner künftig zu realisirenden rechtlichen Ansprüche vorkommen [5]).

---

2) Wenn daher der Prätor den Ausdruck: *vim fieri* veto (l. 1. §. 1. D. uti possidet) gebraucht, so ist hier unter *vis* jede widerrechtliche Störung zu verstehen.

3) Nach der spätern Ausdehnung des Interdictes hat dies keinen Zweifel. Der Grund ist, weil der Beklagte seine Entgegnungen in Betreff der ihm zustehenden Berechtigung nicht vorbringen darf. Dem Kläger soll eine schleunige Hülfe werden, er braucht nur gewisse äußere Umstände nachzuweisen, und dann wird sein Besitz einstweilen für rechtlich angenommen. „Hujus autem interdicti „proponendi causa haec fuit, quod separata esse debet possessio a „proprietate: *fieri enim potest, ut alter possessor sit, dominus* „*non sit: alter dominus quidem sit, possessor non sit: fieri* „*potest, ut et possessor idem et dominus sit.*" l. 1. §. 2. D. uti possidet.

4) Si vicinus meus in parte mea tectoria habeat, et in parte „sua: uti possidetis mihi efficax est, *ut ea tollere compella-* „*tur;*" l. 3. §. 9. D. uti possid.

5) Hierauf bezieht sich l. un. C. uti possid.: „Uti possidetis fun- „dum, de quo agitur, cum ab altero nec vi, nec clam, nec pre- „cario possidetis, Rector provinciae vim fieri prohibebit: *ac* „*satisdationis vel transferendae possessionis Edicti perpetui* „*forma servata de proprietate cognoscet.*" Die richtige Erklä-

Daß **Ersatz** für die Beschädigung geleistet werden müsse, folgt aus jener Anerkennung eben so nothwendig. Hierauf beziehen sich die Worte des Edicts: *neque pluris, quam quanti res erit* [6]). Und die Interpretation bestimmte, es solle dabei alles in Erwägung kommen, was der Besitzer wirklich verloren, oder wegen jener Störung zu erwerben verabsäumt habe. Mithin muß der Verletzte alles dasjenige ersetzt erhalten, was er erlangt haben würde, wenn jene Störung nicht vorgekommen wäre: „*quanti* „*cujusque intererat, possessionem retinere*" [7]). Es kommt aber am wenigsten auf das pretium, auf den Werth der Sache selbst an, welche irrthümliche Ansicht dennoch von dem Juristen **Servius** nach den Worten des Edictes behauptet wurde [8]).

Auch dieses Interdict dauert nur **ein Jahr** [9]), es müßte denn der Störer noch späterhin **bereichert** sein [10]).

§. 33.

Jetzt wird von dem *interdictum utrubi* das Genauere angegeben werden müssen. Nach dem neuesten Römischen Rechte

---

rung dieser Stelle findet sich bei v. **Savigny**, das Recht des Besitzes §. 38. Jene Caution wurde in der älteren Zeit durch die *praedes litis et vindiciarum* geleistet.

6) l. 1. pr. D. uti possidet.

7) Dies ist wenigstens die Erklärung, welche **Ulpian** in Gemäßheit der Worte des Edicts hingestellt hat, und welche von den Compilatoren angenommen ist: „In hoc interdicto condemnationis summa refertur ad rei ipsius aestimationem. *Quanti res* „*est, sic accipimus. quanti uniuscujusque interest possessionem retinere;*" l. 3. §. 11. D. uti possidet.

8) „Servii autem sententia est, existimantis, tanti possessionem „esse aestimandam, quanti ipsa res est: sed hoc nequaquam „opinandum est: longe enim aliud est rei pretium, aliud pos„sessionis;" l. 3. §. 11. D. uti possidet.

9) „*Intra annum, quo primum experiundi potestas fuerit, agere* „*permittam;*" l. 1. pr. D. uti possid.

10) Allgemein wird dieser Satz in folgender Stelle ausgesprochen: „Ex quibus causis annua interdicta sunt, ex his *de eo, quod* „*ad eum, cum quo agitur, pervenit, post annum judicium dan*„*dum*, Sabinus respondit;" l. 4. D. de interd.

ist dieses Interdict ganz dasselbe rücksichtlich beweglicher Sachen, was bei unbeweglichen Gegenständen das interdictum uti possidetis [1]).

Es ist ebenfalls *retinendae possessionis* [2]), und hat zum Zweck, den vorhandenen Besitz gegen partielle Störungen, welcher Art sie auch sein mögen, vorläufig und auf einem schleunigen Wege zu sichern.

Daß der Eigenthümer dieses Interdict anstellen könne, erhellt aus den Angaben der Quellen sehr deutlich, obwohl überhaupt nur wenige ausdrückliche Zeugnisse für jenes Interdict in seiner neuen Gestalt vorhanden sind. Dasselbe soll beim Streite über das Eigenthum statthaben, sofern auch darüber Streit entsteht, wer von den Parteien besitze und widerrechtlich gestört, demnach vorläufig im Besitz zu schützen sei [3]). Von dieser vorläufigen Entscheidung nemlich hängt es ab, wer im Eigenthumsstreit die Rolle des Klägers, oder des Beklagten zu übernehmen habe: „Retinendae possessionis causa comparatum est .. interdictum utrubi, *cum ab utraque parte de proprietate alicujus* „*rei quaeritur: et ante quaeritur, uter ex litigatoribus pos-* „*sidere, et uter petere debeat* [4]). Ohne jene Entscheidung kann häufig die Eigenthumsklage gar nicht angestellt werden, weil hier nur der Besitzer (possessor) Beklagter, der Nichtbesitzer aber Kläger ist [5]). Außerdem wird es im Eigenthumsstreite

1) „Hoc interdictum de *possessione rerum mobilium* locum ha„bet, *sed optinuit vim ejus exaequatam fuisse uti possidetis in-* „*terdicto*, quod de rerum soli competit;" l. un. §. 1. D. utrubi. Vergl. §. 4. J. de interdict.

2) §. 4. J. de interd.: „*Retinendae possessionis causa* comparata „sunt interdicta uti possidetis et *utrubi*."

3) l. 13. C. de rei vindicat.

4) §. 4. J. de interd. Gaj. IV, §. 148. l. 35. D. de adquir. et amitt. poss.

5) In diesem Sinne wird gesagt: „Namque nisi exploratum fue„rit, utrius eorum possessio sit, *non potest petitoria actio in-* „*stitui:* quia et civilis et naturalis ratio facit, ut alius possi„deat, alius a possidente petat;" §. 4. J. de interdict.

nicht bloß bequemer sein, die Rolle des Beklagten zu übernehmen [6]), sondern es gewährt auch der Besitz ganz wesentliche Vortheile, schon insofern bei verfehltem Beweise der Eigenthümer die Herausgabe seiner Sache nicht verlangen kann, vielmehr gegen ihn entschieden werden muß [7]). Es kann der Eigenthümer possessorisch geschützt werden [8]), und daß der Besitzer Eigenthümer sei, dies läßt sich vorläufig und im Zweifel wohl annehmen: allein auch der Nichteigenthümer, derjenige, welcher später im Eigenthumsstreit unterliegen muß, wird mit jenem Interdicte geschützt [9]).

Dasselbe hat der *bonae fidei possessor*, und hierfür finden wir eine ausdrückliche Angabe:

„Si coloni, quos bona fide quisque possidet, ad alios fu-
„gae vitio transeuntes necessitatem propriae conditionis
„declinare tentaverint, *bonae fidei possessori primum*
„*oportet celeri reformatione succurri*: et tunc causam
„originis et proprietatis agitari" [10]).

Die *coloni*, wovon hier die Rede ist, entfliehen. Es sind Sclaven, wenigstens werden sie hier den Sclaven gleich behandelt, und durch ihre Flucht suchen sie der Gewalt des bonae fidei possessor zu entgehen, während sie sich bei Dritten für Freie ausgeben. In diesem Falle sollen jene Dritte nicht Be-

6) „Et quia *longe commodius est possidere potius, quam pe-*
„*tere: ideo plerumque ei fore semper ingens existit contentio*
„*de ipsa possessione*"; §. 4. J. de interdict.

7) „Commodum autem possidendi in eo est, quod etiamsi ejus
„non sit, qui possidet, si modo actor non potuerit suam esse
„probare, remanet suo loco possessio. Propter quam causam
„cum obscura sunt utriusque jura, *contra petitorem judicari*
„*solet*", §. 4. J. de interd.

8) Für diesen Fall muß denn die rei vindicatio jedesmal ohne Erfolg bleiben.

9) Weil nemlich dieser Schutz unter denselben Voraussetzungen ertheilt wird, von welchen das interdictum uti possidetis abhängt.

10) L. 14. C. de agricolis (Cod. Theod. IV, 23.).

sitzer, was sie gar nicht sein wollen [11]), auch die Leibeigenen nicht Freie sein, sie werden somit von ihrem früheren Besitzer auch noch jetzt besessen [12]). Deshalb und weil die Sclaven bewegliche Gegenstände sind, wird das interdictum utrubi, als ein Mittel den Besitz zu erhalten, mit allem Fug angestellt. Es ist zugleich ganz deutlich gesagt, daß dieser Besitzstreit dem Streite über das Eigenthum, in welchem jene coloni sich befinden, vorangehen müsse, und daß derselbe in einer schleunigen Hülfe bestehe [13]).

Nach jener Gleichstellung des interdictum utrubi mit dem interdictum uti possidetis kann für die Person des Beklagten nichts anderes Anwendung finden, als was von derselben rücksichtlich des interdictum uti possidetis gesagt worden ist [14]); auch wird der Erfolg dieses Interdictes kein anderer sein. Es geht auf Anerkennung des Rechtes zu besitzen, daher muß die Störung unterbleiben, und wegen der zugefügten Beschä-

---

11) Wenn wir hier vom Besitz sprechen, so kann doch nur an den Eigenthumsbesitz gedacht werden.

12) Dieses gilt vom *servus fugitivus* überhaupt: „namque fugitivus idcirco *a nobis possideri* videtur, ne ipse nos privet possessione"; l. 13. pr. D. de adquir. et am. poss.

13) Daß für das justinianeische Recht dieses interdictum utrubi niemals als recuperandae possessionis angesehen werden könne, ist von Savigny nicht geleugnet worden. Die §. 5 u. 12. der l. 3. D. ad exhibend., welche dem neuesten Recht angehören, enthalten aber jenen Satz keineswegs. Als die Hauptbedingung dieses Interdictes zeichnet v. Savigny juristischen Besitz aus, ohne Unterschied ob derselbe possessio civilis sei oder nicht. Dabei wird man allerdings an die bonae fidei possessio erinnert, aber der Schutz, der hier gegeben wird, bezieht sich nur auf das Recht des bonae fidei possessor, nicht auf das factische Innehaben, als welches die bonae fidei possessio, sofern sie bloße conditio usucapiendi ist, gedacht werden kann.

14) Der Besitz kann nicht bloß in eigener Person, sondern auch durch Repräsentanten, z. B. den Depositar und Commodatar, ausgeübt werden Gaj. IV. §. 153; ebenso wird die Störung von dem Beklagten durch Mittelspersonen vorgenommen werden können.

digung **Ersatz** geleistet werden. Einwendungen des Beklagten sind auch hier nur insofern zulässig, als der Kläger von ihm selbst den Besitz vi, clam oder precario erhalten hat [15]).

Endlich die Gültigkeit dieses Interdictes muß ebenfalls auf ein **Jahr** beschränkt werden [16]).

Es ist dasselbe, wie es scheint, erst in der neuesten Zeit jenem interdictum uti possidetis gleichgestellt, wenigstens beruhete es noch zur Zeit der classischen Juristen auf ganz abweichenden Grundsätzen [17]). Im Edict des Prätors wird nur der Sclave erwähnt [18]), obgleich dasselbe sich unstreitig auf bewegliche Sachen überhaupt beziehen sollte [19]). Bei welchem jener Sclave die längste Zeit im letzten Jahre [20]) gewesen war, bei dem sollte er verbleiben, und hier wurde auch die justa possessio des Vorgängers mitgerechnet, von welchem man die Sache z. B. durch

---

15) L. un. §. 1. C. utrub.: „ut is et in hoc interdicto *vincat*, „*qui nec vi, nec clam, nec precario*, dum super hoc ab adver„sario inquietatur, *possessionem habet.*" Dasselbe findet sich im §. 4. J. de interd. angegeben: „ut ille *vincat* . . . et in re mo„bili, *qui possessionem nec vi, nec clam, nec precario* ab ad„versario litis contestatae tempore *detinet.*" — Es ergiebt sich hieraus zugleich, daß man, um den Sieg zu erlangen, noch zur **Zeit der Klage**, oder, wie die letztere Stelle sagt, zur Zeit der *litis contestatio*, im Besitz der beweglichen Sache sein müsse, was überhaupt die Bedingung eines interdictum retinendae possessionis ist; l. 1. §. 4. D. uti possid.

16) Auch dieses hat v. **Savigny** für das neueste Recht nicht geleugnet; a. a. O. §. 40.

17) **Gajus** sagt daher: „Si vero de re mobili, *eum potiorem* „*esse Praetor jubet, qui majore parte ejus anni nec vi, nec* „*clam, nec precario possidet*;" Gaj. IV, 150. Es ist dies ganz dasselbe, was über die frühere Gestalt dieses Interdictes in den Worten des Edicts (l. 1. pr. D. utrubi) und im §. 4. J. de interdict. angegeben wird.

18) Es heißt: „*utrubi hic homo*" in l. 1. pr. D. utrub.

19) Siehe l. 1. §. 1. D. utrub. u. §. 4. J. de interd. Paul. rec. sent. V, 6, 1.

20) Vergl. l. 156. D. de V. S.

Erbschaft, Kauf oder Schenkung empfangen hatte [21]). Dagegen nützte die possessio des Vorgängers nichts, wenn man nicht selbst besessen, oder den Besitz vi, clam oder precario ab adversario erlangt hatte [22]). Wer daher im letzten Jahre 7 Monate eine Sache besitzt, wird bei dem interdictum utrubi den Sieg davon tragen [23]). Es ist dieses Interdict auch in den Quellen des früheren Rechts nur als interdictum retinendae possessionis genannt [24]). Deshalb muß der Kläger noch gegenwärtig im Besitz sein [25]); hat derselbe aber eine vitiosa possessio ab adversario, so wird der Beklagte stets über ihn siegen [26]). Insofern kam das endliche Resultat dieses Interdictes häufig auf das hinaus, was man als Kläger durch ein interdictum recuperandae possessionis hätte bewirken können.

Obiger Umstand ist jedoch nur zufällig zu nennen, und dasselbe war ebenso für das interdictum uti possidetis der Fall. Wir können daher am wenigsten annehmen, daß das interdictum utrubi in der früheren Zeit zugleich die Bedeutung eines inter-

---

21) „Sed in utrubi interdicto non solum sua cuique possessio „prodest, sed etiam *alterius, quam justum est ei accedere:* „velut ejus, cui *heres* extiterit; ejusque, a quo *emerit*, aut *do-„natione acceperit*, itaque si nostrae possessioni juncta alterius „*justa possessio* exsuperat adversarii possessionem, nos eo in-„terdicto vincimus;" Gaj. IV, 151. in fin.

22) Nullam autem propriam possessionem habenti accessio tem-„poris non datur, nec dari potest: nam ei, quod nullum est, „nihil accedere potest; sed et si vitiosam habeat possessionem, „id est, aut vi, aut clam, aut precario ab adversario adquisi-„tam, non datur: nam ei possessio sua nihil prodest;" Gaj. IV, 151 in fin.

23) Dieses Beispiel findet sich bei Gaj. IV, 152. angegeben.

24) Paul. V, 6, 1. Gaj. IV, 148.

25) Bei Gajus IV, 150. heißt es: „qui majore parte ejus anni „*possidet*"; ferner „*possessionem habenti:*" Gaj. IV, 151. Dasselbe wird durch §. 4. J. de interd. bestätigt, während aus den Worten des Edicts (l. 1. pr. D. utrub.) nichts Bestimmtes zu entnehmen ist.

26) Vergl. l. 1. §. 1. D. utrub. §. 4. J. de interd. Gaj. IV, 150

dictum recuperandae possessionis gehabt habe; denn aus demselben Grunde müßte selbst das interdictum uti possidetis recuperandae possessionis genannt werden, was es aber nicht ist.

Dessenungeachtet hat v. Savigny das interdictum utrubi für zulässig geachtet, auch wenn der Kläger nicht Besitzer sei [27]). Er hilft sich zwar auf die Weise, daß er eine besondere Fiction substituirt, wonach der Besitz für die längere Zeit des Jahres als der gegenwärtige angenommen wäre. Allein eine solche Fiction wird nirgends erwähnt, und ohne Weiteres dieselbe zu behaupten, sind wir nicht ermächtigt.

§. 34.

Am Schluß dieser Untersuchung über die possessorischen Interdicte wird es der Ort sein, auch durch die Geschichte den Ungrund der gegnerischen Behauptung übersehen zu lassen [1]). Früher konnte dieselbe nicht geliefert werden, weil unter den neueren Juristen über das eigentliche Princip jener Interdicte so große Mißverständnisse herrschen, mithin dieses zuvor durch die einzelnen Anwendungen für die spätere und neueste Zeit nachgewiesen werden mußte. Die folgende Erörterung bezieht sich auf alle Interdicte insgesammt.

Schon in der allerältesten Zeit wurde der Besitz selbstständig und auf einem schleunigen Wege, ohne allen Nachweis des Rechtes, geschützt. Dieses geschah in Verbindung mit einer formellen Procedur, der sg. *lis vindicarum*, einem Scheinstreit,

27) a. a. O. §. 39. v. Savigny beruft sich dabei auf eine Angabe des Theophilus ad §. 4. J. de interd. Das nach diesem behauptete Resultat läßt sich jedoch richtiger auffassen, wenn wir dasselbe auf die Einwendung der vitiosa possessio ab adversario beziehen.

1) Ueber v. Savigny's Ansicht siehe oben §. 24 Note 9. Daß kein juristischer Besitz, sondern nur ein Pachtverhältniß am ager publicus stattgefunden habe, ist in meiner Schrift über das frühere Verhältniß des Rechtes am ager vectigalis vollständig bewiesen. Und damit müssen alle Folgerungen, welche v. Savigny hier aus einem juristischen Besitze zieht, über den Haufen fallen.

und endlich bei einem *jus in re*. Also hat auch der Servitutberechtigte, namentlich der Usufructuar, nach v. Savigny keinen juristischen Besitz, eben so wenig der Superficiar, indem diese Regel bei allem *jus in re* überhaupt gelten soll [8]). —

der missus in possessionem durchaus keinen Besitz erhalte, sondern nur im Namen des vorigen Besitzers die Detention der Sache habe; l. 3. §. 23. l. 10. §. 1. D. de adquir. et am. poss. l. 3. §. 8. D. uti possidet. Die l. 7. §. 1. D. quib. ex caus. in poss. und l. 30. §. 2. de adquir. et amitt. poss. können hiergegen nicht angeführt werden, da der Ausdruck *possessio*, *possidere* vielfach gebraucht wird, ohne daß von einem juristischen Besitz die Rede wäre, selbst dieses Rechtsverhältniß des missus in *possessionem* wurde ein für alle Mal mit jenem Ausdruck bezeichnet. Die Sache selbst ist völlig gewiß, wiewohl aus anderen Gründen: denn die Usucapion kann durchaus nicht als Folge des juristischen Besitzes ausgezeichnet werden, auch entscheiden für letzteren außer den possessorischen Interdicten, welche jedoch eine erweiterte Anwendung erlangt haben, noch mehrere sonstige Wirkungen.

8) Diesen Punkt hat v. Savigny besonders umständlich erörtert. Der Usufructuar, der Usuar, wie überhaupt jeder Servitutberechtigte, sollen auf dieselbe Weise, wie ein bloßer Pächter, den Besitz des Eigenthümers ausüben. Denn wegen der Usucapion sei keine Veränderung des Besitzes nöthig, indem durch das jus in re keine Veränderung im Eigenthum entstehen solle, aber eben so wenig wegen der Interdicte, weil gegen den Eingriff eines Dritten das jus in re durch eigene Interdicte geschützt werde. Dieser Schutz verliere dadurch nichts, daß auch der Eigenthümer wegen seines Besitzes ein Interdict gegen den Verletzer habe. Auch mache die mögliche Collision des Eigenthümers mit dem Fructuar u. s. w. es nicht nöthig, dem Eigenthümer den Besitz abzusprechen, da letzterer immer dem ersteren weichen müsse, somit in Wirklichkeit keine Collision entstehen könne. — Sind gleich die Gründe unrichtig, so ist dennoch die Sache nach den vorhandenen Quellenzeugnissen völlig gewiß. S. l. 6. §. 2. D. de precario. l. 1. §. 8. D. de adqu. et am. poss. l. 12. pr. l. 52. pr. D. eod. §. 4. J. per quas person. l. 10. §. 5. D. de adquir. rer. dom. l. 5. §. 1. D. ad exhibend. Auch enthält Cic. pr. Caec. c. 32. („Caecinam pos-„sedisse propter usumfructum non negas") nicht den mindesten Widerspruch, indem es nur darauf ankam, auszumitteln, ob Caecina den ususfructus wirklich gehabt habe. Von der juris quasi

falls auf unbewegliche Sachen bezogen habe, wird nach Gajus völlig gewiß sein [8]).

Das Resultat also ist: nur der Eigenthümer soll in seinem Besitze provisorisch geschützt werden. Allein die Voraussetzungen, unter denen dies geschieht, sind so allgemeiner Natur, daß auch Andere, selbst solche, welche gar kein Recht zu besitzen haben, jenen Schutz erlangen müssen: weshalb eben die Bestellung der praedes litis et vindiciarum nothwendig erscheint.

Ganz dasselbe Princip, abgesehen von dem Formellen, zeigt sich bei den possessorischen Interdicten, und zuverlässig wurde der Prätor dadurch zur Bestimmung jener Interdicte bewogen. Dies konnte jedoch erst geschehen, als per formulas gestritten, mithin die einzelnen Klagerechte mehr von einander unterschieden werden mußten [9]).

Jene lis vindiciarum dauerte fort, nachdem die legis actiones bereits aufgehört hatten [10]), aber für eine noch spätere Zeit ist sie als störend verschwunden, und deshalb wird im justinianeischen Rechte dieselbe nirgends erwähnt. Der Streit über den Besitz wurde, seitdem die Interdicte eingeführt waren, ganz nach den sonstigen Regeln des Prozesses geordnet. Die Entscheidung gehört nun nicht mehr vor den Prätor, sondern, gleich den übrigen Klagen, vor den judex; dennoch soll dieser Streit nach bloß äußeren Umständen, provisorisch, und durch ein schleuniges Verfahren abgethan werden.

An die Stelle jener praedes litis et vindiciarum trat später eine gewöhnliche *sadisdatio* [11]). Statt des zur Zeit der legis actiones üblichen sacramentum, was für den Eigenthumsstreit von Gajus erwähnt wird, wurden sg. *sponsiones* und *restipulationes* gebräuchlich [12]). Aber auch diese sind für die neueste

---

8) Gaj. IV, 16. u. 17.

9) Ganz dieselbe Entwickelung hat die legis actio per condictionem erlangt, welche das Princip der späteren condictiones enthält.

10) Gell. in N. A. XX, 9.

11) l. un. C. uti possidet.

12) Gaj. IV, 16.

Zeit verschwunden, und nur die gewöhnlichen *poenae temere litigantium* zur Anwendung gebracht worden.

Eben so bedeutungslos wurde die *fructus licitatio* [13]), welche noch zur Zeit der classischen Juristen im Streit über den Besitz als etwas Besonderes vorkömmt. Wer das Meiste für den einstweiligen Besitz dem Gegner geben wollte, siegte. Doch hing dies mit der Restitution der in der Zwischenzeit gewonnenen Früchte gar nicht zusammen, vielmehr wurde das Gegebene als Strafe betrachtet, wenn sich hinterher ergab, daß man sich unrechtmäßig den Besitz angemaßt habe.

§. 35.

Bis jetzt ist das Recht der bonae fidei possessio vollständig erörtert worden. Nun wird noch vom Erwerb und Verlust derselben die Rede sein.

Nur, insofern die bonae fidei possessio ein Recht ist, für dieselbe Eigenthum fingirt wird, können jene Umstände Sinn und Bedeutung haben. Denn bei einem leeren Nichts, einem bloß factischen Innehaben, dem es an allem Inhalt der Berechtigung fehlt, ist ein Erwerb sowohl als Verlust völlig undenkbar [1]).

---

13) Gaj. IV, 166 ff.

1) Schon v. Thaden, allgemeine Untersuchungen über den Begriff des Römischen Interdictenbesitzes S. 42 u. 43, hat dies mit allem Recht behauptet. Er sagt, der Umstand, daß der Besitz ein Recht sei, werde noch dadurch bestärkt, daß die Gesetze selbst die Entstehung und Begründung dieses Besitzes einen Erwerb (adquisitio] nennen, wobei er jedoch nur an den von Savigny ausgezeichneten juristischen Besitz denkt. Denn, fügt derselbe hinzu, was könne man in einem Rechtssystem und im juristischen Sprachgebrauch mit dem Ausdruck Erwerb wohl anders bezeichnen, als den Erwerb eines Rechtes, und wie wolle man sich hier den Erwerb einer Thatsache denken. Im juristischen Sinne sei die Existenz einer Thatsache stets nur ein Geschehen, die Existenz eines Rechtes aber immer ein Erwerben. — Die Sache konnte denen keine Schwierigkeit machen, welche behaupteten, der Besitz sei zugleich etwas Wirkli-

Die Sache selbst wird nach dem, was bisher über die rechtliche Natur des Besitzes gesagt ist, am wenigsten zweifelhaft erscheinen, Alles aber, was v. Savigny über den Erwerb oder Verlust des Besitzes darlegt, kann nur für die bonae fidei possessio seine Realität erlangen; inwieweit jedoch dieser Verfasser auf richtiger Fährte geblieben ist, wird die folgende Darstellung ergeben. In manchen Punkten werden wir uns auf ihn als einen ausgezeichneten Vorgänger berufen, wenn wir zwar in der Hauptsache, und was die Anwendung jener Regeln betrifft, sehr von einander abweichen.

Daß jeder Erwerb und Verlust des Besitzes sich nur auf die bonae fidei possessio beziehe, und zwar, insofern dieselbe fingirtes Eigenthum sei, geht, wie aus dem System der Römer, so aus den Quellenzeugnissen insgesammt hervor.

Erstens, im System ist vom Erwerb und Verlust des Besitzes dort die Rede, wo diese Gegenstände für das Eigenthum abgehandelt werden. Beides kommt im 41 Buch der Digesten vor, in welchem vom Erwerb und Verlust des Eigenthums überhaupt die Rede sein soll: sowie die actio Publiciana ebenfalls erörtert ist, wo die rei vindicatio ihren Platz gefunden hat. Daß jene Materien in einem Anhang dargestellt werden, kann die Sache nicht unzuverlässig machen. Die Anordnung selbst ist folgende. Zuerst wird vom Erwerb nnd Verlust des Eigenthums gehandelt [2]), dann ist vom Erwerb und Verlust des Besitzes, der bonae fidei possessio, die Rede [3]), und endlich wird in mehreren Titeln von der Usucapion, als einer besonders wichtigen und ausgebreiteten Rö-

ches; allein dabei hat es dennoch an einer richtigen Einsicht gefehlt, wenn man das Recht, was hier erworben wird, nicht genauer angab. Vielleicht dachte man sich nichts anderes, als was v. Savigny die rechtliche Natur des Interdictenbesitzes nennt.

2) *De adquirendo rerum dominio*, Dig. XLI, 1.

3) *De adquirenda et amittenda possessione*, Dig. XLI, 2.

mischen Erwerbart, gesprochen, wobei die einzelnen zur Usucapion führenden justi tituli besonders abgehandelt sind. [4]).

Das System der Digesten ist kein anderes, als was den übrigen Gesetzsammlungen zum Grunde liegt. Der justinianeische Codex befolgt ganz dieselbe Anordnung; die Ordnung des Edictes (edictum perpetuum) ist ebenfalls keine andere, vielmehr nur dieselbe, welche sich in den neuesten umfassenden Systemen wiederfindet [5]), und wir können daher von den sonstigen Systemen, welche jedoch auf dasselbe hinauskommen, völlig absehen. Nach dieser Stellung wäre es aber unmöglich, den Erwerb und Verlust des Besitzes auf ein bloß factisches Innehaben zu beziehen.

Zweitens, der Inhalt der Quellen führt uns zu demselben Resultat. In keiner Stelle des hierher gehörigen Titels ist gesagt, daß es ein bloßes Factum sei, von dessen Erwerb und Verlust gehandelt werde [6]). Daß dieses vielmehr auf die *bonae fidei possessio* Bezug habe, kann nach Folgendem am wenigsten zweifelhaft sein [7]). In einer Menge von Stellen wird die Usu-

---

4) Vom Erwerb und Verlust des Eigenthums durch Usucapion handelt Dig. XLI, 3.: *de usurpationibus et usucapionibus.* Dann ist der Reihe nach von dem titulus *pro emtore* (Dig. XLI, 4. pro emtore), *pro herede* und *pro bonorum possessore* (Dig. XLI, 5. pro herede vel pro possesore), *pro donato* (Dig. XLI, 6. pro donato), *pro derelicto* (Dig. XLI, 7. pro derelicto), *pro legato* (Dig. XLI, 8. pro legato), *pro dote* (Dig. XLI, 9. pro dote) und *pro suo* (Dig. XLI, 10. pro suo) gesprochen.

5) Die Ordnung des Edictes und des Codex ist schon in meiner Schrift de ordine et historia Digestorum Lib. 1. ad libr. D. XLI. berücksichtigt worden.

6) Nur die Usucapion wird durch das Aufhören des factischen Zustandes unterbrochen, durch vi dejectio, u. s. w., während das Recht der bonae fidei possessio fortdauert, weshalb eben die Sache dem Innehaber abgefordert werden kann.

7) Der ausdrücklichen Bezeichnung der *bonae fidei possessio* bedurfte es nicht, da es Keinem unter den Römischen Juristen zweifelhaft sein konnte, daß nur jene ein Recht sei, und als solches erworben und verloren werden könne. Ist doch auch in dem Titel:

capion mit dem hier erörterten Besitz im Zusammenhang gebracht [8]), sehr natürlich, weil die Usucapion eine bonae fidei possessio voraussetzt. Es werden rücksichtlich des Erwerbes die justi tituli ausgezeichnet, welche ebenso zur Usucapion führen. Dieß sind Erwerbarten, welche den Empfänger sogleich zum wirklichen Eigenthümer würden gemacht haben, wenn der Vorgänger ein solcher gewesen wäre [9]). Und daß diese Umstände hier noch besonders erörtert werden, erklärt sich daher, daß die bonae fidei possessio, wiewohl fingirtes Eigenthum, nicht in allen Rücksichten mit dem wirklichen Eigenthum übereinkommt, was namentlich in Rücksicht der Dauer jenes Rechtes der Fall ist. Daran knüpfen sich auch so manche andere Punkte, welche für das wirkliche Eigenthum keine weitere Bedeutung haben. Um nem: die bonae fidei possessio von allen Seiten gehörig zu untersuchen, mußte ebenfalls die *malae fidei possessio*, als das Gegentheil jener justa possessio, Erwähnung finden [10]). Von einem Er:

---

de Publiciana in rem actione (Dig. VI, 2.) nirgends die bonae fidei possessio genannt worden.

8) Vergl. l. 26. l. 39. D. de adquir. et am. poss. l. 43. pr. u. §. 1. D. eod. l. 50. pr. D. hoc tit. l. 3. l. 4. §. 2. u. 3. D. de usurp. et usucap. l. 25. l. 30. §. 2. D. eod. l. 2. §. 1. D. pro emtor. l. 4. u. 7. D. eod.

9) Siehe l. 3. §. 21. D. de adquir. et amitt. poss. l. 3. §. 4. D. eod. u. s. w.

10) Jedoch ist dieser in keiner Stelle ausführlich gedacht worden. Auch v. Savigny sieht die malae fidei possessio für die Lehre des Besitzes als etwas Gleichgültiges an, wie er selbst die bonae fidei possessio für den Besitz nur unbedeutend hält. Die bona fides beziehe sich, sagt v. Savigny, auf jeden möglichen Grund der Detention, wer den rechtlichen Grund derselben zu haben glaube, auf welchen es grade ankomme, heiße bonae fidei possessor. So bei der Usucapion jeder, der durch seine justa possessionis causa Eigenthum wirklich zu erwerben glaube: so bei der Vindication jeder Beklagte, welcher seine Detention für rechtlich halte, er möge dieses Recht aus seinem Eigenthum oder aus einem bloßen Vertrage mit dem Eigenthümer ableiten, in welchem letzten Fall er durchaus keinen juristischen Besitz zu haben behaupte. Es sei jedoch immer

werb und Verlust dieses bloß factischen Innehabens ist aber nirgends gesprochen, denn hier entscheidet die allgemeine Regel: Niemand soll durch seinen dolus Vortheile erlangen, es muß daher der malae fidei possessor dem Berechtigten für jeden ihm zugefügten Nachtheil vollständig aufkommen. Dasselbe gilt von dem Diebe, und wer diesem in rechtlicher Hinsicht gleichsteht. Deshalb kann bei einer gestohlenen Sache niemals von einem Erwerb oder Verlust eines Rechtes die Rede sein, wiewohl v. Savigny den Dieb ebenfalls als juristischen Besitzer auszeichnet.

Die sonstigen rücksichtlich des Besitzes in Betracht kommenden Gesichtspunkte, die *ficta* possessio, im Gegensatz der vera possessio, die *injusta* oder *vitiosa possessio*, selbst die *juris possessio*, konnten hier ebensowenig ein Gegenstand ausführlicher Erörterung sein, weil sie für den Erwerb und Verlust der bonae fidei possessio von höchst untergeordnetem Belange sind [11]).

---

der Begriff des Besitzes, welcher hier zum Grunde liege. Siehe das Recht des Besitzes §. 8.

11) Auch auf den Gegensatz der justa und injusta possessio läßt sich v. Savigny a. a. O. nur gelegentlich ein. Diese Eintheilung, behauptet derselbe, beziehe sich auf den allgemeinen Begriff des natürlichon Besitzes, selbst der Begriff der justa possessio falle mit keinem juristischen Begriff des Besitzes zusammen, und die ganze Eintheilung sei folglich in einer Theorie des juristischen Besitzes ziemlich unbedeutend. Hier, wie bei der naturalis possessio, sei es also das wichtigste, den Schluß zu vermeiden: *juste possidet, ergo possidet.* Jene Eintheilung sei aber auch überhaupt keiner allgemeinen Bestimmung fähig, und könne nur in einzelnen Anwendungen einen bestimmten Sinn bekommen. Nach einer engeren und häufigeren Bedeutung nemlich beziehe sich dieselbe auf die vitia possessionis, und justa possessio heiße dann jede Detention, welche ohne Gewalt, ohne Verheimlichung und ohne precarium angefangen habe, sie möge als juristischer Besitz gelten oder nicht. Dieser Unterschied sei zwar nicht für die Natur des Besitzes überhaupt, wohl aber für die possessorischen Interdicte von Bedeutung. — Die justa possessio begreift nicht bloß die bonae fidei possessio, welche jedoch gemeinhin darunter verstanden wird, sondern jeden rechtmä-

Allein sehr wichtig erscheint in dieser Hinsicht das Repräsentationsrecht; es kann nemlich der Besitz durch Dritte nicht bloß erworben, sondern auch verloren werden, und davon ist an diesem Orte vielfach die Rede [12]). Ueberhaupt sind alle Innehaber einer Sache, außer dem bonae fidei possessor, bloße Repräsentanten im Besitze. Gleichviel, ob sie zugleich ein dingliches oder persönliches Recht an der Sache erlangt [13]), oder nur schlechthin dieselbe inne haben, selbst die freie und nothwendige Repräsentation macht dabei keinen Unterschied [14]). Von diesen finden sich daher die technischen Bezeichnungen: *naturaliter possident, tenent, sunt in possessione sed non possident, alius nomine possident, corporaliter possident, non possident.* Und man könnte sagen: *corpore possident* [15]), *sed non animo,* weil sie nicht die Absicht haben Eigenthum zu besitzen, welche aber bei dem bonae fidei possessor allerdings vorhanden ist.

Es wird nun darauf ankommen, die Grundsätze genauer zu untersuchen, wovon das Recht der bonae fidei possessio bei seinem Erwerbe und Verluste abhängt. Wir werden dabei auch

---

sig angefangenen Besitz überhaupt, z. B. den Besitz des Pfandgläubigers, des *precario tenens*; l. 13. §. 1. D. de Publ. act. Die possessio, sofern dadurch eine Besitzung (l. 78. D. de V. S. l. 15. D. qui satisd. cog. u. viele andere), oder das Verhältniß des Beklagten bei der rei vindicatio, und hereditatis petitio bezeichnet wird, wovon Savigny a. a. O. ebenfalls spricht, ist in dem oben erwähnten Titel ganz unberücksichtigt gelassen, und gehört gar nicht weiter hierher.

12) Unten muß hiervon genauer gesprochen werden.

13) Als solche sind auszuzeichnen der Emphyteuta, Superficiar, Pfandgläubiger, nicht anders gehören dahin der Usufructuar, Usuar, Depositar, Commodatar, *colonus, inquilinus,* der *missus in possessionem,* sofern diesem eine bloße custodia eingeräumt ist, u. s. w.

14) Als nothwendige Repräsentanten gehören hierher die Sclaven und der *filiusfamilias,* als freie Repräsentanten der *amicus, hospes* und *procurator.*

15) Weil sie factische Innehaber sind, kommt häufig auch der Ausdruck *possidere* vor.

auf v. Savigny's Auseinandersetzung Rücksicht nehmen, jedoch im Einzelnen nothwendig zu ganz abweichenden Resultaten gelangen müssen, weil die Grundansicht eine durchaus verschiedene ist. Weniger wird dies in Rücksicht des Erwerbes, mehr in Rücksicht des Verlustes des Besitzes der Fall sein.

§. 36.

Ueber den Erwerb des Besitzes spricht sich v. Savigny im Allgemeinen so aus [1]). Aller Erwerb des Besitzes beruhe auf einem körperlichen Handeln (corpus oder Factum), von einem bestimmten Wollen (animus) begleitet. Man müsse durch ersteres in die Lage gesetzt werden, nach Willkühr die Sache behandeln, sie als eigene behandeln zu können. Das letztere dagegen müsse darauf gerichtet sein, daß die Sache auch wirklich als eigene behandelt werde.

Bei der genaueren Darstellung wird dann in Betreff des *corpus* gezeigt, wie unbewegliche, und wie bewegliche Sachen apprehendirt werden [2]), und was den *animus* anlangt [3]), daß nur diejenigen Besitz erwerben können, welche jenes Wollens fähig sind, daß der animus nicht vorhanden sei rücksichtlich der Theile, während man eine Sache als Ganzes erwerbe [4]). Es wird hierbei ferner die Beschaffenheit des abgeleiteten Besitzes untersucht [5]), und von dem Erwerb durch Stellvertreter genauer gesprochen [6]).

So richtig auch die angegebenen obersten Grundsätze im Allgemeinen genannt werden müssen [7]), so lassen sich doch die

1) Das Recht des Besitzes §. 13.

2) Daselbst §. 14 — 19.

3) Ebendaselbst §. 20 ff.

4) Vom Erwerbe des Besitzes an einzelnen Theilen wird a. a. O. §. 22. u. §. 22. a. gesprochen.

5) a. a. O. §. 23. 24. u. 25.

6) Daselbst §. 26. Mit diesem Gegenstand wird das *constitutum possessorium* (a. a. O. §. 27.) in Verbindung gebracht.

7) Die hierher gehörigen Quellenangaben sind: l. 3. §. 1. D. de adquir. et amittend. poss.: „*adipiscimur possessionem corpore*

entscheidenden Gesichtspunkte, welche für den Erwerb des juristischen Besitzes, der bonae fidei possessio, in Betracht kommen, noch genauer und bestimmter auffassen. Man kann behaupten: alle derivative Eigenthumserwerbarten führen auch zum Erwerbe jenes juristischen Besitzes, wenn nemlich der Vorgänger nicht wirklicher Eigenthümer, dagegen der Empfänger in dem oben erörterten gerechten Glauben war. Die Ausnahmen von dieser Regel sind nur sehr untergeordneter Art. Demnach erstreckt sich der Erwerb des juristischen Besitzes nicht bloß auf die *traditio*, von welcher fast ausschließlich bei v. Savigny die Rede ist, sondern derselbe wird ebenso durch jede sonstige Eigenthumsübertragungsform herbeigeführt. Dieses ist nach den vorhandenen Quellen völlig ausgemacht [8]), und um so unzweifelhafter, als sich bei allen jenen Erwerbarten dasselbe Princip wieder findet: denn bei allen wird auf gleiche Weise die factische Möglichkeit, als Eigenthümer über die Sache zu verfügen, eingeräumt, und daß auch die Absicht, Eigenthum

„*et animo*, neque per se animo, aut per se corpore." — l. 8. D. hoc tit.: „Quemadmodum *nulla possessio adquiri, nisi corpore et animo, potest.*" — l. 153. D. de R. J.: „Ut igitur *nulla possessio adquiri, nisi animo, et corpore potest.*" — Paul. R. S. V, 2, 1.: „*Possessionem adquirimus et animo, et corpore.*"

8) Dieses wird durch l. 3. §. 21. D. de adquir. et amittend. poss. außer Zweifel gesetzt, indem es daselbst rücksichtlich der bonae fidei Possessio, heißt: „*Genera possessionum tot sunt, quot et causae adquirendi ejus, quod nostrum non sit: velut pro emtore, pro donato, pro legato, pro dote, pro herede, pro noxae dedito, pro suo: sicut in his, quae terra marique vel ex hostibus capimus, vel quae ipsi. ut in rerum natura essent, fecimus.*" Die beiden zuletzt angedeuteten Eigenthumserwerbarten sind unstreitig die *occupatio* (s. l. 1. §. 1. D. eod.) und Specification, welche ebenfalls für den Erwerb der bonae fidei possessio entscheidend sein können. — Eben deshalb kann der Besitz, gleich dem Eigenthum, bloß an Körpern erworben werden, l. 3. pr. D. de poss. l. 4. §. 27. D. de usurp., während bei Rechten nur etwas Analoges stattfindet.

zu erwerben, vorhanden sei, kann ebenfalls nur einleuchten. Freilich sind bei der traditio beide Umstände getrennt [9]), während sie sich bei anderen Erwerbarten in einem und demselben rechtlichen Act vereinigt finden.

Dies ist wenigstens die Ansicht, wovon die Römischen Juristen bei ihrer Behauptung, daß der Besitz durch corpus und animus erworben werde, ausgehen. Sie sagen ausdrücklich, es gebe so viele Gründe, den Besitz zu erwerben, als es Gründe gebe, das Eigenthum zu erwerben, es sei dabei nur immer ein und derselbe Besitz, während die Acte des Erwerbes sehr verschiedenartig sein könnten [10]). Eben dieses bestätigt die obige Auseinandersetzung in Betreff der actio Publiciana, welche nur bei wirklich erworbenem Besitze angestellt werden kann.

Daher entscheiden hier dieselben Grundsätze, welche den Erwerb des Eigenthums betreffen; wie letzterer durch die physische Möglichkeit, als Eigenthümer auf die Sache einzuwirken, und durch die Absicht, Eigenthum zu erlangen, wesentlich bedingt ist, eben so nothwendig gehören diese beiden Umstände zum Erwerb der bonae fidei possessio [11]).

§. 37.

Es wird hier zunächst jene factische Möglichkeit (*corpus* [1]) Apprehension) genauer zu bestimmen sein. Dieselbe besteht nicht

---

9) Insofern nemlich die Absicht, Eigenthum erwerben zu wollen, in dem voraufgehenden Rechtsgeschäft ausgesprochen wird, und mit der traditio nicht weiter zusammenhängt.

10) „Et in summa magis *unum genus est possidendi, species* „*infinitae;*" l. 3. §. 21. in fin. D. de adquir. et am. poss.

11) Siehe l. 3. §. 1. D. de adquir. et amitt. possess.: „*neque per* „*se animo, et per se corpore.*" Die hier vorkommenden Ausdrücke *corpus* und *animus* sind nur besondere Bezeichnungen der oben erwähnten Umstände für die bonae fidei possessio. — l. 3. §. 3. D. eod.

1) Der Ausdruck *corpus* mag von der ursprünglichen Anwendung beibehalten sein. Es ist wenigstens nicht zweifelhaft, daß ursprünglich mehr als in späteren Zeiten die Uebergabe der Sache mit einem

grade in dem körperlichen Berühren der Sache, was früher gemeinhin behauptet wurde, sondern in der Möglichkeit überhaupt, factisch dasjenige auszuüben, wozu man als Eigenthümer berechtigt sein soll, also in der äußeren Möglichkeit einer unmittelbaren Einwirkung, welche der inneren Thatsache beim Erwerbe (dem *animus*) correspondirend gegenübertritt.

Die Sache findet sich bei v. Savigny ganz gut auseinander gesetzt, auch sind die Meinungen der früheren Juristen über diesen Punkt beseitigt [2]), nur muß abermals bemerkt wer-

---

körperlichen Berühren verbunden gewesen sei, namentlich bei der *mancipatio* und der *in jure cessio*, welche für die neueste Zeit verschwunden sind. — Dies äußere Moment ist für das wirkliche Eigenthum nicht minder wichtig, aber dennoch wird dasselbe hier niemals besonders hervorgehoben, was sich wohl daher erklärt, daß beide Arten des Eigenthums, wenn sie zwar im Wesentlichen mit einander übereinkommen, doch als für sich bestehende Rechtsinstitute behandelt werden.

2) Das Recht des Besitzes §. 14. u. 18. v. Savigny beklagt sich darüber, daß dieser Punkt so allgemein mißverstanden sei; denn alle Schriftsteller hätten sich unter jenem Factum eine unmittelbare Berührung des eignen Körpers gedacht, also nur zwei Arten desselben angenommen, Ergreifen mit der Hand bei beweglichen Sachen, und Betreten mit den Füßen bei Grundstücken; wogegen diejenigen Fälle, in welchen zwar auch durch körperliche Handlungen, aber ohne solche unmittelbare Berührung, Besitz erworben werde, als symbolische Handlungen betrachtet worden, wodurch vermittelst einer juristischen Fiction die wahre Besitzergreifung repräsentirt werde (actus adscititii, apprehensio ficta).

In der Sache kommt v. Savigny zu dem Resultat, jenes corpus bestehe in der physischen Möglichkeit, unmittelbar auf die Sache einzuwirken, und jede fremde Einwirkung auf sie auszuschließen, körperliches Berühren könne damit nur zufällig verbunden sein, und daß dieses hierbei zufällig genannt werden müsse, folge daraus, weil jene Möglichkeit ohne dieses Berühren gedacht werden könne. Jene physische Möglichkeit also sei es, was als Factum in allem Erwerb des Besitzes enthalten sein müsse, aus derselben könne man alle einzelnen Bestimmungen der Rechtsquellen auf gleiche Weise erklären, und es sei kein Fall übrig, für welchen eine fingirte Apprehension angenommen werden müsse.

den, daß das von jenem Verfasser in Betreff des juristischen Besitzes Behauptete lediglich für die bonae fidei possessio eine Bedeutung habe.

Dieses hat v. Savigny besonders durch die einzelnen Anwendungen in unseren Rechtsquellen zu beweisen gesucht, wie er sich zugleich im Allgemeinen auf l. 1. §. 21. de possess. beruft: „*Non* „*est enim corpore et actu necesse apprehendere possessionem,* „*sed etiam oculis et affectu.*"

In Folge jener einzelnen Anwendungen wird der Begriff des *corpus* a. a. O. §. 18. noch genauer bestimmt. Es müsse das Bewußtsein physischer Herrschaft entstehen, es müsse die Möglichkeit, auf die Sache nach Willkühr zu wirken, von dem Erwerbenden als unmittelbare, gegenwärtige Möglichkeit gedacht werden können. Auf diesem Bewußtsein unbeschränkter physischer Herrschaft beruhe eben aller Besitz einer Sache, und zu dem Ende müssen durch corpus die physischen Bedingungen der Möglichkeit vorhanden sein, deren Bewußtsein entstehen solle. Der Streit über die Natur der Apprehension, wonach die Meisten jede Apprehension, welche nicht auf körperlichem Ergreifen beruhe, für eine bloß fingirte künstliche halten, Andere dagegen zwar einen richtigen Begriff von der Apprehension überhaupt haben, aber doch in derselben einen Unterschied annehmen, je nachdem von einseitiger Bemächtigung oder von Tradition die Rede sei, lasse sich durch diese Ansicht vielleicht vermitteln, denn in der That lasse sich auch ein solcher Unterschied zugeben, wenn man ihn nur nicht auf den Grundsatz selbst, sondern auf die Anwendung beziehen wolle. Der unmittelbar practische Streit werde auf diese Weise größtentheils verschwinden, und es sei dann nur noch der Streit über die wissenschaftliche Ansicht und Begründung, und zugleich über manche practische Folge eben dieser Ansicht übrig. Am meisten jedoch seien diejenigen von der richtigen Ansicht entfernt, welche den Besitz oft nur als Folge des Eigenthums entstehen lassen; zwar sprechen viele Stellen nur von der Tradition, aber sie forderen gar nicht, daß der Tradirende Eigenthümer, oder auch nur bonae fidei possessor gewesen sein müsse, sie passen demnach auf Fälle des übertragenen Eigenthums nicht mehr und nicht weniger, als auf solche Fälle, in welchen wirklich gar kein Recht an der Sache durch die Tradition erworben werde. — Dieses letzte hängt jedoch wieder mit der unrichtigen Ansicht über die Natur des juristischen Besitzes zusammen, und die ganze Darlegung haben wir aus dem Grunde hier kürzer abthun können, weil sie ohne weitere Beläge im Einzelnen nur eine

Jenes wesentliche Moment kann gleichzeitig mit der correspondirenden Absicht vorkommen, welches die Regel sein wird, es kann aber auch derselben vorangehen [3]). Existirt das factische Verhältniß früher, dann ist zum Erwerbe nichts weiter zu thun übrig, und es braucht, indem der animus dominii hinzukommt, nicht noch dasjenige eingeraumt zu werden, was man schon vorher, wenn gleich aus einem anderen Grunde, erlangt hat [4]). Der wichtigste Fall, welcher hierher gehört, betrifft die sg. *traditio brevi manu*; für diese heißt es in den Römischen Rechtsquellen, es werde das Eigenthum, mithin auch die bonae fidei possessio, ohne Besitzübertragung (*sine traditione*) durch den bloßen Willen erworben, wenn die Sache schon vorher dem späteren Berechtigten zum Commodat oder Depositum u. s. w. übergeben sei. In Folge des nachherigen Kaufes, heißt es ausdrücklich, werde man Eigenthümer, wenn nur der Verkäufer jene Sache aus diesem neuen Grunde bei dem Innehaber zurücklasse [5]). Ist nemlich der Besitz bis

---

Abstraction derjenigen Quellenresultate ist, welche wir für die Sache ebenfalls genauer zu beurtheilen haben.

3) Diesen Erwerb durch frühere Apprehension hat v. Savigny ebenfalls genauer berücksichtigt, s. das Recht des Besitzes §. 19.

4) Denn es heißt von der bonae fidei possessio: „Neratius et Pro„culus, *solo animo non posse nos adquirere possessionem, si* „*non antecedat naturalis possessio;* l. 3. §. 3. D. de adqu. et am. poss. Man kann daher, wie in l. 9. §. 9. D. de reb. cred. geschieht, nur uneigentlich sagen, daß der Besitz hier *solo animo* erworben werde. Auch versteht es sich von selbst, daß die Sache gar nicht zugegen zu seyn brauche; l. 47. D. de R. V. Ganz dasselbe gilt von dem wirklichen Eigenthum. S. l. 21. §. 1. D. de adquir. rer. dom. l. 46. D. de R. V. und l. 62. pr. D. de evictionib.: „Si rem, quae apud te esset, vendidissem tibi, quia „pro tradita habetur, evictionis nomine me obligari placet."

5) l. 9. §. 5. D. de adquirend. rer. domin.: „*Interdum etiam* „*sine traditione nuda voluntas domini sufficit ad rem transfe-* „*rendam: veluti si rem, quam commodavi, aut locavi tibi, aut* „*apud te deposui, vendidero tibi: licet enim ex ea causa tibi* „*non tradiderim, eo tamen, quod patior eam ex causa emtio-*

dahin als bloße Detention behauptet, so fängt er jetzt nach dem Kaufe an, ein Eigenthumsbesitz zu sein, und im Resultat ist ganz dasselbe vorhanden, wie wenn die zum Erwerb des Eigenthums erforderliche factische Möglichkeit bei dem Kaufe mit eingeräumt wäre.

Die Tradition kann auch von einer bestimmten Bedingung mit ihren rechtlichen Folgen abhängig gemacht werden, was besonders in Rücksicht des Kaufes wichtig ist, wenn es gleich mit jener Erwerbung durch bloßen animus nicht weiter zusammenhängt. Ist nemlich die hier zugefügte Bedingung eine Suspensiv-Bedingung, so wird das Eigenthum oder die bonae fidei possessio immer erst erworben, nachdem jene Bedingung eingetreten ist [6]).

Dies sind die Angaben der Quellen, welche auch v. Savigny [7]) berücksichtigt, allein die Resultate, welche er in jenen findet, sind bei seiner Ansicht über die Natur des juristischen Besitzes von ganz anderer Art. Unter der traditio brevi manu versteht er zwei sehr verschiedene Dinge. Einmal die Uebertragung des Eigenthums, da der Besitz schon übergegangen, welcher Fall nicht weiter interessire, indem er durchaus keine Veränderung des Besitzes begründe. Nach unserer Ansicht ist grade dieser derjenige, welcher für den Besitz, die bonae fidei possessio, in Betracht kommt. Zweitens wird dahin gerechnet Uebertragung des Besitzes, während ein Anderer bisher die bloße Detention hatte: welcher Fall, wie jener juristische Besitz, eine bloße

---

„*nis apud te esse, tuam efficio.*" Dasselbe findet sich in §. 44. J. de rer. divis. Von einem Depositum, was später zum Gegenstand eines Darlehns gemacht wird, handelt l. 9. §. 9. D. de reb. credit.

6) Die *bonae fidei possessio* ist gemeint in l. 38. §. 1. D. de poss.: „. . . existimandum est, *possessiones sub conditione tradi* „*posse*, sicut res sub conditione traduntur, neque aliter accipien„tis fiunt, quam conditio exstiterit." Für das Eigenthum sind l. 2. §. 5. D. de donat. u. l. 38. pr. D. de damn. infect. zu vergleichen. Die Sache selbst hat keine weitere Schwierigkeit.

7) a. a. O. §. 19.

Hypothese ist. v. Savigny gibt selbst zu, daß in den Quellen zunächst von der Uebertragung des Eigenthums die Rede sei, meint jedoch, daß in diesen Fällen auch der Besitz ohne Eigenthum übertragen werden könne, wenn z. B. der Verkäufer gar nicht Eigenthümer sei: wobei aber nur an die bonae fidei possessio gedacht werden kann. Ebenso rechnet er hierher, wenn der Empfänger durch Pfandrecht, precarium, oder Emphyteuse eine wahre possessio erhalten solle; daß hier indeß kein juristischer Besitz möglich sei, ist schon oben bewiesen worden.

§. 38.

Um in der Sache eine richtige Ansicht zu gewinnen, müssen wir auf die einzelnen Eigenthumserwerbarten, welche die bonae fidei possessio begründen, genauer eingehen.

Es ist nicht bloß die traditio, wodurch jene physische Möglichkeit eingeräumt wird, sondern alle Eigenthumserwerbarten überhaupt gehören hierher, sofern man sein Recht von einem Dritten ableitet [1]). Doch ist ausgenommen der Kauf vom Fiscus, welcher ebenso wirkliches Eigenthum überträgt, wie die usucapio und einige andere Erwerbarten.

v. Savigny berührt für den Erwerb durch corpus im Ganzen nur die einzelnen Anwendungen der traditio, will dadurch zeigen, wie jenes anders bei unbeweglichen, anders bei beweglichen Gegenständen vor sich gehe, und gewinnt für die Hauptsache das Resultat, daß überall jenes corpus in der Einräumung der physischen Möglichkeit bestehe, nach Willkühr auf die Sache einzuwirken. Wir dagegen behaupten, daß es hierbei stets ankomme auf die Einräumung der physischen Möglichkeit, als Eigenthümer auf die Sache einzuwirken: weil nur eine solche Möglichkeit mit der vorhandenen Absicht, Eigenthum zu erwerben, correspondirt [2]).

---

1) Dieselben sind oben für die *actio Publiciana* genauer angegeben worden. Eine etwas ausführliche Uebersicht findet sich in l. 3. §. 1. D. de poss. (§. 36. Note 8.)

2) Dies wird aus allen einzelnen Anwendungen ohne Unterschied ab-

Bei der Tradition insbesondere verhält sich die Sache so. Die physische Möglichkeit, auf eine Sache als Eigenthümer einzuwirken, überträgt an sich noch nicht das Eigenthum, eben so wenig die bloße Absicht des Veräußernden und Erwerbenden, Eigenthum zu übertragen und anderseits zu erlangen. Es müssen vielmehr beide Umstände vorhanden sein, und erst dann ist der Erwerb des Eigenthums oder der bonae fidei possessio vollendet. Die Erklärung jener Absicht begründet nur ein obligatorisches Verhältniß. Sie geschieht in dem voraufgehenden Rechtsgeschäft, welches in seinem Verhältniß zur nachfolgenden traditio gemeinhin mit dem Namen *justa causa praecedens* bezeichnet wird, und dahin gehört insbesondere die Abschließung eines Kaufcontractes, eines Tausches, und einer Schenkung. Die factische Möglichkeit welche hier in Betracht kommt, wird dagegen erst durch die traditio eingeräumt, doch muß letztere eine Eigenthumsübertragung enthalten, also eine traditio im eigentlichen Sinne sein [3]).

Die traditio, als jenes äußere Moment, kann dabei in den allerverschiedensten Acten vor sich gehen; überall gewährt sie jedoch dieselbe physische Möglichkeit, und dieses muß nun durch die einzelnen Anwendungen gezeigt werden.

Zunächst fragt es sich, wie bei unbeweglichen Gegenständen die bonae fidei possessio durch *corpus* erworben werde.

Es genügt die bloße Gegenwart in dem Grundstücke [4]), ohne irgend eine Handlung darin vorzunehmen, auch wenn der

---

strahirt werden können. Die unrichtige Erörterung v. Savigny's hängt aber mit der falschen Voraussetzung in Betreff des juristischen Besitzes zusammen.

3) Den Gegensatz bilden hier die analogen Anwendungen derselben, wie sie z. B. als *quasi traditio* bei Servituten vorkommt. Die bloße factische Uebergabe ohne alle rechtliche Bedeutung kann nicht unter den Begriff der traditio gestellt werden.

4) „Quaedam mulier .. fundum marito donavit per epistolam ... „Proponebatur, *quod etiam in eo agro*, qui donabatur, *fuisset*, „cum epistola emitteretur: *quae res sufficiebat ad traditam pos-„sessionem*;" l. 77. D. de R. V.

Empfänger sich nur auf irgend einem Theile desselben befindet [5]). Ist der Käufer nur rechtlich in die *vacua possessio* eingeführt, so hat er den Besitz des Grundstückes durch traditio erworben [6]). Und dieses kann von dem Verkäufer in eigner Person, aber eben so gut durch einen Stellvertreter geschehen, selbst nach seinem Tode von einem seiner Freunde, wenn die Erben nicht widersprechen, und jenem der Tod noch unbekannt ist [7]). Das Betreten des Grundstückes ist aber nicht einmal nöthig [8]), es wird die physische Möglichkeit, worauf es hier ankommt, schon dadurch eingeräumt, daß der Verkäufer dem Käufer das Grundstück von einer nahen Anhöhe zeigt, und hinzufügt, er wolle ihm *vacuam possessionem* übertragen [9]). Denn in Folge dieser Erklärung kann der Käufer in jedem

---

5) l. 3. §. 1. D. de poss. „Quod autem diximus et corpore et „animo adquirere nos debere possessionem, *non utique ita ac-„cipiendum est, ut qui fundum possidere velit, omnes glebas „circumambulet: sed sufficit quamlibet partem ejus fundi „introire.*"

6) Von jener *vacua possessio* in Rücksicht der Grundstücke sprechen l. 33. D. de possess. l. 18. §. 2. l. 52. §. 2. D. eod.

7) S. l. 33. D. de adquir. et am. poss. „Fundi venditor etiam „si mandaverit alicui, ut emtorem in vacuam possessionem in-„duceret: priusquam id fieret, non recte emtor per se in pos-„sessionem veniet. *Item si amicus venditoris, mortuo eo, prius „quam id sciret, aut non prohibentibus heredibus, id fecerit: „recte possessio tradita erit.* Sed si id fecerit, cum sciret do-„minum mortuum, aut cum sciret heredes id facere nolle: „contra erit."

8) Allgemein enthält diesen Grundsatz l. 3. §. 21. D. de adquir. vel amit poss.: „*non est enim corpore et actu necesse adpre-„hendere possessionem, sed etiam oculis et affectu*: et argu-„mento esse eas res, quae propter magnitudinem ponderis mo-„veri non possunt, ut columnas: nam pro traditis eas haberi, „si in re praesenti consenserint."

9) „*Si vicinum mihi fundum mercatum venditor in mea turre „demonstret, vacuamque se tradere possessionem dicat: non „minus possidere coepi, quam si pedem finibus intulissem;*" l. 18. §. 2. D. de adq. et am. poss.

Augenblick als Eigenthümer über das Grundstück verfügen. Und jene Erklärung wird vollkommen ersetzt, wenn man den hindert, welcher die Besitznahme des Empfängers zurückhalten wollte [10]).

Dies sind in Betreff der traditio bei unbeweglichen Sachen [11]) die rechtlichen Grundsätze, auf welche auch v. Savigny zurückkommt [12]); wie aber dieselben für ein bloß factisches Innehaben, ein wahres Nichts in rechtlicher Hinsicht, Bedeutung haben können, ist gar nicht einzusehen.

Bei beweglichen Sachen anderseits unterliegt es keinem Zweifel, daß die traditio durch die wirkliche Uebergabe von einer Hand in die andere geschehen könne. Es mag diese körperliche Uebergabe ursprünglich etwas sehr Gewöhnliches gewesen sein, für die spätere Zeit jedoch ist sie völlig unwesentlich [13]), es kommen in den Rechtsquellen eine Menge sonstiger Acte vor, welche rechtlich ganz gleiche Bedeutung haben, und ebenso unter den Begriff der traditio gestellt werden. Diese insgesammt sind analoge Anwendungen jener traditio, indem für letztere nur der allgemeine Gesichtspunkt entscheidet, es soll durch sie factisch dasjenige möglich gemacht werden, wozu der Empfän-

---

10) „Species inducendi in possessionem alicujus rei est *prohi-* „*bere ingredienti vim fieri*: statim enim cedere adversarium et „vacuam relinquere possessionem jubet: quod multo plus est, „quam restituere;" l. 52. §. 2. D. de adquir. et amitt. poss. Man hat diese Stelle gemeinhin auf den Fall beschränken wollen, wo der Prätor Jemanden in den Besitz einführt, um ein Urtheil zu exequiren, worauf dieselbe aber gar nicht bezogen werden kann. Der Inhalt derselben steht mit den sonstigen Angaben über den Erwerb des Besitzes an Grundstücken in genauer Verbindung, und handelt nur von dem juristischen Besitz des bonae fidei possessor.

11) Häuser werden in den vorhandenen Rechtsquellen nicht ausdrücklich erwähnt, allein es unterliegt keinem Bedenken, daß sie nach denselben Regeln beurtheilt werden müssen, da auch bei ihnen eine wirkliche körperliche Uebergabe undenkbar ist.

12) Das Recht des Besitzes §. 15.

13) In den neuesten Rechtsquellen wird dieser Fall nur stillschweigend, als völlig unbestritten, vorausgesetzt.

ger als Eigenthümer berechtigt ist. Sie kommen sämmtlich darin mit einander überein, daß Eigenthum ohne wirkliches Ergreifen erworben wird, aber es kann hier auch nur juristischer Besitz erworben werden. Demnach verhält sich in Wirklichkeit die Sache so: die traditio in allen ihren Anwendungen überträgt auch bei beweglichen Sachen Eigenthum, wenn der Vorgänger Eigenthümer war, dagegen wenn der Vorgänger es nicht war, nur das Recht der bonae fidei possessio, vorausgesetzt, daß überhaupt die Erfordernisse derselben vorhanden sind [14]).

Wie bei unbeweglichen Sachen, so vertritt auch hier die unmittelbare Gegenwart die Stelle des wirklichen Ergreifens. Darüber ist rücksichtlich der traditio kein Streit, und daß der Besitz auf diese Weise gültig übertragen werden könne, ist nach den vorhandenen Quellenzeugnissen schon von Savigny genügend dargelegt worden. Man erwirbt daher den juristischen Besitz dadurch, daß die Sache in unmittelbarer Gegenwart des Empfängers niedergelegt wird, und es ist ganz gleichgültig, ob die Sache wirklich ergriffen werde, oder nur in jedem Augenblick ergriffen werden könne [15]). Mit dieser

---

14) Eben hierin ist unsere Ansicht von Savigny's Theorie durchaus abweichend. Die einzelnen Acte jedoch, welche Savigny als Gründe des Besitzerwerbes vorbringt, sind in den Quellen wirklich enthalten.

15) Eben deshalb erlange ich das Eigenthum an dem mir schuldigen Gelde, wenn ich dasselbe in meiner Gegenwart niederlegen lasse („*si in conspectu meo ponere te jubeam*"). Denn da der Besitz jedes Dritten ausgeschlossen ist, und nur der Schuldner allein mich hindern könnte, erlange ich durch jenes Niederlegen in meiner Gegenwart offenbar die factische Möglichkeit, augenblicklich als Eigenthümer über die fragliche Summe zu verfügen; l. 79. D. de solution. Ebenso wird mir tradirt, wenn ich dem Verkäufer auftrage, die Sache meinem procurator zu übergeben, während diese sich in meiner Gegenwart befindet („*cum ea in praesentia sit*"), denn auch bei beweglichen Sachen gilt allgemein der Grundsatz: „*pro traditis eas haberi, si in re praesenti consenserint*;" l

Art der Uebertragung, welche gewöhnlich *longa manu traditio* genannt wird [16]), sind die sonstigen Anwendungen der traditio nicht so ganz analog zu behandeln. Dennoch hat v. Savigny letztere mehrentheils auf obigen Fall reducirt [17]).

Die traditio geschieht ferner dadurch, daß ich die Sache, die ein Anderer mir übergeben will, einem Dritten übergeben lasse [18]). In diesem Falle wird das Eigenthum oder die bonae fidei possessio wirklich auf mich, und von mir auf jenen Dritten übertragen. Denn man kann mit allem Grunde behaupten, während der Andere mir die Bestimmung über die Sache überläßt, bin ich eben so unumschränkter Herr derselben, als wenn sie mir factisch übergeben wäre. Ich

---

l. §. 21. D. de adquir. et amitt. poss. Dieses wird stets von großer Wichtigkeit sein, wo die Sache von bedeutendem Umfang und Gewicht ist, so daß sie nicht leicht von einem Orte zum anderen gebracht werden kann. Eine körperliche Uebergabe würde bei einem Haufen Holz oder bei einer Menge Wein nicht füglich stattfinden können, daher werden diese Gegenstände, ohne alle Apprehension, schon dadurch tradirt, daß mir oder meinem Stellvertreter die custodia darüber anvertrauet wird. Dies ist der Sinn der l. 51. D. de adquir. et amitt. poss. Auf jene Gegenwart des Empfängers, wodurch die körperliche Uebergabe ersetzt werden soll, ist auch in l. 31. §. 1. D. de donat. Rücksicht genommen. Vergl. v. Savigny a. a. O. im §. 16., der jedoch die hier bemerkten Stellen in einem andern Sinne ausführt. Die l. 14. §. 1. D. de pericul. et commod. rei vend. und l. 1. C. de donat. werden weiter unten zweckmäßiger berücksichtigt werden.

16) In diesem Sinne wird in l. 79. D. de solut. gesagt: „*et* „*quodammodo manu longa tradita existimanda est.*"

17) Das Recht des Besitzes §. 16.

18) „Species extra dotem a matre filiae nomine viro traditas, „*filiae, quae praesens fuit, donatas, et ab ea viro traditas* „*videri respondi*"; l. 31. §. 1. D. de donat. — „*Videri mihi* „*traditos Priscus ait, . . si nummos debitorem jusserim alii* „*dare*, non est enim corpore et tactu necesse adprehendere pos„sessionem, sed etiam oculis et affectu;" l. 1. §. 21. D. de adq. et am. poss. Vergl. überdies l. 3. §. 12. D. de don. int. V. et U., wo dieser Umstand ausführlich erörtert wird.

übe sogar diese meine Herrschaft wirklich aus, wenn ich den Auftrag gebe, die Sache jenem Dritten zu übertragen. Die Einfachheit der Handlung kann dabei die juristische Bedeutung derselben nicht übersehen lassen.

Nicht anders geschieht die traditio gültig, wenn die Sache in dem Hause desjenigen niedergelegt wird, welcher sie zum Eigenthum empfangen soll [19]). Auch für diesen Fall wird durch traditio Eigenthum oder bonae fidei possessio erworben, ohne daß irgend eine sonstige Handlung hinzuzukommen braucht. Am wenigsten ist ein körperliches Berühren der Sache erforderlich, oder eine besondere Aufbewahrung, es ist ebenso unwesentlich, ob die Sache bei abgeschlossenem Kaufe gegenwärtig war oder nicht, auch braucht der Käufer sich nicht in seinem Hause zu befinden, wenn die Sache bei ihm niedergelegt wird. Das bloße Niederlegen im Hause ist es, wodurch die traditio vor sich geht. Denn Jeder hat in seinem Hause sichere Herrschaft, und durch diese erlangt man zugleich die custodia aller der Sachen, welche sich im Hause befinden, also die Möglichkeit, jeden Dritten davon auszuschließen, und selbst nach freier Willkühr darüber zu verfügen. Es kommt dabei aber nur auf den eignen Gebrauch, nicht auf das Eigenthum oder den juristischen Besitz, des Hauses an, wovon jene custodia abhängt. Also hat der Miether dieses Recht nicht anders, als sonst der Eigenthümer, ja es hat sogar der Eigenthümer jenes Recht nicht, wenn er den Gebrauch des Hauses auf einen Anderen sollte übertragen haben, denn eben hierdurch wird für ihn der eigene Gebrauch seines Hauses ausgeschlossen [20]).

---

19) *Si venditorem, quod emerim, deponere in mea domo jusserim, possidere me certum est, quamquam id nemo dum attigerit;*" l. 18. §. 2. D. de adquir. et am. poss. In diesem Sinne sagt l. 9. §. 3. D. de jur. dot. „. . quid enim interest, „inferantur volente eo in domum ejus, an ei tradantur."

20) Die l. 30. pr. D. de adquir. et am. poss. hat v. Savigny mit dem hier vorliegenden Fall in Verbindung gesetzt. Es heißt: „*Qui universas aedes possidet, singulas res, quae in aedificio*

Von dem Fall der anticipirten *traditio*, wo erst später Eigenthum oder bonae fidei possessio, dann aber ohne Weiteres erworben wird, ist schon oben gesprochen. Vom sg. *constitutum possessorium*, welches ebenfalls hierher gehört, soll dagegen weiter unten die Rede sein. Es bleibt demnach nur noch der Fall zu untersuchen übrig, wo mir anderweitige Gegenstände übergeben werden, durch welche die physische Besitzergreifung der Sache selbst möglich wird. Dies geschieht besonders durch die Uebergabe der Schlüssel zu dem Behältnisse, worin sich die zu übertragende Sache befindet: welchen Fall die neueren Juristen, wiewohl mit Unrecht, als eine symbolische Uebertragung angesehen haben. Auch hier wird durch die Uebergabe der Schlüssel der Erwerb des Eigenthums oder der bonae fidei possessio begründet, jenachdem der Uebertragende Eigenthümer ist, oder nicht [21].

„*sunt, non videtur possedisse.* Idem dici debet de nave et de „armario." Der Sinn kann nur der sein, der juristische Besitz des Hauses gibt nicht nothwendig auch den Besitz der einzelnen in jenem Hause befindlichen Gegenstände. Es können sich nemlich in einem Hause bewegliche Sachen mit ganz verschiedenen Berechtigungen vorfinden, so daß von ersterem nicht auf letztere geschlossen werden darf. Insofern ist in dieser Stelle am wenigsten etwas enthalten, was unserer Regel widerspräche. Die einzelnen Anwendungen jedoch, welche v. Savigny aus jener Stelle folgert (a. a. O. §. 17.), gehören nicht hierher, und sind in derselben nicht enthalten.

21) S. l. 9. §. 6. D. de adqu. rer. dom.: „Item si quis merces „in horreo repositas vendiderit, *simulatque claves horrei tradiderit emtori, transfert proprietatem mercium ad emtorem;*" (§. 45. J. de rer. division.) — l. 1. §. 21. D. de adqu. et am. possess.: „. . . *et vina tradita videri, cum claves cellae vinariae emtori traditae fuerint.*" Besonders gehört hierher l. 74. D. de contrah. emt.: „*Clavibus traditis, ita mercium in horreis conditarum possessio tradita videtur*, si claves apud horrea traditae sint: quo facto, confestim emtor dominium et possessionem adipiscitur, etsi non aperuerit horrea." Nach dieser letzten Stelle kommt es also nur auf die Uebergabe der Schlüssel zu jenem Behältniß an, worin sich die zu tradirende Sache befindet, ein wirkliches Aufschließen ist durchaus nicht erforderlich. Aber eben

Eine gleiche rechtliche Bedeutung hat das Besiegeln oder Signiren der zu tradirenden Gegenstände [22]). Zwar kann dasselbe auch in anderer Absicht geschehen, namentlich bloß den Zweck haben, daß die versiegelten Sachen nicht vertauscht werden sollen: dann muß freilich die traditio noch besonders erfolgen [23]).

---

so wenig scheint es nothwendig zu sein, daß die Uebergabe grade in Gegenwart der Sache geschehe, was v. Savigny behauptet, da dieselbe physische Möglichkeit auch vorhanden sein kann, wenn die Schlüssel nur entfernt von dem zu tradirenden Objecte übergeben werden. Der Ausdruck *possessio* bezieht sich hier nur auf die bonae fidei possessio.

22) Darauf deutet l. 14. §. 1. D. de pericul. et commod. rei vend. „*Videri autem trabes traditas, quas emtor signasset.*" Es ist hier am Bauholz zu denken, was vom Käufer signirt wurde. Ein Haufen Holz, und dasselbe gilt von Weinfässern, wird nach l. 51. D. de adqu. et am. poss. als tradirt angesehen, sobald der Käufer dieselben einer custodia anvertraut hat. Eben dazu dient häufig jenes Signiren.

23) Dies ist in l. 1. §. 2. D. de per. et comm. rei vend. berücksichtigt. „Si dolium signatum sit ab emtore, Trebatius ait, „traditum id videri: *Labeo contra. Quod et verum est, ma„gis est enim, ne summutetur signari solere, quam ut tradi„tum videatur.* Es kommt also hierbei auf die Absicht der Partheien an, da aus jenem Signiren sowohl das Eine, als das Andere geschlossen werden kann, mithin weder auf das Eine, noch auf das Andere ein nothwendiger Schluß gilt. Mehr zuverlässig ist eine solche Folgerung für einen anderen Fall. Wer nemlich die über einen Kauf vollzogene Urkunde schenkt und überträgt, kann nur die Absicht haben, daß die gekauften Objecte geschenkt und tradirt sein sollen. „*Emtionum mancipiorum instrumentis donatis „et traditis, et ipsorum mancipiorum donationem et traditio„nem factam intelligis;* et ideo potes adversus donatorem in „rem actionem exercere;" l. 1. C. de donat. Daß die Sclaven bei Uebergabe jener Instrumente gegenwärtig waren, ist nicht gesagt, und doch mußte nothwendig dem Beschenkten die in Frage stehende physische Möglichkeit eingeräumt worden sein, weil sonst die traditio nicht für vollzogen erachtet, nicht die rei vindicatio gegen den Schenker angestellt werden konnte. — Von einer solchen

Mit diesen Anwendungen der traditio hat v. Savigny auch den Erwerb des Besitzes bei wilden Thieren und bei dem Schatz in Verbindung gebracht, was indeß ganz unzweckmäßig erscheint.

Bei wilden Thieren soll nach jenem Verfasser die Gegenwart überhaupt nur insofern den Besitz geben, als es durch sie möglich wird, die Sache in jedem Augenblick wirklich zu ergreifen. Wer also ein Wild verfolge, habe noch nicht den Besitz desselben, obgleich er ihm sehr nahe sein könne, ja selbst, wenn er es tödtlich verwundet habe, könne er noch auf mancherlei Weise verhindert werden, es wirklich zu ergreifen (*multa accidere possunt, ut eam non capiamus*). Es sei dadurch der Besitz noch nicht erworben, wenn auch einige Römische Juristen das Gegentheil behauptet hätten. Das Wild müsse vielmehr erst eingefangen oder getödtet sein. — Dieses betrifft die Regeln der Occupation, und daher fragt es sich, wann die Occupation wilder Thiere vollendet sei, welche Eigenthum, aber auch nur bonae fidei possessio gewähren kann. Daß hier der Augenblick entscheide, wo man im Stande ist, nach freier Willkühr auf jenes wilde Thier einzuwirken, versteht sich von selbst. Und dieser Augenblick wird erst dann eintreten, wenn das Wild entweder gefangen, oder getödtet ist [24]).

---

stillschweigenden Willenserklärung finden sich im Römischen Rechte noch mehrere Anwendungen.

24) Die Sache war unter den Römischen Juristen bestritten. Einige behaupteten, ein Wild sei schon Eigenthum geworden, wenn es so verwundet, daß es ergriffen werden könne. Sie räumten dieses Eigenthum ein, so lange man das Wild noch verfolge, höre man aber auf, es zu verfolgen, so könne dasselbe von einem Dritten ungehindert occupirt werden. Andere waren dagegen der Meinung, daß man erst dann das Wild zum Eigenthum erlange, wenn man es wirklich einfange, und diese Ansicht ist für die justinianeische Compilation gebilligt worden. Siehe §. 13. J. de rer. divis. l. 5. §. 1. D. de adquir. rer. dom. Vergl. l. 55. D. de

Den Besitzerwerb des Schatzes hat v. Savigny in Verbindung mit der Tradition durch Niederlegen einer Sache in dem Hause eines Dritten abgehandelt [25]). Er sagt, unter einem Schatze werde in der Theorie des Eigenthums jede verborgene Sache von Werth verstanden, die durch die Länge der Zeit so gut als herrenlos geworden sei [26]): diese Beschränkung des Begriffs sei da sehr natürlich, weil außerdem von einem besondern Erwerb des Eigenthums gar nicht die Rede sein könne. Ganz anders bei dem Besitze, wo das fremde Eigenthum ganz gleichgültig sei: hier sei alles vergrabene Geld ein Schatz, und es sei ganz gleichgültig, ob der Eigenthümer noch ausgemittelt werden könne oder nicht. Endlich sei auch das für sich klar, daß ein Schatz von jeder anderen beweglichen Sache, die in einem Grundstück verborgen werde, juristisch sich durchaus nicht unterscheide, daß also von dem Besitz der Schätze bloß als von dem wichtigsten und häufigsten Fall dieser Art in den Quellen die Rede sei. Dabei wird ausgeführt, der Besitzer des Grundstücks, in welchem ein Schatz oder eine andere bewegliche Sache vergraben sei, erwerbe durch jene Verbindung noch nicht den Besitz des Schatzes, er müsse vielmehr denselben erst ausgraben, heben, da dann der Besitz auf die ganz gewöhnliche Art durch Ergreifen oder unmittelbare Gegenwart erworben sei.

Es entscheiden beim Schatz die Grundsätze der Occupation und der Accession, erstere für den Finder, letztere für den Eigenthümer des Grundes und Bodens. Des Schatzes darf sich ein Jeder bemächtigen; doch wird das Eigenthum, wie die bonae fidei possessio, hier nicht eher erworben, als bis die Sache selbstständig zum Vorschein gekommen ist, der Schatz muß

---

adquir. rer. dom. Die Grundsätze der Occupation sind hier als bekannt zu übergehen.

25) a. a. O. §. 17.

26) „*Thesaurus est vetus quaedam depositio pecuniae, cujus* „*non extat memoria, ut jam dominum non habeat*: sic enim „fit ejus, qui invenerit, quod non alterius sit;" l. 31. §. 1. D. de adquir. rer. dom.

erst ausgegraben und in der Absicht gehoben sein, um Eigenthum daran zu erlangen. Dann ist man ohne Weiteres in den Stand gesetzt, als Eigenthümer darüber zu verfügen [27]). Eigenthumserwerb und der Erwerb des Besitzes sind aber durchaus nicht von einander verschieden, bei beiden müssen auf gleiche Weise diejenigen Erfordernisse beobachtet werden, welche zu einer gültigen Occupation gehören. — Dieses findet sich in den Quellen bestätigt, wenn zwar einige Römische Juristen abweichender Ansicht waren [28]).

---

27) Die einzelnen über das Finden eines Schatzes im Römischen Rechte enthaltenen Grundsätze können bei dieser Untersuchung als bekannt vorausgesetzt werden. Daß der Schatz nicht eher besessen werde, bevor er ausgegraben oder gehoben sei, erhellt schon aus l. 44. pr. D. de adqu. et am. poss. u. l. 15. D. ad exhibend. genügend. Wenn Jemand, heißt es in ersterer Stelle, in meinem Grundstücke einen Schatz verborgen hat, erwerbe ich den Besitz desselben nicht eher, als bis ich jenen Schatz gehoben habe („non „alias possiderem, *quam si ipsius rei possessionem supra ter-„ram adeptus fuissem*"). In letzterer Stelle wird angegeben, wenn der Innehaber eines Grundstückes mich verhindert, den daselbst von mir verborgenen Schatz auszugraben, daß ich gegen ihn weder die *actio furti* noch *ad exhibendum* anstellen könne, weil er den Schatz nicht besitze, auch nicht dolo malo zu besitzen aufgehört habe. Ein Anderes, wenn derselbe bereits von ihm gehoben sei. Hier wird aber uneigentlich unter *thesaurus* jedes unter der Erdoberfläche verborgene Object von Werth verstanden. Denn im eigentlichen Sinne muß der Schatz eine herrnlose Sache sein, sonst können auch nicht die Regeln der Occupation Anwendung finden.

28) Besonders wichtig ist in dieser Hinsicht die l. 3. §. 3. D. de adquir. et amitt. poss., indem darin zugleich auf die bei den Römern vorhandenen verschiedenen Ansichten Rücksicht genommen wird. „Neratius et Proculus, solo animo non posse nos adqui-„rere possessionem, si non antecedat naturalis possessio. *Ideo-„que si thesaurum in fundo meo positum sciam, continuo me „possidere, simulatque possidendi affectum habuero, quia quod „desit naturali possessioni, id animus implet.* Ceterum quod „Brutus et Mantius putant, eum, qui fundum longa possessione „cepit, etiam thesaurum cepisse, quamvis nesciat in fundo es-„se, non est verum: is enim qui nescit, non possidet thesau-

In Betreff der sonstigen Eigenthumserwerbarten braucht nur auf das verwiesen zu werden, was schon früher deshalb angegeben ist. Sie begründen ebenfalls die factische Möglichkeit, welche zum Erwerbe der bonae fidei possessio gehört. Dieser Satz gilt, wie bei der traditio, so auch in den einzelnen Anwendungen der occupatio. Eben so wenig Schwierigkeit macht jener Umstand für die *noxae deditio*, für die *missio in possessionem*, welche *damni infecti nomine* ex secundo decreto ertheilt wird. Er findet sich ebenfalls bestätigt für die *adjudicatio*, die Constitution der *dos*, die *dominii impetratio* beim Pfande, die *res judicata*, *solutio*, *litis aestimatio*, und findet unbedingte Anwendung beim Erwerbe durch *hereditas*, *bonorum possessio*, *fidei commissum universale*, durch Vermächtniß und *mortis*

„rum, quamvis fundum possideat: sed etsi sciat, non capiet „longa possessione: quia scit alienum esse. *Quidam putant*, „*Sabini sententiam veriorem esse, nec alias eum, qui scit, pos*-„*sidere, nisi si loco motus sit: quia non sit sub custodia no*-„*stra, quibus consentio.*" Einige Juristen also behaupteten, daß der Schatz, während er sich noch in dem Grundstücke befinde, schon erworben sei, sobald der Besitzer des Grundstückes davon eine Wissenschaft erlange, und die Absicht fasse, den Schatz zu besitzen. Seltsam genug stützten sich dieselben darauf, das körperliche Innehaben sei hier schon jener Absicht voraufgegangen. Davon war eine nothwendige Folge, daß auch der Schatz usucapirt werden mußte, und hierbei scheinen sich wieder die Meinungen der Römischen Juristen getheilt zu haben, indem Einige die Usucapion von der bemerkten Wissenschaft abhängig machten, Andere dagegen dieselbe schlechthin für zulässig, und schon durch die Usucapion des Grundstückes für geschehen erachteten; dabei mußte man denn den Schatz als einen Theil des Grundstückes selbst ansehen. Paulus, von dem jene Stelle herrührt, verwirft jede dieser Meinungen, indem er mit Anderen die Meinung des Sabinus für die richtige hält, der Schatz könne nicht besessen, also auch nicht usucapirt werden, bevor er gehoben sei. — Also grade in dem Heben des Schatzes ist jenes *corpus* enthalten, was zum Erwerbe sowohl des Eigenthums, als des Besitzes erfordert wird. Es ist hier ausdrücklich vom Besitz des bonae fidei possessor die Rede, weshalb auch mit jenem Recht die Usucapion in Verbindung gebracht wird.

causa donatio. In allen diesen Fällen kann Eigenthum, aber auch nur das Recht der bonae fidei possessio erworben werden [29]).

§. 39.

Die zweite Bedingung beim Erwerbe des Besitzes ist eine bestimmte Absicht (*animus*).

Diese Absicht muß mit dem corpus correspondiren, also darauf gerichtet sein, Eigenthum zu erlangen (*animus dominii*). Beide Umstände begründen das wirkliche Eigenthum, aber ebenso nur das Recht der bonae fidei possessio [1]).

Es ist mithin bei dem Erwerb des juristischen Besitzes immer nur von jenem animus dominii die Rede, welcher als solcher mit der Ueberzeugung, daß man Eigenthümer sei (opinio dominii), übereinkommt [2]). Niemals kann von einem animus possidendi gesprochen werden, welchen v. Savigny in Betreff des sg. abgeleiteten Besitzes annimmt. Dieser animus possidendi nemlich soll darin bestehen, daß man den Besitz auf jene anderweitige Art und Weise erwerben wolle; so oft das Recht des Besitzes, unabhängig vom Eigenthum, erworben werden könne,

29) Vergl. §. 36. Note 8.

1) Jenes bestimmte Wollen besteht auch nach v. Savigny a. a. O. §. 20. darin, daß der Besitzer die Sache als eine eigene behandle (*animus dominii*), obgleich dieser Umstand nicht weiter auf den bonae fidei possessor bezogen wird.

2) v. Savigny warnt an diesem Orte vor der Verwechselung beider Begriffe, obgleich sie für den Besitz, die bonae fidei possessio, auf ein und dasselbe hinauskommen. Denn der bonae fidei possessor hat nicht bloß die Absicht Eigenthümer zu sein, sondern auch den Glauben, daß er Eigenthümer geworden sei, welchen man durch den Ausdruck *opinio s. cogitatio dominii* bezeichnet. In den Römischen Rechtsquellen wird ein solcher Unterschied durchaus nicht erwähnt, vielmehr ist es darnach ganz gewiß, daß der animus dominii in der *putare, se dominum esse* sich gründe. Aber v. Savigny hatdie Ansicht, daß auch der Räuber und der Dieb, gleich dem Eigenthümer, juristische Besitzer seien, welches indeß schon oben hinreichend widerlegt ist.

werde diese Absicht, als eine mit dem dabei vorhandenen corpus correspondirende in Betracht kommen, weshalb sie eine verschiedene sein müsse bei den verschiedenen Arten jenes abgeleiteten Besitzes. Eben daher werde es sehr nothwendig zu wissen, in welchen Fällen der abgeleitete Besitz selbst stattfinde, folglich eine Ausnahme von der Regel des animus dominii eintrete.

Jener abgeleitete Besitz, um hier die Sache im Zusammenhange kurz anzugeben, ist nach v. Savigny ganz ausgeschlossen [3]) bei dem *procurator* [4]), ebenso bei dem *commodat* [5]), bei dem Pachtcontract [6]), bei der *missio in possessionem* [7])

3) Siehe das Recht des Besitzes §. 23.

4) Zufolge l. 1. §. 22. D. de vi und l. 9. D. de adquir. et am. poss. Hier wird nach v. Savigny unser Besitz bloß verwaltet, entweder dieser Besitz allein, oder auch unser gesammtes Vermögen: was am wenigsten bestritten werden kann.

5) Nach l. 8. D. commod. l. 3. §. 20. D. de adquir. et am. poss.

6) Ausdrücklich enthalten dies l. 6. §. 2. D. de precar. l. 25. §. 1. D. de adquir. et am. possess. v. Savigny sucht dies dadurch noch mehr zu begründen, daß der *colonus* nicht usucapiren könne, daß derselbe bei Gewaltthätigkeiten des Eigenthümers schon durch den bloßen Vertrag, bei Störungen eines Dritten durch die Interdicte des Eigenthümers geschützt sei, indem er auch in letzterem Falle aus dem Vertrag fordern könne, daß der Eigenthümer ihn entweder schadlos halte, oder ihm die Interdicte cedire. — Diese Gründe sind für die Behauptung, daß der Pächter keinen juristischen Besitz habe, zwar ungenügend, doch ist die Sache selbst völlig gewiß, auch können die Ausnahmen von jener Regel, welche von andern Juristen aufgestellt worden sind, als solche hier gar nicht in Betracht kommen.

7) Dabei ist nemlich nur an die missio *damni infecti nomine ex primo decreto* zu denken. Der Grund soll darin liegen, weil der missus in possessionem nicht usucapiren könne, indeß auch wegen der Interdicte sei es nicht nöthig, ihm Besitz zuzuschreiben, weil er schon ein eigenes, von den possessorischen verschiedenes, Interdict habe, was sogar noch vortheilhafter sei als diese, nemlich das interdictum *ne vis fiat ei, qui in possessionem missus erit*; Dig. XLIII, 4. — Es wird aber auch ausdrücklich angegeben, daß

und endlich bei einem *jus in re*. Also hat auch der Servitutberechtigte, namentlich der Usufructuar, nach v. Savigny keinen juristischen Besitz, eben so wenig der Superficiar, indem diese Regel bei allem *jus in re* überhaupt gelten soll [8]. —

der missus in possessionem durchaus keinen Besitz erhalte, sondern nur im Namen des vorigen Besitzers die Detention der Sache habe; l. 3. §. 23. l. 10. §. 1. D. de adquir. et am. poss. l. 3. §. 8. D. uti possidet. Die l. 7. §. 1. D. quib. ex caus. in poss. und l. 30. §. 2. de adquir. et amitt. poss. können hiergegen nicht angeführt werden, da der Ausdruck *possessio*, *possidere* vielfach gebraucht wird, ohne daß von einem juristischen Besitz die Rede wäre, selbst dieses Rechtsverhältniß des missus in *possessionem* wurde ein für alle Mal mit jenem Ausdruck bezeichnet. Die Sache selbst ist völlig gewiß, wiewohl aus anderen Gründen: denn die Usucapion kann durchaus nicht als Folge des juristischen Besitzes ausgezeichnet werden, auch entscheiden für letzteren außer den possessorischen Interdicten, welche jedoch eine erweiterte Anwendung erlangt haben, noch mehrere sonstige Wirkungen.

8) Diesen Punkt hat v. Savigny besonders umständlich erörtert. Der Usufructuar, der Usuar, wie überhaupt jeder Servitutberechtigte, sollen auf dieselbe Weise, wie ein bloßer Pächter, den Besitz des Eigenthümers ausüben. Denn wegen der Usucapion sei keine Veränderung des Besitzes nöthig, indem durch das jus in re keine Veränderung im Eigenthum entstehen solle, aber eben so wenig wegen der Interdicte, weil gegen den Eingriff eines Dritten das jus in re durch eigene Interdicte geschützt werde. Dieser Schutz verliere dadurch nichts, daß auch der Eigenthümer wegen seines Besitzes ein Interdict gegen den Verletzer habe. Auch mache die mögliche Collision des Eigenthümers mit dem Fructuar u. s. w. es nicht nöthig, dem Eigenthümer den Besitz abzusprechen, da letzterer immer dem ersteren weichen müsse, somit in Wirklichkeit keine Collision entstehen könne. — Sind gleich die Gründe unrichtig, so ist dennoch die Sache nach den vorhandenen Quellenzeugnissen völlig gewiß. S. l. 6. §. 2. D. de precario. l. 1. §. 8. D. de adqu. et am. poss. l. 12. pr. l. 52. pr. D. eod. §. 4. J. per quas person. l. 10. §. 5. D. de adquir. rer. dom. l. 5. §. 1. D. ad exhibend. Auch enthält Cic. pr. Caec. c. 32. („Caecinam pos„sedisse propter usumfructum non negas") nicht den mindeste Widerspruch, indem es nur darauf ankam, auszumitteln, ob Caecina den ususfructus wirklich gehabt habe. Von der juris qua

Daß die genannten Individuen nicht einen juristischen Besitz erlangen können, damit wird nach den vorhandenen Quellenzeugnissen wohl Jeder einverstanden sein [9]). Wenn aber jener Verfasser einen sg. abgeleiteten Besitz für den Emphyteuta und den Pfandgläubiger stets [10]), für das *precarium* als die Regel, und für das *depositum* wenigstens ausnahmsweise gestattet [11]), so ist die Unhaltbarkeit dieser Annahme schon oben hinreichend bewiesen worden.

Kommt demnach für den Besitz nur eine und dieselbe Absicht, der *animus dominii*, in Betracht, so sind doch dieselben Gesichtspunkte wichtig, wovon v. Savigny bei seiner Erörterung ausgeht. Jene Absicht kann nur eine Folge des abgeschlossenen Rechtsgeschäftes sein, eines Rechtsgeschäftes, wodurch wirklich Eigenthum hätte erworben werden können, es sind dieselben Erwerbarten, welche schon oben rücksichtlich des corpus angegeben werden mußten. Nur also, wenn ich eine Sache rechtmäßig erworben habe, kann ich glauben, Eigenthümer geworden zu sein, daher ist ein solcher Erwerb nothwendige Bedingung jeder bonae fidei possessio. Aber umgekehrt gehört zum Erwerbe dieses Rechtes außer jenem corpus nichts weiter, als die Absicht,

possessio, welche v. Savigny dem Usufructuar als einen uneigentlichen, jedoch als einen juristischen Besitz ertheilt hat, ist schon oben bei den Interdicten gesprochen worden.

Dasselbe soll aber nicht bloß bei Servituten, sondern bei allem jus in re überhaupt gelten, also auch bei der *superficies*. Denn auch auf diese gründe sich ein ganz eigenes Interdict, also nicht das interdictum uti possidetis, welches doch bei jedem juristischen Besitze stattfinde. — Wie es sich mit dem *interdictum de superficiebus* in Wahrheit verhalte, ist ebenfalls schon früher gezeigt worden, und von einer juris quasi possessio, als einer Art des juristischen Besitzes, kann hier eben so wenig die Rede sein.

9) Alle diese Individuen, und noch mehrere andere, sind, wie bereits oben angegeben wurde, bloße Repräsentanten im Besitze, indem als juristische Besitzer nur die bonae fidei possessores angesehen werden können.

10) S. das Recht des Besitzes §. 24.

11) Daselbst §. 25.

Eigenthum zu erlangen, so daß auch in dieser zweiten Rücksicht sich der Erwerb des Besitzes von dem Erwerb des Eigenthums durchaus nicht unterscheidet.

Wie für das Eigenthum, so ist für den juristischen Besitz im Allgemeinen folgender Gesichtspunkt wichtig. Wer erwerben will, muß jenes bestimmten Wollens fähig sein, aber dieses Wollen auch ein solches Object betreffen, was fähig ist, zum Eigenthum erworben zu werden. Fähigkeit der Person und Fähigkeit der Sache sind wesentliche Bedingungen jedes Erwerbes, also auch des Eigenthumserwerbes. Dies ist der Gesichtspunkt, auf welchen sich die Angaben der Quellen zurückführen lassen, und den daher v. Savigny ebenfalls verfolgt hat [12]).

§. 40.

Unfähig zum Erwerb sind diejenigen Personen, welche überhaupt nicht wollen können. Hierher rechnet v. Savigny juristische Personen, Wahnsinnige und Personen, welche zu große Jugend eines gehörig überlegten Wollens unfähig macht. Wir folgen dieser Anordnung, und werden jeden dieser Punkte genauer erörtern, wiewohl auch noch bei anderweitigen Personen jenes Wollen ausgeschlossen ist [1]).

---

12) Dabei dürfen aber die sonstigen Erfordernisse einer gehörigen Willenserklärung nicht übersehen werden. Diese sind verschiedene bei den verschiedenen einzelnen Erwerbarten, und daher gehört die Darstellung derselben lediglich dorthin. Der Wille kann bei dem Erwerbe des Besitzes, wie beim Erwerbe des Eigenthums, abgesehen von der äußeren Form, nicht bloß gleich anfangs, sondern auch erst hinterher (ratihabitio) gültig erklärt werden. Ferner wie dies von dem Berechtigten in eigener Person geschehen kann, so kann es auch durch Stellvertreter geschehen, von welchen letzteren jedoch v. Savigny rücksichtlich des Erwerbes des Besitzes noch besonders spricht. Es muß kein Mangel der Willenserklärung vorhanden sein, in Folge eines error, dolus, vis, metus u. s. w. Doch ist dieses nur bei dem Erwerb des Eigenthums auf einem obligatorischen Wege von Bedeutung.

1) Die allgemeinen Bedingungen rücksichtlich der Person des Erwerbenden entscheiden ebenso bei dem Erwerb des Eigenthums

Zunächst juristische Personen, d. h. solche, welchen Persönlichkeit beigelegt wird, ungeachtet sie leblose Individuen sind, können in eigener Person weder Eigenthum, noch juristischen

---

und des juristischen Besitzes. Sehen wir nemlich ab von den juristischen Personen, so kommt für die physische Person nicht bloß eine natürliche, sondern auch eine civile Fähigkeit in Betracht. Nach Civilrecht sind die Erfordernisse: der Mensch muß frei, Römischer Bürger und nicht der Gewalt eines Anderen unterworfen sein. Aus diesem Grunde können alle Sclaven, alle Nicht-Römer und Kinder in väterlicher Gewalt keinen juristischen Besitz erwerben. Sclaven können nicht sich selbst, da sie als Sachen betrachtet werden, sondern nur ihrem Herrn Besitz erwerben; l. 49. §. 1. l. 30. §. 3. l. 24. D. de adquir. et amitt. possess. Dasselbe gilt von freien Menschen, welche *bona fide* als Sclaven besessen werden; l. 118. D. de R. J. l. 1. §. 6. D. de adqu. et am. poss. Kriegsgefangene werden nach denselben Regeln behandelt; l. 23. §. 1. D. de adquir. et am. poss. l. 19. D. ex quib. caus. major. Der Herr erwirbt durch sie sowohl Eigenthum, als juristischen Besitz, wenigstens ist dies als die Regel anzusehen; Ulp. XIX, 21. §. 4. J. per quas person. l. 19. l. 23. §. 2. l. 54. §. 4. D. de adquir. rer. dom. Ebenfalls erwarben Kinder in väterlicher Gewalt bei der ihnen fehlenden Persönlichkeit ursprünglich nicht sich, sondern ihrem parens potestatis; l. 93. D. de R. J. l. 49. §. 1. D. de adqu. et am. poss. Die Ausnahme findet sich bei dem *peculium castrense*, wo der filius familias sich selbst erwerben kann; l. 4. §. 1. D. de usurp. et usucap. Solange der Vater sich in feindlicher Gefangenschaft befindet, ist der Besitz des Sohnes *in pendenti*; l. 44. §. 7. D. de usurpat. et usucap. Die natürliche Fähigkeit zum Erwerbe überhaupt, also auch zum Erwerbe des Eigenthums und Besitzes, hängt von verschiedenen anderweitigen Umständen ab. Es sind die von den Neueren sg. *status naturales*. Die Geburt und die Existenz als vernünftiges Wesen sind die ersten und nothwendigsten Bedingungen, um als Subject von Rechten gedacht werden zu können, es hängt rücksichtlich der Fähigkeit zum Erwerbe manches ab von der Gesundheit, insofern grade die Geistesabwesenheit jedes vernünftige Wollen ausschließt, von dem Alter, insofern bei zu großer Jugend die gehörige Ueberlegung zur Eingehung von Rechtsgeschäften fehlt. Das Geschlecht, die bürgerliche Ehre, die Religion, die Verwandtschaft kommen hier aber ebenfalls in Betracht.

Besitz erwerben. Gegen eine *hereditas jacens* soll kein *furtum possessionis* verübt werden können, weil sie keinen Besitz habe, „quia possessionem non habet, quae facti „est et animi. Auch selbst der Erbe erlangt den Besitz nicht eher, als bis er ihn selbstständig erwirbt, weil durch das Erbrecht dem Erben nur dasjenige erworben wird, was zur Erbschaft gehört [2]). Eigenthum oder juristischen Besitz kann eine hereditas jacens niemals erwerben, auch nicht durch den curator, welcher bloß die Administration der Erbschaft bis zur Antretung des Erben zu übernehmen hat. Wenn Persönlichkeit für die hereditas jacens angenommen, die Person des Erben für sie fingirt wird, so geschieht dieses, damit diejenigen Rechtsgeschäfte, welche die Verwaltung der Erbschaftsmasse nothwendig macht, nicht unterbleiben. Zu einem anderweitigen besonderen Erwerb soll die Persönlichkeit der hereditas jacens niemals führen, jener kann daher immer erst von dem Erben vorgenommen werden [3]). — Hiervon verschieden ist das Recht der Corporationen, diese können zwar nicht in eigener Person juristischen Besitz oder Eigenthum erwerben, wohl aber durch Stellvertreter. Bei ihnen ist die Persönlichkeit zu dem Ende bestimmt, damit sie als Subjecte von Rechten in Betracht kommen, mithin Rechte erwerben, besitzen und aufgeben können. Durch Stellvertreter wird hier das ergänzt, was sonst auf natürlichem Wege unmöglich wäre.

Dieselbe Unfähigkeit findet sich bei Wahnsinnigen, sie mögen *menti capti*, oder *furiosi* (Wüthende) sein. Auch diese können in eigner Person weder Eigenthum, noch juristischen Be-

---

2) l. 1. §. 15. D. si is, qui testam. liber.

3) v. Savigny behauptet dagegen (§. 21.), eine hereditas jacens könne alle übrigen Rechte, z. B. Eigenthum, haben und selbst erwerben, nur nicht Besitz erwerben. Denn wenn sich auch die Apprehension noch einigermaßen denken ließe, z. B., wenn die Sache in einem zur Erbschaft gehörigen Hause eingeschlossen wäre, so sei doch der animus possidendi hier durchaus unmöglich.

sitz erwerben [4]), allein dieser Mangel wird durch diejenigen Stellvertreter ersetzt, deren Schutz sie unterworfen sind. Der Curator kann daher für den Wahnsinnigen Rechte erwerben, ebenso Eigenthum und juristischen Besitz [5]), nur muß der Erwerb nicht von der Art sein, daß es dabei auf die Willenserklärung in eigener Person ankommt. Aus welchem Grunde das Erbrecht noch im neuesten Römischen Recht niemals durch den curator furiosi erworben wird [6]), letzterer kann nur durch bonorum possessio decretalis den einstweiligen Besitz und Genuß der Verlassenschaft für den Wahnsinnigen erlangen. Hier ist unter Besitz bloß das factische Innehaben, nicht etwa Eigenthum, oder juristischer Besitz verstanden.

Endlich ist zu große Jugend ein Hinderniß des gültigen Erwerbes. Infantes sowohl als impuberes sind eines vernünftigen Wollens unfähig, da es ihnen an der gehörigen Ueberlegung fehlt. Der infans, als ein solcher, der juristisch nicht sprechen kann, hat so gut als gar keinen Willen. Er kann daher in

---

4) Nur auf diesen Fall scheint folgende Stelle bezogen werden zu müssen. „Furiosus . . non potest incipere possidere, quia affectionem tenendi non habet, licet maxime corpore suo rem „contingat: sicuti si quis dormienti aliquid in manu ponat." l. 3. §. 1. D. de adqu. et am. possess. — In demselben Sinne wird in l. 18. §. 1. D. eod. ausgezeichnet, wenn man einen furiosus für vernünftig halte, weil er sich grade in so großer Ruhe befinde, und ihm in diesem Zustande eine Sache tradire, daß dann zwar der Besitz des Tradirenden aufhöre, keineswegs aber Besitz von dem furiosus erworben werde.

5) Ohne dieses würde überhaupt keine Verwaltung des Vermögens eines Wahnsinnigen möglich sein, da dieselbe grade die Entäußerung unnöthiger, und die Anschaffung nützlicher Gegenstände betrifft. Mithin kann hier zwar von einem *consensus* curatoris nicht die Rede sein, weil der Wahnsinnige gar keinen Willen hat, aber der Erwerb für den furiosus ist eine nothwendige Folge der dem curator übertragenen Vermögensverwaltung (gestio).

6) Ungeachtet dieser Punkt schon im älteren Rechte bestritten war, hat Justinian sich für die strengere Ansicht entschieden, daß durch den curator furiosi dem letzteren nicht das Erbrecht erworben werden könne.

eigner Person weder Eigenthum noch juristischen Besitz erwerben, aber durch den Tutor ist ihm dies sehr wohl möglich.

Der Tutor führt alle Angelegenheiten des infans als procuratorischer Stellvertreter in eigenem Namen, sofern sie für den infans nützlich sind, und durch die Administration des Vermögens herbeigeführt werden [7]). Es kann hier niemals von einem Ergänzen des Willens durch den Consens des Tutors (auctoritas) die Rede sein, da der infans juristisch gar keinen Willen hat. Dennoch finden sich zwei Stellen, in welchen bei dem infans von einer auctoritas tutoris gesprochen wird. In der ersteren Stelle heißt es, der *infans* besitze, wenn er *tutore auctore* die Sache erhalten habe, denn das judicium infantis werde durch die Autorität des Tutors ergänzt. Dies sei der Billigkeit wegen angenommen, denn erwerbe der tutor im Namen des Kindes, was ganz gültig geschehen könne, so äußere ja letzteres ebenfalls seinen Willen nicht [8]). In einer anderen Stelle wird gesagt, durch die Uebergabe von Geschenken könne Jeder einen *infans* berechtigen. Ungeachtet hierüber die Ansichten der Juristen abweichend gewesen, so sei es doch am richtigsten, einstweilen den Besitz für erworben zu halten, obgleich das Kind noch nicht den gehörigen Willen habe: denn sonst müßte, nach dem Ausspruch des Papinian, auch nicht durch den tutor dem infans ein Besitz erworben werden [9]).

---

7) Dieser Umstand ist bei dem Erwerbe durch den tutor sehr wesentlich.

8) „*Infans possidere recte potest, si tutore auctore coëpit: nam „judicium infantis suppletur auctoritate tutoris: utilitatis enim „causa hoc receptum est: nam alioquin nullus consensus in„fantis est accipienti possessionem*"; l. 32. §. 2. D. de adquir. et am. poss.

9) „*Donatarum rerum a quacunque persona infanti vacua pos„sessio tradita corpore quaeritur. Quamvis enim sint aucto„rum sententiae dissentientes: tamen consultius videtur interim, „licet animi plenus non fuisset affectus, possessionem per tra„ditionem esse quaesitam: alioquin, sicuti consultissimi viri*

Wird der infans rechtlich als ein solcher behandelt, welcher gar keinen Willen hat, so kann consequent der Erwerb des Besitzes nur durch die selbstständige Persönlichkeit des tutor herbeigeführt werden [10]). Dieser ist jedoch nicht überall, sondern nur in Folge seiner Administration zu jenem Erwerbe berechtigt. Bei Geschenken, welche dem infans gemacht werden, findet keine Administration statt, also auch kein selbstständiger Erwerb durch den tutor. Aber eben so wenig kann hier von einem Interponiren der auctoritas die Rede sein, weil dem Kinde der Wille gänzlich fehlt. Dennoch hielt man es für billig, den Besitzerwerb zuzulassen, was man nur auf die Weise konnte, daß man nach geschehener traditio den Willen des Kindes einstweilen supplirte. Es tritt hierbei ein Princip der Billigkeit hervor, was mit streng rechtlichen Grundsätzen im Widerspruch steht. Durch die Uebergabe der Sache also wird in diesem Fall Eigenthum, oder bonae fidei possessio erworben, wenn überhaupt ein Erwerb angenommen werden soll [11]).

Weniger schwierig gestaltet sich die Sache bei dem Pupillen, der nicht mehr infans ist. Dieser hat einen Willen, wenn gleich die gehörige, zur Eingehung von Rechtsgeschäften erforderliche, Ueberlegung fehlt. Es ist daher zum gültigen Erwerbe des Eigenthums und des Besitzes die Autorität des Tutors nothwen-

---

„*Papiniani responso continetur, nec quidem per tutorem possessio infanti poterit adquiri*;" l. 3. C. de adquir. et retin. poss. Der Inhalt dieser Stelle war jedoch von jeher unter den neueren Juristen durchaus bestritten. S. v. Savigny a. a. O. §. 21.

10) Insofern kann nur uneigentlich von einem Suppliren des judicium infantis durch die auctoritas tutoris in l. 32. §. 2. D. de adqu. et am. poss. gesprochen sein. S. l. 1. §. 2. D. de admin. tutor. l. 5. D. de R. J. §. 10. J. de inutil. stipul.

11) Beide Stellen sind von Savigny sehr ausführlich erklärt worden. Fraglich muß es jedoch erscheinen, ob jenes in l. 3. C. de adqu. et ret. poss. erwähnte responsum Papiniani kein anderes sei, als was in l. 32. §. 2. D. cit. enthalten sein soll. Die gewöhnliche Inscription ist grade Paulus libr. XV ad Sabinum.

dig [12]). Diese kann aber nur dort vorkommen, wo überhaupt ein Schutz von dem Tutor gewährt werden soll, nicht bei allen Erwerbungen ohne Unterschied, welche der impubes vornehmen will.

Dasselbe gilt im Wesentlichen bei dem minor, insofern die von diesem vorzunehmenden wichtigen Angelegenheiten nur gültig sind, wenn der Curator seinen Consens ertheilt hat. In anderen Anwendungen der Curatel entscheidet die selbstständige Vermögensverwaltung des Curators, und auch bei dieser wird er Eigenthum und Besitz für den Curanden erwerben können.

§. 41.

Die zweite Frage betrifft das Object des juristischen Besitzes. An welchen Sachen also kann kein Besitz erworben werden, weil kein animus bei denselben möglich ist?

Auch die Beantwortung dieser Frage beschränkt sich keinesweges auf diejenigen Punkte, welche v. Savigny dargelegt hat. Es ist jener animus nur denkbar in Betreff solcher Sachen, welche ein **Gegenstand der Eigenthumsberechtigung des Einzelnen** sein können, und deren Veräußerung nicht speciell untersagt ist. Ueberall also, wo eine Sache nicht zum Eigenthum erworben werden kann, bleibt der Erwerb der bonae fidei possessio, wegen des fehlenden animus dominii, ausgeschlossen,

---

12) Die Beläge, welche hierfür vorkommen, und welche auch v. Savigny anführt, sind:

1) l. 1. §. 3. D. de adqu. et am. poss.: „pupillus tutore „auctore incipiet possidere. Ofilius quidem et Nerva filius, „etiam sine tutoris auctoritate possidere incipere posse pupillum „ajunt: eam enim rem facti non juris esse: quae sententia re-„cipi potest, si ejus aetatis sint, ut intellectum capiant." Also macht selbst das vorgerückte Alter des impubes die Auctorität des Tutors unnöthig.

2) l. 26. C. de donat.

Vergl. l. 1. §. 11. D. de adquir. et am. poss. l. 32. §. 2. D. eod. l. 9. pr. D. de auct. et cons. tutor.

und in dieser Hinsicht entscheiden ganz die sonstigen allgemeinen Grundsätze [1]).

---

1) Die erste Bedingung des Erwerbes ist demnach, daß die Sache sich *in commercio* befinde. Die *res extra commercium* können nicht Gegenstand des Eigenthums, also auch nicht der bonae fidei possessio sein, weil hier der erforderliche animus dominii völlig undenkbar ist. Deshalb kann der freie Mensch nicht besessen werden, l. 23. §. 2. D. de adquir. et am. poss. l. 30. §. 1. D. eod., sofern man ihn nicht bona fide für einen Sclaven hält, l. 1. §. 6. D. hoc tit. §. 6. J. per quas person. Auf gleiche Weise können nicht Gegenstand des Besitzes sein: alle *res communes*, *res publicae*, *res universitatis* und *res divini juris*. Zu letzteren gehört der locus religiosus. Durch Beerdigung eines Todten hört unser Besitz (wie auch das Eigenthum) auf, indem der dadurch entstandene locus religiosus dem Verkehr des Einzelnen entzogen ist, l. 30. §. 1. D. de adquir. et am. poss.

Es entscheiden in dieser Hinsicht ganz die allgemeinen Grundsätze. Allein wie in Rücksicht des Verkehrs überhaupt, so sind für den Erwerb des juristischen Besitzes auch die sonstigen in Betreff der Sachen vorkommenden Gegensätze in manchem Betracht nicht unwichtig. Es kann der Besitz, gleich dem Eigenthum, nur an Körpern erworben werden, l. 3. pr. D. de adquir. et am. poss., nicht so an res incorporales, oder Rechten. Ob aber die Sache eine unbewegliche oder bewegliche, eine nicht fungible oder fungible sei, ist völlig gleichgültig, denn auch fungible Sachen können sich im Eigenthum befinden, wiewohl sie durch den Gebrauch vernichtet werden. Eine Gattung (genus) ist hingegen von allem Besitzerwerb ausgeschlossen, weil das Eigenthum, also auch der animus dominii nur bei einer *species* gedacht werden kann. Derselbe juristische Besitz, welcher an der Hauptsache zusteht, erstreckt sich auf die Nebensache, wie dies beim Eigenthum nicht anders der Fall ist. Von den Accessionen und Früchten ist schon früher vollständig gesprochen worden, aber derselbe Besitz erstreckt sich auch auf die Pertinenzen. An einer *universitas juris* kann kein juristischer Besitz, noch Eigenthum erworben werden, sondern nur an den einzelnen darin enthaltenen Sachen. Die *universitas rerum* oder *facti* dagegen gilt als Sache, aber der Begriff der Sache, welche erworben und besessen wird, ist durch alle einzelnen Gegenstände vorhanden, während diese für sich genommen gar nicht weiter von einer Bedeutung sind. Bei den zusammengesetzten Sachen ist es wichtig, daß nur das Ganze, nicht be-

v. Savigny erörtert bloß die Frage, unter welchen Bedingungen es möglich sei, an einem einzelnen Theile eines Ganzen Besitz zu erwerben, wobei er zugleich auf den Fruchterwerb eingeht [2]). — Dieser letztere Punkt ist schon oben, an dem Orte wo er hingehört, vollständig gewürdigt; es bleibt daher nur noch das Erstere zu betrachten übrig, und hier unterscheide man, ob entweder der einzelne Theil allein, oder derselbe in dem Ganzen und durch dasselbe erworben werden soll.

Ist im ersteren Falle ein reeller Theil gedenkbar, wie bei Grundstücken, wo sich ganz willkührlich die Grenze annehmen läßt, so kann an diesem gehörig bestimmten Theile eines früheren größeren Ganzen sowohl Eigenthum als bonae fidei possessio gültig erworben werden [3]). — Dasselbe gilt von ideellen Theilen eines Ganzen [4]). Wie es ein condominium gibt,

---

sondern die jenes Ganze bildenden Theile erworben werden. Hier nemlich existirt der Begriff der Sache nur durch das Ganze, die einzelnen Theile desselben kommen weiter gar nicht in Betracht. Endlich der Gegensatz der theilbaren und untheilbaren Sachen ist eben so für die bonae fidei possessio, als für das Eigenthum von Belang. Nur bei theilbaren Gegenständen können mehrere bonae fidei possessores als Mitberechtigte gedacht werden; die Theilbarkeit ist dabei eine doppelte, eine wirkliche, und eine juristische, und beide werden nach denselben rechtlichen Grundsätzen behandelt. Daraus folgt nothwendig, daß Mehrere nicht bloß reelle Theile eines Ganzen, sondern auch das Ganze nach ideellen Antheilen bona fide besitzen können; dasselbe gilt aber ebenso bei dem Eigenthum.

2) Das Recht des Besitzes §. 22. und §. 22. a.

3) „*Locus certus ex fundo et possideri et per longam possessio„nem capi potest;*" l. 26. D. de adquir. et am. poss. Hier wird die bonae fidei possessio ausdrücklich erwähnt. Solche reelle Theile lassen sich bei einer beweglichen Sache und bei einer hereditas nicht denken; l. 8. D. de rei vind.

4) „*Possideri et per longam possessionem capi potest et certa „pars pro indiviso,* quae introducitur vel ex emtione vel ex do„natione vel qualibet alia ex causa;" l. 26. D. de adqu. et am. poss. Deshalb kann wegen eines aliquoten Theils, den man

ebenso muß auch eine compossessio erworben werden können. Dabei wird aber stets vorausgesetzt, daß jener ideelle Antheil des Einzelnen im Verhältniß zu dem Ganzen gehörig bestimmt sei; dann wird ebenfalls die Usucapion stattfinden. Ist dagegen dieser Antheil ungewiß, so kann kein Erwerb desselben geschehen, weil es an einem bestimmten Objecte fehlt, was man besitzen will. Befinden sich daher mehrere Besitzer auf einem Grundstücke, wovon Keiner weiß, welchen Antheil er habe, so kann man gewissermaßen sagen, daß Niemand besitze oder Eigenthümer sei [5]).

---

bona fide besitzt, die actio Publiciana angestellt werden. S. l. 18. §. 6. D. de Public. in rem act.

5) Dies ist in folgenden drei Stellen ganz bestimmt ausgesprochen: l. 26. D. de adqu. et am. poss.: „*Incerta autem pars nec* „*tradi, nec capi potest*, veluti si ita tradam. Quidquid mei „juris in eo fundo est: nam qui ignorat, nec tradere, nec acci„pere id quod incertum est, potest." — l. 3. §. 2. D. eod.: „*Incertam partem rei nemo possidere potest*, veluti si hac „mente sit, ut quidquid Titius possidet, tu quoque velis possi„dere." — l. 32. §. 2. D. de usurp. et usuc.: „*Incertam par*„*tem possidere nemo potest.* Ideo si plures sint in fundo, qui „ignorent, quotam quisque partem possideat; neminem eorum „mera subtilitate possidere Labeo scribit." Ganz dasselbe, was hier von dem juristischen Besitz gesagt ist, muß von dem Eigenthum gelten.

v. Savigny (im §. 22.) hat noch einen dritten Gegensatz gemacht, der gar nicht hierher gehört. Er sagt jedoch, außer jenen beiden Fällen sei es immer unmöglich, den Besitz eines einzelnen Theils für sich zu erwerben. Gewöhnlich werde diese Unmöglichkeit selbst eine physische sein; aber auch hiervon abgesehen, sei dieser Besitz aus juristischen Gründen allgemein unmöglich. Damit wird aber die ganz richtige Behauptung in Verbindung gebracht, daß Gebäude mit dem Grund und Boden unzertrennlich sein, und beide als Theile eines Ganzen in rechtlicher Hinsicht angesehen werden, so daß für jedes dieser Theile nicht verschiedene Eigenthümer gedacht werden können. Deshalb, heißt es ferner, könne auch nicht das Haus ohne den Grund und Boden, und umgekehrt, verpfändet werden, eben so wenig könne man verschiedene Besitzer der verschiedenen Stockwerke annehmen. — Dieses betrifft nicht bloß die bonae fidei possessio, sondern ebenso das Eigenthum (l. 44.

Für den **zweiten** Fall, wo der Theil in dem Ganzen und durch dasselbe besessen wird, ist niemals zugleich der Besitz des Theiles an sich gedenkbar. Es fehlt hier auf gleiche Weise corpus und animus. Dieses bezieht sich sowohl auf das Eigenthum, als auf das Recht der bonae fidei possessio, und ist anderseits auch für die Usucapion wichtig.

Einzelne Anwendungen dieses Satzes sind folgende [6]).

Erstens: wer einen Wagen besitzt, besitzt nicht auch die Räder als einzelne Sachen für sich, was ebenso bei anderen zusammengesetzten Gegenständen der Fall ist [7]).

In Rücksicht der Usucapion, welche eine bonae fidei possessio voraussetzt, verhält es sich hier so. Ist das Ganze durch Usucapion erworben, so sind zugleich die Theile dieses Ganzen, z. B. die einzelnen Wagenräder, erworben, und dieses Eigenthum kann durch Trennung der einzelnen Theile nicht aufgehoben werden. Geschieht die Trennung vor vollendeter Usucapion, so muß für den getrennten Theil aus derselben justa causa eine neue Usucapion anfangen. Ist der Wagen ein Gegenstand, der nicht usucapirt werden kann, so ist auch die

---

§. 1. D. de O. et A. l. 15. §. 12. D. de damn. infect. l. 25. u. l. 26. D. de usurpat. et usuc.), und der eigentliche Grund davon ist in der accessio, oder bestimmter, in der *aedificatio* zu finden, wonach alles, was über die Erdoberfläche hervorragt, also das Gebäude, als Theil des Grundes und Bodens angesehen wird.

6) Es lassen sich aber noch mehrere Anwendungen denken, da der Begriff einer zusammengesetzten Sache (res connexa) sehr verschiedenartige Gegenstände umfaßt.

7) Diese Anwendung findet sich in den Römischen Rechtsquellen nicht besonders ausgesprochen, obgleich sie recht eigentlich hierher gehört. Es ist dieselbe eine nothwendige Folge davon, daß connexe oder zusammengesetzte Sachen nur als Ganzes, nicht ihren einzelnen Theilen nach, ein Gegenstand des Verkehrs sind, mit andern Worten, daß der Begriff der Sache nur das Ganze, nicht auch die einzelnen Theile für sich, betrifft. Also kann, so lange jene Verbindung fortdauert, nur das Ganze als Gegenstand der Berechtigung gedacht, nur das Ganze erworben oder verloren werden.

Usucapion des Rades, so lange es mit dem Wagen verbunden, in jedem Falle unmöglich. Aber umgekehrt, wenn der Wagen usucapirt werden kann, das Rad aber nicht, z. B. weil es gestohlen ist, wird letzteres dennoch mit dem Wagen zugleich usucapirt. Die Berechtigung an dem Rade kommt, so lange dieses mit dem Wagen verbunden ist, gar nicht weiter in Betracht, wird es indeß vor vollendeter Usucapion davon getrennt, so kann es als res furtiva niemals usucapirt werden.

Zweitens: wer ein Grundstück in Folge eines Kaufes erwirbt, hat nur das Grundstück als Ganzes, nicht die einzelnen Stücke desselben an sich, erworben. Daher bezieht sich das Recht des Besitzes nur auf das Ganze, und dieses muß auch für die Usucapion von großer Wichtigkeit sein [8]).

Drittens: wer das Grundstück besitzt, besitzt nicht auch den Schatz oder sonstige Gegenstände, welche unter der Erdoberfläche verborgen sind. Jedoch können diese nur im uneigentlichen Sinne als Theile des Grundstückes angesehen werden [9]).

8) Hierauf geht l. 2. §. 6. D. pro emt.: „*Sed si fundus emtus* „*sit, et ampliores fines possessi sint, totum longo tempore* „*capi:* quoniam universitas ejus possideatur, non singulae partes;" d. h. wenn Jemand ein gekauftes Grundstück in einem größeren Umfange bona fide besitzt, als es ihm wirklich übertragen ist, so kann er dennoch das nicht Uebertragene mit dem Ganzen usucapiren, weil sein animus dominii, seine bonae fidei possessio sich auf das Ganze, und nicht auf die einzelnen Theile an sich, erstreckt. Bei einem Sclaven, wovon zu Anfang dieser Stelle die Rede ist, kann ein solcher Fall nicht füglich gedacht werden. Wird mir nemlich aus Irrthum für den gekauften Sclaven ein anderer übergeben, so bleibt die usucapio pro emtore ausgeschlossen, weil sich diese immer nur auf Gegenstände bezieht, welche wirklich gekauft sind.

9) Vergl. l. 3. §. 3. D. de adqu. et am. poss.

Viertens. **Wer ein Haus besitzt, hat nicht auch den Besitz der einzelnen Balken und Mauersteine.** Dieses ist, wie für das Recht der bonae fidei possessio, so für die Usucapion sehr wichtig. Die Usucapion eines Hauses wird daher nur in den für unbewegliche Sachen entscheidenden längeren Fristen vollendet, es ist unmöglich, die einzelnen Gegenstände, aus welchen das Haus besteht, als bewegliche Sachen schon binnen einer kürzeren Frist zu usucapiren [10]). Für diese kann erst dann die Usucapion beweglicher Gegenstände gelten, wenn das Haus selbst vor vollendeter Usucapion niedergerissen wird, in welchem Fall eine neue Usucapion anfangen muß [11]). Mit der vollendeten Usucapion des Hauses sind auch die Baumaterialien gültig erworben. Hatten dieselben jedoch einen anderweitigen Eigenthümer, so bleibt diesem sein Eigenthum wohlbehalten, eben weil die das Ganze betreffende Verjährung nicht gegen ihn gerichtet sein konnte [12]). Aber eben so wenig hört sein Besitz

10) l. 23. pr. D. de usurpat. et usuc.: „*Eum, qui aedes mercatus est, non puto aliud, quam ipsas aedes, possidere:* nam „si singulas res possidere intelligitur, ipsas aedes non possidebit: separatis enim corporibus, ex quibus aedes constant, universitas aedium intelligi non poterit: accidit eo, quod si quis „singulas res possidere dixerit, necesse erit, dicat possessione „superficiei temporibus de mobilibus statutis locum esse, solum „se capturum esse ampliori: quod absurdum et minime juri civili conveniens est, ut una res diversis temporibus capiatur: „*ut puta cum aedes ex duabus rebus constant, ex solo et superficie, et universitas earum possessionem temporis immobilium rerum omnium mutet*". Vergl. l. 23. §. 2. in fin. D. eod.

11) „Si autem demolita domus est, *ex integro res mobiles possidendae sunt, ut tempore, quod in usucapione rerum mobilium constitutum est, usucapiantur*: et non potest recte uti eo „tempore, quo in aedificio fuerunt"; l. 23. §. 2. D. de usurp. de usuc.

12) Item si quis ex alienis cementis in solo suo aedificaverit, do„mum quidem vindicare poterit, *cementa autem resoluta prior*

durch die Verbindung mit dem größeren Ganzen auf, er kann nur denselben nicht ausüben, so lange diese fortbesteht [13]). Wesentliche Bedingung ist dabei, daß jene Materialien ihrer Natur nach unverändert bleiben, es darf also keine specificatio vorgekommen sein [14]).

§. 42.

Nun wird noch von dem Erwerbe des Besitzes durch Stellvertreter das Genauere angegeben werden müssen. Von dieser besonderen Art des Erwerbes sprechen wir aus dem Grunde zuletzt, um der von Savigny gewählten Anordnung zu folgen.

Wie in der neuesten Zeit ganz allgemein eine Stellvertretung zulässig ist, so kann sie auch bei denjenigen Rechtsgeschäften vorkommen, wodurch juristischer Besitz (bonae fidei possessio) erworben wird. Die Repräsentation geschieht hier auf dieselbe Art, wie bei dem Erwerb des wirklichen Eigenthums, sowohl durch freie Mittelspersonen, als durch nothwendige Stellvertreter.

„*dominus vindicabit, etiamsi post tempus usucapionis dissolu-„tum sit aedificium, postquam a bonae fidei emtore possessum „sit*: nec enim singula cementa usucapiuntur, si domus per „temporis spatium nostra fiat;" l. 23. §. 7. D. de rei vind. l. 59. in f. D. eod. l. 7. §. 11. D. de adquir. rer. dom. Der Grund davon ist aber nicht, wie v. Savigny annimmt, weil bei Baumaterialien der Eigenthümer keine Trennung verlangen könne, sondern weil jede res connexa nur als Ganzes, nicht ihren einzelnen Theilen nach, ein Gegenstand der Berechtigung ist.

13) Gleichwie in dem Falle, wo eine Sache in einen Fluß versenkt ist. Nur das Factische des Besitzes, nicht das Recht hört hier auf. l. 13. pr. D. de adqu. et am. poss.

14) l. 30. §. 4. D. de adqu. et am. poss. l. 30. §. 1. D. de usurp. et usuc. — Daß der Besitz einer Sache nicht dadurch verloren gehe, daß sie mit anderen Sachen zu einem neuen Ganzen verbunden wird, erhellt aus l. 30. §. 1. D. cit. sehr deutlich, wiewohl man in dieser Stelle einen Widerspruch gegen jene Regel gefunden hat. Siehe v. Savigny das Recht des Besitzes §. 22. am Ende.

Zunächst von der **freien** Repräsentation, oder derjenigen, welche durch unabhängige und selbstständige Mittelspersonen ausgeübt wird [1]). Diese war in der älteren Zeit durchaus beschränkt, während die Zulässigkeit derselben für das neueste Römische Recht allgemeine Regel geworden ist. Noch zur Zeit der classischen Juristen war sie bei einzelnen civilen Erwerbarten unzulässig, jedoch schon damals für den Erwerb des Besitzes von größter Bedeutung [2]). Man erlangt demnach den Besitz, die bonae fidei possessio, gleich dem wirklichen Eigenthume, nicht bloß durch eigene Handlungen, sondern auch durch die eines Dritten: corpore vel nostro, vel alieno [3]).

---

1) Diese freien Repräsentanten, welche beim Erwerbe des Besitzes concurriren, werden in den Quellen *procuratores* genannt, und ihre Geschäftsführung geschieht entweder in Folge eines speciellen Auftrages, oder ohne einen solchen; l. 41. D. de usurp. et usuc. l. 13. pr. D. de adquir. rer. dom. l. 42. §. 1. D. de adquir. et am. poss. l. 3. C. de adqu. et retin. poss. Paul. R. S. V. 2, 2. Doch gehören auch die **Tutoren** und **Curatoren** hierher; l. 1. §. 20. D. de adqu. et am. poss.

2) §. 5. J. per quas pers. l. 53. D. de adquir. rer. dom. l. 20. §. 2. D. eod. l. 11. §. 6. D. de pign. act. l. 1. §. 20. D. de adqu. et am. poss. l. 1. C. per qu. pers. l. 8. C. de adquir. et retin. poss. Paul. V, 2, 2. Eine Anwendung davon findet sich auch in l. 51. D. de adqu. et am. poss.

3) Dieser Hauptsatz für den Besitzerwerb durch Stellvertreter findet sich bei Paul. R. S. V, 2, 1.: „Possessionem adquirimus et „animo et corpore: animo utique nostro: *corpore vel nostro, vel* „*alieno*." Darauf gehen auch die Worte: „Ceterum animo no„stro, *corpore etiam alieno possidemus.*" S. l. 3. §. 12. D. de adqu. et amitt. poss. Vergl. überdies: §. 5. in f. J. per quas person. l. 20. §. 2. D. de adquir. rer. dom. Eben deshalb, weil nur eine körperliche Handlung von dem Repräsentanten vollführt wird, scheint man bei diesem Erwerbe Stellvertreter zugelassen zu haben, während man noch bei sonstigen rechtlichen Geschäften jedes Repräsentationsrecht ausschloß. In diesem Sinne wird der Erwerb des Besitzes ausdrücklich unterschieden von den Fällen, wo durch Stellvertreter ein rechtliches Verhältniß begründet werden soll. Es heißt: „Ea, *quae civiliter adquiruntur*, per eos, qui in potestate nostra sunt, adquirimus: veluti stipulationem: *quod natu-*

Es muß aber zwischen dem Erwerbenden und dem Stellvertreter ein bestimmtes rechtliches Verhältniß stattfinden. In der Regel wird hier ein Auftrag vorangehen, welcher vollkommen hinreicht [4]), indeß ganz dasselbe bewirkt eine nachherige Genehmigung (ratihabitio) [5]). Stets ist aber der Wille des Berechtigten erforderlich, weiß er von der Handlung jenes Dritten nichts, so kann er keinen Besitz erwerben, nach der Regel: *ignoranti non adquiritur*, denn die Repräsentation bezieht sich bloß auf das corpus, nicht auf den animus [6]).

Von Seiten des Repräsentanten muß alles vorgenommen werden, was der Berechtigte zu thun nöthig

---

raliter adquiritur, sicuti est *possessio*, per quemlibet, volenti„bus nobis possidere, adquirimus;" l. 52. D. de adquir. rer. dom. Es scheint dies durch Interpretation der Römischen Juristen (l. 41. D. de usurp. et usuc. l. 1. C. de adqu. et retin. poss.) des Bedürfnisses wegen (l. 1. C. cit.) eingeführt worden zu sein. Das Gegentheil ist nicht in l. 11. §. 6. D. de pigner. act. u. §. 5. J. per quas person. enthalten.

4) „*Procurator, si quidem mandante domino rem emerit, pro„tinus ei adquirit possessionem;*" l. 42. §. 1. D. de adquir. et am. poss. — Vergl. Paul. R. S. V, 2, 2. — Daß ich nicht anders das Eigenthum erlange, wenn der procurator in meinem Auftrag eine Sache kauft, und ihm diese tradirt wird, erhellt aus l. 13. pr. D. de adqu. rer. domin.

5) „*Absente autem domino comparata non aliter ei, quam si „rata sit, quaeritur*" Paul. R. S. V, 2, 2. — „*Quodsi sua „sponte emerit, non; nisi ratam habuerit dominus emtionem;*" l. 42. §. 1. D. de adqu. et am. poss.

6) Es wird öfters gesagt, daß der Besitz auch *ignoranti* durch einen freien Repräsentanten erworben werde. Dies bezieht sich indeß auf den Fall, wo ein Auftrag geschehen ist. Hier kommt es nicht weiter darauf an, ob man schon eine Nachricht von der Ausführung desselben erhalten hatte. §. 5. J. per quas person. l. 49. §. 2. D. de adquir. et am. poss. l. 47. D. de usurp. et usuc. l. 1. C. de adqu. et retin. poss. — Dasselbe gilt nach l. 13. pr. D. de adquir. rer. dom. beim wirklichen Eigenthum. Aber auch in dem Sinne kommt jenes vor, daß man Besitz erwerbe, während der procurator nur als negotiorum gestor handele; l. 2. §. 9. D. pr. emtor.

gehabt, wenn er in eigener Person den Besitz hätte erwerben wollen. Er muß daher die Sache apprehendiren, auf jene schon oben erörterte Weise [7]), und zwar mit der Absicht Eigenthum daran zu erlangen, aber nicht für sich, sondern für den, welchen er vertritt [8]). Wer also überhaupt nicht wollen kann, ist zur Apprehension völlig unfähig [9]).

Anderseits muß der Uebertragende (tradens) die Absicht haben, grade für den Repräsentirten zu übertragen, und dabei alles dasjenige thun, was zur Tradition nothwendig ist. Es kommt aber auf seiner Seite überhaupt nur auf jene Absicht an, damit er aufhöre zu besitzen [10]).

Will der Repräsentant sich selbst erwerben, so erwirbt er ungeachtet seines Auftrages nicht uns, weil er nicht die Absicht hat, für uns zu erwerben [11]). Aber auch sich selbst wird er häu-

---

7) l. 41. u. l. 47. D. de usurp. et usuc. l. 1. §. 10. D. de adqu. et am. poss. Die hier gedenkbaren Handlungen können ganz verschiedene sein (l. 51. D. de adqu. et ret. poss.). Beim Kauf kommt der Act der *traditio* in Betracht. Vom Eigenthum spricht in dieser Beziehung: l. 13. pr. D. de adqu. rer. dom.

8) Darauf beziehen sich in l. 1. §. 20. D. de adqu. et am. poss. die Worte: „*ut operam duntaxat suam accommodarent nobis*". In diesem Sinne wird ganz allgemein gesagt: „*procurator alienae* „*possessioni praestat ministerium*"; l. 18. pr. D. eod.

9) „Ceterum ille, per quem volumus possidere, *talis esse debet*, „*ut habeat intellectum possidendi*"; l. 1. §. 9. D. de adquir. et am. poss. Deshalb ist der *furiosus* nicht als Repräsentant zulässig, l. 1. §. 10. D. eod., wohl aber ein *impubes*, wenn bei der Apprehension die Auctoritat des Tutors interponirt wird, l. 1. §. 10. D. eod.

10) l. 18. §. 1. D. de adqu. et am. poss. l. 13. D. de donat. l. 37. §. 6. D. de adquir. rer. dom.

11) „*Cum autem suo nomine nacti fuerint possessionem*, non „cum ea mente, ut operam suam accommodarent nobis: *non* „*possumus adquirere*": l. 1. §. 20. D. de adqu. et am. poss „Nam et si procuratori meo rem tradideris, ut meam faceres „is hac mente acceperit, ut suam faceret, *nihil agetur*": l. 37 §. 6. D. de adqu. rer. dom. Das *nihil agetur* kann hier wol

sig nicht den Besitz erwerben können, weil er gegen seinen Auftrag handelt, und somit rechtlich nicht die Absicht haben kann, in eignem Namen zu besitzen. Dennoch wird bisweilen der frühere Besitzer nach geschehener Apprehension aufgehört haben, zu besitzen [12]): welches sich nicht bloß auf die traditio, sondern ebenso auf die sonstigen Erwerbarten des juristischen Besitzes bezieht [13]).

Die physische Möglichkeit, als Eigenthümer auf die Sache einzuwirken, entsteht für den Repräsentirten in dem Augenblick, wo sein Repräsentant die Apprehension vornimmt. Er erlangt daher schon in diesem Moment den Besitz, indem es grade so angesehen wird, als habe er selbst die Apprehension vorgenom-

---

nur den Sinn haben, daß mir der Besitz nicht erworben wird, daß also nicht das geschieht, was die Absicht des Uebertragenden ist.

12) l. 13. §. 1. D. de donat.: „*Nam etsi procuratori meo hoc* „*animo rem tradiderit, ut mihi adquirat, ille quasi sibi ad*„*quisiturus acceperit, nihil agit in sua persona, sed mihi ad*„*quirit*". Dieses läßt sich jedoch nur dann rechtfertigen, wenn der procurator arglistig zu Werke geht, insofern Niemand durch seinen dolus Vortheile erlangen soll. Für diesen Fall würde ein Betrug unterlaufen, und selbst ein Diebstahl auf Seiten des procurator gedacht werden können. — Aber in einer andern Stelle (l. 43. §. 1. D. de furt.) wird gradezu gesagt, daß für diesen Fall das Eigenthum dem *debitor* verbleibe, weil derselbe nicht die Absicht gehabt habe, dem procurator zu tradiren. Die Römischen Juristen entschieden nur nach den allgemeinen Grundsätzen, und hier ließen sich füglich verschiedene Analogien zur Anwendung bringen. — Wird bloß der Kaufcontract durch einen Stellvertreter abgeschlossen, so kann das Eigenthum immer erst nach erfolgter traditio an den Käufer übergegangen sein; l. 59. D. de adquir. rer. dom.

13) v. Savigny ist anderer Meinung. Die Regel, daß der Repräsentant, wenn er diese Absicht hat, entweder sich oder einem sonstigen Dritten erwerben könne, wird ebenfalls von ihm aufgestellt. Allein dabei nimmt er an, daß in Ansehung der *traditio* eine besondere Ausnahme gelte, indem hier die Absicht des tradens entscheide. In Folge dieser Absicht werde der Besitz dem Repräsentirten erworben, wenn auch der Repräsentant untreuerweise für sich selbst oder einen Dritten erwerben wolle. Die hierher gehörigen Quellenzeugnisse werden demgemäß ganz anders interpretirt. S. d. Recht des Besitzes §. 26.

men [14]). Daß ihm noch erst eine Nachricht von der Ausführung seines Auftrages zukomme, ist nicht erforderlich, weil die betreffende Absicht schon durch jenen Auftrag erklärt ist [15]). Die Usucapion fängt zwar immer erst an, sobald der Besitzer Wissenschaft von der geschehenen Uebertragung erlangt, denn vorher kann eigentlich nicht der gute Glaube, daß man Eigenthümer der Sache geworden sei, gedacht werden [16]). — Anders verhält es sich, wenn der Repräsentant als negotiorum gestor handelt; dann nemlich wird der Besitz nicht eher erworben, als bis die ratihabitio erfolgt ist [17]). Dasselbe muß von einem *procurator omnium bonorum*

14) S. l. 51. D. de adqu. et am. poss. l. 41. D. de usurp. et usuc. l. 13. pr. D. de adquir. rer. dom. l. 1. C. de adqu. et ret. poss. Nur hierauf bezieht sich l. 2. C. de his qu. a non dom. Der Fall ist dieser. Jemand hatte durch einen Dritten einen Sclaven kaufen lassen, und dann sogleich denselben freigelassen. Die Freilassung war eine völlig gültige, weil dem Repräsentanten tradirt worden, und es keinen Unterschied macht, daß der Sclave bei der Manumission sich noch in den Händen des Repräsentanten befindet. Der manumissor war also dominus gewesen, und aus diesem Grunde wird dahin entschieden, es könne nicht die Freilassung für ungültig erklärt, und der Freigelassene als Sclave in Anspruch genommen werden: „Felicissima, quam mandante te ser„vum emisse dicis, si dominium servi, quem manumisit, non„dum ad te transtulerat: *frustra petis, ut denegata libertate „ejus, quem manumissum dicis, possessio tibi tradatur*".

15) Darauf bezieht sich das *ignorantibus possessionem adquiri* in §. 5. J. per quas pers., welches auch in l. 49. §. 2. D. de adqu. et am. poss. l. 47. D. de usurp. et usuc. l. 1. C. de adqu. et retin. poss. ausdrücklich erwähnt wird. Vergl. l. 13. pr. D. de adqu. rer. dom.

16) l. 1. C de adqu. et ret. poss.: „*et postquam scientia inter„venerit, usucapionis conditionem inchoari posse*". — l. 49. §. 2. D. de adqu. et am. poss.: „*usucapio vero scienti compe„tit*". — l. 47. D. de usurp. et usuc.: „Si emtam rem mihi „procurator *ignorante me*, meo nomine apprehenderit, quamvis „possideam, *eam non usucapiam*".

17) Zum Belag kann l. 24. D. de neg. gest. angeführt werden. Die ratihabitio ist in Ermangelung eines Auftrags wesentliche Be-

behauptet werden, weil der demselben ertheilte allgemeine Auftrag keinesweges einen besonderen Auftrag zu dem einzelnen Besitzerwerb enthält [18]).

Die Regel jedoch, wonach der Wille des Erwerbenden zur Entstehung des juristischen Besitzes erfordert wird, hat einige Ausnahmen, und diese sind selbst in der Nothwendigkeit gegründet, da sie das Römische Recht zum Besten solcher Individuen auszeichnet, welche ihre Einwilligung wegen physischer Ursachen nicht ertheilen können. Dahin gehören juristische Personen [19]). Für Municipien wurde dies zwar bezweifelt [20]), aber im neuesten Römischen Rechte ist auch hier die Sache völlig gewiß [21]). Ebenfalls werden dahin bevormundete Personen gerechnet; diese, obgleich juristisch keines gehörigen Willens fähig, können dennoch durch den Tutor und Curator den Besitz gültig erwerben [22]). Dabei wird aber vorausgesetzt, daß letztere die

---

dingung zum Erwerbe durch einen freien Repräsentanten. Aber erfolgt diese, so hat dies ganz dieselbe Wirkung, als wenn ein Auftrag vorhanden gewesen wäre. Es wird daher, nach der allgemeinen Regel, auf den Augenblick der Apprehension von Seiten des Repräsentanten zurückgerechnet werden müssen.

18) Von der für diesen Fall nöthigen ratihabitio sprechen Paul. R. S. V, 2, 2. l. 42. §. 1. D. de adqu. et am poss.

19) l. 7. §. 3. D. ad exhibend.

20) l. 1. §. 22. D. de adqu. et am. poss. Hier wird gesagt, Municipien können an und für sich nichts besitzen, weil sie nicht consentiren können. Das *forum*, die *basilica* u. s. w. seien deshalb nicht im Besitz der Municipien, obgleich diese Gegenstände von den Einzelnen benutzt werden. Auch sei darüber gestritten, ob sie das durch Sclaven Erworbene besitzen und usucapiren könnten, da die Sclaven selbst nicht in ihrem Besitze sich befänden.

21) „Sed hoc jure utimur, *ut et possidere, et usucapere munici*-„*pes possint*: idque eis et per servum, et *per liberam personam* „adquiratur"; l. 2. D. de adqu. et am. poss. — „*Nam et pos*-„*sidere et usucapere eos* (sc. municipes) *posse constat*"; l. 7. §. 3. D. ad exhibend.

22) l. 1. §. 20. D. de adqu. et am. poss.: „*Per . . . tutorem cura*-„*toremve possessio nobis adquiritur*". Vergl. l. 11. §. 6. D.

Absicht haben, nicht für sich, sondern für jene den Besitz zu erlangen [23]).

Die nothwendige Repräsentation kann nur uneigentlich als Stellvertretung genannt werden, wiewohl sie von den neueren Juristen immer unter diesen Begriff gestellt worden ist. Sie ist uralt, und hängt mit der Einführung des Repräsentationsrechtes gar nicht zusammen, weshalb auch für diese im Einzelnen ganz abweichende Regeln entscheiden.

Sie hat die Bedeutung, daß es nicht von dem Willen Jemandes abhängt, ob er einen Stellvertreter haben will oder nicht, und umgekehrt, daß der Handelnde selbst wider seinen Willen in Folge eines abgeschlossenen rechtlichen Geschäftes einem Dritten erwirbt. Diese Singularität betrifft jedoch nur diejenigen Individuen, welche der Gewalt eines Anderen unterworfen sind, und dahin gehören nach dem neuesten Römischen Rechte nur Sclaven und *filii familias* [24]). Beide wurden bei der ursprünglichen Härte des Römischen Rechtes als Sachen angesehen, und für beide mußten demnach dieselben Grundsätze zur Anwendung gebracht werden, welche das Verhältniß der Sache zum Eigenthümer bestimmte. Alles, was einer Sache hinzukommt, gehört dem Herrn der Hauptsache, also muß alles, was von diesen Individuen (denen jedoch die Fähigkeit eingeräumt war, selbst Rechtsgeschäfte abzuschließen) erworben wird, demjenigen erworben werden, dessen Gewalt sie untergeben sind. Dieser Satz galt ursprünglich in seinem ganzen Umfange, wie er nur eine natürliche Folge des zum Grunde liegenden Principes war. Es muß mithin alles, was der Sclave erwirbt, selbst wenn er

„de pign. act. Daß das Eigenthum auf dieselbe Weise erworben werde, erhellt aus l. 13. §. 1. D. de adqu. rer. dom.

23) l. 1. §. 20 D. de adqu. et am. poss. Dasselbe enthält für den Eigenthumserwerb l. 13. §. 1. D. de adqu. rer. dom. Auch hier kann *ignoranti* erworben werden.

24) Für das ältere Recht kam außerdem noch die Frau (*uxor in manu*) in Betracht, Gaj. II, 90., welche nach ganz denselben rechtlichen Grundsätzen behandelt wurde.

für sich erwerben will, dem Herrn (dominus) erworben werden. Ebenso muß jeder Erwerb des Kindes, auch wenn dasselbe eine entgegengesetzte Absicht haben sollte, nur dem Vater (parens potestatis) zufallen. — Obgleich diese Härte späterhin, besonders in Rücksicht des Kindes, um vieles gemildert wurde, so bestehen doch für die neueste Zeit noch eine Reihe von Anwendungen, welche nur aus jenem Princip erklärt werden können.

In Rücksicht der bonae fidei possessio hat die Sache keine Schwierigkeit. Es entscheiden hier ganz dieselben Regeln, welche für den Erwerb des Eigenthums in Betracht kommen, weder der Erwerb durch Sclaven ist hier ein anderer, noch der durch den filius familias [25]).

Der Herr zunächst erwirbt durch seinen Sclaven sowohl Eigenthum, als juristischen Besitz. Er kann dabei, wenigstens scheint dies nicht so selten vorgekommen zu sein, einen bestimmten Auftrag (*jussus*) ertheilen [26]), aber dieser ist im Ganzen völlig gleichgültig. Eben so wenig kommt es auf die ratihabitio an, weshalb dem Herrn erworben wird, auch wenn er gar nichts von dem Erwerbe weiß, (*ignoranti possessio ad-*

25) Es muß auffallen, wenn Gajus erwähnt, daß man gezweifelt habe, ob durch Sclaven und die *uxor in manu* Besitz erworben werde, weil man diese nicht besitze, während doch Eigenthum durch diese in Folge jeder Erwerbart erworben wird; Gaj. II, 90. Der *filius familias* wird im Ganzen nach milderen Grundsätzen behandelt, schon zur Zeit der classischen Juristen, und doch gibt Gajus an, daß man durch diesen nicht bloß Eigenthum, sondern auch juristischen Besitz erlange, und daß man anderseits ebenfalls durch ihn usucapire; Gaj. II, 89. Unstreitig war jenes eine Bedenklichkeit, welche nur bei verfehltem Grundprincip und bei Erwägung des Umstandes, daß Sclaven nicht in jeder Hinsicht einer Sache gleichgestellt sind, gerechtfertigt werden kann; aber dieselbe Bedenklichkeit hätte um so mehr bei dem filius familias entstehen müssen.

26) S. l. 1. §. 18. u. 19. D. de adqu. et am. poss. Vergl. l. 31. §. 2. D. de usurp. et usuc. l. 34. §. 2. D. de adquir. et am. poss. Auch der Sclave, der von Niemandem besessen wird, kann für einen Dritten den Besitz erwerben, wenn er ihn für diesen erwerben will.

quiritur) [27]; und selbst die Usucapion kann hier gegen die sonstige Regel ihren Anfang nehmen [28]). Aus diesem Grunde wird durch Sclaven auch denjenigen Individuen erworben, welche ihrerseits gar keines Willens fähig sind. So können Kinder vollkommen gültig durch Sclaven den Besitz erwerben [29]), ebenfalls Wahnsinnige [30]), die *hereditas jacens* [31]), Munici-

---

27) Dieses enthalten folgende Stellen: l. 3. §. 12. D. de adqu. et am. poss. l. 1. §. 5. D. eod. l. 44. §. 1. D. hoc tit. l. 24. D. hoc tit. In der letzten wird ausdrücklich gesagt, daß dieser Besitzerwerb sich nur auf die *bonae fidei possessio* beziehe, daß eine corporalis possessio in Folge einer von dem Sclaven vorgenommenen vi possessio nicht dem Herrn erworben werde, so wie derselbe überhaupt nichts ex maleficiis seines Sclaven erlangen könne. In allen diesen Stellen wird zugleich auf das dem Sclaven eingeräumte peculium Rücksicht genommen, auf dasjenige Vermögen, was von dem Herrn dem Sclaven übergeben ist, damit dieser damit Handel oder sonstige Geschäfte treibe. Der Sclave hat hier die bloße Administration, während der Herr Eigenthümer jenes Vermögens bleibt. Alles daher, was der Sclave durch einen rechtlichen Erwerb nur zu seinem factischen Besitz erlangt, das erlangt der Herr zu einem rechtlichen Besitz (Civil-Besitz); l. 24. D. de adqu. et am. poss. Warum bei diesen Peculien der Besitz *ignorantibus* erworben werde, dafür wird in l. 44. §. 1. D. cit. als Grund angegeben, es sei diese Abweichung von der sonstigen allgemeinen Regel der Zweckmäßigkeit wegen angenommen, damit der Herr sich nicht in jedem Augenblick um das peculium zu bekümmern brauche. In l. 3. §. 12. D. cit. heißt es dagegen: „videmur eorumdem (sc. servorum) et animo, et corpore possidere," sowie Andere jene Abweichung höchst eigenthümlich dadurch rechtfertigen wollen, daß sie behaupten, der Herr erwerbe durch seinen animus, weil er dem Sclaven ein peculium zu besitzen erlaubt habe; l. 1. §. 5. D. cit.

28) „Quia *ut ignorantes usuceperimus*, in peculiaribus tantum „rebus receptum est; l. 47. D. de usurp. et usuc. l. 31. §. 3. D. eod. tit. l. 1. §. 5. D. de adqu. et am. poss.

29) „*Igitur ex causa peculiari et infans adquirit possessionem*, „*et usucapit*"; l. 1. §. 5. D. de adqu. et am. poss. — Von einem postumus nondum natus spricht l. 26. D. de captiv.

30) l. 1. §. 5. D. de adqu. et am. poss.

31) l. 29. in f. D. de captiv. l. 1. §. 16. u. 17. D. de adqu. et

pien [32]). Selbst einem **Gefangenen** kann auf diese Weise erworben werden [33]).

Der Sclave anderseits wird in jedem Falle seinem Herrn erwerben, wenn er auch die Absicht hat, für sich selbst zu erwerben, indem Sclaven überhaupt nichts Eignes erwerben können. Nur muß ein Act vorkommen, wodurch wirklich etwas erworben wird.

Insofern der Sclave jedes Rechtsgeschäft abschließen kann, kommen hier die allerverschiedensten Erwerbarten in Betracht (*adquiritur ex omnibus causis*). **Erbschaften, Legate**, welche dem Sclaven hinterlassen sind, und überhaupt **jedes Erworbene**, was auch sonst nur zur Proprietät gehört, fällt dem Herrn des Sclaven zu [34]).

Allein nicht bloß der Eigenthümer des Sclaven erwirbt auf diese Weise juristischen Besitz, ihn erwirbt ebenso derjenige, welcher nur *bona fide* der Herr des Sclaven ist, es mag übrigens der Besessene in Wirklichkeit ein servus alienus, oder ein freier Mensch sein [35]). Der bonae fidei possessor erlangt indeß jene

---

am. poss. l. 1. §. 5. D. eod. l. 16. D. de O. et R. Alles, was der Sclave für sein peculium erwirbt, wird der Erbschaft erworben.

32) „Sed Nerva filius ait, *per servum, quae peculiariter adquisierint*, (municipes) *et possidere, et usucapere posse*." Es wird jedoch zugleich die abweichende Ansicht anderer Juristen angegeben: „sed quidam contra putant, quoniam ipsos servos non „possideant;" l. 1. §. 22. D. de adqu. et am. poss.

33) l. 15. pr. D. de usurp. et usuc. l. 44. §. 7. D. eod. l. 12. §. 2. D. de captiv. l. 22. §. 3. l. 29. D. eod. l. 23. §. 3. D. ex quib. caus. major. Die durch den Sclaven angefangene Usucapion wird nicht unterbrochen. Denn kehrt der captivus aus der Gefangenschaft zurück, so gilt die Fiction, daß er niemals gefangen gewesen sei: stirbt er dagegen in der Gefangenschaft, dann wird alles so angesehen, als sei er schon im Augenblick der Gefangennehmung verstorben, mithin der Erbe schon von jener Zeit an Erbe gewesen.

34) Dahin gehören auch **obligatorische** Rechte.

35) „*Sed et per eum, quem bona fide possidemus, quamvis*

Berechtigung nur *interim*, wie überhaupt das Recht des bonae fidei possessor ein bloß interimistisches ist [36]). — Auch der Usufructuar erwirbt durch den fremden Sclaven Eigenthum und juristischen Besitz, aber das Erworbene muß unter den Begriff der Früchte gehören. Daher erlangt derselbe nichts, wenn dem Sclaven Erbschaften oder Legate zufallen, überhaupt nichts bei einem Erwerb, wodurch die Proprietät einen Zuwachs erhält [37]). — Durch den *servus fugitivus* erwirbt der Herr, so lange jener nicht in einen fremden Besitz gekommen ist, noch sich selbst für frei hält [38]). Auch durch einen servus *communis* kann der Herr den Besitz erlangen [39]). Singulair aber muß es erscheinen, wenn durch einen verpfändeten Sclaven weder der Verpfänder noch der Pfandgläubiger, dem der Besitz einge-

„*alienus sit, vel liber, possessionem adquiremus;*" l. 1. §. 6. D. de adqu. et am. poss. Wie juristischen Besitz, so erwirbt der bonae fidei possessor durch den Sclaven auch Eigenthum, wenn der Uebertragende selbst Eigenthümer war; l. 21. pr. D. de adqu. rer. dom. — Vergl. Gaj. II, 94.

36) Es beschränkt sich dieser Erwerb keinesweges auf die Frucht des Sclaven, wovon, als dem wichtigeren Erwerb, bei Gajus (Gaj. II, 94.) die Rede ist.

37) l. 1. §. 8. D. de adquir. et am. poss. l. 49. pr. D. eod. Dieser Punkt war jedoch bestritten Gaj. II, 94. Es zeigte sich auch hier die singulaire Bedenklichkeit, ob der Sclave selbst im Besitz sein könne: was indeß nach den obersten Grundsätzen, wenn sie richtig verstanden werden, nicht geleugnet werden darf.

38) l. 13. pr. D. de adquir. et am. poss. l. 1. §. 14. l. 50. §. 1. D. eod. l. 3. §. 10. D. hoc tit. l. 15. D. de public. in rem act. l. 25. §. 2. D. de liber. caus. Dasselbe bezieht sich auf den Erwerb des Eigenthums durch jenen fugitivus; l. 54. §. 4. D. de adquir. rer. dom. Jedoch waren auch über diesen Punkt unter den Römischen Juristen verschiedene Ansichten. — Vergl. l. 21. pr. D. de adqu. rer. dom.

39) l. 1. §. 7. u. 18. D. de adqu. et am. poss. Es verhält sich mit dem Erwerb des juristischen Besitzes grade so, wie mit dem Erwerb des Eigenthums. Es kann hier nicht bloß beiden, sondern auch einem Herrn der Besitz *in solidum* erworben werden, wenn dies die Absicht des Sclaven ist. Vergl. l. 1. §. 19. D. eod.

räumt ist, juristischen Besitz erwerben soll. Bleibt doch der Verpfänder Eigenthümer des verpfändeten Sclaven, und erwirbt doch der Eigenthümer alles, was seinem Eigenthum auf irgend eine Weise hinzukommt, sofern er dieses Recht nicht besonders auf einen Dritten übertragen hat, was hier durchaus nicht geschieht [40]). Der malae fidei possessor hingegen hat gar kein Recht an dem Sclaven. Er kann somit auch keinen juristischen Besitz durch denselben erwerben [41])

Wie der Herr durch seinen Sclaven, so erwirbt der *parens potestatis* durch die Kinder, welche seiner Gewalt unterworfen sind, alle möglichen Rechte, mithin auch Eigenthum und juristischen Besitz. Es kann hier ein bestimmter Auftrag von Seiten des Vaters erfolgen. Jedoch auch ohne Auftrag

---

40) „Per servum corporaliter pignori datum, non adquirere nos „possessionem Julianus ait: ad unam enim tantum causam vi- „deri eum a debitore possideri: ad usucapionem: nec creditori, „quia nec stipulatione, nec ullo alio modo per eum adquirat, „quamvis eum possideat;" l. 1. §. 15. D. de adqu. et am. poss. Es entsteht hier bloß die Frage, wem das von dem verpfändeten Sclaven Erworbene gehöre, denn was erworben werde, ob Eigenthum, oder nur juristischer Besitz, ist für die Sache ganz gleichgültig. Der Sclave kann das Erworbene nicht in Anspruch nehmen, eben weil er Sclave ist, also muß dem Herrn durch ihn erworben sein. Herr aber ist und bleibt der Verpfänder, und der Pfandgläubiger erlangt durch jenen Erwerb nur eine größere Sicherheit. Allein insofern hier vorausgesetzt wird, daß der Verpfänder bloß bonae fidei possessor sei, wird nur interimistisch diesem, und in Wirklichkeit dem wahren Eigenthümer des verpfändeten Sclaven das Erworbene gehören.

41) „*Quod si mala fide eum possideamus, non puto adquiri* „*nobis possessionem per eum*;" l. 1. §. 6. D. de adquir. et am. poss. Aber unrichtig wird hier hinzugefügt, daß der Sclave auch nicht dem wirklichen Eigenthümer den Besitz erwerbe. Es kann das bei dem malae fidei possessor von dem Sclaven Erworbene nur dem wahren Eigenthümer erworben sein, denn daß ein Nichtberechtigter factisch die Sache inne hat, ist völlig gleichgültig, und der Eigenthümer kann demselben die Hauptsache mit allem Zubehör abfordern.

und ohne Genehmigung wird dem Vater, selbst wenn er nichts davon weiß, der Besitz erworben; es muß demnach sofort die Usucapion ihren Anfang nehmen [42]). Daß aber wegen des peculium der animus des Vaters bei jenem Erwerb vorhanden sei, läßt sich wohl nicht behaupten [43]).

Der Vater kann sich auch bloß *bona fide* in seiner Berechtigung der patria potestas befinden [44]), jedoch ein ususfructus ist hier nicht gedenkbar [45]).

---

42) Daß der Vater durch den in seiner Gewalt befindlichen Sohn *ignorans* den juristischen Besitz aller derjenigen Sachen erlange, welche peculiariter erworben werden, ist in l. 1. §. 5. D. de adqu. et am. poss. angegeben. Dasselbe enthält l. 4. D. eod., welche dieses selbst für den Fall behauptet, wo der Vater nicht einmal weiß, daß der Sohn sich in seiner patria potestas befindet, oder wo der filius familias von einem Dritten als Sclave behandelt wird. Aber dennoch wird der Sohn nicht von dem Vater besessen; l. 1. §. 8. D. eod. Daß letzterer usucapiren könne, ergibt l. 1. §. 5. D. de adqu. et am. poss. auch l. 31. §. 3. D. de usurp. et usuc., welcher Satz ganz allgemein in Betreff der Peculien ausgesprochen wird: *„quia ut ignorantes usuceperimus, in peculiari-„bus tantum rebus receptum est;"* l. 47. D. de usurp. et usuc.

43) S. l. 1. §. 5. D. de adquir. et am. poss. Im neuesten Römischen Rechte kann der Sohn, abgesehen von dem peculium profectitium, auch eigenes Vermögen haben (peculium adventitium, castrense). Demnach wird derselbe entweder seinem Vater, oder sich erwerben, jenem, wenn er diese Absicht hat, oder für das peculium profectitium erwirbt, sich selbst, wenn er etwas als peculium adventitium oder castrense erlangt.

44) Dies wird in l. 50 D. de adqu. et am. poss. ausdrücklich erwähnt, dabei jedoch bemerkt, daß in einem solchen Falle weder juristischer Besitz, noch Eigenthum dem bonae fidei possessor erworben werde. Es soll daher nur dem eigentlichen Vater erworben werden, welches um so zuverlässiger ist, als man schon ohnehin Bedenken tragen könnte, den Sohn ganz als eine bona fide besessene Sache zu behandeln.

45) Manches Abweichende findet sich bei v. Savigny, das Recht des Besitzes §. 26.

§. 43.

Jetzt wird noch das *constitutum possessorium* in aller Kürze zu erwähnen sein. Die Darstellung v. Savigny's hierüber ist im Allgemeinen richtig zu nennen, jedoch das Resultat der Quellen ohne Grund auf den Besitz in einem anderweitigen Sinne bezogen worden.

Wir verstehen unter *constitutum possessorium* [1]) den Fall, wo Jemand eine Sache, welche er bis dahin als eigene besaß, im Namen eines Anderen und als dessen Repräsentant zu besitzen anfängt. Auch hier ist gewissermaßen ein Erwerb des Besitzes durch Dritte vorhanden, doch unterscheidet sich dieser Fall noch in Vielem von denen, wo durch Repräsentanten der Besitz erworben wird [2]).

Die ganze Handlung muß als eine umgekehrte traditio brevi manu betrachtet werden; insofern findet sich bei dieser auch nur die Anwendung der traditio, und das Eigenthümliche besteht bloß darin, daß die factische Möglichkeit, worauf es bei jeder traditio ankommt, hier eingeräumt wird, ohne daß eine wirkliche Uebergabe oder Apprehension geschieht. Wie nemlich bei der traditio brevi manu die bloße Absicht zum Erwerbe des juristischen Besitzes hinreicht, indem man schon früher aus einem anderen rechtlichen Grunde die Detention der Sache erlangt hat, welche durch jene Absicht ohne Weiteres zum Besitz erhoben wird: so verwandelt sich bei dem sg. constitutum possessorium der Besitz durch bloßes Wollen in Detention, und was dabei besonders in Betracht kommt, es wird dadurch juristischer Besitz unmittelbar auf eine andere Person übertragen [3]). In Wirklichkeit hat also

1) Der Ausdruck *constitutum possessorium* gehört doch nur den neueren Juristen an, er kommt im Römischen Rechte nicht vor.

2) Von dem entgegengesetzten Gesichtspunkte geht v. Savigny aus, weshalb dieser Gegenstand zuletzt beim Erwerb durch Stellvertreter abgehandelt wird. S. das Recht des Besitzes §. 27.

3) „Quod meo nomine possideo, possum alieno nomine possi„dere, nec enim muto mihi causam possessionis, *sed desino*

das constitutum ganz dieselbe Bedeutung, als wenn Eigenthum oder juristischer Besitz auf jenen Dritten übertragen, und dann von diesem die bloße Detention in Folge eines anderweitigen Rechtsgeschäftes auf den früheren Eigenthümer oder Besitzer zurückübertragen wäre [4]).

Durch bloßen Vertrag, ohne eine körperliche Handlung, wird hier juristischer Besitz erworben, allein dieser Vertrag muß zugleich zur Folge haben, was eine traditio bewirken würde, nemlich die Möglichkeit, als Eigenthümer über die Sache zu verfügen. Es muß daher die Absicht ausgesprochen sein, daß der frühere Besitzer jetzt die Sache als bloßer Detentor besitzen solle. Aus diesem Grunde hat v. Savigny ganz Recht, wenn er behauptet, ein Vertrag, wodurch der Uebergang des Eigenthums bestimmt werde, z. B. der Kauf, sei von dem constitutum sehr verschieden, indem darin noch nicht die Bestimmung liege, daß der bisherige Besitzer Repräsentant eines fremden Besitzes sein wolle, welche Bestimmung überhaupt nur angenommen werden könne, sofern sie ausdrücklich erklärt sei, oder aus anderen Umständen nothwendig folge.

Das constitutum muß demnach auf jene Weise ausdrücklich verabredet sein. Wenn dies aber auch nicht der Fall ist, folgt nur aus der verabredeten anderweitigen Qualität, in welcher der bisherige Besitzer die Sache inne behalten will, ganz nothwendig, daß er bloß noch fremden Besitz verwaltet, so hat

---

„*possidere, et alium possessorem ministerio meo facio:* nec „idem est possidere et alieno nomine possidere. Nam possidet, „cujus nomine possidetur. Procurator alienae possessioni prae„stat ministerium;" l. 18. pr. D. de adqu. et am. poss. Der letzte Zusatz, wodurch genauer bezeichnet werden soll, wer z. B. alieno nomine besitze, darf jedoch nicht zu der Annahme verleiten, als wenn bei einem constitutum possessorium der Innehaber der Sache nur procurator sei. Der Innehaber repräsentirt den Besitzer in seinem Besitze, aber darin kommt er mit ganz verschiedenen Berechtigten überein.

4) Jenes Hin- und Herübertragen der Sache ist es, was bei Einführung des constitutum für überflüssig erachtet werden mußte.

die Sache ebenfalls keinen Zweifel. Auf diese Art wird sogar am häufigsten das constitutum possessorium vorkommen [5]). Verschenkt daher eine Frau ihren fundus an einen Dritten, den sie zugleich von demselben pachtet, so muß jenem Dritten nothwendig der Besitz erworben sein [6]). Ebenso hat der sogleich Besitz oder Eigenthum übertragen, welcher eine Sache an einen Dritten verschenkt, als dos überträgt, oder verkauft, während er sich selbst den *ususfructus* vorbehält [7]).

v. Savigny rechnet auch den Fall hierher, wo von dem Gläubiger der Gebrauch der verpfändeten Sache dem Schuldner precario überlassen wird. Dies hängt aber offenbar mit der unrichtigen Ansicht zusammen, daß der creditor pigneratitius juristischer Besitzer der Sache sei [8]). Eben so wenig kann bei einer societas omnium bonorum von jenem constitutum die Rede sein. Hier geschieht die traditio durch die bloße Erklärung und ohne Weiteres, sobald die Partheien selbst einig geworden sind [9]). Dies, behauptet v. Savigny, könne wieder nicht anders, als

---

5) l. 1. §. 2. D. de peric. et commod. rei vend. u. l. 48. D. de adqu. et am. poss. gehören nicht hieher.

6) „Quaedam mulier fundum ita non marito donavit per episto„lam, et eundem fundum ab eo conduxit: posse defendi *in rem „ei competere, quasi per ipsam adquisierit possessionem, ve„luti per colonam*; l. 77. D. de R. V. Es wird hinzugefügt, daß das Schicken eines Briefes zur Uebertragung des Besitzes genüge, auch wenn jene conductio nicht erfolgt sei.

7) l. 28. C. de donat. l. 35. §. 5. C. eod. Daß hier die *traditio* geschehe, erhellt aus beiden Stellen auf gleiche Weise.

8) In der angeführten Stelle (l. 15. §. 2. D. qui satisd. cog.) ist am wenigsten jene Behauptung enthalten. Es wird hier gesagt, daß der creditor pigneratitius nicht Besitzer sei, obgleich ihm die possessio des Pfandes eingeräumt, oder er diese dem debitor precario überlassen habe.

9) Dies nur enthalten l. 1. §. 1. u. l. 2. D. pro soc. In l. 1. §. 1. D. cit. heißt es: „In societate omnium bonorum omnes „res, quae coeuntium sunt, *continuo communicantur*;" und in l. 2. D. cit.: „Quia licet specialiter traditio non interveniat, „*tacita tamen creditur intervenire*."

durch ein constitutum gedacht werden: obgleich in Wirklichkeit die Natur des constitutum sich von der Uebertragung einer universitas juris durchaus unterscheidet. Bei letzterer nemlich würde die traditio nicht bloß wegen der Mannigfaltigkeit der Gegenstände sehr beschwerlich sein, sie ist auch ganz unmöglich, weil Rechte, die in derselben enthalten sind, nicht ein Gegenstand der traditio sein können. Demnach wird die factische Möglichkeit, worauf es bei der Tradition ankommt, hier schon ohne Weiteres durch die bloße Erklärung, daß das Vermögen übertragen sein solle, eingeräumt. Dasselbe ist ebenso der Fall bei der Restitution des fideicommissum universale, und sicher wird es Niemandem einfallen zu behaupten, daß ein sg. constitutum bei jener Restitution zum Grunde liege [10].

---

10) Zum Schluß müssen noch 2 Regeln, welche v. Savigny nachträglich für den Erwerb des Besitzes geltend macht (a. a. O. § 28.), in Erwägung gezogen werden. Die erste Regel heißt: bloß juristische Handlungen, in welchen nicht zugleich eine Apprehension liegt, geben den Besitz nicht; die zweite: wenn die Bedingungen des Erwerbes vorhanden sind, so wird durch juristische Gründe der Ungültigkeit der Besitz nicht ausgeschlossen. Die Basis der ersteren Regel soll sein l. 23. pr. D. de adqu. et am. poss., wo gesagt wird, daß durch Antretung der Erbschaft alle Rechte übertragen werden, nicht aber der Besitz vor der wirklichen Apprehension erlangt werde. „Cum heredes instituti sumus, *adita hereditate*, „*omnia quidem jura ad nos transeunt: possessio tamen, nisi* „*naturaliter comprehensa, ad nos non pertinet.*" Allein der Ausdruck possessio bezieht sich hier gar nicht auf juristischen Besitz, sondern nur auf das factische Innehaben, welches dem Erben als Eigenthümer insofern wichtig ist, als er dadurch erst das Recht der Interdicte erlangt. So wird auch in der unmittelbar vorhergehenden und hiermit unstreitig in Verbindung stehenden l. 22. D. de adqu. et am. poss. von dem Schutz des Besitzes als factischen Innehabens gesprochen. Die l. 1. §. 15. D. si is, qui test. lib., welche den Besitzerwerb der hereditas jacens abhandelt, läßt dagegen keine Beziehung auf diese Stelle zu. Sollen nach letzterer alle Rechte durch die aditio hereditatis auf den Erben übergehen, so muß dies nothwendig, wie vom Eigenthum, so auch von dem Recht des juristischen Besitzes gelten, und daß dieses in Wirk-

§. 44.

Wir kommen jetzt zur Erörterung derjenigen rechtlichen Grundsätze, welche das Aufhören des juristischen Besitzes betreffen. Auch hier wird sich eben so wenig eine Schwierigkeit finden, wenn wir nur von dem richtigen Grundprincip ausgehen.

Es ist die bonae fidei possessio, jenes fingirte Eigenthum, worauf der Begriff des juristischen Besitzes sich beschränkt. Wie derselbe verloren werde, kann daher unmöglich zweifelhaft sein. Sehen wir nemlich ab von dem besonderen Grunde, wodurch dieses Recht, als ein bloß interimistisches, aufhört, indem es aufhören muß, wenn ein Mehrberechtigter gegen den bonae fidei pos-

---

lichkeit sich so verhalte, ist schon aus dem Umstande völlig gewiß, weil der Erbe jedesmal den Besitz fortsetzt, welchen der Erblasser bona fide angefangen hat. Es wird zudem in l. 30. pr. D. ex quib. caus. major. ausdrücklich erwähnt, daß für die Erben, welche die Usucapion des Erblassers fortsetzen, oft schon vor Antretung der Erbschaft die Usucapion vollendet werde: *quia possessio de„functi, quasi juncta, descendit ad heredem: et plerumque „nondum hereditate adita completur.*" Hat doch auch selbst v. Savigny den Besitz, welcher bona fide angefangen, für einen juristischen Besitz erklärt. — Die zweite Regel ist, wenn die Bedingungen des Erwerbes vorhanden sein, so werde durch juristische Gründe der Ungültigkeit der Besitz nicht ausgeschlossen. Darnach soll sogar eine strafbare Handlung, namentlich körperliche Gewalt, den Besitzerwerb nicht hindern. Indeß auch diese Regel ist für den juristischen Besitz völlig unentscheidend, sie betrifft bloß den Schutz durch Interdicte, indem durch diese auch ein nichtberechtigter factischer Innehaber geschützt werden kann. Der Satz, welcher sich in l. 22. D. de adqu. et am. poss. findet: „Non videtur possessio„nem adeptus is, qui ita nactus est, ut eam retinere non pos„sit" (Vergl. l. 4. §. 12. u. 26. D. de usurp. et usuc. l. 13. D. de V. S.) bezieht sich auf das *redire in potestatem domini.* Es muß die gestohlene Sache u. s. w. wieder auf eine rechtmäßige Weise in die Hände des früheren bonae fidei possessor gekommen sein, damit dieser von neuem die Usucapion anfangen könne. Kann sie ihm durch das interdictum unde vi wieder abgefordert werden, so ist eine Usucapion auf seiner Seite unmöglich.

sessor auftritt, so können für den Verlust des Besitzes nur diejenigen Gründe entscheiden, welche den Verlust des Eigenthums herbeiführen.

Deshalb hört der Besitz auf durch Dereliction [1]), sowie durch alle diejenigen Acte, wodurch wirkliches Eigenthum auf einen Anderen übertragen werden kann, und von diesen ist schon oben gesprochen worden [2]). Er hört ferner auf, wenn die Sache zu Grunde geht, oder eine res *extra commercium* wird. Denn es heißt ausdrücklich, daß ein Ort, wo die Beerdigung eines Todten geschehe (locus *religiosus*), dadurch aufhöre, in unserem Besitz zu sein [3]), daß auch eine res *sacra* nicht besessen werden konne [4]). Ebenso soll der Besitz verloren

---

1) Auf diese beziehen sich folgende Stellen: l. 25. pr. D. de adqu. et am. poss.: „Si id, quod possidemus, ita perdiderimus, *ut* „*ignoremus, ubi sit, desinimus possidere.*" — l. 30. §. 4. D. eod.: „*si aut nolimus.*" — l. 3. §. 13. D. eod.: „*Nam . . si-* „*mulatque . . vas ita exciderit, ut non inveniatur, protinus* „*desinere a nobis possideri*, licet a nullo possideatur." Hiervon ist aber der Fall wohl zu unterscheiden, wo eine Sache sich in unserer Gewahrsam befindet, welche wir nur nicht sogleich wiederfinden können (l. 3. §. 13. D. cit.). — l. 3. §. 6. D. hoc. tit.: „In amittenda quoque possessione affectio ejus, qui possidet, „intuenda est. Itaque si in fundo sis, *et tamen nolis eum* „*possidere, protinus amittes possessionem.* Igitur amitti et „animo solo potest, quamvis adquiri non potest." Ebenfalls gehört hierher l. 17. §. 1. D. hoc tit.; wenn hier aber in Betreff des Eigenthums etwas Anderes behauptet wird, so beruhet dies offenbar auf einer unrichtigen Annahme einzelner Juristen; l. 2. §. 1. D. pro derelict. §. 47. J. de rer. divis. l. 44. D. de adqu. rer. dom.

2) Es heißt: „*Et si alii tradiderim, amitto possessionem;*" l. 3. §. 9. D. de adqu. et am. poss.

3) „Possessionem amittimus multis modis, *veluti si mortuum in* „*eum locum intulimus*, quem possidebamus;" l. 30. §. 1. D. de adqu. et am. poss.

4) „Namque *locum religiosum aut sacrum non possumus possi-* „*dere*: etsi contemnamus religionem, et pro privato eum tenea- „mus: sicut hominem liberum;" l. 30. §. 1. D. cit. loc. Der

gehen, wo ein besessener fundus sich in Meeresgrund, oder in ein Flußbett verwandelt [5]). Ferner alsdann, wenn ein Thier sich verirrt oder entläuft [6]), wenn ein Sclave freigelassen [7]), oder die Sache, welche ich besaß, in eine neue *species* verwandelt wird [8]). Sowie außerdem angegeben ist, daß man den Besitz verliere, wenn der Prätor einem Dritten eine *missio damni infecti nomine* ertheilt habe, wobei jedoch nur an die ex secundo decreto zu denken ist [9]); oder wenn man in väterliche Gewalt komme [10]). Alle diese Fälle begründen zugleich den Verlust des Eigenthums; wir können daher wohl mit Zuverlässigkeit behaupten, daß auch in den sonstigen Fällen, wo

---

Besitz an einer res divini juris soll also ebenso unmöglich sein, als es undenkbar sei, einen freien Menschen zu besitzen. Der freie Mensch ist niemals Gegenstand des Verkehrs, aber es fehlt für ihn zugleich der Begriff der Sache, und deshalb kann um so weniger an ihm ein juristischer Besitz, oder ein Eigenthum gedacht werden.

5) „Labeo et Nerva filius responderunt, desinere me possidere „eum locum, *quem flumen aut mare occupaverit;*" l. 3. §. 17. D. de adqu. et am. poss. — „Item *quod mari aut flumine oc-„cupatum sit*, possidere nos desinimus;" l. 30. §. 3. D. eod.

6) „Nam pecus *simulatque aberraverit*, . . . protinus desinere „a nobis possideri;" l. 3. §. 13. D. de adqu. et am. poss. Der Besitz der wilden Thiere, der Fische, Vögel und Bienen wird von denselben Regeln abhängig gemacht (l. 3. §. 14—16. D. de adqu. et am. poss.), welche für das Eigenthum in Betracht kommen.

7) l. 30. §. 4. D. de adqu. et am. poss.: „*si servum puta ma-„numittamus.*"

8) „Item si, quod possidebam, *in aliam speciem translatum „est:* veluti vestimentum ex lana factum;" l. 30. §. 4. D. de adqu. et am. poss.

9) „Item cum Praetor idcirco *in possessionem ire jussit, quod „damni infecti non promittebatur*: possessionem invitum domi-„num amittere Labeo ait;" l. 30. §. 2. D. de adquir. et am. poss. Mit dem Worte dominus kann hier nur der frühere rechtliche Besitzer bezeichnet sein, welcher Ausdruck auch anderswo für denselben gebraucht wird, nicht also der wirkliche Eigenthümer.

10) „Aut *si is, qui possidet, in alterius potestatem pervenit;*" l. 30. §. 3. D. de adqu. et am. poss.

das Eigenthum aufhört, der Besitz ebenfalls aufhören müsse. Es bedurfte in der That keiner ausdrücklichen Wiederholung aller jener Gründe, da die Sache sich so ganz von selbst verstand [11].

Wie in eigener Person, so kann auch durch Stellvertreter der Besitz verloren werden, und in diesem Falle müssen wiederum ganz dieselben Bedingungen entscheiden, unter welchen das Eigenthum durch Repräsentanten verloren geht.

Die Sache ist gewiß sehr einfach; daß man aber dennoch die Bedeutung der Quellen so unrichtig verstanden hat, dazu konnte allerdings der Umstand veranlassen, daß bei diesen Regeln über die bonae fidei possessio auch von dem Besitz in einer anderen Bedeutung, wenn gleich nur gelegentlich, gesprochen wird. Dieselbe bonae fidei possessio nemlich, jedoch abgesehen von allem Recht, wird für die Usucapion als Bedingung vorausgesetzt, und dieses Factische der bonae fidei possessio, mithin auch die Usucapion, hört auf, sobald ein Dritter sich vi, clam, oder precario in den Besitz gesetzt hat, während das Rechtliche des Besitzes fortdauert, woher sich hier ebenso, wie bei dem Eigenthum, das Recht erklärt, die Sache von jedem injustus possessor abzufordern. Es hat also bloß das Factische der bonae fidei possessio aufgehört, weshalb von einem Verlust des juristischen Be-

11) Welche Fälle im Uebrigen hierher gehören, ergibt sich ganz von selbst. Wird hier von einem Verlust gesprochen, so ist nicht ein bloß factisches Innehaben, sondern das Recht selbst verloren, was der Besitzer bis dahin hatte. Aber unter Besitzer kann nur der bonae fidei possessor gemeint sein, da alle jene Gründe zugleich für das Aufhören des Eigenthums ausgezeichnet werden. Für Gefangene entscheidet auch hier das besondere Recht der captivi. Körperlich verlieren sie den Besitz, aber damit nicht das Recht des Besitzes, wenn sie nemlich aus feindlicher Gefangenschaft zurückkehren. Doch mußte in diesem Falle eine neue Besitznahme der früher besessenen Gegenstände geschehen, indem Niemand rechtlich besitzen kann, der selbst als Sache von einem Andern besessen wird, was aber eben so für das Eigenthum entscheidend ist. S. l. 23. §. 1. D. de adqu. et am. poss.

sitzes durchaus nicht die Rede sein kann [12]). Ein zweiter Umstand, welcher eben so leicht irre führen konnte, ist der, daß gelegentlich auch auf den Besitz Rücksicht genommen wird, welcher zu den Interdicten berechtigt. Sind gleich diese, wie oben gezeigt wurde, ursprünglich für den Eigenthümer und den bonae fidei possessor, zum Schutz ihres factischen Innehabens, gegeben, so mußten sie doch eine weitere Anwendung finden, und demnach ist hier von einem Besitz ganz anderer Art die Rede, indem auch der Nichtberechtigte als factischer Innehaber jenen Schutz erlangt [13]).

Nach dieser allgemeinen Erörterung wird für den Verlust des juristischen Besitzes ein doppelter Gesichtspunkt in Betracht kommen müssen.

§. 45.

Erstens: das Recht des bonae fidei possessor hört auf, sobald ein Mehrberechtigter, oder selbst der wirkliche Eigenthümer, gegen ihn auftritt.

Wir können uns hier um so kürzer fassen, als das Wesentliche schon oben dargelegt ist.

Nach der Fiction des Prätors Publicius wird der bonae fidei possessor als Eigenthümer behandelt, aber sobald der wirkliche Eigenthümer sein Recht nachweist, hört jene Fiction auf; dann ist der bonae fidei possessor nur noch ein bloß factischer Innehaber, und als solcher wird er die Sache mit allem Zubehör an den Berechtigten herausgeben müssen [1]).

Dasselbe gilt von den vorhandenen Früchten; an diesen konnte kein stärkeres Recht erlangt werden, als an der Sache

---

12) Vergl. l. 3. §. 9. D. de adqu. et am. poss. l. 3. §. 8. u. 18. l. 6. §. 1. l. 7. D. eod. l. 13. pr. l. 15. D. hoc tit.

13) Siehe l. ult. D. de adqu. et amitt. poss. l. 12. §. 1. l. 17. D. hoc tit.

1) Zu diesem gehören natürlich auch die Accessionen, welche in der Zwischenzeit der Hauptsache hinzugekommen sind, namentlich was durch alluvio dem Grundstücke angeschwemmt worden ist.

selbst, sie waren somit ebenfalls nur interimistisches Eigenthum, und darauf geht die Bezeichnung der Quellen: *interim fructus suos facere.* Wegen der consumirten und nicht percipirten Früchte kann aber niemals ein Ersatz von dem bonae fidei possessor gefordert werden, indem er stets als Eigenthümer handelte, auch nicht in einem obligatorischen Verhältnisse zu dem wirklichen Eigenthümer sich befand, welchem daher nur die Vindication freisteht. Allein für diese fehlt es hier durchaus an einem Objecte, denn durch die Consumtion hat alles Eigenthum aufgehört, und die nicht percipirten Früchte sind nie Gegenstand der Eigenthumsberechtigung gewesen. Es behält also der bonae fidei possessor jene consumirten Früchte nicht pro cultura et cura, noch ist für ihn von einem Erwerbe durch Consumtion die Rede [2]). Sehen wir von diesem ab, so ist der hier entscheidende Gesichtspunkt folgender. Mit dem Verschwinden jener Fiction, welches das Aufhören des prätorischen Eigenthums zur Folge hat, müssen auch alle diejenigen einzelnen Berechtigungen aufhören, welche Wirkungen dieses Eigenthums sind: der bonae fidei possessor behält demnach nicht länger das Recht der Disposition, des Fruchterwerbes, nicht Besitz und das Recht der Ausschließung. Aber zugleich verschwinden alle diejenigen Rechte, welche er bereits dritten Personen in Beziehung auf die bona fide besessene Sache eingeräumt hat [3]). Denn im Verhältniß zu dem wirklichen Eigenthümer oder einem sonstigen Mehrberechtigten ist der bonae

2) Diese Punkte sind schon oben genügend erörtert worden, bei dem Fruchterwerb des bonae fidei possessor.

3) Dahin gehören alle dinglichen Rechte, namentlich alle Servituten, das *jus in agro vectigali* oder die Emphyteuse, die *superficies*, das Pfandrecht, es mag die Verpfändung mit oder ohne Uebertragung des Besitzes geschehen sein; aber auch alle an Dritte ertheilten persönlichen Rechte, insofern sie die bona fide besessene Sache betreffen, müssen hierher gerechnet werden. Jedoch können diese sämmtlichen Berechtigten von dem bonae fidei possessor eine Entschädigung in Anspruch nehmen, da auch die dinglich Berechtigten sich in einem obligatorischen Verhältnisse zu dem Ertheiler befinden.

fidei possessor ein bloß factischer Innehaber, und als solcher kann er gar keine Rechte an dem fremden Eigenthum ertheilen. Dieser Satz wird gemeinhin durch die Regel ausgesprochen: *resoluto jure concedentis resolvitur jus ipsum*, und diese hat darin ihren Grund, daß der Eigenthümer Rechte Dritter nur anzuerkennen braucht, insofern er selbst obligatorisch verpflichtet ist [4]).

§. 46.

Zweitens: es hört die bonae fidei possessio durch alle diejenigen Gründe auf, aus welchen das Eigenthum selbst aufhört. Welcher Gesichtspunkt schon oben [1]) durch verschiedene Angaben der Quellen unterstützt wurde.

Die Darstellung, welche sich bei v. Savigny über den Verlust des Besitzes findet, ist im Wesentlichen ebenfalls auf jene Momente gerichtet; dennoch hat derselbe einen viel allgemeineren Gesichtspunkt geltend gemacht, und die Gründe dieser entgegengesetzten Theorie zu untersuchen wird jetzt unsere Aufgabe sein.

v. Savigny behauptet [2]): die Frage, wann der Besitz aufhöre, sei offenbar mit der nach der Fortdauer desselben völlig gleichbedeutend, da jeder Besitz genau so lange fortdauern müsse, als er nicht verloren werde. Weil der Besitz gedacht werde als physische Herrschaft, bezogen auf das Bewußtsein, so sei zu allem Erwerb zweierlei nöthig: ein körperliches Verhältniß und animus. Dasselbe müsse sich auch bei der Fortdauer wiederfinden, auch diese müsse auf derselben Verbindung beruhen, wie der Erwerb, sie müsse also ausgeschlossen sein, wenn die Verbindung aufgehoben sei, d. h. wenn entweder das Körperliche allein, oder der animus allein, oder beide zugleich aufhören. Diese Regel, welche überdies bei vielen Anwendungen, und auch bei einigen Ausnahmen vorausgesetzt werde, sei in einer Stelle sehr bestimmt

---

4) Die Bedeutung dieser Regel kann hier im Uebrigen als bekannt vorausgesetzt werden.

1) Nemlich im §. 44.

2) S. das Recht des Besitzes S. 29.

ausgesprochen, nemlich in l. 44. §. 2. D. de adquir. et am. poss. [3]). Damit scheine zwar die l. 153. D. de R. J., worin recht absichtlich eine allgemeine Regel aufgestellt werden solle, in geradem Widerspruch zu stehen, jedoch sei hier theils nach der Natur des Gegenstandes, theils deshalb, weil diese Stelle von Paulus herrühre, an einen Streit der alten Juristen gar nicht zu denken. Es wird demnach die erstere Stelle für die entscheidende angesehen, der Widerspruch der letzteren aber durch eine sehr mühsame Interpretation zu entfernen gesucht [4]).

Die einzelnen Anwendungen, worauf v. Savigny seine Behauptung basirt, können erst unten im Detail hinreichend gewürdigt werden, jedoch wird sich schon hier die Unhaltbarkeit jener Behauptung darthun lassen. Beim Verlust des juristischen Besitzes, der bonae fidei possessio, entscheiden offenbar dieselben Regeln, welche den Verlust des wirklichen Eigenthums betreffen. Eigenthum wird aber nur verloren, wenn beide Umstände, corpus und animus, aufgehoben werden, schon aus dem Grunde, weil für den neuen Erwerber jedenfalls beide Momente vereinigt vorhanden sein müssen. Zum Beweise dienen alle Erwerbarten ohne Unterschied, bei denen das Eigenthum von Einem auf den Anderen übertragen wird [5]). Es muß demnach auch für den

3) Wo jedoch nur gelegentlich von dem Verlust des Besitzes gesprochen wird.

4) Das Recht des Besitzes §. 30. Jene Interpretation ist der Hauptinhalt dieses §. 30. Indem nemlich die betreffende Stelle sagt, daß kein Besitz verloren werde, „*nisi utrumque in contrarium actum*,“ nimmt v. Savigny an, das *utrumque* sei hier gleichbedeutend mit *alterutrum* gebraucht. Er will dies durch verschiedene Citate beweisen, allein in keiner derselben hat *utrumque* jene Bedeutung. Und ließe sich auch eine Stelle der Art auffinden, so würde diese für unsern Fall doch immer nichts entscheiden, zumal den Römischen Juristen unmöglich daran gelegen sein konnte, durch einen höchst ungewöhnlichen Ausdruck offenbare Mißverständnisse zu veranlassen.

5) Es gehört also nicht bloß die traditio mit ihren voraufgegangenen justis causis hierher.

Besitz die allgemeine Regel gelten, er **hört erst dann auf**, **wenn beides zugleich**, *corpus* und *animus*, **verloren geht**, und diese Regel ist auf das Bestimmteste in den Quellen ausgesprochen.

l. 153. D. de R. J.

„Fere, quibuscunque modis obligamur, hisdem in contra-„rium actis liberamur: cum quibus modis adquirimus, „hisdem in contrarium actis amittimus. *Ut igitur nulla „possessio adquiri, nisi animo et corpore potest: ita „nulla amittitur, nisi in qua utrumque in contrarium „actum*".

Dasselbe enthält l. 8. D. de adqu. et am. poss.:

„*Quem admodum nulla possessio adquiri, nisi animo „et corpore potest: ita nulla amittitur, nisi in qua „utrumque in contrarium actum est*".

Also durch corpus allein kann weder Besitz noch Eigenthum verloren werden. Wer sich von seiner Sache entfernt, ohne einen Stellvertreter zurückzulassen, behält dennoch den Besitz, falls nur seine Absicht darauf gerichtet ist [6]). Ebenso wird der Besitz fortdauern, wenn die Sache nicht sogleich wiedergefunden werden kann, man müßte denn auch den animus aufgeben [7]).

---

6) Dieses enthält §. 5. J. de interd.: „Quinetiam *animo quoque „retineri possessionem placet*, id est, *ut quamvis neque ipse „sit in possessione neque ejus nomine alius, tamen si non de-„relinquendae possessionis animo, sed postea reversurus inde „discesserit, retinere possessionem videatur*." Dasselbe Resultat findet sich in l. 4. C. de adqu. et retin. poss. Vergl. l. 3. §. 7. l. 44. §. 1. l. 46. l. 6. §. 1. l. 3. §. 8. l. 27. D. de adqu. et am. poss. Es werden als Gegenstände, bei denen der Besitz solo animo erhalten wird, die *saltus aestivi* et *hiberni* erwähnt; l. 3. §. 11. D. de adqu. et am. poss. l. 1. §. 25. D. und. vi. l. 44. §. 2. D. de adqu. et am. poss. Er dauert ebenfalls fort, wenn der colonus sich von seinem Grundstücke entfernt, aber die Absicht hat, späterhin zurückzukehren; l. 31. D. de adqu. et am. poss.

7) l. 3. §. 13. D. de adqu. et am. poss.

Es reicht demnach die bloße Absicht hin, um den Besitz zu erhalten. Dies ist in den Quellen auf das Deutlichste ausgesprochen, und wenn sich zugleich das Gegentheil findet, so darf solches nur auf die Fälle bezogen werden, wo entweder, wegen Unmöglichkeit der physischen Herrschaft, auch die Absicht zu besitzen aufhören muß, oder wo man die physische Herrschaft aufgibt, weil man nicht länger besitzen will [8]).

8) Wie wenig die von Savigny angeführte Stelle (l. 44. §. 2. D. de adqu. et am. poss.) das Gegentheil beweise, wird sich schon ohne Weiteres ergeben. Es heißt nemlich in dem Zusammenhang, daß es einen Unterschied mache, ob man selbst, oder durch Stellvertreter besitze: „Nam ejus quidem, quod corpore nostro teneremus, possessionem amitti vel animo, vel etiam corpore, si „modo eo animo digressi inde fuissemus, ne possideremus.“ Also, was hier eigentlich nur hervorgehoben wird, wir verlieren den Besitz *corpore* (durch unsere eigene Handlung, im Gegensatz der Handlungen, welche von unseren Stellvertretern vorgenommen werden), wenn wir uns von der Sache entfernen, und zugleich den Besitz aufgeben. Es ist hierbei nur an die *derelictio* zu denken, und auch hier ist das corpus mit der Absicht, nicht länger zu besitzen, verbunden. Geht eine Sache körperlich zu Grunde, oder wird sie eine res extra commercium, oder in eine neue species verwandelt, kommt ein wildes Thier aus seiner Gewahrsam, verirren sich zahme Thiere, endlich legen zahmgemachte Thiere die Gewohnheit der Rückkehr ab, so ist der Besitz verloren. Ueberall mangelt die physische Möglichkeit, auf die Sache einzuwirken, aber es ist dennoch nicht jenes corpus allein, was den Verlust des Besitzes herbeiführt, sondern zugleich das Aufgeben des *animus*, was eine nothwendige Folge der erwähnten Umstände ist; es würde in der That thöricht sein, eine Sache länger besitzen zu wollen, welche man durchaus nicht mehr besitzen kann. — Eben dieses ist der Fall bei dem Aufhören des bloß factischen Innehabens. So wird der Eigenthümer keineswegs durch bloße Entfernung den Besitz, als das factische Innehaben der Sache, worauf er als Eigenthümer ein Recht hat, verlieren, sondern es muß zugleich eine vi dejectio u. s. w. erfolgt sein (l. 3. §. 8. 9. 18. D. de adqu. et am. poss. l. 6. §. 1. l. 15. D. eod.), welche auch die Absicht ausschließt, für jetzt die Sache factisch inne zu haben (vergl. l. 13. pr. D. eod.). Hieraus erklärt es sich, weshalb das Aufhören des factischen Innehabens in den Quellen mit dem Verlust des juris-

Aber eben so wenig wird durch animus allein Eigenthum oder juristischer Besitz verloren. Denn wer entfernt von seiner Sache sich aufhält, während er einen Stellvertreter zurückgelassen hat, bleibt nach wie vor Berechtigter, wenn er auch nicht länger besitzen will. Ebenso derjenige, welcher diese Absicht hat, und dennoch den Besitz nicht räumt. Zwar kann jene entgegengesetzte Absicht zugleich die physische Herrschaft ausschließen, und dann muß allerdings der Besitz verloren werden [9]). Sowie derselbe durch eine solche Absicht aufgehoben wird, wenn die Sache schon früher einem Dritten aus einem anderen rechtlichen Grunde übergeben war; indeß verschwinden auch hier in Wirklichkeit beide Momente.

Daß die Römer nur so den Verlust des Besitzes beurtheilten, wird ebenfalls die nachfolgende Untersuchung ergeben, bei welcher hauptsächlich diejenigen Gründe zu prüfen sind, worauf v. Savigny seine entgegengesetzte Behauptung basirt hat. Aber grade der gewöhnlichere Fall, wo nemlich der Besitz dadurch aufhört, daß er von Einem auf den Andern übertragen wird (*si quis vacuam tradit possessionem*) [10]), ist bei diesem Verfasser im Ganzen unberücksichtigt geblieben. Freilich

---

schen Besitzes in so genaue Verbindung gebracht wird. Das bloß Factische des Besitzes kann von dem Pupillen ohne Auctorität des Tutors verloren werden, nicht aber das Recht des Besitzes; l. 29. D. de adqu. et am. poss.

9) Es wird dies gemeinhin bei der derelictio der Fall sein. Vergl. l. 30. §. 4. D. de adqu. et am. poss. l. 3. §. 6. D. eod. Die bloße Absicht entscheidet hier durchaus nicht, auch kann diese in jedem Augenblick von Neuem reproducirt werden.

10) Besonders gehört hierher die *traditio*, welche für die Person des Uebertragenden den Verlust des juristischen Besitzes herbeiführt, so oft Kauf, Tausch, Schenkung als justae causae voraufgegangen sind. Aber nach denselben rechtlichen Grundsätzen ist die Uebertragung durch *solutio*, *litis aestimatio*, *adjudicatio* zu beurtheilen. Ebenfalls gehören hierher die Uebertragungen von Todes wegen durch Erbschaft, Vermächtniß, *mortis causa donatio* u. s. w.

konnte derselbe für jene Theorie von keinem Belange sein. Es soll nemlich nach v. Savigny die Fortdauer des Besitzes auf corpus und animus zugleich beruhen, welchemnach erörtert ist, einmal: wie durch äußere Begebenheit, und zweitens: wie durch animus der Besitz verloren werde. Zum Schluß werden dann noch einige Modificationen dieser Regeln bei der Fortsetzung des Besitzes durch Stellvertreter angegeben. Diese Punkte sind es, welche wir jetzt näher zu betrachten haben.

§. 47.

Durch corpus, behauptet v. Savigny, gehe der Besitz verloren, sobald die willkührliche Einwirkung auf die Sache ganz unmöglich werde; er dauere dagegen fort, wenn auch die physische Möglichkeit keine unmittelbare, gegenwärtige sei, indem es nur darauf ankomme, daß dieses Verhältniß unmittelbarer Herrschaft willkührlich reproducirt werden könne [1]).

Der Besitz einer beweglichen Sache werde demnach dadurch verloren, daß ein Anderer sich derselben bemächtige, einerlei, ob mit Gewalt oder heimlich [2]). Jedoch auch ohne die Einwirkung eines Anderen könne die Möglichkeit der unsrigen ausgeschlossen sein, wenn nemlich der Ort, an welchem die Sache sich befinde, uns entweder unzugänglich, oder unbekannt sei [3]).

---

1) S. das Recht des Besitzes §. 31.

2) Dabei wird hinzugefügt, ob der Andere den Besitz wirklich erworben habe, sei ganz gleichgültig; wenn z. B. ein fremder Sclave, ohne Befehl seines Herrn, eine Sache entwende, so erwerbe diesen Besitz weder der Sclave, noch der Herr, aber wir verlieren ihn dennoch, da uns die physische Möglichkeit, über die Sache zu verfügen, darum nicht weniger entzogen sei, weil kein Anderer das Recht des Besitzes habe. Anders verhalte es sich freilich, wenn der Sclave des Besitzers selbst die Sache stehle, aber hier gründe sich die Fortsetzung des Besitzes bloß darauf, daß der Dieb selbst, also vermittelst desselben auch die gestohlene Sache, in unserem Besitze sei.

3) Es wird dabei die Bemerkung hinzugefügt, wer eine Sache in

Bei zahmen Thieren höre nach dieser Regel der Besitz auf, wenn sie nicht wieder gefunden werden können, also wenn sie sich verirren; bei wilden, wenn sie aus unserer besonderen Gewahrsam entkommen, indem dieselben nur so lange besessen werden, als eine besondere Anstalt (custodia) vorhanden sei, die es uns möglich mache, sie wirklich zu ergreifen [4]). Endlich zahmgemachte Thiere seien den zahmen völlig gleich zu behandeln, solange sie zu dem Orte zurückkehren, an welchem der Besitzer sie aufbewahre (*donec consuetudinem revertendi habent*) [5]).

Bei unbeweglichen Sachen gelte dieselbe Regel, es werde also der Besitz eines Grundstückes verloren durch jede Handlung

---

seinem Hause aufbewahre, oder einen Schatz im Felde vergrabe, verliere den Besitz nicht, wenn er auch die Sache nicht sogleich finden könne: denn die besondere Anstalt, die zu ihrer Aufbewahrung getroffen (custodia), sichere ihm das Finden für die Zukunft. Also der Besitzer müsse entweder bestimmt den Ort wissen, wo seine Sache sich befinde, oder sie in einer besonderen custodia haben: allgemeine Bedingung zur Fortdauer des Besitzes sei die custodia nicht, und wer z. B. eine Sache im Walde liegen lasse, und sich nachher bestimmt derselben erinnere, habe ihren Besitz durchaus nicht verloren.

4) Also sei hier nicht jede custodia überhaupt hinreichend, wer z. B. wilde Thiere in einem Park halte, oder Fische in einem See, habe allerdings alles gethan, um sie aufzubewahren, aber es hänge nicht von seinem Willen, sondern von vielen Zufällen ab, ob er sie wirklich fange, wenn er wolle, folglich sei hier der Besitz nicht erhalten: ganz anders, wenn Fische in einem Fischkasten, oder andere Thiere in einem Zwinger eingeschlossen seien, weil sie nun in jedem Augenblick ergriffen werden können. — Hier, sagt v. Savigny, sei der einzige Fall, in welchem der Verlust des Besitzes zugleich den Verlust des Eigenthums zur Folge habe, so daß das Eine für das Andere gesetzt werden könne.

5) Die Sclaven konnten in der That nur nach der Analogie der Thiere beurtheilt werden. Jedoch sind sie vernünftige Wesen, und daher wird der Besitz an Sclaven erhalten, so lange dieselben den *animus revertendi* haben; l. 47. D. de adqu. et am. poss. Bei den flüchtigen Sclaven wird indeß ebenfalls der Besitz als fortdauernd angesehen; l. 13. pr. l. 15. D. de adqu. et am. poss. l. 15. §. 1. D. de usurp. et usuc.

welche dem bisherigen Besitzer die Einwirkung auf die Sache unmöglich mache. Eine solche Handlung könne erstens darin liegen, daß der Besitzer in dem Grundstück als Sclave behandelt oder eingesperrt werde, zweitens darin, daß dem Besitzer die Gegenwart in dem Grundstück unmöglich gemacht werde (*dejectio*). Ob in diesem Falle der, welcher die Gegenwart hindere, selbst besitzen, oder bloß den fremden Besitz aufheben wolle, sei völlig gleichbedeutend. Mehr Schwierigkeit habe die Frage, ob auch dann der Besitz verloren sei, wenn der Besitzer nicht wirklich herausgeworfen, sondern aus Furcht das Grundstück vorher verlasse [6]): indem einige Stellen dafür, andere aber dagegen sein. Diesen Widerspruch sucht v. Savigny dadurch zu entfernen, daß er annimmt, es werde in den Stellen der letzten Classe gar nicht von der Fortdauer des Besitzes gesprochen, sondern nur die dejectio geleugnet: das interdictum de vi also solle hier nicht begründet sein. In allen Fällen aber sei es ganz einerlei, wodurch die Gegenwart in dem Grundstücke unmöglich gemacht, ob der Besitzer in der That herausgeworfen, oder ob er nur hineinzugehen gehindert werde. Dagegen dauere der Besitz fort, so lange die Möglichkeit willkührlicher Einwirkung nicht aufgehoben werde, und stete körperliche Gegenwart des Besitzers, die in den meisten Fällen sogar unmöglich, sei dazu durchaus nicht nöthig. Dieser Satz müsse als bloße Folge aus der allgemeinen Regel der Fortdauer, durchaus nicht als Ausnahme dieser Regel betrachtet werden. Denn durch die bloße Abwesenheit des Besitzers werde die physische Möglichkeit willkührlicher Behandlung zwar in eine entferntere Möglichkeit verwandelt, aber nicht überhaupt aufgehoben. Trete nun zu dieser Abwesenheit noch etwas anderes hinzu, was jene Möglichkeit in der That aufhebe, so müßte eigentlich der Verlust des Besitzes allgemein behauptet werden. Indeß solle hier durch

---

6) Auf das wirkliche Eingehen von Seiten des Störers komme es jedoch hier, wie überall, nicht an, sondern nur auf die unmittelbare Gegenwart.

eine merkwürdige Ausnahme der bisherige Besitz so lange noch fortdauere, als der vorige Besitzer von jenem Ereigniß keine Nachricht habe. Wenn daher in Abwesenheit des Besitzers eine Occupation geschehe, so sei hiedurch noch kein Besitz erworben, also auch keine clandestina possessio [7]). Erfahre der vorige Besitzer die Occupation, so setze er entweder mit Gewalt seinen Besitz durch, dann sei der Besitz eigentlich nie verloren gewesen, oder er werde mit Gewalt zurückgewiesen [8]), dann habe der Andere von diesem Augenblick an eine violenta possessio, oder endlich der frühere Besitzer unterlasse es, seinen Besitz zu behaupten, und zwar nicht aus Furcht, in diesem Fall sei der Besitz nicht corpore, sondern animo verloren. Daß die Wissenschaft des Besitzers erfordert werde, dies erkläre sich daher, weil immer eine neue Bestimmung seines Bewußtseins vorkommen müsse, wenn der Besitz verloren sein solle, welches nach der bloßen Regel des Verlustes, also bei beweglichen Sachen, bei welchen diese Regel rein angewendet werde, keinesweges behauptet werden könne.

Dabei glaubt v. Savigny die Zeit genauer bestimmen zu müssen, in welcher jener Satz bei den Römern Eingang gefunden habe. Er nimmt an, Labeo sei noch von dem Gegentheil ausgegangen; Celsus, Neratius und Pomponius erwähnen zwar dieses Satzes, aber so, daß er wahrscheinlich zu ihrer Zeit weder ganz in derselben Ausdehnung, noch von allen Ju-

7) Dagegen würde sich l. 6. §. 1. D. de adquir. et am. poss. anführen lassen. „Qui ad nundinas profectus, neminem reliquerit, et dum ille a nundinis redit, aliquis occupaverit possessionem, *videri eum clam possidere*, Labeo ait." Allein diese Annahme wird durch die folgenden Worte dahin berichtigt, daß eine vi possessio, welche hier nur gedacht werden könne, immer erst vorhanden sei, wenn der Innehaber den zurückkehrenden Eigenthümer von seiner Sache abhalte (*si revertentem dominum non admiserit*").

8) Dabei sei es ganz gleichgültig, ob die Gewaltthätigkeit wirklich vorfalle, oder ob sie aus Furcht vermieden werde, nur müsse diese Furcht gegründet sein, d. h. es müsse wirklich eine Occupation existiren, worauf sie sich beziehe.

risten als entschiedene Regel könne betrachtet worden sein; dagegen werde derselbe von Papinian, Paulus und Ulpian als unzweifelhafte Regel behandelt. — Dieses Letztere würde jedoch schon aus dem Grunde nichts entscheiden, weil jene Ansichten für das neueste justinianeische Recht auf gleiche Weise practisch bedeutsam sein sollen.

Was die Sache selbst anlangt, so behaupten wir, daß niemals, mithin eben so wenig in den Fällen, welche v. Savigny ausgezeichnet hat, der Besitz solo corpore verloren werde. Wird die willkührliche Einwirkung ganz unmöglich, so muß auch der animus aufhören, indem es thöricht sein würde, etwas zu wollen, was durchaus unmöglich ist.

§. 48.

Zuvörderst ist es klar, daß die bloße Entfernung von der Sache den Besitz nicht aufheben könne, weder das factische Innehaben noch das Recht des Besitzes [1]). Es macht hierbei keinen Unterschied, ob der Berechtigte einen Stellvertreter zurückgelassen hat, oder nicht. Auch im letztern Falle dauert der Besitz fort, weil derselbe schon *solo animo* erhalten wird.

Bei beweglichen Sachen kann der juristische Besitz, die bonae fidei possessio, nur in den von Savigny zuletzt genannten Fällen aufhören, und diese sind insgesammt solche Gründe, wodurch ebenfalls das wirkliche Eigenthum aufhört. Demnach wird die bonae fidei possessio verloren sein, wenn uns der Ort, wo sich die Sache befindet, entweder unzugänglich [2]), oder un-

---

1) Allgemein, jedoch nur in Betreff der beweglichen Sachen, sagt dies l. 3. §. 13. D. de adqu. et am. poss.: „Nerva filius res „mobiles, excepto homine, quatenus sub custodia nostra sint, „hactenus possideri: idem *quatenus, si velimus, naturalem* „*possessionem nancisci possimus.*" Die Regel bezieht sich aber ebenso auf unbewegliche Gegenstände.

2) l. 13. pr. D. de adqu. et am. poss.: „Pomponius refert, cum „lapides in Tiberim demersi essent naufragio, et post tempus „extracti: an dominium in integro fuit per id tempus, quo „erant demersi? *Ego dominium me retinere puto, posses-*

bekannt ist [3]). — Wir müßten denn dieselbe noch in unserer Gewahrsam haben, und sie nur nicht sogleich wiederfinden können [4]). — Und das hier entscheidende Moment ist offenbar die *derelictio.* Denn die Unmöglichkeit der willkührlichen Einwirkung wird ebenso durch unsere Entfernung von der Sache her-

———

„*sionem non puto.*" Sofern in dieser Stelle unter *possessio* nicht das bloß factische Innehaben, sondern das Recht des Besitzes (bonae fidei possessio) gemeint ist, muß es auffallen, wenn von diesem rücksichtlich des Verlustes ein Anderes gelten soll, als für das Eigenthum. Allein, wie auch schon oben (im §. 44. Not. 1.) bemerkt ist, nach anderen hierher gehörigen Stellen wird ebenso das Eigenthum in diesem Falle für verloren erachtet. Dabei versteht es sich jedoch von selbst, daß ein vorübergehendes Hinderniß weder den juristischen Besitz, noch das Eigenthum aufheben könne.

3) Dieses wird nemlich in l. 25. pr. D. de adqu. et am. poss. ganz bestimmt angegeben: „Si id, quod possidemus, *ita perdideri-* „*mus, ut ignoremus, ubi sit: desinimus possidere.*" Anwendungen dieser Regel enthält l. 3. §. 13. D. eod.

4) Diese Bemerkung ist in l. 3. §. 13. D. de adquir. et am. poss. und in l. 44. pr. D. eod. ausdrücklich angegeben, und dabei bestimmt, daß in diesem Falle der Besitz nicht aufgehört habe. Die erstere Stelle spricht allgemein von Sachen, welche sich noch in unserer *custodia* befinden, die letztere von Geld, was Jemand bei seiner Abreise unter die Erdoberfläche verborgen hat. In diesem Verbergen liegt eine custodia, und deshalb wird die Sache dahin entschieden, daß das jus possessionis nicht aufgehört habe, wenn man sich bei seiner Rückkehr des Ortes auch nicht sogleich erinnere. Jedoch kann in diesem, wie in andern Fällen, eben so leicht für das Gegentheil entschieden werden, wenn nemlich, aller Sorgfalt und Mühe ungeachtet, der Schatz oder ein sonstiges Object nicht wiedergefunden werden kann; in diesem Sinne scheint l. 47. D. de adqu. et am. poss. verstanden werden zu müssen, wenn gesagt wird: „*rerum mobilium neglecta atque omissa custodia,* „*quamvis eas nemo alius invaserit, veteris possessionis dam-* „*num afferre consuevit:* idque Nerva filius libris de usucapio- „nibus retulit." Die allgemeine Bedingung zur Fortdauer des Besitzes ist, daß das Object sich entweder noch in unserer Gewahrsam (custodia) befinde, oder daß wir doch im Stande sind, den factischen Besitz wieder zu erlangen; l. 3. §. 13. D. de adqu. et am. poss.

beigeführt, wie sie vorhanden ist, wenn wir die Sache nicht sogleich wiederfinden können. Es muß also nothwendig die Absicht nicht länger zu besitzen, welche wesentliche Bedingung jeder derelictio ist, hinzukommen, und diese kann jedenfalls angenommen werden, wo das Verhältniß der physischen Herrschaft sich auf keine Weise herstellen läßt.

Was v. Savigny von den Thieren angibt, betrifft ebenfalls nur die bonae fidei possessio und das wirkliche Eigenthum. Bei zahmen Thieren hört das Recht auf, wenn sie nicht wiedergefunden werden können, aus dem sehr natürlichen Grunde, weil hiedurch sowohl die physische Einwirkung, als der animus dominii ausgeschlossen werden. Ist es dagegen noch möglich, daß man sie wiedererlange, so wird auch der juristische Besitz, oder das Eigenthum erhalten bleiben [5]).

Bei wilden Thieren muß jede Berechtigung an denselben aufhören, sobald sie unserer Gewahrsam entkommen [6]). Aber der Grund dieses Aufhörens ist nicht allein der, daß uns das wirkliche Ergreifen unmöglich geworden, sondern weil auch die Absicht zu besitzen vernünftigerweise aufgegeben werden mußte. Eben weil diese beiden Momente fehlen, besitzen wir nicht mehr das Wild, was in eingehegten Wäldern sich befindet, noch die Fische, die in größeren Gewässern sich aufhalten. Wohl aber besitzen wir das Wild, was in einem Zwinger eingeschlossen ist, die Fische, welche in einem Fischkasten bewahrt werden, denn hier

---

5) Dieses enthält für den juristischen Besitz l. 3. §. 13. D. de adquir. et am. poss. Ueber das Eigenthum s. l. 5. §. 6. D. de adqu. rer. dom. l. 44. D. eod. Ein Verirren der zahmen Thiere, so daß sie nicht wiedererlangt werden können, ist in beiden Fällen die nothwendige Bedingung. Daher hört das Eigenthum nicht auf, wenn gleich unsere Gänse und Hühner so in die Flucht gejagt sind, daß wir nicht wissen, wo sie sich befinden, selbst dann nicht, wenn ein Dritter sie in der Absicht des Gewinnes ergriffen haben sollte.

6) Vom Eigenthum sagen dies §. 12. J. de rer. div. l. 3. §. 2. l. 5. pr. D. de adqu. rer. dom.

ist jede beliebige Einwirkung möglich, mithin auch die Absicht zu besitzen rechtlich gedenkbar [7]).

Endlich zahmgemachte Thiere können den zahmen nur so lange gleichgestellt werden, als wirklich die Möglichkeit der physischen Einwirkung, verbunden mit der Absicht sie zu besitzen, vorhanden ist. Wir hören auf, an denselben Eigenthum oder juristischen Besitz zu haben, sobald beides ausgeschlossen wird, und dies ist der Fall, wenn sie die Gewohnheit der Rückkehr ablegen. Tauben, welche zu unserer Wohnung zurückkehren, Bienen, welche in ihre gewohnten Körbe zurückeilen, können daher, gleich zahmen Thieren, von uns besessen werden [8]).

In allen bis jetzt erwähnten Fällen steht der Verlust des juristischen Besitzes dem Verlust des Eigenthums völlig gleich, und diese Gleichstellung der bonae fidei possessio mit dem wirklichen Eigenthum ist durch die ganze Darstellung nachgewiesen worden; aber es ist zugleich unzweifelhaft gewiß, daß in diesen Fällen nicht von dem Aufhören eines bloß factischen Innehabens die Rede sei: ein Beweis mehr, daß unter juristischem Besitz in den Quellen kein rechtloses Innehaben verstanden werde.

Wir kommen nun zu dem von Savigny zuerst genannten Fall, welchen jener Verfasser aus dem Grunde vorangestellt

---

7) „Item feras bestias, quas vivariis incluserimus, et pisces, quos „in piscinas conjecerimus, a nobis possideri. Sed eos pisces, „qui in stagno sint, aut feras, quae in silvis circumseptis va„gantur, a nobis non possideri: quoniam relictae sint in liber„tate naturali: alioquin etiam si quis silvam emerit, videri eum „omnes feras possidere: quod falsum est;" l. 3. §. 14. D. de adqu. et am. poss. — „Aves autem possidemus, quas inclusas „habemus;" l. 3. §. 15. D. eod.

8) „Aut si quae mansuefactae, custodiae nostrae subjectae sunt „(eas possidemus): l. 3. §. 15. D. de adquir. et amitt. poss. „Quidam recte putant, columbas quoque, quae ab aedificiis no„stris volant, item apes, quae ex nostris alveis evolant, et se„cundum consuetudinem redeunt, eas a nobis possideri:" l. 3. §. 16. D. eod. Rücksichtlich des Eigenthums enthalten dasselbe: §. 14. u. 15. J. de rer. div. l. 4. l. 5. D. de adqu. rer. dom.

zu haben scheint, weil er mehr als die übrigen seiner Annahme günstig ist. Der Besitz einer beweglichen Sache soll dadurch verloren werden, daß ein Anderer sich derselben, einerlei, ob mit Gewalt oder heimlich, bemächtigt [9]). Dieser Fall gehört aber in unsere Darstellung ganz und gar nicht, er wird auch in den Quellen nur sehr gelegentlich berührt. Es ist hier allerdings von einem Aufhören des Besitzes die Rede, allein was aufhört, ist nicht ein jus possessionis, sondern ein jus possidendi. Durch die heimliche oder gewaltsame Bemächtigung einer Sache hört nur das factische Innehaben auf, worauf besonders der Eigenthümer und der bonae fidei possessor ein Recht haben. Daß hier kein Recht aufhöre, geht grade daraus am sichersten hervor, daß der Eigenthümer den entzogenen Besitz durch eine Klage, und selbst durch die rei vindicatio wieder erlangen kann. Es ist demnach von einem Verlust des Besitzes in einem ganz anderen Sinne die Rede, und die Bedingungen, woran dieses Aufhören geknüpft ist, sind nicht von so verschiedener Art. Man muß die bewegliche Sache durch Raub oder Diebstahl verloren haben, und beide Vergehungen werden dem Eigenthümer die Möglichkeit der physischen Einwirkung entziehen, ihn nöthigen, wenigstens für jetzt die Absicht aufzugeben, die Sache zu besitzen, welche er als Eigenthümer zurückzufordern ein Recht hat.

v. Savigny sagt bei dieser Gelegenheit, ob der Andere den Besitz wirklich erworben habe, sei ganz gleichgültig. Von einem Erwerb des Besitzes kann hier jedoch niemals die Rede sein, denn der Dieb, der Räuber sind nur unrechtmäßige, factische Innehaber der Sache. Wir verlieren aber die physische Möglichkeit, über die Sache zu verfügen, gleichfalls, wenn ein fremder Sclave ohne Befehl seines Herrn unsere Sache entwen-

---

9) Dieser Satz ist in l. 15. D. de adqu. et am. poss. enthalten: „Rem, quae nobis subrepta est, perinde intelligimur desinere „possidere, atque eam, quae vi nobis erepta est.“

det [10]). Stiehlt der eigne Sclave des Besitzers, so wird jene physische Möglichkeit nicht entzogen, weil, wie der Dieb, so auch die von ihm gestohlene Sache nur in unserem Besitze sein kann, und wir überdies Alles erwerben, was unser Sclave erlangt [11]). Es wäre selbst völlig unmöglich, auf einem besonderen Rechtswege die entwendete Sache zurückzufordern.

Bei unbeweglichen Gegenständen soll nach v. Savigny ganz dieselbe Regel entscheiden. Er sagt, werde der Besitzer in dem Grundstücke als Sclave behandelt oder eingesperrt (was gewiß sehr selten vorkommt), so höre aller Besitz auf. Indeß diese Handlung ist eine vi dejectio [12]), es kann daher immer nur von einem Aufhören des factischen Innehabens die Rede sein. Der Eigenthümer hat das Recht der rei vindicatio, aber er wird ebenso possessorisch auf Restitution des Besitzes klagen können. Nicht von anderer Art ist der zweite Fall, wenn nemlich dem Besitzer die Gegenwart in dem Grundstücke unmöglich gemacht wird. Die weitere Ausführung, welche sich bei v. Savigny über diesen Punkt findet, betrifft lediglich die vi dejectio [13]).

Die Hauptfrage war, ob auch dann der Besitz verloren sei, wenn der Besitzer nicht wirklich herausgeworfen, sondern aus

10) Als Dieb kommt hier nur der Sclave in Betracht. Der Herr erlangt die justa possessio, selbst wenn er nichts davon weiß, ihm wird aber keine corporalis possessio erworben, weil hier überall nicht von einem Erwerbe die Rede sein kann („*ignoranti tibi non* „*corporalem possessionem, sed justam adquirere potest*"); l. 24. D. de adqu. et am. poss.

11) l. 15. D. de adqu. et am. poss.

12) l. 1. §. 47. D. und. vi. „Quid dicturi essemus, si aliquo „possidente ego quoque ingressus sum in possessionem, et non „dejiciam possessorem, sed vinctum opus facere cogam? quatenus res, inquit esset? Ego verius puto, *eum quoque dejec-* „*tum videri, qui illic vinctus est.*" — Paul. R. S. V, 6, 6.

13) Es gehört jedoch nicht zur vi dejectio, daß auch der dejiciens sich selbst in den Besitz setze (vi possessio). Nur dies enthält l. 4 §. 22. D. de usurp. et usuc., wovon schon oben.

Furcht das Grundstück vorher verlasse: welche Frage aber ebenfalls nur für die vi dejectio eine Bedeutung haben kann. Nach den vorhandenen Quellenzeugnissen läßt sich dieselbe leicht dahin beantworten, daß eine vi dejectio allerdings angenommen werden müsse, wenn der Besitzer wegen gegründeter Furcht das Grundstück verläßt, wenn er mithin einer Gewalt ausweicht, welcher er zu widerstehen außer Stande ist, nicht also, wenn er schon aus bloßer ängstlicher Besorgniß, herausgeworfen werden zu können, jedes Zusammenkommen zu vermeiden sucht [14]).

v. Savigny gelangt zu dem allgemeinen Resultat, es komme nur darauf an, daß die Gegenwart in dem Grundstücke

---

14) Auf diese Weise scheint mir der Widerspruch am besten zu verschwinden, welchen v. Savigny in den hierher gehörigen Quellenzeugnissen gefunden hat. In einigen Stellen wird jedoch die Sache nur gelegentlich behandelt, oder nur berührt. Der Begriff einer gegenwärtigen und zukünftigen Gefahr ist hier aber nicht erheblich, und selbst unbestimmt. Einige Juristen gingen davon aus, daß eine *vis* nicht ohne körperliche Gewalt im eigentlichen Sinne verübt werden könne. So heißt es in l. 1. §. 29. D. unde vi: „Pomponius ait, vim sine corporali vi locum non habere." Diesen Fall hatte gewiß auch der Prätor bei Aufstellung des interdictum unde vi nur allein vor Augen. Aber die Interpretation mußte verständigerweise jene *vis* in einem erweiterten Sinne anwenden, und daß dieses geschehen sei, ist außer allem Zweifel. — Am deutlichsten sind §. 6. u. 7. der l. 3. D. und. vi. Nach diesen geschieht keine vi dejectio, wenn Jemand die Flucht ergreift beim Anblick bewaffneter Leute, welche gar nicht die Absicht haben, sich des Grundstückes zu bemächtigen, sondern ganz anderswohin trachten: ebenso, wenn der Besitzer flieht, während er Bewaffnete ankommen hört, oder diese zu hören glaubt. Dasselbe ist in l. 9. pr. D. quod met. enthalten. Die Furcht ist eine gegründete, wenn Dritte den Besitz bereits eingenommen haben, und nun der Besitzer aus Furcht, daß er der Gewalt nicht widerstehen könne, die Flucht ergreift, nach l. 1. §. 29. D. und. vi. l. 33. §. 2. D. de usurp. et usuc. l. 9. pr. D. quod met. Paul. R. S. V, 6, 4. In allen diesen Stellen nemlich wird auf gleiche Weise das *ingredi* fundum auf Seiten des Gegners bei dem Fluchtergreifen des Besitzers hervorgehoben.

unmöglich gemacht werde, auf welche Weise dieses geschehe, sei gleichgültig, es möge der Besitzer in der That herausgeworfen, oder bloß hineinzugehen gehindert werden [15]). — Freilich ist bei jeder vi dejectio die Unmöglichkeit der willkührlichen Einwirkung ein wesentlicher Umstand, aber eben so nothwendig kommt es darauf an, daß die Absicht zu besitzen aufgegeben werde. Dies Letztere wird häufig eine nothwendige Folge von dem Ersteren sein; dasselbe kann indeß auch geschehen, wenn die physische Herrschaft noch nicht ausgeschlossen ist. Weicht nemlich der Besitzer in gegründeter Furcht von seinem Grundstücke, für welchen Fall nach den Quellen ebenfalls eine vi dejectio vorhanden sein soll, so faßt er offenbar die Absicht nicht länger zu besitzen, ohne daß eine körperliche Handlung vorangegangen wäre. Aber durch jene Absicht muß nothwendig auch die Möglichkeit der willkührlichen Einwirkung aufhören.

Dabei ist es völlig richtig, daß stete körperliche Gegenwart des Besitzers, die in den meisten Fällen sogar unmöglich, zur Erhaltung des Besitzes an Grundstücken nicht nothwendig sei [16]). Aber dieses ist nur aus dem Grunde wahr, weil der Besitz auch solo animo erhalten werden kann.

Aus dem von uns aufgestellten und durch die Quellen bewiesenen Grundsatze, wonach kein Besitz aufhört, falls nicht corpus und animus zugleich aufhören, erklärt sich höchst einfach auch ein Umstand, der unserem Gegner die größte Schwierigkeit gemacht hat, und von demselben für eine sehr merkwürdige Ausnahme bei unbeweglichen Gegenständen gehalten wird. Ist

15) l. 1. §. 24. D. und. vi: „si quis de agro suo, vel de domo „processisset nemine suorum relicto, mox revertens, *prohibitus* „*sit ingredi vel ipsum praedium, vel si quis eum in medio* „*itinere detinuerit et ipse possederit, vi dejectus videtur*;" vergl. auch l. 3. §. 8. D. und. vi. Paul. R. S. V, 6, 6.

16) Dies bezieht sich jedoch nicht bloß auf die *saltus hiberni et aestivi*, wovon allein in l. 3. §. 11. D. de adqu. et am. poss. und in l. 1. §. 25. D. und. vi (den von Savigny angeführten Stellen) die Rede ist.

Jemand von seinem Grundstücke abwesend, und wird während dessen dasselbe von einem Andern occupirt, so hört damit der Besitz, das factische Innehaben, noch nicht auf, vielmehr muß der Besitzer erst Nachricht von jener Occupation erhalten [17]). Hier gilt also etwas Anderes, als bei beweglichen Sachen; aber der Grund, weshalb sich dieses durch Interpretation feststellte, ist leicht einzusehen. Nemlich bei Grundstücken (anders, als bei beweglichen Sachen, die entwendet oder geraubt worden) ist dem abwesenden Besitzer der Ort, wo die Sache sich befindet, niemals unbekannt, somit die physische Einwirkung noch nicht durch die fremde Besitznahme absolut unmöglich. Daß er die Absicht zu besitzen aufgeben werde, läßt sich daher keinesweges annehmen, viel weniger, daß er sie schon aufgegeben habe, wo ihm die Occupation noch völlig unbekannt war [18]). Die physische Möglichkeit, auf die Sache einzuwirken, ist allerdings entzogen, und zwar bis zur Rückkehr des Besitzers heimlicherweise (clam), aber dennoch dauert sein Besitz fort, bis er wirklich desselben entsetzt ist, weil dann erst seine Absicht zu besitzen aufhört [19]). Es gilt hier grade die Regel, während bei

17) Daß hierüber der Zeit nach unter den Römischen Juristen verschiedene Ansichten geherrscht haben, glaube ich nicht mit v. Savigny annehmen zu müssen, wenn gleich unter den Römischen Juristen abweichende Ansichten vertheidigt wurden. Aus den vorhandenen Quellenzeugnissen kann dieses am wenigsten mit Zuverlässigkeit abgeleitet werden.

18) Die Sache findet sich in l. 46. D. de adquir. et amitt. poss.: „Quamvis saltus proposito possidendi fuerit alius ingressus, „*tamdiu priorem possidere dictum est, quamdiu possessionem* „*ab alio occupatam ignoraret.*" Daß der Besitz hier *solo animo* erhalten bleibe, erhellt aus l. 3. §. 7. D. eod.: „*Si solo animo* „*possideas*, licet alius in fundo sit, *adhuc tamen possides.*" Das *animo possidere* nemlich kann nicht aufgehoben sein, da die Besitznahme keine vi possessio ist. Eben so sehr wird das *solo animo possidere* in l. 25. §. 2. D. hoc tit. hervorgehoben.

19) l. 6. §. 1. D. de adqu. et am. poss.: „Qui ad nundinas pro- „fectus neminem reliquerit, et dum ille a nundinis redit, ali- „quis occupaverit possessionem, videri eum clam possidere La-

beweglichen Gegenständen die Ausnahme gilt; schon aus dem Grunde, weil man nicht weiß, wo sich die gestohlenen beweglichen Sachen befinden, kann vernünftigerweise die Absicht zu besitzen nicht länger angenommen werden, und eine Folge ist, daß der Besitz sofort verloren sein müsse.

Jene Regel in Betreff der Grundstücke ist für die Anwendung von größter Bedeutsamkeit. Denn gelingt es dem Besitzer, nach seiner Rückkehr, die physische Herrschaft über das occupirte Grundstück wieder zu erlangen, so bleibt ihm der Besitz, welcher bis dahin solo animo fortdauerte, auch für die Zukunft erhalten [20]). Wird er aber zu seiner Sache nicht zugelassen, so geschieht hierdurch eine vi dejectio [21]), und erst von diesem Augen-

„beo scribit. *Retinet ergo possessionem is qui ad nundinas „abiit. Unde si revertentem dominum non admiserit, vi in-„telligitur possidere, non clam.*" Hierher gehört auch l. 18. §. 3. D. eod.: Si dum in aliqua parte fundi sum, alius quis „clam animo possessoris intraverit: *non illico possidere exis-„timandus sum.*" Endlich dient nicht anders l. 25. §. 2. D. eod. zum Beweise: „Quod autem solo animo possidemus, quaeritur, „utrumne usque eo possidemus, donec alius corpore ingressus „sit, ut potior sit illius corporalis possessio? (Aus dieser Bezeichnung geht zugleich deutlich hervor, daß nur von einem Aufhören des körperlichen Innehabens, nicht vom Verlust des jus possessionis die Rede sei) *an vero, quod magis probatur, usque eo „possideamus, donec revertentes nos aliquis repellat.*" Der Jurist ist also der letzteren Meinung. — Vergleichen wir diese Stellen, so erhellt, daß die Römischen Juristen zweifelhaft waren, ob das Grundstück nicht wenigstens *clam* besessen werde. Allein es ist zugleich gewiß, daß das Gegentheil, und zwar aus entschiedenen Gründen, die geltende Ansicht gewesen sei, und deshalb hat die Sache für das neueste Römische Recht durchaus kein Bedenken.

20) Selbst Gewalt des Besitzers war hier nicht ausgeschlossen, schon aus dem Grunde nicht, weil jeder mit allem Recht seinen Besitz vertheidigen kann. Darauf gehen in l. 18. §. 3. D. de adqu. et am. poss. die Worte: „*facile expulsurus finibus, simul atque „sciero.*" Vergl. l. 17. D. und. vi.

21) l. 6. §. 1. D. de adqu. et am. poss.: „*Unde si revertentem „dominum non admiserit, vi intelligitur possidere.*" Das *non*

blicke an ist der Besitz verloren, weil nun corpus und animus zugleich fehlen. Dasselbe muß der Fall sein, wenn der Besitzer ganz unterläßt seinen Besitz zu behaupten, und zwar aus gegründeter Furcht, daß er der Gewalt nicht widerstehen werde [22]). Giebt er aber den Besitz absichtlich auf, so fängt hierdurch für den Occupirenden ein neuer Besitz an, und dieser wird keine vitiosa possessio sein, so wenig eine solche vorhanden ist, wenn man vacuam possessionem einräumt. Jedoch wird im vorliegenden Falle immer nur der factische Besitz übertragen [23]).

§. 49.

Als zweite Bedingung zur Fortdauer des Besitzes zeichnet v. Savigny den Willen des Besitzers (animus) aus. Es soll

---

admittere dominum hat aber ganz dieselbe rechtliche Bedeutung, wie wenn Jemand auf andere Weise die Gewalt gegen den dominus ausübt. Vertreibt daher der Eigenthümer den Besitzer, und setzt letzterer sich hinterher dennoch wieder in den Besitz, so ist dieselbe vi dejectio gegen den Berechtigten vorhanden. „Rursus, si cum magna vi ingressus est exercitus, eam tantummodo „partem, quam intraverit, obtinet;" l. 18. §. 4. D. de adqu. et am. poss. Es ist nemlich hier von der Besitznahme eines Theils des Grundstückes die Rede.

22) Von diesem Falle sprechen: 1) l. 7. D. de adqu. et am. poss.: „*Et si nolit in fundum reverti, quod vim majorem vereatur,* „*amisisse possessionem videbitur*: et ita Neratius quoque scri- „bit." — 2) l. 3. § 8. D. eod.: „Si quis nunciet, domum a „latronibus occupatam, *et dominus timore conterritus noluerit* „*accedere, amisisse eum possessionem placet.*" — 3) l. 25. §. 2. D. eod.: „aut nos ita *animo desinamus possidere, quod sus-* „*picamur repelli nos posse ab eo, qui ingressus sit in posses-* „*sionem? et videtur utilius esse.*" Daß die Absicht zu besitzen hier aufgegeben sein müsse, erhellt aus der letzten Stelle sehr deutlich. Das Aufgeben jener Absicht ist hier überall durch die Unmöglichkeit der physischen Einwirkung herbeigeführt.

23) Zur Wiedererlangung dieses so aufgegebenen Besitzes wird jedoch der Eigenthümer kein Interdict, sondern nur die rei vindicatio anstellen können.

also der Besitz ebenfalls dadurch verloren werden, daß allein der *animus*, jener Wille zu besitzen, aufhöre [1]).

Das Genauere, was hierüber angegeben wird, ist Folgendes. Es sei auch bei dem animus nur nöthig, daß die Möglichkeit einer Reproduction des ursprünglichen Wollens in jedem Augenblick erhalten werde: nicht, daß das Bewußtsein des Besitzes selbst in jedem folgenden Augenblick wirklich fortdauere, welches überhaupt unmöglich sei. Deshalb werde durch bloßen animus der Besitz verloren, wenn der Besitzer in irgend einem Moment den Besitz aufgeben wolle. In diesem Moment sei die Reproduction des ursprünglichen Wollens durch die entgegengesetzte Bestimmung des Willens schlechthin unmöglich, und diese Unmöglichkeit sei es, worauf der Verlust des Besitzes erfolgen müsse, so daß bei einem neuen Entschluß zu besitzen höchstens eine neue Apprehension veranlaßt werden könne [2]).

1) Diese Darstellung findet sich a. a. O. §. 32.

2) Hiermit hat v. Savigny noch einen anderweitigen Umstand in Verbindung gebracht. Er sagt, da dieser Verlust auf ein neues Wollen, was dem ersten (animus possidendi) entgegenstehe, sich gründe, so sei es klar, daß dazu jeder unfähig sein müsse, der überhaupt keinen Willen habe. Deshalb könne ein Rasender auf diese Art nicht den Besitz verlieren, auch nicht der Pupill ohne Auctorität des Tutors. — Es ist klar, daß beide für ihre Person den juristischen Besitz nicht verlieren können, der Rasende nemlich überhaupt nicht, weil er nicht wollen kann, der Pupill nicht, weil es ihm an der zu jedem Rechtsgeschäft erforderlichen Ueberlegung fehlt. Allein dieses Wollen ist doch nicht bloß bei einzelnen Arten des Verlustes jenes Besitzes ein nothwendiges Erforderniß, sondern bei allen Arten des Verlustes ohne Unterschied. Von dem *furiosus* handelt l. 27. D. de adqu. et am. poss.: „Si is qui animo retineret possessionem, „*furere coepisset*, *non potest*, *dum fureret*, *ejus saltus possessionem amittere*: *quia furiosus non potest desinere animo* „*possidere*." Es ist hier von dem Verlust des Besitzes in Betreff der saltus hiberni et aestivi die Rede, deren Besitz solo animo erhalten bleibt. Diese können durch die Absicht des Berechtigten, nicht länger zu besitzen, verloren werden, welche bei

Ueber die Anwendung dieser Regel wird noch ausgeführt. Es sei klar, daß durch ausdrückliche Erklärung des Be:

einem furiosus undenkbar ist. Aber auch hier wird durch jene Absicht zugleich über die Möglichkeit, nach Willkühr über jene Grundstücke zu verfügen, bestimmt, und demnach ebenfalls corpore der Besitz verloren. — Daß der Pupill anderseits nicht ohne Auctorität des Tutors den juristischen Besitz verlieren könne, enthält l. 29. D. de adquir. et am. poss., wobei jedoch bemerkt wird, daß ohne Auctorität des Tutors das bloß Factische des Besitzes aufhören könne. „*Possessionem pupillum sine tuto*„*ris auctoritate amittere posse constat: non ut animo, sed ut* „*corpore desinat possidere, quod est enim facti potest amit*„*tere: hoc enim non potest.*" Also das bloß Körperliche des Besitzes, wobei es weiter gar nicht auf eine Absicht des Berechtigten ankommt, kann der Pupill schon in eigener Person verlieren, z. B. durch *vi dejectio*: so oft es aber auf einen Verlust des Rechtes des Besitzes ankommt, ist der Pupill dazu unfähig, weil dabei der Wille, den Besitz aufzugeben, erfordert wird. Aber dieser Wille, welchen der Pupill nicht gültig erklären kann, ist doch allein nicht hinreichend, es muß zugleich die factische Möglichkeit, nach Willkühr über die Sache zu verfügen, aufhören, welcher Umstand durchaus kein Bedenken hat. Auch solche Entäußerungen, wodurch nur eine naturalis possessio auf einen Dritten übertragen wird, darf der Pupill in eigener Person nicht vornehmen (l. 11. D. de adqu. rer. dom.).

An demselben Orte gedenkt v. Savigny des Satzes, daß der Besitz an Grundstücken ungeachtet der fremden Occupation immer erst dann verloren werde, wenn diese zu des vorigen Besitzers Bewußtsein gekommen sei. Er meint, dieselbe Unfähigkeit zum Verluste müsse auch hier behauptet werden, wenn gleich dieser Fall dem obigen nur ähnlich, nicht aber damit zu verwechseln sei. Jenes bloße Bewußtsein sei von dem Entschluß, nicht zu besitzen, noch sehr verschieden, darin nur kommen beide mit einander überein, daß sie in allen Fällen, worin die Fähigkeit des Bewußtseins fehle, gleich unmöglich seien, so daß also Pupillen und Wahnsinnige den Besitz eines Grundstückes durch die Handlung eines Anderen gar nicht verlieren können. Diese practische Aehnlichkeit möge die Römischen Juristen veranlaßt haben, beide Fälle, ihrer Verschiedenheit ungeachtet, mit demselben Namen (*animo desinere possidere*) zu bezeichnen.

sitzers jene Anwendung außer allem Zweifel gesetzt werde, aber ebenso klar, daß eine solche Erklärung nur sehr selten die Sache entscheiden könne, da eben in den Fällen, in welchen sie fast allein vorkomme, z. B. bei der traditio, ohnehin schon auf andere Art, nemlich corpore, der Verlust des Besitzes entschieden zu sein pflege. Es komme also hier, wie in vielen anderen Fällen, hauptsächlich auf eine Interpretation anderer Handlungen des Besitzers an, aus welchen jener Entschluß gefolgert werden könne. In den Schriften der Römischen Juristen seien uns mehrere Proben einer solchen Interpretation übrig geblieben.

Eine Interpretation dieser Art liege dem sg. *constitutum* zum Grunde. Denn wer eine Sache verkaufe und zugleich miethe, verändere sein physisches Verhältniß zu der Sache im geringsten nicht, und da er dennoch aufhöre zu besitzen, so müsse der Grund dieses Verlustes lediglich in einer Bestimmung seines Willens aufgesucht werden.

Ein zweiter Fall betreffe die *rei vindicatio*. Wenn der Besitzer selbst die Sache vindicire, so scheine er dadurch dem Besitz zu entsagen, so daß ihm nachher das interdictum uti possidetis abgeschlagen werden müßte: dennoch sei das Gegentheil ausdrücklich bestimmt, und der Grund dieser Bestimmung liege bloß in jener Interpretation. Der Vindicant zeige, daß er die Sache haben wolle, und es sei kein Zweifel, daß er den Besitz auch jetzt schon zu haben geneigt wäre, wenn dieser Besitz mit der Qualität des Klägers im Vindicationsprozeß vereinbar wäre. Diese Vereinigung sei nun zwar unmöglich, allein deshalb dürfe man doch nicht eine freiwillige Entsagung auf den Besitz annehmen, weil es leicht möglich, daß der Besitzer entweder seinen Besitz ignorire, oder den Rechtssatz, worauf sich jene Unvereinbarkeit gründe [3]. In beiden Fällen sei überhaupt nichts vorge-

---

3) Dabei schade der *error juris* gar nichts, denn erstens werde dadurch überhaupt nur Erwerb verhindert, und zweitens gehe selbst jener Satz bloß darauf, daß eine unbefolgte Rechtsvorschrift nicht durch einen solchen Irrthum entschuldigt werden solle: hier

fallen, woraus die Absicht, den Besitz aufzugeben, mit Sicherheit gefolgert werden könnte, folglich sei der Besitz nicht verloren, demnach das interdictum uti possidetis noch immer begründet.

Drittens könne die Absicht, den Besitz aufzugeben, auch aus einer bloßen Unterlassung gefolgert werden, so z. B. wenn der Besitzer eine Reihe von Jahren sein Feld unbenutzt liegen lasse [4]); doch müsse er nicht aus Furcht die Benutzung unterlassen haben [5]), denn alsdann sei der Besitz jedenfalls erhalten. Nicht anders dauere der Besitz fort, wenn die Benutzung der Sache so beschaffen, daß sie nur zu gewissen Zeiten wiederkehre. Daher könne bei den saltus hiberni et aestivi, welche vermöge ihrer eigenthümlichen Bestimmung die eine Hälfte des Jahrs unbesucht bleiben, der animus derelinquendi nicht angenommen werden.

§. 50.

Bis jetzt ist v. Savigny's Ansicht ihrem ganzen Detail nach angegeben, es wird nun die Beurtheilung jener einzelnen Behauptungen nachfolgen müssen.

Zunächst ist es völlig gewiß, daß zur Erhaltung des Besitzes das stete Bewußtsein desselben nicht erfordert werde, was ebendies auch unmöglich wäre. Vielmehr muß der Wille, den Besitz aufzugeben, bestimmt ausgesprochen sein, so oft dadurch für einen Dritten ein Recht entstehen soll. Letzteres ist

---

aber solle bloß eine Handlung interpretirt, also bloß ein Factum bewiesen werden.

4) Es wird noch hinzugefügt, daß er den Besitz bloß vergessen habe, sei höchst unwahrscheinlich, und wenn sich auch verschiedene Motive seines Entschlusses denken lassen, so betreffe dies doch nicht den Entschluß selbst. Da dieser frei und mit vollem Bewußtsein auf etwas gerichtet sei, was die Ausübung des Besitzes ganz unmöglich mache, so sei nothwendig auch die Entsagung des Besitzes in ihm enthalten. Die Sache müsse aber wirklich ohne Besitzer gewesen sein.

5) Es verstehe sich von selbst, daß keine *dejectio* vorgefallen sein dürfe, denn sonst wäre schon solo corpore der Besitz verloren.

der Fall bei allen Uebertragungen ohne Unterschied, wo der Besitz von Einem auf den Andern übergeht. Hierher gehört die *traditio*, und dieser gedenkt v. Savigny ebenfalls. Er behauptet jedoch ohne Grund, daß bei derselben der Verlust des Besitzes schon auf andere Art, nemlich corpore, entschieden zu sein pflege. Die factische Möglichkeit, über die Sache zu verfügen, bewirkt hier, wie überhaupt, noch keine Berechtigung, sondern es muß diese von dem Willen zu übertragen begleitet sein, welcher eben durch die *justa causa praecedens* ausgesprochen wird.

Außerdem kann jener Wille, der zunächst und besonders über den Verlust des Besitzes entscheidet, nur noch bei der *derelictio* in Betracht kommen. Grade auf diese beziehen sich die Quellenzeugnisse, welche v. Savigny zur eigentlichen Begründung seiner Behauptung angegeben hat [1]). Hier ist aber alles völlig klar, und es unterliegt nicht dem mindesten Zweifel, daß erst dann der Besitz verloren sei, wenn beides, corpus und animus, zugleich aufgehört habe. In Betreff des corpus wurde solches schon oben bewiesen, der Besitz hört nicht auf, so lange nicht wegen der völligen Unmöglichkeit, die physische Herrschaft wieder zu erlangen, auch die Absicht zu besitzen aufgegeben wird. Aber eben so wenig reicht der animus zur Dereliction hin: denn wenn auch in anderen Fällen grade die Absicht, nicht länger zu besitzen, als ein entscheidendes Moment in Betracht kommt, so ist doch die derelictio erst vollendet, wenn in Folge jener Absicht zugleich über die Möglichkeit der physischen Einwirkung entgegengesetzt bestimmt worden, also ebenfalls das cor-

1) Dieselben sind schon oben benutzt worden, wo von dem Verlust des Besitzes durch derelictio gehandelt wurde. Hierher gehört l. 3. §. 6. D. de adqu. et am. poss. „In amittenda quoque possessione affectio ejus, qui possidet, intuenda est. Itaque si in „fundo sis, et *tamen nolis eum possidere: protinus amittes* „*possessionem*." — l. 17. §. 1. D. hoc tit.: „possessio autem recedit, *ut quisque constituit nolle possidere*." — l. 30. §. 4. D. eod.: „*si aut nolimus*," — Nicht eigentlich l. 34. pr. D. hoc. tit.

pus aufgehört hat. Man muß demnach in Gemäßheit jener Absicht das Grundstück verlassen, bewegliche Sachen anderseits fortgeworfen haben; so lange man noch im Besitz des Grundstückes sich befindet, bewegliche Sachen in seiner Gewahrsam behält, wodurch die Möglichkeit vorhanden bleibt, in jedem Augenblick willkührlich auf die Sache einzuwirken, ist der Besitz nicht verloren, und die derelictio nicht vollendet [2]). Deshalb hat v. Savigny Unrecht, wenn er gradezu behauptet, daß der Besitz aufhöre, und zwar solo animo, sobald der Besitzer in irgend einem Moment den Besitz aufgeben wolle. Die derelictio ist dadurch nicht vollendet, mithin der Besitz nicht verloren: aber eben so wenig ist die Reproduction des ursprünglichen Wollens durch jene Willensbestimmung schlechthin unmöglich geworden, es ist auch, wenn der Besitzer wiederum besitzen will, eine neue Apprehension durchaus unnöthig, weil eben der Besitz niemals zu existiren aufgehört hat.

Jetzt wird es leicht sein, diejenigen Fälle zu beurtheilen, in welchen nach v. Savigny jenes bestimmte Wollen durch Interpretation aus Handlungen des Besitzers gefolgert werden soll.

Das sg. *constitutum possessorium* ist schon oben hinreichend gewürdigt, es enthält seiner wirklichen Beschaffenheit nach nichts, als eine besondere Anwendung der traditio, und das Eigenthümliche, was hier existirt, besteht bloß darin, daß eine wirkliche

---

2) Das Gegentheil ist rücksichtlich unbeweglicher Gegenstände in den angeführten Worten der l. 3. §. 6. D. de adqu. et am. poss. keinesweges enthalten. Der Sinn derselben kann nur der sein, auch wenn man sich in dem Grundstücke befindet, könne man ohne weitere Handlungen durch den Willen, nicht länger zu besitzen, den Besitz verlieren; was bei dem Verlust des Eigenthums nicht anders der Fall ist. Wo man sich in diesem Augenblicke aufhält, ist im Ganzen sehr unwesentlich, man kann sich in dem Grundstücke befinden, aber auch eben so gut anderswo. Der Besitz wird verloren, sobald jener Wille vorhanden ist (s. auch l. 17. §. 1. D. cit.), nur müssen dabei keine solche Handlungen vorgenommen werden, welche mit dieser Absicht im Widerspruch stehen.

Uebergabe unnöthig wird. Der eine Sache, welche er bis dahin besaß, verkauft und zugleich miethet, hört auf Besitzer zu sein, und fängt an *alieno* nomine zu besitzen. Der Besitz wird hier durch die bloße Absicht, und ohne weitere körperliche Handlung, übertragen, demnach verloren. Aber in rechtlicher Hinsicht muß es ganz so angesehen werden, als wenn die Sache körperlich dem Berechtigten übergeben, und von diesem in Folge der Miethe dem frühern Besitzer zurückgegeben wäre. Es wird hier nur ein unnützes Hin- und Hergeben unterlassen.

Der zweite Fall betrifft die *rei vindicatio*, aber auch dieser bestätigt jene Annahme nicht. Wer als Eigenthümer die rei vindicatio angestellt hat, kann hinterher immer noch possessorisch klagen, und sich des interdictum uti possidetis, wegen partieller Störungen im Besitze, bedienen [3]). Denn durch die Anstellung der rei vindicatio wird am wenigsten auf jenes Interdict verzichtet, vielmehr sind beide Schutzmittel, und überhaupt der rechtliche und possessorische Streit [4]), von einander völlig unabhängig, auf gleiche Weise, wie aus verschiedenen obligatorischen Verhältnissen verschiedene Klagerechte entstehen. Der Anspruch bei dem interdictum uti possidetis betrifft überdies nur das factische Innehaben. Also an ein Aufgeben des Besitzes durch bloße Absicht, oder an das Gegentheil kann hier in keiner Art gedacht werden.

Endlich der dritte Fall macht noch viel weniger Schwierigkeit. Wer eine Reihe von Jahren sein Feld nicht benutzt, kann man annehmen, habe das Eigenthum oder den juristischen Besitz aufgeben wollen [5]), wo er nicht gezwungen,

---

3) l. 12. §. 1. D. de adqu. et am. poss.: „*non denegatur ei interdictum uti possidetis, qui coepit rem vindicare: non enim „videtur possessioni renuntiasse, qui rem vindicavit.*"

4) Dieser allgemeine Satz ist in l. 12. §. 1. D. cit. („Nihil commune habet proprietas cum possessione") enthalten, und jene Regel nur eine Anwendung desselben.

5) „Fundi quoque alieni potest aliquis sine vi *nancisci posses-*

z. B. aus Furcht, die Benutzung unterließ [6]). Allein hier steht bloß der Umstand in Frage, ob und unter welchen Voraussetzungen bei Grundstücken, die unbenutzt liegen bleiben, eine *derelictio* angenommen, also angenommen werden könne, daß der frühere Berechtigte auch den animus dominii aufgegeben habe [7]). Bei dem längeren Verlassen der saltus hiberni et aestivi, welche schon ihrer Bestimmung nach die eine Hälfte des Jahres unbesucht bleiben, läßt sich freilich jene Absicht zu derelinquiren ohne Weiteres noch nicht annehmen.

§. 51.

Auch in Betreff der Modificationen, die durch das Verhältniß der Repräsentation für den Verlust des Besitzes herbeigeführt werden, ist die Ansicht, welche v. Savigny aufgestellt hat [1]), von der unsrigen in manchem Betracht abweichend.

Daß durch eine vi dejectio des Besitzers, während der Repräsentant im Besitze bleibt, der Besitz für ersteren nicht verloren werde, ist völlig klar [2]): denn die physische Herrschaft dauert

„*sionem:* quae vel ex negligentia domini vacet, vel quia dominus sine successore decesserit, *vel longo tempore absfuerit*;" l. 37. §. 1. D. de usurp. et usuc. vergl. §. 7. J. de usucap.

6) „Licet possessio nudo animo acquiri non possit, tamen solo „animo retineri potest. Si ergo praediorum desertam posses„sionem non derelinquendi affectione transacto tempore non „coluisti, sed metus necessitate culturam eorum distulisti: prae„judicium tibi ex transmissi temporis injuria generari non pot„est;" l. 4. C. de adqu. et retin. poss.

7) War der Derelinquirende bloß bonae fidei possessor, und wird die Sache hinterher von einem Andern in Besitz genommen, so wird dieselbe dadurch noch keine res vi possessa, wiewohl jener weiß, daß sie eine fremde (res aliena) sei. Es versteht sich demnach von selbst, daß der, welcher die Sache von dem neuen Besitznehmer bona fide empfängt, solche auch usucapiren könne; §. 7. J. de usucap.

1) Das Recht des Besitzes §. 33.

2) Dies ist der Inhalt der l. 1. §. 45. D. und. vi: „si quis me

durch den Stellvertreter fort. Es ist hier aber bloß von dem factischen Besitz die Rede; der juristische Besitz kann überhaupt nicht durch eine vi dejectio verloren werden [3]).

Eben so wenig unterliegt es einem Zweifel, daß das Verhältniß des Repräsentanten zum Besitzer hier, wie bei dem Erwerbe, sowohl ein freies [4]), als ein Verhältniß juristischer Gewalt [5]) sein könne: und in beiderlei Rücksicht gilt durchaus

„vi dejecerit, non posse me hoc interdicto experiri: *quia per* „*eos retineo possessionem, qui dejecti non sunt.*"

3) Daß es sich ganz anders verhalte mit dem animus possidendi, daß auch der, welcher den Besitz durch Andere ausübe, durch bloßes Wollen (animus non possidendi) den Besitz verlieren könne, was v. Savigny behauptet, darf nicht als allgemein geltende Regel aufgestellt werden.

4) Von dem Erhalten des Besitzes durch freie Mittelspersonen, welche sich für den Berechtigten im Besitz befinden, spricht l. 9. D. de adqu. et am. poss.: „Generaliter quisquis omnino „nostro nomine sit in possessione, veluti procurator, hospes, „amicus, nos possidere videmur." Von einem *amicus*, welcher *jure familiaritatis* sich in den Besitz setzt, wird in l. 41. D. hoc tit. bemerkt, ungeachtet er sich in dem körperlichen Besitz des Grundstückes befinde („*licet corpore in fundo sit*"), könne er niemals als Besitzer angesehen werden, weil er bei jeder Einnahme des Besitzes nicht die Absicht zu besitzen gehabt habe („*quia non* „*eo animo ingressus est, ut possideat*"). — Durch den Ausdruck *procurator* wird ganz allgemein jeder freie Repräsentant bezeichnet; die Ausdrücke *hospes*, *amicus* deuten auf kein anderweitiges Rechtsverhältniß, sondern nur auf ein besonderes persönliches Verhältniß zu dem Berechtigten.

5) Es kommen für das neueste Römische Recht in dieser Qualität nur *filii familias* und Sclaven vor. Beim Diebstahl eines Sclaven bleibt das factische Innehaben dem Herrn oder Eigenthümer erhalten (l. 15. D. de adqu. et am. poss.), deshalb wird auch für den creditor pigneratitius in Betreff seines factischen Innehabens nichts geändert sein, wenn der eigne Sclave die verpfändete Sache stiehlt, oder eine vi dejectio vornimmt (l. 33. §. 6. D. de usurp. l. 40. pr. D. de adqu. et am. poss.). Es ist dies jedoch nur eine bloße Folge des Umstandes, daß der Sclave im Verhältniß zu seinem Herrn als Sache behandelt wird, folglich bei fehlender Persönlichkeit kein Recht des Herrn verletzen kann

nichts Besonderes. Auch ist es gar nichts Singulaires bei der Fortsetzung des Besitzes, wenn jene Repräsentation durch mehrere Personen hindurch geht [6]). Sowie es gewiß ist, daß das bloße Aufhören des Repräsentationsverhältnisses den bisherigen Besitz nicht aufhebt [7]).

In der Hauptsache unterscheidet v. Savigny den Verlust an den Repräsentanten, und einen solchen durch den Repräsentanten, jenachdem der Repräsentant selbst den Besitz erwerben wolle, oder ein Dritter oder auch Niemand denselben erwerbe.

Erstens: Verlust an den Repräsentanten. Hierüber bemerkt v. Savigny: der Repräsentant habe als solcher den animus possidendi nicht, wenn er zwar zu der Sache in dem physischen Verhältniß eines Besitzers stehe. So lange derselbe

---

6) l. 30. §. 6. D. de adqu. et am. poss.: „Si ego tibi *commo-„davero*, tu Titio, qui putet tuum esse: nihilo minus ego id „possidebo. Et idem erit, si colonus meus fundum *locaverit*, „aut is, apud quem *deposueram*, apud alium rursus deposue-„rit. *Et id quamlibet per plurium personam factum observan-„dum ita erit.*" Vergl. l. 25. §. 1. D. eod.: „*aut alii locent.*" Durch die hier gemachten Anwendungen wird zugleich die Sache völlig klar. Der Commodatar, der Pächter, der Depositar können ihre Berechtigungen weiter übertragen, und auch diese weiteren Berechtigten sind nur Repräsentanten derer, von denen jene ihr Recht ableiten. Es bezieht sich dies auf die bonae fidei possessio, wie auf das Eigenthum überhaupt. Eben insofern der *colonus coloni*, der *inquilinus inquilini* nur Repräsentanten des Eigenthümers sind, wird der Eigenthümer als vi dejectus angesehen werden müssen, wenn jene vis gegen diese verübt war (l. ult. D. und. vi): es ist nemlich hier dem Eigenthümer durch seine Repräsentanten das Factische seines Rechtes entzogen. Daß der Repräsentant früher Eigenthümer der Sache war, ist in der Sache am wenigsten ein Hinderniß, es kann daher der Verpächter seine Sache einem Dritten verkaufen, und zugleich von ihm pachten, so daß er nur als Repräsentant im Besitze jenes Dritten erscheint.

7) S. l. 60. §. 1. D. locati. l. 25. §. 1. l. 40. §. 1. D. de adqu. et am. poss.

nicht Besitzer sein wolle, könne also von dieser Art des Verlustes nicht die Rede sein, selbst wenn aus anderen Gründen die Zurückgabe verweigert würde. Aber auch der *animus possidendi* mache den Repräsentanten noch nicht zum Besitzer, es sei hier die allgemeine Regel des Erwerbs keinesweges rein anzuwenden. Nicht bei Grundstücken, denn bei diesen müsse die aufgehobene physische Möglichkeit der Einwirkung immer erst zur Kenntniß des Besitzers gelangen; überdies würde jene Anwendung gegen die Regel: *nemo sibi causam possessionis mutare potest* verstoßen. Auch nicht bei beweglichen Sachen, wegen desselben Grundsatzes: *nemo sibi causam etc.*, und weil man die Regel angenommen habe, daß der Repräsentant erst dann als Besitzer gelte, wenn er zugleich ein *furtum* begangen, wozu eine *contrectatio*, eine körperliche Berührung der Sache zum Zweck des Diebstahls selbst, erfordert werde [8]. — Demnach könne bei unbeweglichen Sachen die Untreue des Repräsentanten erst dann den Besitz entziehen, wenn diese Untreue dem Besitzer bekannt geworden: bei beweglichen Sachen erst dann, wenn zugleich ein *furtum* in dieser Untreue enthalten sei.

Zweitens: Verlust durch den Repräsentanten. In dieser Beziehung wird Folgendes ausgeführt. Die hierher gehörigen Fälle seien zum Theil schon unter den Römischen Juristen sehr bestritten gewesen. Es lasse sich denken, daß der Besitz verloren wäre, auch wenn kein Repräsentant ihn aus-

8) Es ließe sich nun freilich denken, daß der Repräsentant aus diesem Grunde noch nicht angefangen hätte zu besitzen, und dennoch der bisherige Besitz verloren wäre, da offenbar die physische Möglichkeit, über die Sache zu verfügen, schon durch den bloßen Entschluß des Repräsentanten dem Besitzer entzogen sei: dann wäre die Sache einstweilen ganz ohne Besitzer. Allein eben deswegen sei es sehr begreiflich, daß man jener Abweichung noch diese zweite hinzugefügt habe, so daß nun nicht nur der Anfang des neuen Besitzes (des Repräsentanten nemlich), sondern auch das Ende des bisherigen durch alle die juristischen Bestimmungen bedingt sei, welche das furtum enthalte.

geübt hätte: alsdann sei er immer auch hier verloren, und dieser Fall dürfe gar nicht als Gegenstand des Streites betrachtet werden [9]). Allein die zu entscheidende Frage sei die, ob durch den Repräsentanten der Besitz verloren sei, wenn er ohne Rücksicht auf Repräsentation als fortdauernd angenommen werden müßte. — Das Verhältniß des natürlichen Besitzes, in welchem bisher der Repräsentant zu der besessenen Sache gestanden, könne auf zweierlei Weise aufgehoben werden: ohne seinen Willen, und mit seinem Willen.

Für den ersten Fall sei ohne Zweifel der Besitz verloren, wenn fremde Gewalt den Repräsentanten verdränge, und es komme nicht auf das Bewußtsein des vorigen Besitzers an. Tod oder Wahnsinn des Repräsentanten hebe dagegen den Besitz nicht auf.

Der zweite Fall lasse sich wieder auf zweierlei Art denken, einmal so, daß nun überhaupt Niemand den natürlichen Besitz habe, zweitens so, daß nun ein Dritter den natürlichen Besitz bekomme. — Bei der ersteren Voraussetzung sei vielleicht von einigen Juristen der Besitz als verloren betrachtet worden: beweisen lasse sich das Dasein dieser Meinung nicht, wiewohl man es gewöhnlich als entschieden annehme, vielmehr sei in vielen Stellen grade das Gegentheil bestimmt, ohne daß dabei eines Streites Erwähnung geschehe. — Unter der zweiten Voraussetzung hätten die Meisten den Besitz

9) Wenn also der Pächter eines Grundstücks dasselbe verkaufe, der Käufer es beziehe, und ihn der vorige Besitzer nicht zu stören wage, so sei ohne Zweifel von diesem Augenblick an der Besitz verloren. Ebenso, wenn der Repräsentant eine bewegliche Sache verliere, daß weder er noch der Besitzer sie wiederfinden könne: oder wenn er die Sache einem Dritten übergebe, indem dieser auf dieselbe Art, wie ein Dieb, den vorigen Besitz ausschließe, ganz ohne Rücksicht auf das Bewußtsein des vorigen Besitzers. Ohnehin werde in vielen Fällen dieser Art der Repräsentant selbst bereits Besitzer geworden sein, und dann habe es keinen Zweifel, daß er diesen Besitz veräußern könne.

als verloren angenommen, wenn auch zugleich sehr bestimmt das Gegentheil behauptet worden. Die traditio sei bloß ein Fall dieser Art, und behandeln es die Römischen Juristen billigerweise als ganz gleichgültig, ob der natürliche Besitz unmittelbar (durch traditio) auf den Dritten übergehe, oder mittelbar, indem erst der Repräsentant ohne Rücksicht auf einen neuen Besitzer die Sache verlasse, und dann dieser sie occupire. Gebe der Repräsentant den natürlichen Besitz bloß auf, für diesen Fall seien die Meinungen der alten Juristen vielleicht, gewiß aber für den Fall getheilt gewesen, wo überdies ein Dritter jenen Besitz occupire. Justinian habe, mit ausdrücklicher Bezugnahme auf einen Streit der alten Juristen, in einer eigenen Constitution verordnet: die Untreue des Repräsentanten solle dem Besitzer nicht schaden, also auch seinen Besitz nicht aufheben, und diese Verordnung betreffe beide Fälle zugleich.

Hiermit haben wir die Ansicht v. Savigny's vollständig dargelegt, welche aber den eigentlichen Gesichtspunkt ganz verfehlt. Denn es handelt sich nicht um den Verlust des factischen Innehabens, sondern die zu entscheidende Frage ist die, wie der juristische Besitz, die bonae fidei possessio, durch Repräsentanten verloren werde. Dieses soll jetzt erörtert werden, wobei jedoch auch diejenigen Fälle, welche v. Savigny betrachtet, in ihrer wahren Bedeutung zu würdigen sind.

§. 52.

Repräsentanten können bei jeder rechtlichen Handlung vorkommen, mithin auch beim Verlust des juristischen Besitzes. Sofern nun dieser durch das Umgekehrte derselben Erfordernisse bedingt ist, welche zum Erwerb des Besitzes gehören, so ist nichts zuverlässiger, als daß die bloße Absicht des Repräsentanten über den Verlust des Besitzes nicht entscheiden könne. Vielmehr wird hier, wie bei dem Erwerb, ein bestimmtes Rechtsverhältniß zwischen dem Besitzer und dem Repräsentanten vorausgesetzt, und dies kann durch Auftrag oder hinterherige Genehmigung begründet sein. Aber ohne den Willen des Besitzers wird nichts verloren, sofern nicht von einem nothwendigen Verlust die Rede ist [1]). Der Stellvertreter muß ferner alles das vornehmen, was zum Verlust des Besitzes überhaupt erforderlich ist, und was der Berechtigte selbst würde vornehmen müssen, um den Besitz zu verlieren. Er muß daher nach dem Willen des Berechtigten die Sache einem Dritten übertragen, oder sie in seinem Namen derelinquiren [2]). Mehrere Fälle sind aber auch hier nicht gedenkbar. Verliert der Repräsentant die besessene Sache, so kann der Besitz für den Berechtigten nur dann verloren sein, wenn für ihn selbst die Möglichkeit der physischen Einwirkung gänzlich ausgeschlossen ist.

Ein Verlust an den Repräsentanten wird niemals geschehen können. Denn während der Berechtigte diesem seine Sache überträgt, hört zugleich das Repräsentationsverhältniß ganz auf: es ist aber völlig gleichgültig, ob derjenige, welcher den Besitz erwirbt, früher ein Repräsentant war, oder nicht.

Zugleich ist soviel gewiß, daß der juristische Besitz nicht verloren werde, wenn der Repräsentant das bloß factische Innehaben einem Dritten überträgt, oder ihm dieses wider seinen Willen von einem Dritten entzogen wird [3]). Noch viel weniger

---

1) Dahin gehört: wenn die vom Repräsentanten factisch besessene Sache durch höhere unabwendbare Naturkraft zu Grunde geht, oder sich in ein Flußbett verwandelt, wenn sie aus einer besonderen nothwendigen Veranlassung eine *res extra commercium* wird, u. s. w.

2) Beide Fälle sind es, welche ebenfalls v. Savigny, wenn gleich nur gelegentlich und in einem anderen Sinne, berücksichtigt. Es kommt hierbei stets auf den Willen des Berechtigten selbst an, da der Repräsentant für seine Person gar kein Recht hat, mithin auch ein solches nicht aufgeben oder übertragen kann. Wenn daher der Pächter eines Grundstücks dasselbe verkauft, der Käufer es bezieht, so wird das Recht des Besitzes erst dann verloren sein, wenn der Verpächter die Handlung genehmigt hat.

3) Denn er hat das Recht, die Sache jedem unbefugten Innehaber

kann der juristische Besitz verloren sein, wenn der Repräsentant sich bloß von der Sache entfernt, ohne daß ein Anderer sich derselben bemächtigt [4]). Stirbt der Repräsentant, wird er wahnsinnig, dann hört zwar das Repräsentationsverhältniß auf, aber in keinem Fall der juristische Besitz. Bei einer Dejection des Berechtigten, während der Repräsentant die Sache inne behält, könnte die Frage entstehen, ob nicht wenigstens der factische Besitz verloren sei: allein hier soll durch den Repräsentanten jener Besitz erhalten bleiben [5]).

Für die nothwendigen Repräsentanten entscheidet beim Verlust der bonae fidei possessio ebenfalls das Umgekehrte von dem, was bei dem Erwerb durch dieselben in Betracht kommt. Also muß von dem filius familias, dem Sclaven dasjenige vorgenommen werden, was zum Verlust des Besitzes überhaupt nothwendig ist. Allein dabei ist doch ein Befehl, oder hinterherige Genehmigung durchaus nothwendig: denn wie beide ihrem Vater oder Herrn, selbst ohne deren Wissen und Willen, erwerben können, nemlich vermöge der Identität der Persönlichkeit, oder vielmehr der fehlenden Persönlichkeit dieser im Verhältniß zu jenen, so ist aus demselben Grunde an einen Verlust ohne Wissen und Willen der Berechtigten gar nicht zu denken.

Jetzt wird es leicht sein, das Abweichende der Savignyschen Ansicht richtig zu beurtheilen. v. Savigny nemlich spricht nur von dem Aufhören des bloß factischen Innehabens, davon, wie der Eigenthümer dieses sein factisches Innehaben, welches er durch Repräsentanten ausüben läßt, verliere: welche ganze Un-

---

abzufordern, und grade die Klage, welche angestellt werden kann, ist der sicherste Beweis des vorhandenen Rechtes.

4) Denn der Besitz hört nicht auf, wenn auch der Berechtigte selbst sich von seiner Sache entfernt, vorausgesetzt, daß er keinen animus derelinquendi habe.

5) Zum Beweise dient l. 1. §. 45. D. de vi: „. . si quis me vi de„jecerit, meos non dejecerit, non posse me hoc interdicto expe„riri: *quia per eos retineo possessionem, qui dejecti non sunt.*“

tersuchung für das Recht des Besitzes nicht weiter von Bedeutung sein kann, weil hier nicht ein Recht des Besitzes (jus possessionis) verloren wird, sondern ein factisches Innehaben des Berechtigten (jus possidendi) aufhört. Das bloß factische Innehaben kann der Eigenthümer, wie an einen Dritten, so auch an den Repräsentanten verlieren.

Im letzteren Falle ist es nothwendig, daß der Repräsentant diejenigen Handlungen vornehme, wodurch von einem Anderen dem Eigenthümer jenes factische Innehaben entzogen wird. Er muß z. B., wenn es bewegliche Sachen sind, einen Diebstahl an denselben begehen, und damit wird zugleich das Repräsentationsverhältniß aufhören. Jeder Diebstahl erfordert eine *contrectatio*, diese also muß hinzugekommen sein, die bloße Absicht ist hier, wie überhaupt, zur Erlangung des factischen Besitzes ungenügend [6]). Bei unbeweglichen Sachen kann auch der Repräsentant eine *vi dejectio* verüben, und diese wird gemeinhin auf die Weise geschehen, eben weil der Repräsentant im Besitze ist, daß derselbe den Berechtigten mit Gewalt von seiner Sache zurückhält. Nur durch diesen Umstand, nicht schon dadurch, daß

---

6) In diesem Sinne gehört hierher l. 3. §. 18. D. de adqu. et am. poss.: „*Si rem apud te depositam furti faciendi causa con-„trectaveris, desino possidere*: sed si eam loco non moveris „et infitiandi animum habeas, plerique veterum, et Sabinus „et Cassius recte responderunt, possessorem me manere, quia „furtum sine contrectatione fieri non potest, nec animo „furtum admittatur." Die Meinung der entgegengesetzten Schule findet sich in l. 48. D. hoc tit. aufbewahrt, und es wird hier gesagt, daß man aufhöre zu besitzen, sobald der Depositar, und dasselbe gilt natürlich von dem Commodatar, die Absicht habe, selbst zu besitzen. „Si rem mobilem apud te depositam aut ex com-„modato *tibi possidere, neque reddere constitueris: confestim „amisisse me possessionem vel ignorantem, responsum est.*" — Das Ableugnen des Besitzes begründet nach der ausdrücklichen Angabe in l. 1. §. 2. D. de furt. noch kein furtum für den Depositar, sondern erst das *occultare intercipiendi causa*, worin eine contrectatio liegt. Ebenso wird in l. 67. pr. D. de furtis gesagt, daß das bloße Ableugnen des depositum keinesweges zum furtum hinreiche.

der Berechtigte die Untreue des Repräsentanten erfährt, gilt das factische Innehaben als verloren, das Repräsentationsverhältniß für beendigt. Die Regel: nemo sibi causam possessionis mutare potest gehört insofern hierher, als nicht durch eine bloße entgegengesetzte Absicht, sondern nur, wenn zugleich eine besondere mit derselben correspondirende Handlung vorgekommen ist, der vorige factische Besitz aufgehoben sein kann, und diese Regel bezieht sich nicht bloß auf unbewegliche, sondern ebenso auf bewegliche Gegenstände [7]).

Durch den Repräsentanten wird anderseits das factische Innehaben aufhören, wenn Dritte solche Handlungen gegen ihn vornehmen, wodurch der Berechtigte selbst jenes factische Innehaben einbüßen würde. Dasselbe ist daher aufgehoben, wenn der Repräsentant gewaltsam aus dem Grundstücke verdrängt wurde, und hierbei kommt auf das Bewußtsein des Berechtigten selbst gar nichts an [8]). Denn da der Repräsentant ganz seine Stelle vertrat, so muß die gegen diesen verübte Gewalt auch gegen ihn verübt sein. Es wird dadurch die Möglichkeit der physischen Einwirkung und zugleich die betreffende Absicht ausgeschlossen, mithin ist eine vi dejectio hier vollständig gegen den Berechtigten vollführt.

---

7) Ein bloßes Verweigern der Zurückgabe von Seiten des Repräsentanten begründet für den Eigenthümer noch nicht das Aufhören seines factischen Innehabens, denn jener konnte gegründete Veranlassung haben, die Sache zurück zu behalten. Es bezieht sich dieses sowohl auf bewegliche, als auf unbewegliche Gegenstände. Allein wenn der Usufructuar oder der colonus das verkaufte Grundstück nicht an den Käufer übergeben wollen, ungeachtet sie hiezu Auftrag haben, so kann durch diese Weigerung füglich eine vi dejectio begründet sein; l. 12. D. und. vi. l. 20. D. de adqu. et am. poss.

8) „Quod servus, vel procurator, vel colonus tenent, dominus „videtur possidere: et ideo *his dejectis ipse dejici de posses-* „*sione videtur, etiam si ignoret eos dejectos, per quos possi-* „*debat;*" l. 1. §. 22. D. und. vi.

Wird der Repräsentant durch **ungegründete Furcht**[9]) aus dem Besitze vertrieben, oder entfernt er sich **absichtlich** von der Sache [10]), verläßt er dieselbe *animo derelinquendi* [11]), oder wird er **durch Ueberredungen** eines Dritten bewogen sich zu entfernen [12]), so ist das factische Innehaben für den bonae fidei possessor nicht verloren [13]), und somit auch nicht die Möglichkeit der Usucapion für denselben ausgeschlossen [14]). Dies nemlich, weil nur durch die Besitzentsetzung des Repräsentanten, oder wie es in einer hierher gehörigen Stelle heißt: *si eam alius ingressus fuisset*, unser körperliche Besitz aufhören kann [15]). Somit ist die Sache völlig klar, und es ist kein Dissens unter den Römischen Juristen vorhanden, was v. Savigny nach den hierauf sich beziehenden Quellenzeugnissen anzunehmen geneigt ist. Man kann aber in diesen Fällen, wo durch den Willen des Repräsentanten sein Verhältniß zur Sache aufgehoben wird, nicht überall behaupten, daß nun Niemand den natürlichen Besitz habe.

---

9) Hierauf bezieht sich l. 3. §. 8. D. de adqu. et am. poss.

10) Das *discedere* der Repräsentanten, was in l. 3. §. 8. D. cit. erwähnt wird, scheint in diesem Sinne aufgefaßt werden zu müssen. Vergl. l. 40. §. 1. D. hoc tit.

11) l. 7. pr. D. pr. emtor.

12) l. 31. D. de dolo mal.

13) Dieses Resultat enthalten die angeführten Quellenzeugnisse insgesammt. Die angeführte l. 40. §. 1. D. cit. loc. ergibt nicht das Gegentheil, selbst nicht, wenn für Idem: *Aliud* gelesen werden müßte, indem dieser Ausdruck sich nur auf die in jener Stelle zugleich enthaltene Ausnahme beziehen könnte.

14) S. l. 7. pr. D. pr. emtor.

15) Für diesen Fall wird selbst *nobis ignorantibus* das factische Innehaben entzogen werden. Darauf geht eigentlich l. 44. §. 2. D. de adqu. et am. poss.: „ejus vero, quod servi vel etiam coloni corpore possidetur, non aliter amitti possessionem, *quam* „*eam alius ingressus fuisset: eamque amitti nobis quoque ignorantibus.*" Aus l. 40. §. 1. D. cod. gehören hierher die Worte: „*si nemo extraneus eam rem interim possederit.*"

Diesem setzt v. Savigny den Fall entgegen, wo ein Dritter den natürlichen Besitz bekommt. Allein in den angeführten Quellenzeugnissen ist es nicht enthalten, daß für diesen Fall die Meisten den Besitz als verloren angenommen hätten, noch auch das Gegentheil nachgewiesen [16]). Nur Kaiser Justinian findet sich durch einen Streit der älteren Juristen zu der Entscheidung veranlaßt, wenn ein Stellvertreter im Besitze sich entferne, oder einem Anderen das factische Innehaben einräume, es möge absichtlich oder aus Nachlässigkeit des Repräsentanten geschehen sein, daß dadurch kein Nachtheil für den Berechtigten erwachsen solle [17]). Es mochte hierüber ein Streit unter den früheren Juristen existirt haben, allein nach den sonstigen vorhandenen Quellenzeugnissen des neuesten Römischen Rechtes ist dieser nicht bestimmter nachzuweisen. Die Sache selbst steht mit den übrigen Angaben des Römischen Rechtes in ganz genauem Zusammenhange. Können gleich diejenigen Repräsentanten im Besitze, welche zugleich ein dingliches oder persönliches Recht erlangt haben, dieses weiter übertragen, so hört doch dadurch der Besitz des Berechtigten nicht auf, damit derselbe keinen Nachtheil erleide. Ueberhaupt soll Niemand in seinen rechtlichen Verhältnissen durch die Arglist oder Nachlässigkeit eines Dritten benachtheiligt werden: und dies ist auch der Grund der vorhin gedachten Entscheidung.

---

16) Der Inhalt der l. 3. §. 8. l. 40. §. 1. u. l. 44. §. 2. D. de adqu. et amitt. possess. ist bereits erörtert worden. Die l. 33. §. 4. D. de usurp. bestimmt, daß die Usucapion unterbrochen werde, wenn der Depositar und Commodatar die Sache einem Dritten tradiren. Dabei ist wohl nur an einen Verkauf der bis dahin alieno nomine besessenen Sache zu denken, worin jedenfalls eine widerrechtliche Anmaßung des Besitzes liegt. Denn durch das Uebertragen der eigenen Berechtigung wird ja der Besitz grade erhalten.

17) l. 12. C. de adqu. et retin. poss. Die Stelle hat keine Schwierigkeit. Es muß diesemnach der Besitz des Eigenthümers auch hier als erhalten angesehen werden.

§. 53.

Das Recht der bonae fidei possessio ist jetzt vollständig erörtert, auch sind die späteren analogen Anwendungen dieses Rechtes im Zusammenhang angegeben worden. Dieselbe ratio aber, wodurch der Prätor veranlaßt wurde, den bonae fidei possessor dem Eigenthümer gleichzustellen, nemlich die practische Ungewißheit, ob jener nicht Eigenthümer sei, mußte die Römischen Juristen berechtigen, bei mehreren anderen Rechtsverhältnissen durch Interpretation ein gleiches Princip zur Anwendung zu bringen. Demnach erzeugt auch bei sonstigen Rechtsverhältnissen die bona fides den Zustand eines wirklichen Rechtes [1]), und hierher gehören besonders die Ehe, die Tutel [2]) und das Erbrecht. Wer also bona fide sich befindet, gilt einem Berechtigten völlig gleich, eben wegen der Ungewißheit, ob er nicht wirklich Berechtigter sei, aber diese Berechtigung dauert überall nur so lange, als jene Ungewißheit selbst vorhanden ist, was auch hier die wichtigsten practischen Folgen herbeigeführt hat [3]).

---

1) Ganz allgemein ist dieser Satz in folgender Stelle enthalten: „*Bona fides tantumdem possidenti praestat, quantum veritas,* „quoties lex non impedimento est;" l. 136. D. de R. J. Derselbe darf daher auf das Eigenthum keinesweges beschränkt werden. Die Regel selbst ist hier deutlich ausgesprochen, und die Ausnahme, welche zugleich angegeben wird, soll wohl nur bedeuten, daß das Recht des bonae fidei possessor ein vorübergehendes sei.

2) Von der bona fides bei der väterlichen Gewalt und Sclaverei, welche nicht anders den Zustand einer wirklichen Berechtigung erzeugt, ist schon oben gelegentlich gesprochen worden. Der filius familias und der Sclave werden einer Sache analog behandelt, und deshalb kommen sie als Object eines fingirten Eigenthums in Betracht, wenn sie bona fide als solche besessen werden. — Es muß singulair erscheinen, wenn man bei der Ehe, und ebenso bei der Tutel die Wirkungen der bona fides gemeinhin richtig verstanden hat, während man sie bei dem Eigenthum so ganz übersah.

3) Damit steht in Verbindung, was in den verschiedensten Verhält-

Zunächst gehört hierher die Putativ-Ehe. Dieselbe wird, so lange der justus error dauert, als eine gültige Römische Ehe betrachtet, und hat durchweg dieselben Wirkungen [4]). Hört aber jene bona fides auf, so verschwindet damit auch die Fiction der rechtlichen Ehe.

Diese sg. Putativ-Ehe kann auf doppelte Weise gedacht werden, einmal so: daß beide Ehegatten rücksichtlich ihres ehelichen Verhältnisses bona fide sind, indem beide aus einem gerechten Irrthum das vorhandene Ehehinderniß nicht kennen, zweitens so: daß nur der eine Ehegatte sich bona fide befindet, während der andere mala fide ist. Im ersteren Falle werden für beide Ehegatten die Folgen einer wirklichen Ehe erzeugt, im letzteren nur für denjenigen, welchem das Ehehinderniß unbekannt ist. Hiernach entscheidet sich, wer in dem Verhältniß von Mann und Frau (vir et uxor) stehe. Ein Paraphernal-Gut, eine *dos, donatio propter nuptias* und *donatio inter virum et uxorem* können ebenfalls für den bona fide sich befindenden Ehegatten vorkommen, und werden ganz nach den gewöhnlichen Regeln beurtheilt [5]). Aber die in der Putativ-Ehe erzeugten Kinder gelten als eheliche beider Eltern, auch wenn der Eine mala fide ist, indem hier *in favorem partus* das Bessere angenommen wird [6]).

---

nissen zur Anwendung kommt, daß der bonae fidei possessor nur in so weit zu entschädigen verpflichtet ist, als er sich bereichert befindet: wovon hier jedoch nicht genauer gesprochen zu werden braucht, da die einzelnen Anwendungen schon alle bekannt sind. Wer sich mala fide irgend eine Berechtigung anmaßt, muß dagegen stets für vollen Schadensersatz aufkommen.

4) l. 4. C. de incest. et inut. nupt. l. 57. §. 1. D. de rit. nupt.

5) Dies ergibt sich auf gleiche Weise aus dem Grunde, weil die Putativ-Ehe als wirkliche Ehe behandelt wird, denn diese Güterrechte sind auf eheliches Verhältniß basirt.

6) Dieser Umstand kann nur als eine Ausnahme gelten. Ueber die Sache selbst ist unter den neueren Juristen kein Streit. Sie gründet sich auf l. 57. §. 1 D. de rit. nupt. Hier wird eine Entscheidung der Kaiser angeführt in Betreff einer Verbindung der Nichte

Sobald der unschuldige Ehegatte seinen Irrthum entdeckt, muß er die Verbindung aufheben, sofern ihn nicht rechtliche Nachtheile treffen sollen [7]). Doch kann von dem Regenten das Hinderniß gehoben, und die Erlaubniß erlangt werden, jene Verbindung als Ehe fortzusetzen.

Derselbe oberste Gesichtspunkt entscheidet für die *protutela* [8]). Protutor ist nemlich derjenige, welcher sich bona fide für einen Tutor hält [9]). Dieser wird, eben wegen der practischen Unentschiedenheit, ob er nicht wirklich Tutor sei [10]), einem solchen völlig gleich behandelt. Deshalb hat seine Administration ganz dieselbe Wirkung, welche die Administration des wahren Tutors, er kann bei dem Rechtsgeschäft, welches der Pupill vornimmt, vollkommen gültig seine Auctorität interponiren. Er überkommt aber ebenso die Pflichten eines Tutors [11]), und kann mit der

mit ihrem Onkel, die juris ignara das Ehehinderniß nicht kannte, und in dieser Unwissenheit bereits 40 Jahre mit ihrem Onkel in einer Verbindung gelebt hatte, während sie von ihrer Großmutter dotirt, und eine Menge Kinder geboren waren. Die Entscheidung geht für den angegebenen Fall dahin, daß die in dieser Verbindung erzeugten Kinder als eheliche gelten sollen.

7) l. 4. C. de incest. et inut. nupt.

8) Dig. XXVII, 5. Cod. V, 45.

9) Die Bezeichnung *pro tutore se gerere* wird jedoch nicht überall in den vorhandenen Quellenzeugnissen nur auf einen solchen Tutor zu beziehen sein, der sich in dem Glauben, daß er Tutor sei, den Geschäften eines Tutor unterzogen hat. Allein es gibt keinen passenderen Namen, als nur diesen, zur Bezeichnung jenes sich bona fide befindenden Tutors, und auch die Römischen Juristen dachten bei dieser Bezeichnung besonders an diesen.

10) Hierauf gehen folgende Worte: „*nam quia plerumque incertum est, utrum quis tutor, an vero quasi tutor pro tutore administraverit*," und ferner: „*Solent enim magni errores intercedere, ut discerni facile non possit, utrum quis tutor fuerit et sic gesserit, an vero non fuerit, pro tutore tamen munere functus sit;*" l. 1. pr. D. hoc tit. — Daß auch hier nicht anders, als beim Eigenthum, eine Fiction entscheide, daß derselbe wirklicher Tutor sei, ist völlig gewiß.

11) l. 4. D. hoc tit. l. 1. §. 9. D. eod. l. 53. §. 3. D. de furt.

actio tutelae, welche hier protutelae actio heißt, und schon von dem Prätor als solche ausgezeichnet wurde [12]), sowohl belangen als belangt werden [13]).

Zeigt es sich, daß der Protutor nicht Tutor sei, so entscheidet das grade Entgegengesetzte: jener hat nicht mehr dieselben Befugnisse und Pflichten, und damit keine rechtlichen Nachtheile eintreten, muß der Pupill sogleich auf dessen Remotion dringen [14]).

Eine fernere Anwendung des oben erörterten Principes findet sich bei der *hereditas*, doch kommt hier nur diejenige bona fides in Betracht, welche sich auf die Erbschaft als Ganzes bezieht. Ist Jemand bona fide in dem Besitz einer Erbschaft, so wird wegen jener practischen Ungewißheit fingirt, daß er wirklicher Erbe sei. Er hat daher ganz die Dispositionsberechtigung, welche dem wahren Erben zusteht: kann nicht bloß Sachen der Erbschaft veräußern, und für Geld, welches dieser gehört, fremde Sachen für dieselbe anschaffen [15]), sondern ebenso die Forderungen der Erbschaft einziehen, die Schulden derselben abtragen [16]). Er erlangt alle Vortheile der Erbschaft, ist zum Besitz, aber auch zur Ausschließung jedes Dritten berechtigt: es sind

---

12) l. 1. pr. D. eod.

13) l. 5. D. eod. l. 1. §. 8. D. hoc tit.

14) l. 1. §. 3. D. de contr. tut. act l. 1. §. 3. D. hoc tit. Removirt kann der Protutor ebenfalls durch die Einrede eines Dritten werden, welcher grade sehr wesentliche Nachtheile überkommt, wenn er wissentlich mit einem Pupillen und einem Nichttutor ein Rechtsgeschäft eingeht (l. 2. C. hoc tit.).

15) Denn hier gilt der Grundsatz: res succedit in locum pretii, und umgekehrt.

16) Diese einzelnen Befugnisse sind zugleich von den neueren Juristen nicht bestritten, und durch die vorhandenen Quellenzeugnisse genügend nachgewiesen, obgleich sie nicht in dem gegenwärtigen Zusammenhange, sondern nur bei Gelegenheit der hereditatis petitio zur Sprache gebracht werden.

für ihn dieselben Schutzmittel begründet, welche dem wirklichen Erben in Folge seines Erbrechtes zukommen [17]).

Diese Wirkungen jener Fiction hören auf, sobald ein Mehrberechtigter oder der wirkliche Erbe gegen den bonae fidei possessor auftritt. Derselbe wird nun als Nichtberechtigter das Erbrecht des Dritten anerkennen, und demgemäß alles herausgeben müssen, was er von der Erbschaft in Händen hat, und dahin gehören die Objecte der Erbschaft [18]) mit allen Accessionen der Zwischenzeit.

Als augmentum der Erbschaft kommen die Früchte in Betracht. Der bonae fidei possessor muß die vorhandenen Früchte restituiren [19]). Die consumirten braucht er nur zu ersetzen, insofern er durch die Consumtion noch bereichert ist [20]). Es gilt also hier etwas Anderes, als bei dem Eigenthum, und der Grund ist, daß hier die Regel Anwendung findet: pretium succedit in locum rei, und umgekehrt. Für die nicht percipirten Früchte haftet

17) Insofern gilt hier ganz dasselbe, was für die Putativ-Ehefrau nicht anders gelten kann, und dies beweist, daß jenes Rechtsverhältniß in beiden Anwendungen erst durch Interpretation der Römischen Juristen eingeführt sei. In diesem Sinne war die actio Publiciana nur eine Anwendung der rei vindicatio, auch die protutelae actio nur eine Anwendung der actio tutelae; l. 1. pr. D. de eo, qui pro tutor.

18) Vergl. l. 18. D. *de hered. pet.* Es kommt nichts darauf an, ob die Sache eine körperliche oder unkörperliche, eine bewegliche oder unbewegliche sei, eben so wenig, ob der Erblasser dieselbe als Eigenthümer, oder aus einem sonstigen Grunde besaß; l. 19. pr. u. §. 2. D. eod. Es ist einerlei, ob die Sache schon beim Leben des Erblassers bei ihm vorhanden war, oder erst später der Erbschaft hinzukam, l. 20. §. 3. D. eod.; einerlei, ob der Beklagte sie schon bei Anstellung der Klage in seinem Besitz hatte, oder den Besitz der Sache erst während des Prozesses erlangte.

19) Es heißt hier: *fructus augent hereditatem.* S. l. 25. §. 20. l. 26. D. de hered. petit.

20) l. 40. §. 1. D. de hered. pet. l. 20. §. 6. l. 22. l. 25. §. 11. l. 30. l. 31. §. 3. D. eod. l. 1. l. 2. C. hoc tit. §. 2. J. de offic. jud.

der bonae fidei possessor nicht [21]), weil er fingirter Erbe war, als er das Einsammeln unterließ. In Ansehung der Zinsen ist seine Verpflichtung ganz dieselbe. Er braucht nur diejenigen Zinsen zu restituiren, durch welche er sich bereichert befindet, er haftet nicht für die, welche er hätte erheben können, aber nicht wirklich erhoben hat [22]), denn auch diese gelten als fructus non percepti [23]).

Ein Ersatz für das, was durch Beschädigungen des bonae fidei possessor oder durch seine Administration verloren gegangen ist, kann nicht füglich gedacht werden, weil er sich nemlich auf diese Weise nicht bereichert hat [24]).

Bei der Bereicherung selbst wird auf das tempus judicati gesehen [25]), wiewohl schon nach erhobenem Prozeß der Besitzer als malae fidei possessor in Betracht kommt [26]): jedoch sind hier noch folgende Fälle zu unterscheiden. 1) Hat der bonae fidei possessor Sachen aus der Erbschaft veräußert, so soll er nur in Anspruch genommen werden, wenn von dem dritten Innehaber nichts zu erlangen ist [27]). Alsdann aber haftet er, so weit er sich bereichert befindet. Sind die Sachen verkauft, so kommt es auf das pretium tempore judicati an; er ist nicht reicher, wenn er die Sachen sollte verschenkt haben [28]). 2) Hat derselbe sonst Gegenstände der Erbschaft vernichtet, oder beschädigt, oder aus Nachlässigkeit, in die Hände Dritter

---

21) l. 40. §. 1. D. de hered. pet. l. 1. C. hoc tit. §. 2. J. de offic. judic.

22) l. 20. §. 6. D. de hered. pet. l. 30. D. hoc tit. l. 1. §. 1. C. hoc tit.

23) Erst nach erhobenem Prozesse muß der Erlös für die früher verkauften Früchte verzinset werden, welches eine Folge der mit diesem Augenblick eintretenden mala fides ist; l. 31. §. 1. D. de hered. pet.

24) l. 20. §. 6. D. de hered. pet. l. 25. §. 2. u. 11. D. eod.

25) l. 36. §. 4. D. de hered. pet.

26) l. 20. §. 11. l. 25. §. 7. D. de hered. pet. l. 1. §. 1. C. eod.

27) l. 25. §. 17. D. de hered. pet.

28) l. 30. §. 4. D. de hered. pet. l. 20. §. 6. l. 17. u. l. 19. l. 23. pr. l. 25. §. 11. D. hoc tit.

kommen lassen, so ist er dabei als fingirter Erbe nicht in culpa gewesen: deshalb kann an ihn kein Anspruch gemacht werden, auch ist keine actio legis Aquiliae gegen ihn begründet [29]). Erst nach erhobenem Prozesse wird er als malae fidei possessor auf solche Weise verpflichtet. 3) Hat der bonae fidei possessor ausstehende Forderungen zu Grunde gehen lassen, so haftet er niemals, weil er sich dadurch nicht bereicherte [30]).

Eine Bereicherung, welche als solche hier in Betracht kommt, ist auch durch Ersparungen vorhanden [31]).

29) l. 25. §. 1. u. 7. l. 31. §. 3. l. 40. pr. D. de hered. pet. l. 15. §. ult. D. eod.

30) Vergl. l. 30. u. l. 31. §. 4. D. de hered. pet. u. s. w.

31) l. 25. §. 16. D. de hered. pet.

Inhalt.

FSC
www.fsc.org
MIX
Papier | Fördert gute Waldnutzung
FSC® C083411

Kolibri 360 GmbH
Ferdinand-Jühlke-Straße 7
99095 Erfurt, Deutschland
produktsicherheit@kolibri360.de